Aprende y mejora rápidamente tu inglés

Renata Bima Lilov

APRENDE Y MEJORA RÁPIDAMENTE TU INGLÉS

De Vecchi

Traducción de José Luis Trullo Herrera.

Diseño gráfico de la cubierta: © YES.

Fotografías de la cubierta: © Getty Images.

Balmes, 114 - 08008 Barcelona
Depósito Legal: B. 8.318-2008
ISBN: 978-84-315-3195-9

Editorial De Vecchi, S. A. de C. V.
Nogal, 16 Col. Sta. María Ribera
06400 Delegación Cuauhtémoc
México

ÍNDICE

INTRODUCCIÓN

El objetivo de este manual es ofrecer al lector toda la información necesaria para aprender las estructuras básicas de la lengua inglesa.

Por lo general, la mayoría de estudiantes cometen los mismos errores. Ello se debe a que suelen aplicar las mismas reglas de pronunciación, sintaxis y vocabulario de su lengua materna a la que están aprendiendo.

Las estructuras que sean similares resultarán fáciles de aprender, ya que permitirán una trasposición satisfactoria; sin embargo, aquellas que difieran sensiblemente, se convertirán en una fuente de errores y dificultades que el estudiante deberá solventar. A lo largo de las dieciséis unidades que componen este manual se hace hincapié en ellos, dando las explicaciones necesarias e ilustrándolos con los ejemplos más pertinentes.

Este libro está dirigido a todas aquellas personas que deseen aprender la lengua inglesa, sea cual fuere su grado de conocimiento de la misma. Los principiantes podrán aprender con tesón los principios básicos en las primeras lecciones. Los estudiantes expertos, en cambio, no necesitan leerlo de una manera ordenada, sino que pueden buscar los apartados en los que se traten aquellos aspectos que les son poco conocidos.

PRIMERA PARTE

UNIDADES DIDÁCTICAS

PRESENTACIÓN DE LAS UNIDADES

Este libro se compone de dieciséis unidades, dividida cada una de ellas en dos lecciones.

La primera lección se abre con un diálogo que debe leerse en voz alta tras aprender la pronunciación mediante la grafía fonética. Se recomienda leer estos textos como si se tratara de palabras españolas: de este modo, nos acercaremos a la pronunciación inglesa a través de una lectura no muy alejada a la de nuestros sonidos. Por ejemplo, el nombre *Jack*, que, leído según las reglas fonéticas españolas soñaría «Jac», posee una *j* fricativa que no existe en nuestra lengua, de ahí que la escribamos *xia^{e}k*, donde la *a* deriva hacia la *e* (esta derivación se representa convencionalmente con la *e* volada).

En la primera lección se ilustran las reglas fonéticas esenciales.

La sección *Acquisition and consolidation of rhythm and intonation* («Adquisición y perfeccionamiento del ritmo y de la entonación») presenta unos breves textos que deben aprenderse de memoria.

La sección *Points of grammar* («Aspectos gramaticales») aclara las estructuras propuestas en los diálogos y debe leerse sin tratar de aprender de inmediato las reglas: una lectura relajada y curiosa nos animará a conocerlas más profundamente.

La segunda lección de cada unidad suele ser más breve que la primera y parte de la idea de que lo útil se aprende mejor si se trata con amenidad. Además, en esta lección se aplica la misma metodología de aprendizaje.

Al final de cada unidad aparecen los ejercicios, divididos en tres grupos:

a) un grupo, que aparece en todas las unidades, permite que el estudiante complete textos ingleses haciendo uso de las reglas gramaticales y de los vocablos aprendidos; además, se incluye una lista de palabras que nos permitirá obtener frases dotadas de un sentido completo;
b) una serie de ejercicios que implican la atención voluntaria, la intuición y, en ocasiones, la imaginación del lector;
c) una redacción basada exclusivamente en las estructuras y el vocabulario aprendidos hasta ese momento. Este último ejercicio no presenta dificultad

alguna siempre que no se pretenda obtener unos resultados deslumbrantes, ya que pone en evidencia los progresos alcanzados en el estudio de la lengua inglesa. El conocimiento práctico constituye el mejor premio al esfuerzo continuado y al tiempo dedicado al estudio. La confianza en uno mismo que se deriva de ello nos estimulará a proseguir con entusiasmo el camino emprendido.

Además, será muy útil aprender de memoria los breves textos en verso y los trabalenguas propuestos en cada una de las lecciones. La mayor parte de las rimas y acertijos elegidos pertenecen a la tradición popular inglesa y han sido repetidos a lo largo de la historia (hay algunos que se remontan incluso al siglo XV). Estos textos constituían, en su época, una forma de literatura humorística cantada y recitada por el pueblo llano. Sumamente vivaces, concisos y ricos en imágenes sugestivas, fueron más tarde reelaborados (muchos eran cantos de taberna: uno de ellos aparece en su forma original), y adoptaron la denominación de *nursery rhymes*, es decir, cancioncillas infantiles.

La tradición de enseñar a los jóvenes este tipo de literatura está muy arraigada en Inglaterra: difícilmente se hallará una persona que, sea cual sea su edad, no recuerde estos textos, memorizados al principio de la edad escolar y que han contribuido a la formación de su idioma.

En nuestro caso, estas composiciones nos servirán para consolidar la entonación y el ritmo y enriquecer nuestro vocabulario: la recitación de estos versos en voz alta educará nuestro oído en el nuevo idioma y nos ayudará a recordar mejor las estructuras gramaticales básicas y los vocablos, justo como se produjo en el aprendizaje de nuestra propia lengua.

No importa si ciertas composiciones se basan en el famoso *nonsense* (absurdo) inglés: la creación de automatismos verbales resulta más fácil sin tener que recurrir al razonamiento. Más adelante, cuando llegue el momento de reflexionar sobre los aspectos estructurales de la lengua, ya se aclararán. Los recursos gramaticales, una vez memorizados con esta técnica, se nos quedarán grabados, ofreciéndonos la posibilidad de insertar palabras nuevas en función de las situaciones y las exigencias expresivas.

En el fondo, hablar una lengua resulta mucho más agradable si las frases surgen espontáneamente sin recurrir a la traducción, que hace el discurso lento e inseguro por miedo a cometer errores de gramática. No hay que olvidar que ya es bastante arduo de por sí hallar las palabras: tener que ordenarlas siguiendo las reglas gramaticales sin un mínimo de espontaneidad se convierte en una tarea difícil, artificiosa y, admitámoslo, desalentadora. Es mejor adquirir cierta fluidez siguiendo un método que se asemeje más al aprendizaje natural de la lengua.

Es justamente este el camino que proponemos a quien se aproxima por primera vez a esta lengua: aprender el inglés como si fuésemos nativos. En menos tiempo, eso sí, ya que las facultades mentales de un estudiante adulto pueden sacar provecho, entre otras cosas, de las analogías y diferencias entre el inglés y la lengua materna mencionadas en el texto.

Antes de empezar, es preciso hacer una última observación: para abordar correctamente el aprendizaje consciente de una lengua extranjera es indispensable tener claras unas nociones básicas.

La lengua es en parte una combinación de sonidos con los que representamos las imágenes de la realidad que nos rodea. Tomemos el siguiente ejemplo: «Hoy hace un día bonito». La realidad circundante ha sido traducida en signos gráficos abstractos que corresponden a los sonidos. Con la combinación de veintisiete sonidos y signos gráficos (las letras del alfabeto) podemos representar un número infinito de pensamientos, objetos y situaciones, ya que pueden repetirse un número indefinido de veces. Estos veintisiete signos, tanto sonoros como gráficos, obedecen unas reglas de carácter gramatical, normativo y ortográfico. Por lo tanto, así como *perro* no equivale a *pero*, o la idea que expresamos cuando decimos que estamos bajos de *moral* difiere del orden de valores conocido con el nombre de *moral*, o bien una frase del tipo *cenar a viene él* resulta incomprensible (mientras recobraría su sentido si dijéramos *él viene a cenar*), es preciso respetar las reglas inherentes a la reproducción de los sonidos, la grafía y el orden de las palabras. Bien, entonces, ¿qué es la gramática? Pues muy sencillo: ¡emplear la palabra adecuada en el sitio correcto!

Hablando de palabras, veamos cuántas categorías gramaticales empleamos. Las llamadas *partes del discurso* son nueve: artículo, nombre, pronombre, adjetivo, verbo, adverbio, preposición, conjunción e interjeción. Las posibles combinaciones entre estos elementos son prácticamente infinitas.

El aprendizaje de memoria de textos populares rimados forma parte de un método innovador elaborado por la autora, que ha sido experimentado durante años con estudiantes de todas las edades y de distintos niveles de formación. Los resultados logrados hasta ahora se resumen en términos de una adquisición rápida, estable y profunda de la lengua inglesa en un tiempo considerablemente menor que los métodos tradicionales.

REGLAS BÁSICAS PARA LA PRONUNCIACIÓN DE LA LENGUA INGLESA

El alfabeto inglés es más reducido que el español, tal como puede verse en el siguiente cuadro.

THE ENGLISH ALPHABET

A (ei)	**J** (gei)	**S** (es)
B (bi)	**K** (kei)	**T** (ti)
C (si)	**L** (el)	**U** (iu)
D (di)	**M** (em)	**V** (vi)
E (i)	**N** (en)	**W** (dabl-iu)
F (ef)	**O** (o^{u})	**X** (eks)
G (xi)	**P** (pi)	**Y** (uai)
H (eich)	**Q** (kiu)	**Z** (s^{z}ed)
I (ai)	**R** (aa^{r})	((s^{z}i) en americano)

N.B. Las letras dobles se leen anteponiendo la palabra *double* (dabl).

Los nombres de las letras sirven para realizar el *spelling* [spéllin^{g}], es decir, el deletreo de palabras (en español se recurre a los nombres de ciudades o países). Por desgracia, la pronunciación de las palabras no siempre se ciñe a la grafía. Por ello se han transcrito los sonidos de la manera más aproximada posible para que el lector pueda reproducirlos. Se ha evitado el uso del alfabeto fonético internacional para no hacer más difícil el aprendizaje.

En comparación con el español, el inglés posee una mayor riqueza fonética. Es por ello que a lo largo del libro cada sonido se repite un número de veces suficiente para evitar posibles dudas y, sobre todo, automatismos erróneos de difícil erradicación. En el diccionario, cada entrada vendrá acompañada de la transcripción fonética correspondiente.

El sonido es muy parecido al de la *z* española. Es preciso evitar pronunciarlo como /f/ o como /t/ para evitar equívocos debidos a una alteración de significados, tal es el caso de *thought* [θó^{o}t] («pensé», «pensado» o «pensamiento»), *fought* [fó^{o}t] («luché» o «luchado») y *taught* [tó^{o}t] («enseñé» o «enseñado»).

La *c* seguida de *e* o *i* se lee como una *s*; por ejemplo: *cinema* [sínema] («cine»). La *c* de *cómodo* o *castaña*, en cambio, se pronuncia como una *k*: *cook* [kúuk] («cocinero»). Por otro lado, en inglés *ch* se lee como en castellano: *cheese* [chíis] («queso»), *chair* [ché^{ar}] («silla»). Ello también ocurre a final de palabra, como en *much* [mách] («mucho»). Asimismo, en algunos casos la *ch* se pronuncia como *k: technology* [teknóloxi] («tecnología»).

El grupo *ea* se lee normalmente *i*, como en *weak* [uík] («débil»). Lo mismo ocurre con el grupo *ii*: *week-end* [uík-end] («fin de semana») o *deep* [díp] («profundo»), si bien *bear* («oso») se lee tal cual: [béar].

El sonido de la *g* inglesa se aproxima mucho al de la letra *x* en *xilófono* en algunos casos como *genuine* [xénuin] («genuino»). A final de palabra, en cambio, la *g* se pronuncia como en *guitarra*: *long* [lón^{g}] («largo»).

La *h* al principio de palabra suele ser aspirada, por lo que se indicará fonéticamente, como en *house* [háus] («casa») y *home* [hóum] («hogar»).

La *i* inglesa no siempre se lee [ái]; a veces permanece tal cual, como en *index* [índex] («índice»). La *y* se pronuncia como una *i* semiconsonante: York [iórk], Plymouth [plímuθ] o *yesterday* [iésterdei] («ayer»).

La doble *o* se lee *uu*, como en *choose* [chúus] («elegir»), *wood* [úud] («madera» o «bosque»); sin embargo, *blood* («sangre») se lee [blád].

El sonido inglés *sh* corresponde a la *x* de *xilófono*, como en *fish* [fíx] («pescado») o *shell* [xél] («concha»). Los grupos *sce* o *sci* se leen como una *s* simple, como en *scissors* [sísors] («tijeras») o *scene* [síin] («escena»). A final de palabra, el grupo *sh* se pronuncia también como la *x* de *xilófono*: *marsh* [márx] («pantano»). También la *t* a veces se pronuncia de la misma forma, como en *station* [stáxion] («estación»), o en *apparition* [apparíxion] («aparición»).

La *ph* se convierte en *f*, como en *philosophy* [filósofi] («filosofía»).

El grupo *ps* se lee como una *s* simple: *psychology* [saikólogi] («psicología»).

La *u* no siempre se lee [iu], sino que se convierte en un sonido similar al de la *a*, como en *umbrella* [ambrélla] («paraguas»), o bien al del grupo *oe*, tal es el caso de Murphy [moérfi]; asimismo, se asemeja al español en palabras como *push* [púx] («empujar») o *put* [pút] («poner»).

Por otra parte, la *o* en ocasiones adopta el sonido *oe*, como en *work* [uoérk] («trabajar» o «trabajo») o *world* [uoerld] («mundo»).

Los sonidos débiles se han transcrito volados: *singer* [sín^{g}e^{r}] («cantante»).

NOTA

- Se transcribe siempre la vocal tónica para facilitar la correcta pronunciación, sobre todo en el caso de las palabras plurisílabas. Así, *desperately* [désperatli] («desesperadamente»). Con el mismo propósito se han dividido algunas palabras con un guión: *signal* [síg-nal] («señal»).
- Con la grafía *s*^{x} se indica un sonido que no existe en español y que corresponde a la *j* francesa. Aunque el resultado no es el mismo, servirá para facilitar la pronunciación de aquellas palabras inglesas en que aparece este sonido, como, por ejemplo, *decision* [desís^{x}ion] («decisión»). De todos modos, estos casos no son demasiado frecuentes.

LAS LETRAS MUDAS

Presentamos a continuación la lista de las palabras más corrientes en cuya pronunciación se omite un sonido, generalmente consonante:

b *plumb* (plám) («plomo»); *lamb* (lá^{e}m) («cordero»); *tomb* (túm) («tumba»); *doubt* (dáut) («duda»)

c *scythe* (sáit) («guadaña»); *scissors* (sísors) («tijeras»)

ch *yacht* (iót) («yate»)

d *bridge* (brích) («puente»); *wedge* (uéch) («cuña»); *hedge* (héch) («seto»)

g *sign* (sáin) («signo»), si bien *signal* (sígnal) («señal»). En inglés no existe el sonido correspondiente a la *ñ*. En el caso, por ejemplo, de *gnome* se pronuncia primero la *g* y luego la *n*: *gnash* (ná^{e}x) («rechinar los dientes»), *gnat* (ná^{e}t) («mosquito») y *gnaw* (nó) («roer»). Por otra parte, tampoco existe el sonido de la *ll*

gh *bright* (bráit) («brillante», «resplandeciente»); *high* (hái) («alto»), *bough* (báu) («rama de árbol»), *through* (θrú) («a través»), *eight* (éit) («ocho»)

h *heir* (éar) («heredero»); *hour* (áuar) («hora»); *honour* (ónor) («honor»); *honest* (ónest) («honesto»)

k *knock* (nók) («golpe», «llamar a la puerta»); *know* (nóu) («conocer»); *knight* (náit) («caballero»)

l *talk* (tók) («conversación», «hablar»); *walk* (uók) («paseo», «caminar»); *yolk* (iók) («yema»); *folk* (fók) («gente»); *chalk* (chók) («yeso»)

m *mnemonic* (nemómik) («mnemónico»)

n *hymn* (hím) («himno»); *autumn* (ótom) («otoño»); *column* (kólom) («columna»)

p *pneumonia* (niumónia) («pulmonía»); *psychology* (saikólogi) («psicología»); *psalm* (sálm) («salmo»); *receipt* (risíit) («recepción»)

t *listen* (líssen) («escuchar»); *glisten* (glíssen) («brillar»); *whistle* (uísl) («silbido», «silbar»)

u *biscuit* (bískit) («galleta»); *guard* (gárd) («guardia»)

w *write* (ráit) («escribir»); *wrist* (ríst) («muñeca»); wreck (rék) («naufragio», «naufragar»)

UNIDAD UNO
UNIT ONE

Lesson 1A

Meeting people («conocer gente»)

Dos chicas se presentan. Mary pregunta a la otra cómo se llama: *What's your name?* [uóts ióu^r néim?] («¿cuál es tu nombre?»).

La chica le responde: *My name's Susan. And what's your name?* [mái néims súsan/ á^{e}nd uóts ióu^r néim?] («mi nombre es Susan. ¿Y cuál es tu nombre?»).

My name's Mary [mái néims m^{a}éri] («mi nombre es Mary»).

Ambas se estrechan la mano y se dicen: *How do you do?** [háu diú dú?] («mucho gusto»).

> La *h* al principio de palabra se aspira y se considera consonante, excepto en algunas excepciones, como *heir* (éa^r) («heredero»), *hour* (áua^r) («hora»), *honest* (ónest) («honesto») y *honour* (òno^r) («honor»), en las que se asimila a la vocal posterior.

Sue (diminutivo de Susan) le pregunta a Mary cómo se escribe su nombre: *How do you spell your name?* [háu diú spél ióu^r néim?] («¿cómo se deletrea tu nombre?»).

Y Mary responde: *M-a-r-y* [ém-éi-aár-uái].

Las dos chicas vuelven a encontrarse y se saludan: *Hi, Sue!* [hai su!] («¡hola, Sue!»).

Hi, Mary! [hai m^{a}éri!] («¡hola, Mary!»).

* Con el asterisco se indican las expresiones idiomáticas cuyo sentido va más allá de la traducción literal.

Sue saluda a Mary y le pregunta cómo está: *Hi, Mary. How are you?* [hái m^{a}éri/ háu aá^{r} iú?] («hola, Mary, ¿cómo estás?»).

I'm fine, thank you [áim fáin, θ^{a}énk iú] («estoy bien, gracias»).

Acquisition and consolidation of rhythm and intonation

Apréndanse de memoria las expresiones de esta y las siguientes secciones:

What's your name? [uóts ióur néim?]
My name's Sue [mái néims sú]
Sue, Sue, how do you do? [sú, sú, háu diú dú?]
Hi, Sue. How are you? [hái sú/ háu aá^{r} iú?]
I'm very well, thank you [áim vé^{r}i uél, θaénk iú] («estoy muy bien, gracias»)
What's your name? [uots ióur néim?]
My name's Jane [mai néims xéin]
Jane, Jane, how do you spell your name? [xéin, xéin, háu diú spél ióur néim?]

Points of grammar

1 *Meeting people* («conocer a gente»)

Todos sabemos que en una cita *(meeting)* las personas se encuentran para charlar y, a veces, para conocerse; en español solemos utilizar para este mismo concepto los términos *reunión* y *cita*. En inglés, estas palabras están compuestas por la raíz verbal del verbo correspondiente (es decir, el infinitivo sin la preposición *to* [tú]) a la que se le añade la forma en *-ing,* lo cual transforma el verbo en un sustantivo. En español, el verbo sustantivado presenta la misma forma que el infinitivo (por ejemplo, *trabajar cansa*). El término *meeting* («encuentro») se deriva, por tanto, de la raíz verbal *meet*, que significa *encontrar* y *conocer*, a la que se le ha añadido el sufijo *-ing*.

People («gente») es un sustantivo que sólo se usa en plural: *people are good* [píp^{o}l aá^{r} gúud] («la gente es buena»). El propio vocablo en plural, *peoples*, puede traducirse como *pueblo*.

2 *What's your name?* («¿cuál es tu nombre?»)

What's [uóts] («cuál es») es la contracción de *what is*. *What* es un adjetivo y un pronombre interrogativo: expresa una petición de información acerca de las características y el modo del objeto de la pregunta directa o indirecta.

Is [ís^{z}] («es») es la tercera persona singular del presente de indicativo del verbo *to be* [tu bí] («ser»). Los verbos ingleses aparecen siempre precedidos en infinitivo por la preposición *to* [tu], equivalente a la preposición española *a* que se utiliza en todas aquellas frases en que se desea expresar una dirección.

Your («tuyo, -a, -os, -as») es un adjetivo posesivo de segunda persona.

Name [néim] significa *nombre*, pero también *sustantivo*. *Apellido* se dice *surname* [so^{e}rnéim] o *family name* [fá^{e}mili néim].

TO BE («SER»)

Veamos a continuación la conjugación en presente de indicativo del más irregular de los verbos ingleses:

yo soy	*I am* (ái ^{a}ém), se contrae en *I'm* (áim);
tú eres	*you are* (iú aá^{r}), se contrae en *you're* (iuá^{r});
él/ella/ello es	*he/she/it is* (hí/xí/ít/ís^{z}), se contrae en *he's/she's/it's* (hís/xís/íts);
nosotros, -as somos	*we are* (uí aá^{r}), se contrae en *we're* (uiá^{r});
vosotros, -as sois	*you are* (iú aá^{r}), se contrae en *you're* (iuá^{r});
ellos, -as son	*they are* (éi aá^{r}), se contrae en *they're* (eiá^{r}).

¿Por qué el verbo *to be* es tan irregular? El origen de *be* se remonta directamente a la palabra indoeuropea *bhu* («crecer»), mientras que las formas del indicativo presente *am* e *is* se derivan de la raíz *asmi* («respirar») tanto la palabra española *asma* como la inglesa *asthma* (ástma) remiten a la acción de respirar. Ello significa que, antiguamente, los hombres no empleaban ninguna palabra para referirse al existir, idea que expresaban mediante los conceptos de crecimiento y respiración.

PRONOMBRES PERSONALES, ADJETIVOS Y PRONOMBRES POSESIVOS

Pronombres personales	***Adjetivos posesivos***	***Pronombres posesivos***
I (ái) («yo»)	*My* (mái) («mi»)	*Mine* (máin) («mío, -a, -os, -as»)
You (iú) («tú»)	*Your* (ióur) («tu»)	*Yours* (ióu's) («tuyo, -a, -os, -as»)
He (hí) («él»)	*His* (his) («su»)	*His* (hís) («suyo, -a, -os, -as»)
She (xí) («ella»)	*Her* (h^{o}ér) («su»)	*Hers* (h^{o}érs) («suyo, -a, -os, -as»)
It (ít) («ello»)	*Its* (íts) = («su», cosa)	*Its* (íts) («suyo, -a, -os, -as»)
We (uí) («nosotros, -as»)	*Our* (áua) («nuestro»)	*Ours* (áuas) («nuestro, -a, -os, -as»)
You (iú) («vosotros, -as»)	*Your* (ióur) («vuestro»)	*Yours* (ióurs) («vuestro, -a, -os, -as»)
They (éi) («ellos, -as»)	*Their* (θé^{ar}) («su»)	*Theirs* (θé^{ar}s) («suyo, -a, -os, -as»)

El artículo determinado inglés es *the* ((θé) delante de consonante y (θí) delante de vocal) y el indeterminado *a* (á^{e}), delante de consonante (*an* (á^{e}n) delante de vocal o *h* muda). Todos son invariables en género y número: la distinción entre uno y otro la desempeñan el sustantivo y el verbo en sus formas en singular y plural:

— tu perro está en mi casa: *your dog is in my house* (ióur dóg ís^{z} in mái háus);
— tus perros están en mi casa: *your dogs are in my house* (ióur dógs aá^{r} in mái háus).

N.B. El pronombre personal *I* («yo») se escribe siempre con mayúscula.

MASCULINO, FEMENINO Y NEUTRO

En inglés, los sustantivos pueden ser de género masculino, femenino o neutro (en español, del neutro sólo se conserva el concepto mientras que la forma ha desaparecido, ya que no existe un sufijo que lo exprese). Sin embargo, mientras que en español podemos, en la mayor parte de los casos, diferenciar el género de los nombres con un sufijo *(chico-chica, alumno-alumna)*, en inglés resulta más bien excepcional: *actor-actress* (ákto^{r}, áktres) («actor», «actriz»).

Así pues, únicamente en el momento de indicar con un pronombre personal el nombre —ya sea propio o común, referido a una persona *(Juan, Antonia, alumno, alumna)* o bien a una cosa o animal *(mesa, gato)*— se especifica cuál es su género: *he* para el masculino, *she* para el femenino e *it* para el neutro. Este último se aplica a los animales, las cosas y los conceptos abstractos (como belleza, pobreza, justicia, etc.). Suelen exceptuarse, aunque no es una norma universal, los nombres de animales domésticos, a los que se refieren con *he* o *she*. En ocasiones, se diferencia el género mediante palabras distintas: *boy* (bói) («chico»), *girl* (g^{o}érl) («chica»), *man* (m^{a}én) («hombre») y *woman* (uíma^{e}n) («mujer»).

Al fin y al cabo, todo resulta más sencillo de lo que parece, habida cuenta de que en inglés no se dan concordancias entre los artículos, los adjetivos, adjetivos y pronombres posesivos y los nombres a los que estos se refieren. Por ejemplo: la frase *tus perros estan en mi casa* se expresa, simplemente, mediante un sujeto y un verbo en plural.

Como contrapartida, los ingleses son más precisos a la hora de especificar el género del poseedor de una cosa: *his cat* (hís ká^{e}t) («su gato») indica que el poseedor es de género masculino, mientras que *her cat* (ho^{e}r ká^{e}t) («su gato») indica que el poseedor es de género femenino. *Its* se utiliza para poner en relación cosas con cosas o animales, como, por ejemplo, una mesa y sus patas, el gato y su cola, etc.

3 *How do you do?* («con mucho gusto»)

How [háu] («como», «cómo») es un adverbio de modo y un pronombre interrogativo y exclamativo que, junto con *what* [uót], forma parte de un grupo de palabras denominado *wh-how questions* [dábl-iu-éich háu kuéstions] («preguntas *wh-how*»). En breve veremos cómo estas construcciones provocan alteraciones en el orden de las palabras en las frases interrogativas.

Con *how* (háu) en inglés se construye una expresión idiomática (modo de hablar peculiar de una lengua) para preguntar la edad *how old are you?* (háu ó^{u}ld áa^{r} iú?), que literalmente significa «¿cómo eres de viejo?». La respuesta es *I am* (ái á^{e}m) (más el número de años, por ejemplo, 27) *years old* (ía^{r}s ó^{u}ld), que literalmente quiere decir «soy 27 años viejo».

*How do you do?** puede traducirse como «con mucho gusto» o «encantado, -a». Dado que el acto de ser presentado se produce una única vez, esta expresión no debe volver a utilizarse nunca más para saludar a personas conocidas.

Otra manera, más informal, de saludar a la persona a la que somos presentados podría ser: *hallo!* [halló!]. Una presentación especialmente cordial, en cambio, es *pleased to meet you* [plíisd tu míit iú], que equivale a nuestro «me alegro de volver a verle», o bien *nice to meet you* [náis tu míit iú] (literalmente, «es bonito encontrarlo de nuevo»). En este sentido, hay que destacar que *nice* es la valoración más común entre los ingleses. Lo añaden a casi todo: al tiempo atmosférico, a una chica o chico, a un plato de lentejas, a un pantalón, etc.

Please [plíis] («por favor») se utiliza al pedir una información, un objeto, etc., al dar ánimo o solicitar algo y para impartir una orden. Sin dejar de respetar la jerarquía, siempre hay espacio para la buena educación.

- En el inglés moderno, no existe el *usted* (en otra época, se usaba *thou* (θáu), equivalente a *vos*, y que aún se emplea en rezos o plegarias). Actualmente se utiliza la palabra *you* de forma indistinta y, si queremos subrayar el *tú* familiar, podemos dirigirnos a la persona llamándola por su nombre de pila o *christian name* (krístian néim).
  Tutearse se traduce por *to be on first name terms* (tu bí on fó^{e}rst néim tó^{e}rms), cuyo significado literal sería «estar en relaciones de primer nombre» (es decir, del nombre de pila).
- *On* es la preposición que expresa *sobre* (con contacto).

4 *How do you spell your name?* («¿cómo deletreas tu nombre?»)

A diferencia del español, en inglés se altera el orden de las palabras en las frases interrogativas, así como en las interrogativas negativas.

La frase afirmativa suele seguir el siguiente orden:

— 1.º sujeto;
— 2.º verbo;
— 3.º complementos.

En las frases interrogativas, el inglés antepone en todos los casos el verbo al sujeto, con la única excepción de las preguntas *wh-how* ya mencionadas, en las que el verbo cede el primer lugar. Pero eso no es todo: de hecho, el verbo inglés, al no remitir a otra cosa que a sí mismo, en el caso de preguntas o negaciones requiere los servicios de los verbos auxiliares que asumen la carga de los desplazamientos o de la negación *not*. Los verbos auxiliares son el verbo *be* [bí] («ser»), *have* [há^{e}f] («haber») y *do* [dú] («hacer»), que, en caso necesario, se convierten en auxiliares.

Pongamos ejemplos con el auxiliar *be* y con *do*:

— modo afirmativo: *you are* o *you're a boy* [iuá^{r} a^{e} bói] («eres un chico»).

— modo negativo: *you are not* o *aren't a boy* [iú aá^{r}nt a^{e} bói] («no eres un chico»).
— modo afirmativo: *you spell your name* [iú spél ióur néim] («tú deletreas tu nombre»).
— modo negativo: *you do not* o *don't spell your name* [iú dó^{u}nt spel ióur néim] («tú no deletreas tu nombre»).
— modo interrogativo: *do you spell your name?* [diú spél ióur néim?] (¿deletreas tu nombre?).

En nuestro caso, las preguntas *wh-how* constituyen una excepción; de hecho *how* [háu] aparece en primer lugar en la frase *how are you?* [háu aár iú?], que literalmente significa *¿cómo eres?*, pero que traducimos por *¿cómo estás?*

5 *I'm fine, thank you* («estoy bien, gracias»)

Esta expresión tiene su respuesta en *I'm very well, thank you* [áim fé^{r}i uél θá^{e}nk iú] («estoy muy bien, gracias»), donde *very* («muy») funciona como un adjetivo: *the very moment* [θe fé^{r}i mó^{u}ment] («justo en aquel momento»), *the very idea of* [θe fé^{r}i aidía of] («la sola idea de»), pero también como un adverbio: *very good* [fé^{r}i guud] («muy bien»), de este modo se refuerza el adjetivo y lo convierte en un superlativo absoluto.

> La forma *I'm* (áim) es coloquial: en los escritos que no sean de carácter personal se debe utilizar siempre la forma *I am* (ái á^{e}m).

Thank you [θá^{e}nk iu] («gracias») puede expresarse de manera más informal mediante *thanks* [θá^{e}nks]. También puede decirse *thank you very much* [θá^{e}nk iú fé^{r}i mách] («muchísimas gracias», «mil gracias»).

La respuesta a un agradecimiento suele ser *you're welcome* [iuá^{r} uélkam] (literalmente, «sé bienvenido»), o bien *it's my pleasure* [its mái pléis-xia] («el gusto es mío»). Si hay confianza y no se da demasiada importancia al favor, puede decirse *not at all* [not a^{e}t ól] («de nada»), o bien *don't mention it* [dó^{u}nt ménxion it!] («olvídalo»).

And now a tongue twister to practice *a*

Y ahora un trabalenguas para ejercitar la *a*:

The mad lad held a bad black hat in his hairy hand
[θe má^{e}d lá^{e}d héld a^{e} bá^{e}d blá^{e}k há^{e}t in his héari há^{e}nd]
(«El chico loco sostenía con su mano velluda un gastado sombrero negro.»)

NOTA

- *Bad* significa también «malo»: *you're a bad boy!* [iuá^{r} a^{e} bá^{e}d bói!] («¡eres un chico malo!»).
- *Mad* tiene como sinónimo *crazy* [krá^{e}is^{z}i], con una connotación acaso menos negativa.

SINÓNIMOS Y FRASEOLOGÍA DE *MAD* («LOCO»)

A lo largo del libro constataremos el uso de sinónimos y de fraseología (repertorio de frases características de una lengua). En este apartado vamos a ver un ejemplo de ello.

Sinónimos de *mad*: *lunatic* (lúnatik) y *nut* (nát). El auténtico loco, es decir, el que ha sido reconocido clínicamente como tal, se denomina *insane* (inséin). Veamos la fraseología al uso:

— volver loco a alguien: *to drive somebody mad/crazy* (tu dráif sámbodi má^{e}d/krà^{e}is^{z}i);
— medio loco: *half crazy* (háf krá^{e}is^{z}i);
— una idea loca: *a crazy/mad idea* (a^{e} krá^{e}is^{z}i/ma^{e}d aidía);
— loco de atar: *to be raving mad* (tu bí rá^{ef}ing má^{e}d), o bien *as mad as a hatter* (a^{e}s má^{e}d a^{e}s a^{e} há^{e}tte^{r}), cuya traducción literal sería «loco como un sombrerero» (este último dicho acaso se derive del hecho de que los sombrereros, como también los curtidores de pieles, empleaban sustancias tóxicas que provocaban comportamientos extravagantes);
— corrió como un loco para coger el autobús: *he ran like mad to catch the bus* (hí rá^{e}n láik má^{e}d tu ká^{e}ch θe bas);
— divertirse locamente («correrse una juerga»): *to have a wild time* (tu há^{e}f a^{e} uáild táim), en donde *wild* equivale a *silvestre, salvaje*.

Lesson 1B

Laughter lightens learning! («La risa facilita el aprendizaje»)

Joke **[xió^{u}k] («chiste»)**

TEACHER [tiícha^{r}] («profesor»): *Richard, name two pronouns, please* [ríchard, néim tu pronáuns, plíis] («Richard, dime dos pronombres, por favor»).

PUPIL [piúpil] («alumno»): *Who, me?* [hú mí?] («¿quién, yo?»).

TEACHER [tiícia^{r}] («profesor»): *That's correct, Richard* [θá^{e}ts korrékt, ríchard] («correcto, Richard»).

NOTA

- El equivalente inglés de nuestros *es decir* y *o sea* remite al latín *id est* y se abrevia *i.e.* [ai-i].
- La forma del imperativo se construye con la raíz verbal sin la preposición *to* [tu], pero sin olvidar la palabra *please* [plíis].
- Coloquialmente, el pronombre *me* [mí] puede utilizarse como sujeto en lugar del *I* [ái]: *me too!* [mí túu!] («¡yo también!»).
- *To name* [tu néim] puede traducirse como *decir el nombre*, *llamar* o *nombrar*.
- El pronombre demostrativo *that* [θá^{e}t] («aquel», «aquello», «aquella») antiguamente constituía la única forma de artículo determinado, de la que surgió el actual *the* [θe, θi], que es su contracción.

And now a tongue twister to practice *b*

Bold Betsy Bliss blows big beautiful blue bubbles.
[bó^{u}ld bétsi blís blóus bíg biútiful blúu báb^{e}ls]
(«La osada de Betsy Bliss hace unas grandes y bonitas pompas azules».)

NOTA *To blow, blew, blown* [tu blóu, bliú, blóun]: la lengua inglesa, más precisa, no usa el verbo *hacer*, sino *soplar*, que es más concreto. No obstante, en español también se da este caso, pues decimos que el viento *sopla* (*the wind blows* [θe uínd blóus]). Para los verbos irregulares, véase págs. 32-34.

Let's do some exercises now!

NOTA Aconsejamos realizar por escrito todos los ejercicios propuestos en el libro. Reescribir toda la frase permite aprender de manera inconsciente la ortografía de las palabras y familiarizarse con las estructuras sintácticas. Por otro lado, es indispensable repetir en voz alta las frases hasta alcanzar un dominio completo de todos los sonidos (¡repetirlos mentalmente no da los mismos resultados!). Sin embargo, antes de leerlos, hay que corregir los ejercicios. En la página siguiente se comentan algunas de las palabras más importantes.

EJERCICIO 1

Deletrear (spelling) *nuestro propio nombre y las siguientes palabras.*

all – asthma – be – boy – cat – do – dogs – fine – girl – have – his – house – how – idea – man – meeting – mention – mine – much – name – our – people – please – pleasure – question – spell – surname – thanks – theirs – very – welcome – what – woman – your.

EJERCICIO 2

Transformar las siguientes raíces verbales en formas en -ing.

know [nóu] («saber», «conocer») – *doubt* [dáut] («dudar») – *fascinate* [fásineit] («fascinar») – *fetch* [féch] («ir a buscar») – *glisten* [glíssen] («brillar») – *have* [há^{e}f] («haber», «tener») – *go* [gó^{u}] («ir») – *be* [bí] («ser») – *listen* [líssen] («escuchar») – *meet* [míit] («encontrar») – *signal* [síg-nal] («señalar») – *walk* [uók] («caminar», «andar») – *whistle* [uís^{e}l] («silbar») – *suffer* [sáffe^{r}] («sufrir») – *write* [ráit] («escribir») – *wreck* [rék] («naufragar») – *talk* [tók] («hablar») – *puzzle* [pás^{z}l] («dejar perplejo»).

NOTA Hay que tener en cuenta que:

a) cuando el verbo termina con una vocal que no sea *o*, no se pronuncia: *come* [kám], *coming* [kámin^{g}] («venir»);

b) los verbos monosilábicos duplican la consonante final: *chop* [chóp], *chopping* [chóppin^{g}] («cortar», «truncar»), así como los bisilábicos con acento en la segunda sílaba: *prefer* [prifé^{r}], *preferring* [priférrin^{g}] («preferir»), o los acabados en *-l*, aunque el acento no recaiga en la segunda sílaba: *travel* [trá^{fe}l], *travelling* [trá^{f}el-lin^{g}] («viajar»). No obstante, este último caso es desconocido por los norteamericanos, quienes no duplican la consonante.

Esta regla no es válida si la consonante final está precedida por dos vocales: *clean* [klíin], *cleaning* [klíinin^{g}] («limpiar»). Sucede lo mismo cuando se añade un sufijo a sustantivos y adjetivos: *travel* [trá^{fe}l] («viaje»), *traveller* [trá^{f}el-le^{r}] («viajero»).

Una última observación: si un verbo y un sustantivo tienen la misma forma, al añadir al infinitivo el sufijo *-ing* se obtiene sólo el participio presente o el gerundio: *whistle* [úisl] («silbar» o «silbido»), *whistling* [uíslin^{g}] («silbando»).

EJERCICIO 3

Rellenar los espacios en blanco.

1. What's ... name? 2. ... ...'s ... ... (your name and surname). 3. ... do you ... your name? (spell your name and surname, please). 4. Hi, how ... you? 5. I'm ... well, thank you. 6. ... Mary! Pleased ... ... you. 7. What's ... name? My ... ... Mary Smith. 8. And what's ... ...? ... name's John Stuart [stiúart]. 9. How ... you spell Stuart? ... 10. Thank ... Madam* [má^{e}dam]. 11. You're ....

NOTA *Madam* corresponde a nuestro genérico *señora*. Se emplea para dirigirse directamente a una persona de sexo femenino de la cual desconocemos el nombre. *Sir* [sér] es su correspondiente masculino.

EJERCICIO 4

Ordenar los siguientes vocablos para obtener frases completas.

her/what's/name? – they/what/are? – surname/his/what/is? – are/old/you/how? – is/she/how? – idea/their/good/is – he/is/fine – how/you/are? – her/what's/surname? – spell/your/how/name/do/you? – your/spell/please/name – their/spell/they/how/names/do? – do/what/you/prefer? [prifér] («preferir») – meet/you/nice/to – mention/it/don't – her/is/cat/nice – people/good/are – are/you/welcome – she/is/a/woman? – he/is/English? – she/is/fine? – very/you/much/thank – all/at/not.

EJERCICIO 5

NOTA Antes de pasar al ejercicio siguiente, es preciso asegurarse de que se ha comprendido bien el sentido de la frase a través de los vocablos que contiene y las reglas según las cuales se estructura: sólo así estaremos seguros de la corrección del ejercicio.

Convertir las siguientes frases afirmativas en negativas, interrogativas e interrogativas negativas.

1. She is fine. 2. His name is George [xórx]. 3. Her cat is nice. 4. Your name is Smith. 5. You are English. 6. Their idea is good. 7. People are good. 8. He is pleased to meet Jane. 9. He is welcome. 10. She is a woman.

UNIDAD DOS
UNIT TWO

Lesson 2A

Shopping («ir de compras»)

MARY: *Sue, where have you been?* [sú, uéa^{r} há^{e}f iú bíin?] («Sue, ¿dónde has estado?»)

SUE: *I've been to the supermarket* [áif bíin tú θe súpermárket] («he estado en el supermercado»).

MARY: *What did you buy?* [uót díd iú bái?] («¿qué has comprado?»).

SUE: *I bought some margarine, some biscuits, some bread, a bottle of white wine, some milk, and some vegetables* [ái bó^{o}t sám margarín, sám bískits, sám brád, a^{e} bótl of uáit uáin, sám mílk, a^{e}nd sám begetáb^{e}ls] («he comprado margarina, galletas, pan, una botella de vino blanco, leche y verdura»).

MARY: *Did you buy some tin food too?* [díd iú bái sám tín fúud túu?] («¿también has comprado latas?»).

SUE: *Oh, yes. I bought peas, mushrooms, cherries, tuna fish and a couple of tins of cat food for pussy* [o^{u} iés/ái bó^{o}t píis, masrúums, chérris, túna fíx a^{e}nd a^{e} káp^{e}l of tíns of ká^{e}t fúud fóo^{r} pússi] («ah, sí. He comprado guisantes, setas, cerezas, atún y un par de latitas de comida para el gato»).

MARY: *Well, I think you spent a lot of money!* [uél, ái θínk iú spént a^{e} lót of máni!] («vaya, ¡creo que has gastado un montón de dinero!»).

Acquisition and consolidation of rhythm and intonation

What's your name? [uóts ióur néim?] («¿cuál es tu nombre? ¿Cómo te llamas?»).

My name's Jean [mai néims xíin] («mi nombre es Jean. Me llamo Jean»).

Jean, Jean, where have you been? [xíin, xíin, uéa^{r} há^{e}f iú bíin?] («Jean, Jean, ¿dónde has estado?»).

I've been to the shop to buy margarine [áif bíin tu θe xóp tu bái margarín] («he ido a la tienda a comprar margarina»).

Jane's got ten little fingers [géins gót tén líd^{e}l fínge^{r}s] («Jane tiene diez deditos»).

She's got ten little toes [xís gót tén líd^{e}l tó^{u}s] («tiene diez deditos en los pies»).

She's got two ears [xís gót tú ía^{r}s] («tiene dos orejas»).

She's got two eyes [xís gót tú áis] («tiene dos ojos»).

And just one little nose [a^{e}nd xást uán líd^{e}l nó^{u}s] («y una sola naricita»).

Points of grammar

1 *Shopping* («ir de compras»)

Shopping es una palabra que ha pasado a formar parte de muchas lenguas. Su significado es «ir de compras». Sin embargo, en inglés, «hacer la compra» se dice *to do the shopping*.

2 *Sue, where have you been?* («Sue, ¿dónde has estado?»)

Where [uéa^{r}] es un adverbio de lugar, un pronombre interrogativo y un relativo: *¿dónde vas?*; *me preguntó a dónde iba*; *trabaja donde vive*.

Have been es un verbo compuesto que equivale a nuestro pretérito perfecto compuesto y que está formado por el verbo auxiliar *to have* [háf] («haber») y el verbo *to be* («ser»).

LA FORMACIÓN DE LOS TIEMPOS COMPUESTOS

Los tiempos compuestos se forman del siguiente modo:

a) con el auxiliar *to have* (tu háf) («haber» o «tener»), que, al igual que en español, es el único que admite tanto los verbos transitivos (seguidos por un objeto directo; por ejemplo: *he comprado margarina*) como los intransitivos *(vengo del mercado)*;

b) con el auxiliar *to be* (tu bí) («ser») en pasiva, para expresar estados del ser *(I'm cold,* «tengo frío») y para plasmar formas de nuestro gerundio *(I'm buying grapes,* «estoy comprando uva»).

EL VERBO *TO HAVE* («TENER»)

Esta es la conjugación de *to have* en presente de indicativo:

yo tengo	*I have* (ái há^{e}f), se contrae en *I've* (áif);
tú tienes	*you have* (iu há^{e}f), se contrae en *you've* (iúf);
él/ella tiene	*he/she/it has* (hi/sci/it há^{e}s), se contrae en *he's/she's/it's** (hís, xís, íts);
nosotros, -as tenemos	*we have* (ui há^{e}f), se contrae en *we've* (uíf);
vosotros, -as tenéis	*you have* (iu há^{e}f), se contrae en *you've* (iúf);
ellos, -as tienen	*they have* (ei há^{e}f), se contrae en *they've* (éif).

* En este caso la contracción puede equivaler a la forma impersonal del verbo haber: sea como fuere, el contexto de la frase no permite confundirlos.

3 *I've been to the supermarket* («he estado en el supermercado»)

En este caso el uso de la preposición *to* [tu] indica, además del movimiento hacia un punto cualquiera, la distancia que separa el sujeto del objeto.

4 *What did you buy?* («¿qué has comprado?»)

Este es el segundo verbo que utiliza el auxiliar *do* [dú], esta vez en pasado, para formular una pregunta en el tiempo simple del pretérito perfecto compuesto (recordemos la frase en presente *how do you spell your name?*).

En inglés existe una diferencia entre el uso del pretérito perfecto compuesto *(present perfect)* y el simple. Ante todo, una acción cuya datación se conoce exige siempre el compuesto, aun cuando se haya producido hace poco. Asimismo, este tiempo se utiliza en caso de acciones que no guardan conexión con el presente, aunque acaben de producirse: así pues, el periodo de la acción carece de relevancia, pues todo se produce en la mente y es esta la que decide en función del mensaje que desea expresar. Para las acciones que aún se conectan con el presente, y por tanto carecen todavía de datación (es decir, que están presentes en la memoria junto con percepciones, emociones y recuerdos) o pueden repetirse en el futuro (por ejemplo, la frase *he estado dos veces en el mercado* no excluye que se pueda volver una tercera), se usa el *present perfect* [présent pó^{e}rfekt].

EL USO DE LOS TIEMPOS EN PASADO

Veamos algunos ejemplos que pueden ayudarnos a aclarar el uso del pretérito perfecto simple y compuesto en inglés.

Me casé el verano pasado: se especifica exactamente el periodo (o la fecha) en la que se realizó la acción, por lo que emplearemos el pretérito perfecto simple.

Cumplí veinte años: aunque la fecha no se especifique, se usa el pretérito perfecto simple.

Cogimos el autobús: cuando la acción es manifiestamente pasada, los ingleses prefieren utilizar el pretérito perfecto simple.

De niño, nunca llevé guantes: dado que se trata de un periodo que ha concluido para siempre, el tiempo requerido es el perfecto simple.

John ha dado la vuelta al mundo dos veces: también en este caso la acción ha transcurrido (por lo que se puede usar el pretérito perfecto simple), pero si se desea dar a entender que puede repetirse, entonces se usará el compuesto. La elección del tiempo dependerá del mensaje que se desea transmitir.

He comprado este libro en Inglaterra: en esta frase no aparece alusión alguna a la fecha a la que se remonta la acción, por lo que podemos usar ambos tiempos en función del mensaje que se desea transmitir.

Un último ejemplo. La frase *he leído «Moby Dick»* puede expresarse en inglés de dos maneras:

a) con el pretérito perfecto: *I read «Moby Dick»*, con lo que expresamos el recuerdo de una acción concluida;

b) con el pretérito perfecto compuesto: *I've read «Moby Dick»*, dando a entender que no sólo recordamos la novela, sino que aún nos sentimos impresionados por su contenido. El empleo de estos tiempos es bastante simple: basta con tener claro lo que se desea comunicar y apelar al sentido común. En español, por suerte, y a diferencia de otras lenguas románicas en que ambas formas del pretérito se han reducido a una sola, disponemos también de esta posibilidad.

5 *I bought some margarine, some biscuits...* («he comprado margarina, galletas...»)

El plural de los sustantivos se obtiene, salvo algunas excepciones que irán apareciendo a lo largo del libro, añadiendo *-s* o *-es* a la palabra; por ejemplo: *cat, cats* [ka^{e}t, ka^{e}ts] («gato, -s»), *toe, toes* [to^{u}, to^{u}s] («dedo, -s del pie»), *potato, potatoes* [potéito^{u}, potéito^{u}s] («patata, -s).

Bought («comprado») es un verbo irregular. En inglés coloquial, se usan casi cien verbos irregulares que deben aprenderse de memoria en sus tres formas paradigmáticas: infinitivo, pretérito perfecto compuesto y participio. En este caso, el infinitivo es *to buy* [tu bái] («comprar»), el pretérito perfecto compuesto e imperfecto *bought* [bó^{o}t] («compré», «compraba») y el participio *bought* [bó^{o}t] («comprado»).

EL PLURAL DE LOS SUSTANTIVOS

- Si el sustantivo termina en *-o, -s, -x, -ch, -sh*, se añade *-es*: *class, classes* (klás, klássis) («clase, -s»).
- A los sustantivos que acaban en consonante más *y*, se añade *-ies*: *lady, ladies* (léidi, léidis) («señora, -s»); si, por el contrario, terminan en vocal más *y*, esta última permanece invariable.
- Los sustantivos que acaban en *-o* precedida de consonante, adoptan, excepto en algunos casos, la terminación *-es*: *potato, potatoes* (potéitou, potéitous) («patata, -s»); *hero, heroes* (hírou, hírous) («héroe, -s»). *Piano* (piá^{e}nou) («piano»), en cambio, forma el plural *pianos* (piá^{e}nous).
- Por último, bastantes sustantivos que acaban en *-f* o en *-fe* forman el plural en *-ves*: *leaf, leaves* (lîîf, lîîfs) («hoja, -s»); *thief, thieves* (θîîf, θîîfs) («ladrón, -es»); *wolf, wolves* (húlf, húlfs) («lobo, -s»); *shelf, shelves* (xélf, xélfs) («estantería, -s»); *life, lives* (láif, láifs) («vida, -s»); *wife, wives* (uáif, uáifs) («mujer, -es»); *knife, knives* (náif, náifs) («cuchillo, -s»).
- En Inglaterra, en las puertas de los servicios se lee en los rótulos *Ladies* (léidis) y *Gentlemen* (géntl-mén); encontramos aquí el primer plural irregular, *man* (má^{e}n) («hombre»), que no añade una *-s* pero que cambia la vocal *a* en *e*: *men* (mén) («hombres»).

El participio —presente y pasado— se llama así porque participa de dos naturalezas: la del verbo (en los verbos compuestos: *he ido, he comido*) y la del nombre (de hecho, puede convertirse en sustantivo o en adjetivo: *la solución es adecuada*).

En muchos casos, ambas formas del pasado y el participio son idénticas. Los verbos ingleses no presentan dificultades, pues no varía la conjugación de un tiempo en función de la persona, excepto en la tercera del singular, a la que se le añade una *-s*. Los verbos *to have* y *to be* se transforman en *has* y en *is*, respectivamente. Este es el motivo por el cual, en inglés, el sujeto debe aparecer siempre, al contrario que en español, donde es más frecuente la elipsis:

— *I buy, you buy, he/she buys, we buy, you buy, they buy* («yo compro», «tú compras», «él/ella compra», «nosotros, -as compramos», «vosotros, -as compráis», «ellos, -as compran»);
— *I do, you do, he/she does* [dás], *we do, you do, they do* («yo hago», «tú haces», «él/ella hace», «nosotros, -as hacemos», «vosotros, -as hacéis», «ellos, -as hacen»).

Recordemos que la terminación en *o* requiere, en la conjugación de la tercera persona del presente, la adición de una *e*: *go* [gó^{u}], *goes* [gó^{u}s].

A veces, el imperfecto español se expresa en inglés con la forma correspondiente a nuestro gerundio; por ejemplo:

— *I was going to school* (ái uós góin^{g} tu skúul) («iba a la escuela» o «estaba yendo a la escuela»).

La expresión *some margarine* parece similar a *some biscuits*, pero en realidad no lo es. El partitivo *some* («del», «de la, los, las» o «algunos, -as») aparece a veces junto a sustantivos numerables y otras junto a sustantivos que en inglés no se consideran numerables. En el primer caso el verbo irá en plural y en el segundo, en singular.

Bread-sticks [brédstíks] («bastones de pan») es un compuesto de *bread* («pan»). A la hora de pedir una botella de vino, no hace falta recurrir a una expresión como *a bottle of red wine*, sino simplemente mencionar *red wine*; si, en cambio, se prefiere cerveza, habrá que especificar el recipiente: *a glass* [a^{e} glás] («una jarra») o *a bottle of beer* [a^{e} bót^{e}l of bíia^{r}] («una botella de cerveza»).

En inglés, las generalizaciones se expresan o bien mediante el singular del sustantivo o bien con el plural, pero siempre sin artículo: *I love cats* (ái láf ká^{e}ts) («adoro los gatos»); *wine is his favourite drink* (uáin ís^{z} his fá^{e}borit drink) («el vino es su bebida preferida»).

6 *Did you buy some tin food too?* («¿también has comprado latas?»)

Los ingleses son muy respetuosos con las reglas del idioma, si bien suelen utilizarlas con mucha libertad. El adjetivo aparece siempre antes que el nombre al que se refiere: *a beautiful rose* [a^{e} biútiful ró^{u}s] («una bonita rosa»). En el caso de la expresión *tin food* («lata de comida»), en lugar de un adjetivo y un nombre, se emparejan los sustantivos *tin* y *food*, de manera que el primero se transforma en adjetivo. Así, mientras en español se dice *comida en lata*, *lata de comida* o, simplemente *una lata*, ellos se limitan a decir algo que podría traducirse de manera literal como «lata comida».

Por lo tanto, habrá que poner especial cuidado a la hora de realizar tales compuestos.

Too es sinónimo de *as well* [a^{e}s uél] («también»), y ambos suelen aparecer al final de la frase siempre que esta no sea demasiado larga: *I bought some red wine and some beer as well* [ái bó^{o}t sám réd uáin a^{e}nd sám bíia^{r} a^{e}s uél] («he comprado vino tinto y también cerveza»).

7 *Oh, yes. I bought peas, mushrooms, cherries...* («ah, sí. He comprado guisantes, setas, cerezas...»)

Yes tiene como antónimo *no* [nó^{u}].

Cherries es el plural de *cherry*. Por lo general, las palabras que acaban en *y* precedida de consonante hacen el plural en *-ies*. Esta regla también se aplica a la tercera persona singular del presente de indicativo cuando el verbo termina, precisamente, en *y*. Sin embargo, el gerundio no cambia: *study* [stádi] («estudiar»), *studying* [stúdin^{g}] («estudiando»).

Of es una preposición que corresponde a la española *de* e introduce un complemento que especifica el nombre. En inglés, no obstante, este complemento también puede traducirse de otra forma, como se verá más adelante.

For también es una preposición que en español se traduce como *por*, y suele introducir complementos circunstanciales de un marcado carácter final *(lo hago por ti)*.

8 *Well, I think you spent a lot of money!* («¡vaya, creo que te has gastado un montón de dinero!»)

En el caso de *spent*, nos hallamos ante otro verbo irregular: *to spend*, *spent*, *spent* [tu spénd, spént, spént].

Como otros verbos, también en este caso las formas del perfecto y el participio son iguales. Recordemos también:

ser	*to be, was/were, been* [tu bí, uós/uéa^{r}, bíin]
haber	*to have, had, had* [tu há^{e}f, há^{e}d, há^{e}d]
hacer	*to do, did, done* [tu dú, díd, dán]
deletrear	*to spell* [tu spél]; presenta la forma irregular *spelt, spelt* [spélt, spélt] y la regular *spelled* [spéld]
comprar	*to buy, bought, bought* [tu bái, bó^{o}t, bó^{o}t]
encontrar	*to meet, met, met* [tu míit, mét, mét]
pensar	*to think, thought, thought* [tu θínk, θó^{o}t, θó^{o}t]
enseñar	*to teach, taught, taught* [tu tíich, tó^{o}t, tó^{o}t]
combatir, luchar	*to fight, fought, fought* [tu fáit, fó^{o}t, fó^{o}t].

Llegados a este punto, tras tantos verbos irregulares, se nos preguntará cómo se forman el imperfecto y el perfecto de los verbos regulares. Basta con añadir el sufijo *-ed* (o bien una sola *-d* si el verbo termina en *-e*) a la raíz verbal; por ejemplo: *I spelled my name* («deletreé/deletreaba mi nombre»), *I loved* [láf^{e}d] *you* («te amé/amaba»).

A diferencia del español, en inglés sólo existe una forma compuesta de pasado que se expresa mediante el verbo auxiliar *had* y el participio verbal: *had bougt* [ha^{e}d bo^{o}t] («había comprado»).

Lot se emplea tanto con sustantivos numerables como con los que no lo son:

— *a lot of bottles* [a^{e} lót of bót^{e}ls] («un montón de/muchas botellas»);
— *a lot of petrol* [a^{e} lót of pétrol] («un montón de/mucha gasolina»).

También se emplea en plural: *they had eated lots of biscuits* [θéi há^{e}d íted lóts of bískits] («comieron un montón de/muchas galletas»).

> Los ingleses asignan al verbo *to have* también el significado de *comer*: *have a biscuit!* («¡come una galleta!»).
>
> Cuando se convierte en verbo de acción, *have* requiere el auxiliar *do*. Por lo que respecta a la forma del verbo *haber* entendido como poseer, en inglés se usa la forma *have got* (gót), en la cual el segundo verbo refuerza el sentido del primero.

And now a tongue twister to practice *ch*

Chatty Richard and cheating Charles cheerfully chewed cheese and chewed gum which they stuck under their chair in the Chinese church.

[chátti ríchard a^{e}nd chítin^{g} chárls chi^{r}fúlli chúf^{e}d chís a^{e}nd chúed gám uích θéi sták ánde^{r} θéa^{r} chéa^{r} in θe chaníis chó^{e}rch]

(«Richard el charlatán y Charles el liante masticaban alegremente queso y chicle que pegaban debajo de su silla en la iglesia china.»)

NOTA

- *Chewing gum* [chúin^{g} gám] («goma de mascar», «chicle»).
- *Which* («cual», «que»): pronombre interrogativo y relativo que se aplica a personas.
- *To stick, stuck, stuck* [tu stík, sták, sták] («pegar», «golpear»), de donde se deriva el sustantivo *sticker* [stíke^{r}] («pegamento»); la cola es *glue* [glúu] y la cinta adhesiva, *cellotape* [sélo^{u}téip], de donde procede la palabra española *celo*.
- *Their chair:* en inglés se tiende a especificar la propiedad, por breve que sea, de un objeto.

Lesson 2B

Joke with pun («chiste con juego de palabras»)

— *Waiter!* [uéite^{r}!] («¡camarero!»).
— *Yes, sir* [iés, s^{o}ér] («sí, señor»).
— *Can you tell me what's this?* [ká^{e}n iú tél mi uóts θis?] («¿podría decirme qué es esto?»)
— *It's bean soup, sir* [íts bíin súup, s^{o}ér] («es sopa de judías, señor»).
— *I don't care what it's been. I want to know what it's now!* [ái dó^{u}nt kéa^{r} uót íts bíin/ái uónt tu nóu uót íts náu!] («no me importa lo que era: ¡quiero saber lo que es ahora!»).

NOTA

En este caso, el juego de palabras proviene de la homofonía entre *it's bean* e *it's been*, lo que origina el equívoco o *misunderstanding* [misánde^{r}stá^{e}ndin^{g}].

And now a tongue twister to practice *d*

Deep in the earth dreadful dummy dragons duel in dark dungeons.

[díp in θi o^{e}r θ drédful dámmi drágons dúel in dá^{r}k dánxeons]

(«En la tierra profunda horrorosos espantajos de dragones se batían en duelo en oscuras mazmorras.»)

NOTA

- *The earth*, siempre con el artículo, es sinónimo de *Tierra*. La tierra (tanto el elemento como la propiedad) se denomina *land* [lá^{e}nd]; la que se cultiva se llama *soil* [sóil]; la superficie terrestre y el suelo son *ground* [gráund]; el país, pueblo o terruño, *land* [lá^{e}nd] o *country* [káuntri].
- *Dungeon* equivale a *mazmorra*, aunque ya no se utiliza. En su lugar existe la cárcel o prisión, llamada *prison* [príson], o bien *jail* [xéil] o *gaol* [gául]. De hecho, en Londres hay un museo llamado London Dungeon [lándon dánxeon].

Let's do some exercises now!

EJERCICIO 6

Rellenar los espacios en blanco.

1. Where ... you buy the biscuits? ... taste ([téist]: «sabor», «saborear») good! 2. Did you ... a lot ... money? 3. What's a biscuit? How ... you spell it? 4. Please, ... some biscuits with your tea ([tí]: «té»)! ... you very much! I love biscuits. 5. What ... you have? I had ... coffee. 6. Is it ... dog? Yes, ... my dog. 7. What a ... cat! 8. Where ... you meet her?

EJERCICIO 7

Traducción inversa.

1. ¿Te has encontrado con Mary? No, no me he encontrado con ella. 2. ¡Qué perro tan bonito! ¿Es tuyo? No, el perro es suyo. 3. Han puesto (comprado) gasolina. 4. Me gusta la cerveza y también el vino. 5. ¿Qué has bebido *(have)*? He tomado vino blanco. 6. Y tú, ¿qué has comido? He comido un montón de cerezas. 7. He conocido a un chico; se llama John. ¿Dónde te has encontrado con él (lo has conocido)? 8. Generalmente cojo (compro) setas y verdura para Jane. 9. ¿Se ha bebido el gato su leche? ¿El gato se ha bebido su leche? 10. ¿Dónde has estado? He estado en el supermercado haciendo la (mi) compra. 11. Han comprado una bonita rosa roja. 12. ¿Dónde está la comida para Pussy?

EJERCICIO 8

Transformar las siguientes frases afirmativas en negativas, interrogativas e interrogativas negativas.

1. She has been to the shop. 2. You spent a lot of money. 3. She loves biscuits. 4. Wine is their favourite drink. 5. He reads *Moby Dick*. 6. John and Jean love cats. 7. Breadsticks are good to eat (*to eat, ate, eaten* [tu íit, et, íten]: «comer»). 8. You have got a lot of wine. 9. Steve bougt a lot of cherries.

EJERCICIO 9

En la página siguiente, emparejar cada uno de los vocablos de la columna A con su correspondiente de la columna B (sólo permanece invariable una pareja: ¡la del optimismo!).

A	B	A	B
1. Care	☐ Shop	1. Meet	☐ Red
2. Wine	☐ Jail	2. Spell	☐ Rose [ró^{u}s] («rosa»)
3. Sticker	☐ Friends [fréndz] («amigos»)	3. Spend	☐ Butter
4. Sellotape	☐ Foot [fúut] («pie»); pl. *feet* [fíit]	4. Earth	☐ Biscuits
5. Bread	☐ Have got	5. Sir	☐ Prisoner [prísoner] («preso»)
6. Buy	☐ Butter	6. Teach	☐ Cheese
7. Love	☐ Cats	7. Beans	☐ Country
8. Toe	☐ Chewing gum	8. Rose	☐ Friends
9. Tin	☐ Red	9. Earth	☐ Vegetables
10. Waiter	☐ Cheese	10. Live	☐ Ground
11. Have	☐ Glue	11. Little	☐ Madam
12. Think	☐ Pink [pínk] (color «rosa»)	12. Prison	☐ Food
13. Fight	☐ Battle [bát^{e}l] («batalla»)	13. Land	☐ Big [bíg] («grande»)

EJERCICIO 10

Deletrear (to spelling) *las diez palabras de la lista anterior que se consideren más difíciles de memorizar y formar con ellas oraciones simples.*

UNIDAD TRES
UNIT THREE

Lesson 3A

Let's treat ourselves to a nice meal!* («¡hagamos una buena comida!»)

PAUL [pó^{o}l:]: *Hi, Jean! It's nice to see you; how are you?* [hai, xíin!/íts náis tu síi iú; háu aár iú?] («¡hola, Jean! Me alegro de verte; ¿cómo estás?»).

JEAN [xíin]: *Very well, thanks. And you?* [vé^{r}i uél, θá^{e}nks/a^{e}nd iú?] («muy bien, gracias ¿Y tú?»).

PAUL: *Oh, fine, thanks. But I'm feeling very hungry at the moment* [o^{u}, fáin, θá^{e}nks/bát áim fíilin^{g} vé^{r}i hángri a^{e}t θe mó^{u}ment] («ah, bien, gracias. Pero en este momento me siento muy hambriento»).

JEAN: *Well, let's treat ourselves to a nice meal!* [uél, léts tríit aua^{r}sélfs tu a^{e} náis míil!] («bueno, pues ¡hagamos una buena comida!»).

PAUL: *That's a good idea! I like having lunch with friends. What about* going to Genaro's?* [θá^{e}ts a^{e} gúud aidía!/ái láik há^{ef}in^{g} lánch uíθ frénds/uót a^{e}báut góin^{g} tu xennáros?] («¡es una excelente idea! Me gusta comer con los amigos. ¿Qué te parece si vamos a Casa Genaro?»).

JEAN: *Splendid!* [spléndid!] («¡estupendo!»).

They go to the restaurant [θéi gó^{u} tu θe réstorant] («van al restaurante»).

Acquisition and consolidation of rhythm and intonation

What's your name? («¿cuál es tu nombre?»).

My name's Phil [fíl] («mi nombre es Phil»).

Phil, how do you feel [fíil]? («Phil, ¿cómo te sientes [qué tal estás]?»).

I'm very hungry, I need a meal [áim vé^{r}i hángri, ái níid a^{e} míil] («estoy muy hambriento, necesito comer»).

Rain, rain, go away [réin, réin, gó^{u} a^{e}uéi] («lluvia, lluvia, desaparece»).

This is mother's washing day [θís ís^{z} máθe^{r}s uóxin^{g} dá^{e}i] («hoy es el día en que mamá hace la colada»).

Come again another day [kám a^{e}géin a^{e}náθe^{r} dá^{e}i] («vuelve otro día»).

NOTA
- *To need* equivale a *necesitar*.
- *Another* se compone del artículo indeterminado *an* y del adjetivo *other*.

Points of grammar

1 ***Let's treat ourselves to a nice meal!* («¡hagamos una buena comida!»)**

Se trata de una frase hecha que incita a hacer algo. No puede traducirse literalmente, por lo que habrá que recurrir a otra que tenga el mismo sentido. *Let's* es la contracción de las palabras *let* y *us*: la primera es un verbo irregular *(to let, let, let)* que literalmente significa «dejar» o «permitir» y se añade a un verbo de acción en la forma del infinitivo, sin la preposición *to*, para indicar, precisamente, una exortación. Por ejemplo: *let me think* [lét mí θínk] («déjame pensar»).

Ourselves es un pronombre reflexivo cuyo significado sería «nosotros mismos». En la tabla siguiente pueden verse todos los pronombres personales y reflexivos.

PRONOMBRES PERSONALES		
Sujeto	***Complemento***	***Pronombres reflexivos***
I (ái)	*Me* (mí) («*dame* ese libro»)	*Myself* (maisélf)
You (iú)	*You* (iú) («*te* doy ese libro»)	*Yourself* (iourséIf)
He (hí)	*Him* (hím) («*dale* ese libro»)	*Himself* (himsélf)
She (xí)	*Her* (h°ér) («*dale* ese libro»)	*Herself* (h°ersélf)
It (ít)	*It* (ít) («*dale* un hueso»)	*Itself* (itsélf)
We (uí)	*Us* (ás) («*danos* un libro»)	*Ourselves* (auarsélfs)
You (iú)	*You* (iú) («*os* damos ese libro»)	*Yourselves* (iourséIfs)
They (éi)	*Them* (θém) («*les* damos ese libro»)	*Themselves* (θemsélfs)

One's equivale a *propio*. De este modo, *to hold one's breath* (tu hó^u^ld uáns bréθ) significa «contener el (propio) aliento».

El pronombre reflexivo se construye con *-self* («mismo»): *I did it myself* (ái díd ít maisélf) («lo hice yo mismo»); también puede decirse *I did it by* (bái) *myself*, donde *by* es complemento de medio. Otros ejemplos: *he himself went to talk to her* (hí himsélf uént tu tók tu h°ér) («fue a hablarle él mismo»); *they can look after themselves* (θéi ká^e^n lúuk áfter θemsélfs) («pueden cuidarse de sí mismos»).

To treat literalmente quiere decir «tratar», aunque también significa «pagar por alguien» y «ofrecer»; de este verbo deriva el sustantivo *treatment* [tríit-ment] («tratamiento»).

Ya hemos dicho que la preposición *to* indica distancia; por tanto, en este caso, expresa el concepto de «dirigirse hacia una buena comida». Las operaciones mentales son muy importantes para comprender las dinámicas lingüísticas: también en español decimos «hagamos una buena comida», donde *hagamos* equivale a *hagamos a nosotros*; la preposición *a* indica sobre quien recae la acción. Si en lugar de sobre nosotros hubiera sido sobre una tercera persona, habríamos dicho, por ejemplo, *hagámosle una buena comida.*

2 *Oh, fine, thanks. But I'm feeling very hungry at the moment* («ah, bien, gracias, pero en este momento tengo mucha hambre »)

La traducción literal de *I'm feeling* sería «me estoy sintiendo». Esta forma verbal se denomina *presente continuo*, ya que alude a lo que sucede en el momento en que la persona habla. Por ejemplo, *I'm eating an apple* [áim íitin^{g} a^{e}n á^{e}pl] («[me] estoy comiendo una manzana») se forma con el auxiliar *to be* («ser») para aludir a la persona y el tiempo y el verbo que indica la acción, al que se le ha adjuntado el sufijo *-ing*.

Para evitar un error bastante frecuente, el verbo *to be* siempre debe ser especificado. No puede decirse *I eating* («yo comiendo»). Además del presente, también existen el pasado y el futuro continuos.

Hungry significa «hambriento». Puede unirse a *to be* para expresar un estado concreto: *I'm hungry* [áim hángri], *I'm cold* [áim kó^{u}ld] («tengo frío»), *I'm warm* [áim uórm] («tengo calor») *I'm angry* [áim á^{e}ngri] («estoy enfadado»).

At es una preposición que indica un lugar o un tiempo preciso: *at the cinema* [á^{e}t θe sínema] («en el cine»), at the moment [á^{e}t θe mó^{u}ment].

3 That's a good idea! I like having lunch with friends («¡qué buena idea! Me gusta comer con los amigos»)

A pesar de que hemos traducido *that* [θá^{e}t] por *¡qué!*, este pronombre demostrativo equivale a *este, -a, -o*. Además de como pronombres, *this* [θís] y *that* también funcionan como adjetivos demostrativos: *that book is mine* [θát búuk ís^{z} míne] («este libro es mío»); *that's my book* [θáts mái búuk] («este es mi libro»).

ADJETIVOS Y PRONOMBRES DEMOSTRATIVOS	
Singular	***Plural***
This (θís) («este, -a»)	*These* (θíis) («estos, -as»)
That (θá^{e}t) («ese, -o, -a», «aquel, -la»)	*Those* (θó^{u}s) («aquellos, -as»)
N.B. En inglés, los demostrativos no tienen género	

To like es un verbo regular con un uso muy simple: *I like apples* [ái láik á^{e}p^{e}ls] («me gustan las manzanas»). En cambio, si se combina con un verbo, hay que distinguir:

a) si la acción es de índole general, el verbo que lo sigue adopta la forma en *-ing*, como en *I like swimming* [suímmin^{g}] («me gusta nadar»);

b) si la acción se produce en casos concretos, entonces el verbo va en infinitivo precedido por *to*: *I like to swim* [súim] *when* [uén] *I am at the seaside* [síi-sáid] («me gusta nadar cuando voy a la playa»).

4 *What about going to Genaro's?* («¿qué te parece si vamos a Casa Genaro?»)

Se trata de una expresión idiomática de la que ya conocemos la primera palabra; *about* [a^{e}báut], por su parte, es una preposición que introduce el complemento («¿*de qué* estás hablando?»). Como todas las preposiciones, exige que el verbo acabe en *-ing*.

Genaro's: se trata del genitivo sajón, una forma típica inglesa para referirse al propietario de un objeto o animal. Esta regla se aplica a cualquier tienda. De hecho, si en lugar de a Casa Genaro fuésemos a la panadería, la frase sería la siguiente: *I've been to the baker's* [béike^{r}s] («he estado en la panadería»).

Esta *s* precedida de un apóstrofo indica la posesión del objeto que se especifica inmediatamente: *Mary's dress* [drés] («el vestido de María»).

A diferencia de la preposición *of*, que expresa una relación, el genitivo sajón indica una propiedad. En un principio se aplicaba exclusivamente a la propiedad privada, si bien su uso fue ampliándose con el paso del tiempo. También se aplica a las posesiones temporales: *today's paper* [tudá^{e}is péipe^{r}] («el periódico de hoy»). En caso de duda, es mejor optar por *of*.

Para los sustantivos en plural, basta con añadir el apóstrofo después de la *s*, o bien, si son irregulares, el genitivo *'s*: *travellers'* [trá^{f}ellers] («de los viajeros»), *children's* [chíldrens] («de los niños»).

EL DOBLE GENITIVO

Suelen darse casos de doble genitivo como, por ejemplo, *un amigo del (amigo) de mi hermano*.

En inglés se emplea tanto *of* como el genitivo sajón. En el caso anterior, la traducción sería *a friend of my brother's* (en donde se sobreentiende *friends*). Esta elipsis es bastante frecuente en todas las lenguas, pensemos por ejemplo en la frase *I've been at my mother's* («he estado en casa de mi madre») y su equivalente *he estado en casa*.

En el caso de que no aparezca el nombre en la forma del posesivo (*Mary's o my brother's*), sino un adjetivo posesivo, también habrá un doble genitivo, tal como puede verse en los siguientes ejemplos: *a friend of his* y *a friend of hers* («un amigo suyo» que equivaldría a «un amigo de los de él»); *a friend of mine* («un amigo mío»); *a friend of yours* («un amigo vuestro»); *a friend of theirs* («un amigo suyo»).

And now a tongue twister to practice *e*

At the end my French friends lent me ten pence.
[a^{e}t θi énd mai frénch frénds lént mi tén péns]
(«Al final mis amigos franceses me prestaron diez peniques.»)

NOTA

- *French:* los adjetivos gentilicios se escriben siempre con su inicial en mayúscula.
- *To lend, lent, lent* [tu lénd, lént, lént] («prestar»). Los ingleses distinguen las nociones de dar en préstamo *(to lend)* y de tomar en préstamo (*to borrow* [tu bórrou]):
  - — he tomado prestado el libro de mi amigo: *I borrowed* [borróud] *the book from my friend*;
  - — ¿puedes prestarme dos libras, por favor?: *can you lend me two pounds* [páunds], *please?*
- La moneda inglesa es la libra esterlina *(pound)*, divisible en monedas de 50, 20, 10, 5 y 2 peniques *(pennies)*.

  El singular de *pennies* [pénnis] es *penny*. En caso de sumas de dinero, se emplea la palabra *pence*, *-s* para indicar las subdivisiones de la libra esterlina.

  La calderilla se denomina *change* [chéing].

  Coin [kóin] es la moneda propiamente dicha, mientras que el billete se llama *banknote* [bá^{e}nk-nó^{u}t], si bien su forma abreviada es la más usual: *a five-pound note* [a^{e} fáif-páund nó^{u}t] («un billete de cinco libras»). Los norteamericanos emplean la palabra *bill* [bíl], que en el Reino Unido equivale a *cuenta*.

  El término *sterling* [stó^{e}rlin^{g}] se utiliza para indicar la moneda del Reino Unido: *sterling traveller's cheques* [stó^{e}rlin^{g} trá^{f}ellers chéks] («cheques de viaje en libras»).

  La divisa se denomina *currency* [kó^{e}rrensi]. *Spanish currency*, pues, significa *divisa española*.

Lesson 3B

In an elegant restaurant a diner says to the waiter [in a^{e}n élegant réstorant a^{e} dáine^{r} sá^{e}is tu θe uéite^{r}] («en un restaurante elegante, un cliente le dice al camarero»):

— *Excuse me, but my plate's wet* [exkiús mí, bat mái pléits uét] («perdone, pero mi plato está húmedo»).
And the waiter replies [a^{e}nd e uéite^{r} ripláis] («y el camarero replica»):
— Oh, no, sir. That's not wet, it's soup [o^{u}, nó^{u}, só^{e}r/θá^{e}ts nót uét, íts súup] («oh, no, señor. No es humedad, es la sopa»).

NOTA

- *To say, said, said* [tu sá^{e}i, sá^{e}id, sá^{e}id] («decir»): este verbo pertenece a la familia de los verbos de habla; por tanto, equivale a *to speak, spoke, spoken* [tu spíik, spó^{u}k, spó^{u}ken], que indica la acción del hablar por excelencia. Se emplea tanto en el discurso directo como en el indirecto, si bien también aparece en expresiones como *he didn't say a word* [hí dídnt sá^{e}i a^{e} uó^{e}rd] («no dijo ni una palabra»). Tanto a *to say* como a *to speak* sigue la preposición *to*. Para no olvidarlo, pueden memorizarse las formas *to speak to* y *to say to*.

  Podemos hallar también la expresión *to speak with*, que se utiliza para dar un carácter conversacional al acto de habla. No es lo mismo hablar *a* alguien que hablar *con* alguien.

  Para completar la lista, citaremos además *to talk to* [tu tók tu] («dirigir la palabra a»), *to tell, told, told* [tu tél, tó^{u}ld, tó^{u}ld] («explicar», «relatar»). Si el sujeto de la oración se dirige a una persona, habrá que emplear la forma *to tell someone* [sámuan] («decir o contar a alguien»). Nótese , además, que *to tell* no aparece seguido del *to*, ya que el verbo introduce siempre la historia o narración: *to tell lies* [tu tél láis] («contar mentiras»). Su sustantivo es *tale* [téil] («cuento» o «historia»).

  Con *to chat* [tu chiá^{e}t] se indica una charla amigable sobre temas de escasa importancia. La fórmula más usada es *to have a chat* [tu há^{e}f a^{e} chiá^{e}t] («pegar la hebra»). *To chat* permite formar *chatter* [chiá^{e}tte^{r}] («charla»). Un charlatán o una chismosa recibirá el nombre de *chatterbox* [chiá^{e}tte^{r}-box]. Entre charla y charla, se nos puede escapar algún que otro chisme. *To gossip* [góssip] equivale a *chismorrear*, si bien también puede sustantivarse: *gossip* («chismorreo»). *Gossip-monger* [góssip-mon^{g}e^{r}] puede traducirse como *lenguaraz*, mientras que *gossiper* [góssipe^{r}] es menos peyorativo. *Rumor* [rúmo^{r}], que carece de plural, tiene el mismo significado. Una expresión para expresar que algo está en boca de todos es *it's on the grapevine* [íts on θe gréip^{f}ain], cuya traducción literal sería «está en la vid».
- *To reply* [tu ripláì] («replicar») es una forma alternativa del verbo *responder* («to answer» [tu ánse^{r}]).
- *Wet* [uét] también se utiliza en la expresión *soaked/wet throug** [so^{u}kd/uet ru] («calado hasta los huesos»).
- *Excuse me* [ekskiús mí] corresponde a nuestro *perdone*, usado más para llamar la atención de alguien que para pedir disculpas, si bien también se utiliza para dar excusas y justificarse. Cuando un inglés se equivoca involuntariamente, dirá *sorry* [sórri] o la expresión *I'm sorry* [áim sórri] («estoy afligido»). Las disculpas propiamente dichas en un contexto formal, por el contrario, se expresan mediante el verbo apropiado, *to apologize* [tu apologiáis] («disculparse»), y el sustantivo correspondiente es *apology* [apólogi] («disculpa»).

  Por su parte, la expresión *I beg your pardon?* [ái bég ióur pá^{r}don?] («¿le pido perdón?»), resulta demasiado formal, y se emplea sobre todo para pedir a alguien que nos repita una frase que no hemos entendido. Si se expresa en forma afirmativa, es una petición de disculpa.

And now some tongue twisters to practice *f*

Fire fairies flew playing the flute.
[fáia^{r} féaris fliú pléin^{g} θe flúut]
(«Hadas de fuego volaban tocando la flauta.»)

Five funny Frenchmen were fishing for frogs through flames and fire.
[fáif fánni frénch-mén uéa^{r} fíxin^{g} fóo^{r} frógs θru fléims a^{e}nd fáia^{r}]
(«Cinco franceses divertidos pescaban ranas entre llamas y fuego.»)

NOTA

- *Funny* [fánni] es un adjetivo muy frecuente para calificar todo aquello que es raro, inusual e incluso cómico. No debe confundirse con *strange* [stréing], que califica algo como no familiar, y cuyo sustantivo es *stranger* [stréinxe^{r}], que se refiere a la calidad de extraño, no de extranjero, para la cual se utiliza el adjetivo *foreigner* [fórine^{r}]. Se puede utilizar *strange* para expresar la extrañeza de una cosa o una situación, si bien lo que se indica es su carácter inusual.
- *For* [fóo^{r}] indica la finalidad de una acción realizada, tal como se expresa en español con la preposición *a*.
- *Through* [θru] es una preposición que equivale a *por* o *a través.*
- *Ir de pesca* y *pescar* se dicen en inglés *to go fishing* [fíxin^{g}].

Let's do some exercises now!

EJERCICIO 11

Rellenar los espacios en blanco.

1. Are you ... cold? 2. No, I ... not cold, I ... warm. 3. ... you hungry? 4. Yes, very .... 5. What about ... to a restaurant for a nice ... then? 6. Yes, that's a good ...! ... go ... Genaro's for a ... pizza! 7. What ... inviting [inváitin^{g}]; to invite ([tu inváit] «invitar») your sister ([síste^{r}] «hermana») too? 8. She's ... in Toledo, she's ... the seaside ... the moment ([mó^{u}ment «momento»). 9. O.K. Where's ... car ([káa^{r}] («coche»)? 10. ... car is ... the mechanic's ([mékaniks] «mecánico»). 11. Then ... walk ([uók] «andar», «caminar»).

EJERCICIO 12

Traducción inversa.

1. Hola, Phil. ¿Cómo te sientes hoy? 2. Muy bien, gracias. 3. ¿Qué te parece si vamos al cine? 4. Me parece una buena idea. ¡Vamos también a un restaurante! 5. ¿Qué te parece si invitamos también a Jean? 6. No me parece una buena idea. Jean está enfadada conmigo. 7. Bien, entonces vámonos.

EJERCICIO 13

Completar este diálogo con las siguientes palabras:

are – black – chicken – cup ([káp] «taza») – for – fried ([fráid] «frito») – have – isn't – let – like – meal – much – prefer – thank – that's – then – with.

SUSAN: ... you feeling hungry?
JACK: Not very .... But I need a good ....
SUSAN: Do you want boiled ([bóild] «hervido») chicken with ... potatoes and salad ... dinner?
JACK: No, ... you. I don't ... boiled .... I ... roastbeef.
SUSAN: Plain roastbeef [róust-bíif] ... a meal!
JACK: Well, ... me have just an apple.
SUSAN: Listen: now you ... a nice chicken soup, a steak ... potatoes and peas, ... an icecream, and finally ([fáinalli] «para terminar») a nice ... of ... coffee. ... a real meal!

NOTA

- *Chicken* [chíken] es un pollo o una gallina cocinados. La gallina y el gallo, vivos, en inglés se llaman respectivamente *hen* [hén] y *cock* [kók].

  Desde las invasiones normandas en Inglaterra a finales del siglo XI existe la costumbre de diferenciar los animales vivos de los cocinados. Por lo tanto, en un restaurante no pueden pedirse unas chuletas de cerdo llamándolo *pig* [píg], un fricandó de ternera llamándola *calf* [káf], y menos aún un bistec de buey llamándolo *bull* [búl]: la cara del camarero sería de las que hacen época. Así pues, debemos pedir *pork* [pórk], *veal* [víil] y *ox* [óks] (cuyo plural es *oxen* [óksen]). Las únicas excepciones, siempre que aparezcan en el menú, son el conejo (*rabbit* [ráebbit]) y la liebre (*hare* [héar]), cuyos nombres no varían.
- *Plain* [pléin] significa «sin guarnición».
- *To listen to* [tu líssen tu] («escuchar»). Este verbo indica la escucha voluntaria.

  Oír algo involuntariamente se expresa, en cambio, con el verbo *to hear, heard, heard* [tu hiár, hóerd, hóerd]; por ejemplo:

  — *I'm listening* [líssening] *to some music* [miúsik] («estoy escuchando música»);
  — *did you hear that noise?* [nóis] («¿has oído ese ruido?»).

EJERCICIO 14

Señalar en la columna B las respuestas adecuadas a las preguntas de la columna A.

A	*B*
1. What's that?	☐ He's my sister's son [són] («hijo»).
2. And what's that?	☐ It's my father's house.
3. Who's that girl in your father's house?	☐ It's St. Peter's.
4. What's this?	☐ That's my mother's garden.
5. What's that church ([ch^{o}érch] «iglesia») near ([niár] «cerca de») your father's house?	☐ It's Sarah's.
6. Who's that boy in your mother's garden?	☐ She's my brother's girlfriend ([g^{o}érl-frénd] «novia»)
7. Whose dog is that?	☐ This is yesterday's newspaper.

EJERCICIO 15

Ordenar los siguientes términos para obtener frases con sentido completo.

nice/treat/ourselves/let's/meal/to/a – you/need/meal/do/a? – you/do/did/yourself/it? – are/eating/what/you? – the/children/you/can/look/after? – John/has/to/been/the/baker's? – had/we/nice/a/chat – to/me/listen/please! – you/did/music/hear/the? – lend/can/you/a pound/me? – boy/is/chatterbox/that/a – you/did/fishing/go? – girl/funny/has got/face ([féis] «cara») /that/a – foreigners/are/Frenchmen/Italy/in – myself/a/stranger/here ([hía^{r}] «aquí») / sorry/but/am/I.

EJERCICIO 16

Con las palabras y expresiones que figuran abajo, hay que formar frases dotadas de sentido completo (es decir, con un verbo en forma personal) en modo afirmativo, negativo e interrogativo, usando sujetos distintos y por lo menos un complemento. Este ejercicio es especialmente importante porque permite que el estudiante redacte de forma creativa. Si se realiza con esmero, respetando las reglas ortográficas y gramaticales, las frases que pueden redactarse no presentan grandes problemas. Ejemplo: she likes music; she doesn't like music; does she like music?

cold – hungry – idea – what about – let's – to like – to need – lunch – good – cinema – to go – yesterday – church – to hear – garden – house – pig.

UNIDAD CUATRO
UNIT FOUR

Lesson 4A

At the restaurant («en el restaurante»)

PAUL: *Here is the menu: we can have a drink first; then some salami or tomato salad with sardines for starters* [hiá^{r} ís^{z} θe méniu/uí ká^{e}n há^{e}f a^{e} drínk f^{u}erst/ θén sám salámi o^{r} tomáto^{u} sálad uiθ sardíns fo^{r} stárte^{r}s] («aquí está el menú: primero podemos tomar un aperitivo; luego, salchichón o ensalada de tomate con sardinas como entrante»).

JEAN: *Yes, then we can take a main course: some ravioli or some spaghetti with tomato sauce and meat balls* [iés, θén uí ká^{e}n téik a^{e} méin kóo^{r}s/sám ra^{r}ióli o^{r} sám spagétti uiθ tomáto^{u} sóos a^{e}nd míit bóls] («sí, luego podemos tomar un primer plato: raviolis o espaguetis con salsa de tomate y albondiguillas de carne»).

PAUL: *Perhaps you prefer a steak, or some fish, with fried potatoes, peas, peppers...* [po^{e}r-há^{e}ps iú prifé^{r} a^{e} stéik, o^{r} sám fix, uiθ fráid potéito^{u}s, píis, péppe^{r}s...] («quizá prefieras un bistec, o pescado con patatas fritas, guisantes, pimientos...»).

JEAN: *Stop, please! That's too much for my stomach!* [stóp, plíis!/ θá^{e}ts túu mách fóo^{r} mái stómak!] («¡para, por favor! ¡Es demasiado para mi estómago!»).

PAUL: *O.K. Let's have some roastbeef with green salad and boiled or mashed potatoes; then some fruit: grapes, for instance, or a slice of watermelon, an ice-cream for dessert and finally a cup of black coffee* [o^{u}kéi/ léts há^{e}f sám ró^{u}st-biif uiq gríin sálad á^{e}nd bóild o^{r} máx^{e}d potéito^{u}s/θén sám frúut/gréips, fóo^{r} ínstans, o^{r} a^{e} sláis of uóte^{r}-mélon, a^{e}n áis-kríim fóo^{r} disó^{e}rt aend fáinalli a^{e} káp of blá^{e}k kóffii] («de acuerdo. Tomemos un asado con ensalada verde y patatas hervidas o puré; luego, fruta: uva, por ejemplo, o una rodaja de sandía, un helado de postre y para terminar una taza de café»).

JEAN: *If you like, you can have a piece of cake instead of an ice-cream, and a glass of brandy instead of a cup of coffee* [if iú láik, iú ká^{e}n há^{e}f a^{e} píis of kéik instéd of a^{e}n ais-kríim, a^{e}nd a^{e} glás of bréndi instéd of a^{e} káp of kóffii] («si quieres, luego podemos tomar un trozo de pastel en lugar de helado, y una copita de brandy en lugar de una taza de café»).

PAUL: *Waiter! A bottle of mineral water, please!* [uéite^{r}!/ a^{e} bot^{e}l of míneral uóte^{r}, plíis!] («¡camarero! ¡Una botella de agua mineral, por favor!»).

Acquisition and consolidation of rhythm and intonation

I like having breakfast every morning at eight [ái láik há^{ef}in^{g} bréikfast é^{f}ri móo^{r}nin^{g} a^{e}t éit] («me gusta desayunar cada mañana a las ocho»).

I patiently wait for my wife but she always sleeps late* [ai pá^{e}xientli uéit fóo^{r} mái uáif bat xí óllueis slíips léit] («pacientemente espero a mi mujer, pero ella siempre duerme hasta tarde»).

At twelve thirty every day I like having my lunch [a^{e}t tuélf θ^{o}érti é^{f}ri dá^{e}i ái láik há^{ef}in^{g} mái lánch] («me gusta comer cada mañana a las doce y media»).

But my wife, poor thing, is content with her brunch* [bat mái uáif, puá^{r} θín^{g} is^{z} kontént uiθ hó^{e}r bránch] («pero mi mujer, pobrecilla, se contenta con su *brunch* [mezcla de desayuno y almuerzo]»).

I like having supper every evening at nine [ái láik há^{ef}in^{g} sáppe^{r} é^{f}ri í^{f}nin^{g} a^{e}t nain] («me gusta cenar cada noche a las nueve»).

But my wife with her friends is always busy on another line! [bát mái uáif uíθ h^{o}ér frénds is^{z} óllueis bís^{z}i on a^{e}náθe^{r} láin!] («pero mi mujer siempre está colgada del teléfono con sus amigas»).

NOTA

- El denominado *brunch* [bránch] es una costumbre que cada vez goza de más aceptación, sobre todo para aquellas personas que duermen hasta muy entrada la mañana, ya que permite desayunar y almorzar de una sola vez. La palabra inglesa está formada por las dos primeras letras de *breakfast* («desayuno») y las cuatro últimas de *lunch* («almuerzo»).
- Los ingleses, siguiendo una antigua costumbre, cenan pronto, hacia las seis de la tarde. Esta comida recibe el nombre de *dinner* [dínne^{r}], mientras que el concepto *supper* [sáppe^{r}] se deriva probablemente del hábito de las clases pudientes de consumir más tarde otra comida, acaso después de asistir al teatro.

  De hecho, no por azar el desayuno matutino, tan distante de la cena *(dinner)*, se expresa mediante una palabra compuesta por el verbo *to break, broke, broken* [tu bréik, bró^{u}k, bró^{u}k^{e}n] («romper») y *fast* [fast] («ayuno»). Este puede ser el motivo de servirse una primera comida mucho más copiosa que en los países mediterráneos. Actualmente, las cosas han cambiado y se suele servir un desayuno más liviano, llamado *continental breakfast* [kontinéntal bréikfast], a base de té o café, leche, pan tostado con mantequilla y mermelada.
- *To be on the line*, cuya traducción literal sería «estar sobre la línea», significa en este caso hablar por teléfono.

THE BREAKFAST («EL DESAYUNO»)

tea (tîi) («té»)
coffee (kóffii) («café»)
milk (mîlk) («leche»)
orange juice (órang xú^{u}s) («zumo de naranja»)
grapefruit juice (greipfrúut xú^{u}s) («zumo de pomelo»)
toasts (tó^{u}sts) («tostadas»)
butter (bátte') («mantequilla»)
jam (xá^{e}m), *marmalade* (sólo de cítricos) (mármleid) («mermelada»)
egg, -s (ég, -s) («huevo, -s»)
bacon (béikon) («panceta ahumada»)

Points of grammar

1 *Here is the menu: we can have a drink first...* («este es el menú: para empezar, podemos tomar un aperitivo...»)

Can corresponde al verbo *poder* y es un verbo modal. Los verbos modales (*poder*, *querer* y *deber*) también son auxiliares de los verbos de acción, pero la mayoría de las veces agregan un sentido complementario a estos últimos al expresar sus modalidades (por ejemplo la posibilidad, la voluntad, o bien la obligación de llevar a cabo una acción determinada).

En inglés, el verbo *poder* se suele emplear para dar a entender que se es capaz de conseguir algo: *can you swim?* [ká^{e}n iú súim?] («¿sabes nadar?»).

Can también se puede utilizar para pedir permiso de manera informal: *can I open the window?* [ká^{e}n ái ó^{u}pen θe uíndou?] («¿puedo abrir la ventana?»). Todos los verbos modales son irregulares y, en ocasiones, son defectivos, por lo que se deberá recurrir a otros verbos: así, por ejemplo, el pretérito perfecto compuesto y el imperfecto de *can* se expresan con la misma forma que el condicional: *could* [kúd]; por otro lado, al carecer de participio, este deberá expresarse mediante la perífrasis verbal *to be able to* [tu bí éib^{e}l tu] («ser capaz de»).

Estos verbos, además, rechazan la preposición de infinitivo *to* del verbo que acompañan. También en el caso de *can* y su forma negativa *can't* [kánt] o *cannot* [ká^{e}nnot] podemos tener, por ejemplo, *can you open the gate?* [ká^{e}n iú ó^{u}pen θe géit?] («¿puedes abrir la verja?»). Una forma más amable de petición sería *could you open the gate, please?* («¿podrías abrir la verja, por favor?»).

Por otro lado, desde un punto de vista sintáctico, el verbo modal se comporta como un verbo auxiliar; de hecho, si comparamos *have you been to the shop?* con *can you open the gate?* En calidad de verbo auxiliar, asume por sí solo las exigencias de frases concretas, como por ejemplo en las interrogativas: *can you?* [ká^{e}n iú?], en las negativas: *you can't* [iú kánt], y en las interrogativas negativas: *can't you?* [kant iú?].

El modo formal de pedir permiso se expresa mediante el verbo modal *may*, *might* [méi, máit]: *may I go?* [méi ái gó^{u}?] («¿puedo ir?»). *May* expresa también posibilidades: *John may come tomorrow* [xóon méi kám tumórrou] («es posible que John venga mañana»); o bien, en caso de posibilidad remota: *John might* [máit] *come tomorrow* («John podría venir mañana»), así como deseos y exclamaciones: *may God bless you!* («¡que Dios te bendiga!», si bien, literalmente, significa «¡que Dios pueda bendecirte!»).

En lo que respecta al tiempo, como ya se ha dicho, *can* se expresa en presente o en pretérito perfecto compuesto *(could)* como alternativa a la forma del verbo *to be able* [tu bí éibl](*was/were able* [uós/uéa[r] éibl]) y en condicional *(could)* para el futuro, se usa *to be able to.*

Otras expresiones que indican habilidad o capacidad son las siguientes:
— *I managed to open the door* («he logrado abrir la puerta»);
— *he didn't allow me to go to the cinema* («no me dejó ir al cine»);
— *John is likely to come tomorrow* («puede que John venga mañana»);
— *it's possible but unlikely* («es posible, pero improbable»).

2 ***Yes, then we can take a main course: some ravioli or some spaghetti...* («sí, luego podemos tomar un primer plato: raviolis o espaguetis...»)**

To take, took, taken [tu téik, túuk, téiken] es un verbo irregular con una pluralidad de significados que veremos a continuación.

Ravioli y *spaghetti* son sustantivos que sólo se emplean en singular: *this spaghetti is good!* («¡qué buenos son estos espaguetis!»).

Las costumbres de los ingleses en la mesa son distintas de las nuestras: para ellos, un plato de espaguetis con carne no constituye un primer plato, sino un plato único, por lo que se le llama *main course* (méin kóo[r]s) («principal»). Lo mismo hay que decir del segundo, al que no le precede ninguno.

3 ***Perhaps you prefer a steak...* («quizá prefieras un bistec...»)**

En inglés la expresión *prefiero el té al café* se traduce por *I prefer tea to coffee* [ái prifér tíi tu kóffii]. Siempre es preferible especificar que se desea el café solo *(black coffee)*, pues de lo contrario puede que nos lo sirvan con leche o nata si no lo pedimos así.

PRECISIONES GASTRONÓMICAS

• A propósito de *steak*, tenemos el *beef-steak* (bíif-stéik), que en español llamamos *bistec*, que puede ser poco hecho (*underdone* (ánde[r]dan) o *rare* (réa[r])), a la parrilla (*grilled steak* (gríld stéik)), a la florentina (*T-bone steak* (tí-bó[u]n stéik)), o bien muy hecho (*well done* (uél dán)).

• El aliño de la ensalada se llama *Italian dressing* (itá[e]lian dréssin[g]) cuando se compone de sal (*salt* (sót)), aceite de oliva (*olive oil* (ó[u]lif oil)) y vinagre (*vinegar* (vínega[r])), o bien *French dressing* (frénch dréssin[g])) en el caso de salsas a base de mayonesa (*mayonnaise* (má[e]ionneis)).

4 ***Stop, please! That's too much for my stomach!*** **(«¡Para, por favor! ¡Es demasiado para mi estómago!»)**

Too much [túu mách] quiere decir «demasiado» referido a cantidades no numerables; si, por el contrario, nos referimos a cantidades numerables se convierte en *too many* [túu má^{e}ni]:

— *this butter* [bátte^{r}] *is too much* («esta mantequilla es demasiado»);
— *Jean ate* [ét] *too many potatoes* («Jean comió demasiadas patatas»).

5 ***If you like, you can have a piece of cake...*** **(«si quieres, puedes tomar un trozo de pastel...»)**

If («si») introduce una oración condicional, que veremos más adelante.

Piece es muy útil con algunos sustantivos invariables por ejemplo: *information* [informá^{e}xion] («información»), *news* [niús] («noticia»), *furniture* [fó^{e}rnixia^{r}] («muebles»), *advice* [a^{e}dváis] («consejo»). En televisión, podemos oír las siguientes palabras: *here is the news* [hiá^{r} is^{z} θe niús] («estas son las noticias»).

Si se trata de una única información, una sola noticia, un solo mueble o un solo consejo, entonces recurriremos a la expresión *a piece* [a^{e} píis]: *a piece of news* [a^{e} píis of niús] («una noticia»), *a piece of furniture* [a^{e} píis of fó^{e}rnixia^{r}] («un mueble»), *a piece of advice* [a^{e} píis of a^{e}dváis] («un consejo»).

6 ***I like having breakfast every morning at eight*** **(«me gusta desayunar cada mañana a las ocho»)**

La preposición *at* indica un lugar o un momento muy concretos: *let's meet at the station at four* («nos encontramos en la estación a las cuatro»).

En español, se dice *es la una* o *son las cinco*: en inglés, el verbo aparece siempre en singular: *it's one o'clock, it's five o'clock*.

7 ***I patiently wait for my wife, but she always sleeps late*** **(«pacientemente espero a mi mujer, pero ella duerme hasta tarde»)**

Patiently es un adverbio. Los adverbios se forman por lo general añadiendo al adjetivo el sufijo *-ly*: *strong* [strón^{g}], *strongly* [strón^{g}li] («fuerte», «fuertemente»). Habitualmente, los adverbios:

a) preceden al verbo de acción;
b) siguen al verbo ser;
c) aparecen en medio de los tiempos compuestos.

Veamos algunos ejemplos:

— *he went shopping and also cooked the dinner* [hí uént xóppin^{g} a^{e}nd ólso kúukd θe dínne^{r}] («él fue a hacer la compra y también preparó la cena»);
— *he always goes to the supermarket* [hí óll-ueis gó^{u}s tu θe súpe^{r}márket] («él siempre va al supermercado»);

— *I was feeling very tired and I was also hungry* [ái uós fíilin^{g} vé^{r}i tái^{a}rd a^{e}nd ái uós ólso vé^{r}i hángri] («me sentía muy cansado y también tenía mucha hambre»);
— *she has never bought vegetables* [xí há^{e}s né^{f}e^{r} bó^{o}t bégetab^{e}ls] («ella nunca ha comprado verdura»).

Hay ciertas excepciones, como por ejemplo *true* [trú] («verdadero»), que se convierte en *truly* [trúli] («verdaderamente»), con la consiguiente pérdida de la *-e* final. Otras palabras exigen la terminación en *-y*, como *easy* [ísi] («fácil»), que se convierte en *easily* [ís^{i}li] («fácilmente»). Los adjetivos que ya terminan en *-ly* se emplean como adverbios: *daily* [dá^{e}ili] («diariamente»), *early* [ó^{e}rli] («pronto», «a primera hora»).

Otros adjetivos son invariables: *fast* [fást] («rápido»); *ill* [íl] («enfermo», «malo»): *ill educated* [íl ediukéited] («maleducado»); *high* [hái] («alto», «en alto»), aunque también presenta la forma *highly* [háili]: *highly competitive* [háili kompétitif] («muy competitivo»). Otros casos, muy concretos, al cambiar de forma también cambian de significado: *hard* [hárd] («duro», «duramente»), al convertirse en *hardly* [hárdli], significa «apenas» o «casi nada».

To wait for es uno de tantos verbos fraseológicos (*phrasal verbs* [fréisa^{o}l b^{o}érbs]). Los ingleses asignan ciertos verbos a preposiciones, con lo que se obtiene un cambio más o menos radical del significado. En nuestro caso, *to wait* unido a *for* significa siempre «esperar» o «aguardar». También el citado *to look after* («procurar») es un verbo fraseológico.

Late es tanto un adjetivo como un adverbio:

— *you're late for your flight* [iua^{r} leit foo^{r} ióur flait] («llegas tarde a tu vuelo»);
— *we always have a late breakfast on Sunday morning* [uí óllueis há^{e}f a^{e} léit bréikfast on sánda^{e}i móo^{r}nin^{g}] («siempre desayunamos tarde los domingos por la mañana»). Nótese en este caso la posición en que aparece el adverbio.

LOS DÍAS DE LA SEMANA

Sunday (sánda^{e}i) («domingo»)
Monday (mánda^{e}i) («lunes»)
Tuesday (tiúsda^{e}i) («martes»)
Wednesday (uénsda^{e}i) («miércoles»)
Thursday (θó^{er}sda^{e}i) («jueves»)
Friday (fráida^{e}i) («viernes»)
Saturday (sáturda^{e}i) («sábado»)

N.B. Los días de la semana se escriben siempre con mayúscula. Por otro lado, mientras que en español se dice *el lunes*, en inglés se dice *en lunes*: *on Monday she is busy!* (on mánda^{e}i xí ís^{z} bís^{z}i!) («¡*en* lunes ella está ocupada!»). Una acción repetida de una forma regular exige el día en plural: *on Sundays* puede traducirse por *(todos) los domingos*.

8 *At twelve thirty every day I like having my lunch* («me gusta comer cada día a las doce y media»)

Hemos visto cómo se dice la hora en punto en inglés (la única a la que se le puede añadir *o'clock* [oklók]): ahora veamos cómo se subdivide.

Son las ocho y cinco (*it's five past eight* [íts fáif pást éit]): aquí la palabra *past* expresa los minutos que han pasado desde las ocho en punto.

Si los minutos que han pasado son quince, diremos *it's (a) quarter past eight*, donde *quarter* [quó^{r}te^{r}] equivale a nuestro cuarto de hora. *A las ocho y media* se dirá, en cambio, *it's half past eight*, en que *half* [háf], que significa «medio, -a», indicará que ha transcurrido media hora desde la hora en punto.

Transcurrida la primera media hora, la atención se desplaza hacia el tiempo que falta para la próxima hora, utilizando entonces la preposición que expresa distancia, o sea, *to*; mientras que en español decimos son las nueve menos veinte, el inglés opta por la expresión *it's twenty to nine* [íts tuénti tu náin], es decir, «faltan veinte minutos para las nueve». Del mismo modo, cuando falte un cuarto de hora dirá *it's [a] quarter to nine*, etc.

Mediodía se dice *noon* [núun], de donde se deriva el saludo *good afternoon* [gúud afte^{r}núun] («buenas tardes»); *medianoche* se dice *midnight* [mídnait], que procede de la fusión de dos palabras: *middle* [mídl] («[en] medio») y *night* [náit] («noche»). Así, pasadas las ocho de la noche, se desean las buenas noches *(good night)*, mientras que a partir de las cinco de la tarde, más o menos, se desean las buenas tardes (*good evening* [gúud í^{f}nin^{g}]). Por la mañana, se dice *good morning* [gúud moo^{r}nin^{g}] («buenos días»).

La expresión española *llegar a la hora* (ser puntual) se traduce en inglés como *to come on time* [tu kám on táim] o *to be on time* [tu bí on táim], mientras que llegar con tiempo, sin perder ni un minuto, se traduce como *to come in time* [tu kám in táim]. Otras palabras relacionadas son *punctual* [pánkxual] («puntual») y *punctually* [pánkxualli] («puntualmente»).

Otra particularidad: el reloj de pared o de sobremesa se llama *clock* [klók], mientras que el de muñeca se llama *watch* [uóch], como el verbo homónimo que significa «observar», muy empleado para referirse a la televisión: *did you watch TV last night?** [díd iú uóch tí-bí lást náit?] («¿viste la televisión ayer por la noche»; lit., «la última noche»).

> En este último caso, conviene destacar que el inglés prefiere emplear el concepto de *pasado* en lugar del de *ayer*: del mismo modo, las expresiones coloquiales *este verano* o *este invierno*, referidas al pasado, se traducen por *last summer* (lást sámme^{r}) y *last winter* (lást uínte^{r}); si, por el contrario, aluden al futuro se usa el adjetivo *next*: *next spring* (néxt spríng) («la próxima primavera»), *next autumn* (néxt ótom) («el próximo otoño»).

9 *But my wife... is content with her brunch* («pero mi mujer... se contenta con su *brunch*»)

El adjetivo *content* expresa sobre todo la idea de satisfacción; en su lugar se usa generalmente el término *happy* [há^{e}ppi] («feliz»), en ocasiones también con el sentido de «saludable» o «sano», referido por ejemplo a los niños: *a happy baby* [a^{e} há^{e}ppi bá^{e}ibi] es un niño feliz porque está sano.

> El *recién nacido* inglés es neutro: en cualquier, se le atribuye el pronombre correspondiente al sexo; si es varón, se especifica que es un *baby-boy* (béibi-bói) y, si es mujer, una *baby-girl* (béibi-gerl).

10 ***But my wife... is always busy on another line!* («¡pero mi mujer... siempre está colgada del teléfono!»)**

Wife [uáif] («mujer») es un sustantivo con plural irregular (véase también pág. 36): *wives* [uáifs]; también *half* [háf] («medio») se convierte en *halves* [hálfs].

Busy («ocupado», «comprometido») se refiere siempre a personas: *I'm busy at the moment* [áim bís^{z}i a^{e}t θe mó^{u}ment] («en este momento estoy ocupado/comprometido»). La línea telefónica está *engaged* [engéixed] y el servicio, *occupied* [okkiupáid]. Con el fin de conservar las peculiaridades idiomáticas del español, hemos traducido «colgada del teléfono», cuando literalmente leeríamos «ocupada en la línea».

> **ALGUNOS DICHOS SOBRE EL TIEMPO *(TIME)***
>
> *Time flies* (táim fláis) («el tiempo vuela»).
> *Time is money* (táim ís^{z} máni) («el tiempo es oro» o, literalmente, «dinero»).
> *There is a time for everything* (θéa^{r} ís^{z} a^{e} táim fóo^{r} é^{r}riθin^{g}) («cada cosa a su tiempo» o «hay tiempo para todo»).
> *Time works wonders* (táim uó^{e}rks uónders) («el tiempo hace milagros»).

And now a tongue twister to practice *g*

Many greedy grey geese were grazing in a green field. [má^{e}ni gríidi gréi gíis uéa^{r} gréis^{z}in^{g} in a^{e} gríin fíild]

(«Muchas ocas grises glotonas estaban pastando en el campo verde»).

NOTA

- *Geese* [gíis] es el plural irregular de *goose* [gúus]. Otros plurales irregulares, por lo general de origen sajón, son: *mouse/mice* [máus/máis] («ratón, -es»), *louse/lice* [láus/láis] («piojo, -s»), *ox/oxen* [óks/óksen] («buey, -es»).
  Sheep [xíip] («oveja») y *deer* [díia^{r}] («ciervo», «gama») permanecen invariables en plural.
  Por otra parte, *ganado* se dice *cattle* [kátl].
- *To graze* también se emplea con el significado de «rozar» y «arañar».

LOS COLORES

pink (pínk) («rosa»)	*grey* (gréi) («gris»)
red (réd) («rojo»)	*white* (uáit) («blanco»)
orange (óranx) («anaranjado»)	*yellow* (iéllo^{u}) («amarillo»)
blue (blúu) («azul»)	*purple* (pó^{e}rpl) («púrpura»)
brown (bráun) («marrón»)	*tan* (tá^{e}n) («marrón oscuro»)
black (blá^{e}k) («negro»)	*ginger* (xínxe^{r}) («rojo anaranjado»)

N.B. La idea del color se obtiene por medio de los sufijos *-y* e *-ish*: *the girl's got brownish hair and greeny-brown eyes* (θe gó^{e}rls gót bráunix héar aend grîini-bráun áis) («la muchacha tiene el pelo castaño y los ojos verde-marrón»).

Lesson 4B

DEFINITION: *sardines are little fish that swim into a can, lock themselves up and leave the key outside* [definíxion/sardíns áa^{r} lit^{e}l fix θá^{e}t suím íntu a^{e} ká^{e}n, lók θemsélvs áp a^{e}nd líif θe kíi autsáid] («definición: las sardinas son pececillos que nadan en un latita, se encierran en su interior y dejan la llave puesta»).

PSYCHIATRIST TO PATIENT: «*Maybe you haven't got a complex. Maybe you are inferior*» [sakáiatrist tu pá^{e}xient/méibi iú há^{e}f^{e}nt gót a^{e} kómpleks/ méibi iú aá^{r} infírior] («el psiquiatra al paciente: "Quizás usted no tenga un complejo. Quizás es que usted es inferior"»).

NOTA

- *Into* expresa el concepto de «dentro», «en movimiento».
- *To* expresa distancia, esté o no el verbo.
- La expresión *have got* en negativo sigue las reglas de *have*.
- *Maybe* y *perhaps* [pó^{e}r-há^{e}ps] («quizá»), son sinónimos.
- *Complex* también es adjetivo y significa «complicado».

And now a tongue twister to practice *h*

Horace, isn't it horrid when you're hot and in a hurry and you have to hold your hat with your hand?

[hóras, ís^{e}nt ít hórrid uén iuá^{r} hót a^{e}nd in a^{e} hárri a^{e}nd iú há^{e}f tu hó^{u}ld ióu^{r} há^{e}t in ióu^{r} há^{e}nd?]

(«Horacio, ¿no es horrible cuando tienes calor y prisa y has de llevar el sombrero en la mano?»)

NOTA

To hold, held, held [tu hó^{u}ld, héld, héld] significa «llevar, sostener en la mano», aunque también adquiere otros sentidos:

a) retener: *to hold somebody prisoner* [tu hó^{u}ld sámbodi prísone^{r}] («retener preso a alguien»),
b) contener: *to hold one's breath* [tu hó^{u}ld uáns bréθ] («contener el aliento»);
c) defender: *to hold a position* [tu hó^{u}ld a^{e} posíxon] («defender una posición o postura»);
d) poseer: *to hold shares in a company* [tu hó^{u}ld xé^{a}rs in a^{e} kómpani] («poseer acciones de una empresa»);
e) considerar o creer: *to hold very strong opinions* [tu hó^{u}ld vé^{r}i strón^{g} opínions] («tener convicciones firmes»); *to hold somebody in esteem/contempt* [tu hó^{u}ld sámbodi in estíim/kóntempt] («tener consideración por alguien/despreciarlo»);
f) organizar, dirigir o moderar: *to hold a debate* [tu hó^{u}ld a^{e} dibéit] («moderar un debate»).

Al hablar por teléfono, resulta muy corriente la expresión *hold on, please* [hó^{u}ld on, plíis] («espere, por favor»).

LOS NÚMEROS CARDINALES

El cero tiene varios nombres en inglés: *o* (ó^{u}) si figura en escalas y números telefónicos, *nought* (nóot) cuando se realizan operaciones aritméticas y *zero* (s^{z}íro^{u}) cuando se indican los grados de temperatura: *below zero* (bilóu s^{z}íro^{u}) («bajo cero»), *above zero* (a^{e}báf s^{z}íro^{u}) («sobre cero»).

1 *one* (uán)
2 *two* (tú)
3 *three* (θríi)
4 *four* (fóor)
5 *five* (fáif)
6 *six* (síx)
7 *seven* (sén^{e}n)
8 *eight* (éit)
9 *nine* (náin)
10 *ten* (tén)
11 *eleven* (iléb^{e}n)
12 *twelve* (tuélf)
13 *thirteen* (θo^{e}rtíin)
14 *fourteen* (foo^{r}tíin)
15 *fifteen* (fiftíin)
16 *sixteen* (sixtíin)
17 *seventeen* (sébentíin)
18 *eighteen* (éitíin)
19 *nineteen* (náintíin)
20 *twenty* (tuénti)
21 *twenty-one* (tuénti-uán)
22 *twenty-two* (tuénti-tú)
23 *twenty-three* (tuénti-θríi)
24 *twenty-four* (tuénti-fóo^{r})
25 *twenty-five* (tuénti-fáif)
26 *twenty-six* (tuénti-síx)
27 *twenty-seven* (tuénti-séb^{e}n)
28 *twenty-eight* (tuénti-éit)
29 *twenty-nine* (tuénti-náin)
30 *thirty* (θó^{e}rti)

La numeración prosigue de manera idéntica en cada decena hasta cien (*one hundred* (uán hándred)):

40 *forty* (fóo^{r}ti)
50 *fifty* (fífti)
60 *sixty* (síxti)
70 *seventy* (sébenti)
80 *eighty* (éiti)
90 *ninety* (náinti)

Les siguen:

1.000 *(one) thousand* (uán θáusand)
1.000.000 *(one) million* (uán mîllion)
1.000.000.000 *a billion* (a^{e} bîllion)

Hundred, thousand y *million* son invariables cuando le precede un número y les sigue inmediatamente un sustantivo: *Milan has two million inhabitants* (míla^{e}n há^{e}s tu mîllion inhá^{e}bitants) («Milán tiene dos millones de habitantes»).

Si se usan en calidad de sustantivos, adoptan la *s* del plural: *many hundreds of persons* (má^{e}ni hándreds of pó^{e}rsons) («varios centenares de personas»).

La conjunción *and* se antepone a un número inferior a cien, entre las centenas y las decenas o unidades:

529 *five hundred and twenty-nine*
1.492.785 *one million four hundred and ninety-two thousand seven hundred and eighty-five*

Let's do some exercises now!

Proponemos a continuación unos ejercicios fáciles que nos ayudarán a aprender cómo expresar correctamente el tiempo.

Los ingleses suelen expresar la hora, tanto diurna como nocturna, empleando los números del 1 al 12. Como excepción, los horarios oficiales, los ferroviarios o los de cualquier otro transporte público se expresan como en español, por ejemplo: *the train for London leaves at 15.45 from platform 6* [θe tréin fóo^{r} lándon líifs a^{e}t fiftíin-fóo^{r}tifáif from plá^{e}tform síx] («el tren hacia Londres sale a las 15.45 del andén n.º 6»). La acera que discurre junto a la calzada se dice *pavement* [péifment].

Esta forma de indicar las horas exige diferenciar, al menos en lo que concierne a los horarios, las horas diurnas de las nocturnas, y por ello las primeras doce horas se distinguen con la indicación *a.m. (ante meridiem)* y las doce restantes mediante *p.m. (post meridiem).*

EJERCICIO 17

¿Qué hora es?

It's (.........)

It's (.........)

It's (.........)

It's (.........)

It's (.........)

It's (.........)

It's (.........)

It's (.........)

It's (.........)

It's (.........)

It's (.........)

It's (.........)

It's (.........)

It's (.........)

It's (.........)

It's (.........)

It's (.........)

It's (.........)

It's (.........)

It's (.........)

It's (.........)

It's (.........)

EJERCICIO 18

Indicar las horas en los espacios en blanco para formar la palabra hotel *con la inicial de las cuatro primeras palabras que expresan la hora y una letra de la última.*

It's ... It's ... It's ... It's ... It's ...

EJERCICIO 19

Indicar las seis acciones que realiza cada día Mary.

To have breakfast, to get up [tu gét áp] («levantarse de la cama»); *to have lunch, to go to bed* [tu góᵘ tu béd] («irse a la cama», «acostarse», «to have tea», «to have dinner»).

1. At half past six, Mary ... 2. At seven o'clock, Mary ... 3. At one o'clock, Mary ... 4. At five o'clock, Mary ... 5. At half past eight, Mary ... 6. At eleven o'clock, Mary ...

EJERCICIO 20

Ordenar los siguientes conceptos para formar frases completas.

you/were/able/to/open/the/door? – tide/no/wait/for/time/and/man – God/may/you/bless – you/manage/can/the/door/open/to? – airport/meet/let's/at/the – did/last/you/do/summer/what? – time/for/is/there/everything – you/purple/like/do/hats? – has got/a/grey/the/man/beard [bíard (barba] – doctor's/the/patient/went/to/the – you/hold/can/this/please/parcel? [parsl (paquete] – wonders/works/time – hold/him/don't/much/esteem/I/in – engaged/ can/you/line/the/on/hold/please/is? – is/time/healer/great/a – tonight/you/busy/are? – tell/will/time.

EJERCICIO 21

Con las palabras y las estructuras gramaticales que hemos aprendido hasta ahora, formar las frases de sentido completo.

Hay suficiente material para conseguirlo: recomendamos no recurrir por ahora al diccionario ni tratar de traducir del español al inglés: de hecho, la finalidad de este ejercicio es ejercitar nuestra creatividad lingüística únicamente con los medios que tenemos a nuestro alcance (véase el ejercicio 16 de la lección 3B).

UNIDAD CINCO
UNIT FIVE

Lesson 5A

At the airport («en el aeropuerto»)

The Browns are about to leave and Mum is worried about her children** [θe bráuns áa^r a^{e}báut tu líif a^{e}nd mám ís^z uórri^{e}d a^{e}báut hó^{e}r chíldren] («los Brown se disponen a partir y la madre está preocupada por sus hijos»).

MRS BROWN: *Where are John and Tom?* [uéa^r áa^r xóon a^{e}nd tóm?] («¿dónde están John y Tom?»).

MR BROWN: *John is at the Information Desk and Tom is at the Duty Free Shop. He wants to buy some perfume for his girlfriend* [xóon ís^z a^{e}t θi informá^{e}xon désk a^{e}nd tóm ís a^{e}t θe diúti fríi xóp/ hí uónts tu bái sám pá^{e}rfium fóo^r hís gó^{e}rl-frénd] («John está en el mostrador de información y Tom está en la tienda libre de impuestos. Quiere comprar un perfume para su novia»).

MRS BROWN: *Prue, where have you been?* [prúu, uéa^r há^{e}f iú bíin?] («Prue, ¿dónde has estado?»).

PRUE: *I've been to the coffee bar for a cup of coffee, and then to the Currency Exchange to get some american currency* [aíf bíin tu θe kóffii báa^r fóo^r a^e káp of kóffii, a^{e}nd θen tu θe kó^{e}rrensi ekschéing tu gét sám amérikan kó^{e}rrensi] («he estado en el bar [tomando] una taza de café y luego en la oficina de cambio para obtener algo de divisa americana»).

MRS BROWN: *Where is Kathy?* [uéa^r ís^z ká^{e}θi?] («¿dónde está Kathy?»).

PRUE: *She's at the Passport Control or at the Check-in Desk* [xís a^{e}t θe páspo^{r}t kontról o^r a^{e}t θe chekín désk] («en el control de pasaportes o en el mostrador del *check-in*»).

MRS BROWN: *What's the time? I think the plane is about to leave!* [uóts θe táim?/ ái θínk θe pléin is^z a^{e}báut tu líif!] («¿qué hora es? ¡Me parece que el avión está a punto de despegar!»).

SUSAN: *It's ten to five. But please, don't worry, Mum. By the way*, did you notice that there are six clocks in this airport, and they all tell different times?*

[íts tén tu fáif/ bát plíis, dó^{u}nt uórri, mám/ bái θe uéi, díd iú nó^{u}tis a^{e}t θéa^{r} áa^{r} síx klóks in θis é^{ar}port, a^{e}nd θéi ol tél dífrent táims?] («son las cinco menos diez. Pero, por favor, no te preocupes, mamá. A propósito, ¿te has dado cuenta de que hay seis relojes en este aeropuerto y que cada uno marca una hora distinta?»).

MRS BROWN: *What's wrong? Who needs six clocks if they all tell the same time?** [uóts rón^{g}?/ hu níids síx klóks if éi ól tél θe séim táim?] («¿qué tiene de raro? [lit., «¿qué problema hay?»] ¿Para qué se necesitarían seis relojes si todos marcasen la misma hora?»).

VOICE OF THE LOUDSPEAKER [vóis of θe láud-spíike^{r}] («voz del locutor»): *The British Airways announce the departure of flight BA 727 to New York. Boarding now at gate 12* [θe brítix ea^{r}uéis a^{e}nnáuns θe depárciua^{r} of fláit bí éi séf^{e}n tu séf^{e}n tu niú iórk/ bóa^{r}-dín^{g} náu a^{e}t géit tuélf] («la British Airways anuncia la salida del vuelo BA 727 hacia New York. Embarque inmediato por la puerta 12»).

SUSAN: *Come on, Mum, that's our flight* [kám on, mám, θá^{e}ts áua fláit] («ven, mamá, este es nuestro vuelo»).

Acquisition and consolidation of rhythm and intonation

Pussy cat, pussy cat.
[pússi ká^{e}t, pússi ká^{e}t]
Gatito, gatito.

Where have you been?
[uéa^{r} há^{e}f iú bíin?]
¿Dónde has estado?

I've been to London.
[áif bíin tu lándon]
He estado en Londres.

To see the Queen.
[tu síi θe quiin]
Para visitar a la reina.

Pussy cat, pussy cat.
[pússi ká^{e}t, pússi ká^{e}t]
Gatito, gatito.

What did you do there?
[uót díd iú dú θéa^{r}?]
¿Qué hacías allí?

I frightened a little mouse.
[ái fráiten^{e}d a^{e} lít^{e}l máus]
He ahuyentado un ratoncito.

Under her chair!
[ánde^{r} hó^{e}r ché^{ar}!]
¡Debajo de su silla!

— *Who comes here?* [hú káms hiá^{r}?] («¿quién está aquí?»).
— *A granadier* [a^{e} granádie^{r}] («un granadero»).
— *What do you want?* [uót dú iú uónt?] («¿qué desea?»).
— *A pot of beer* [a^{e} pót of bíia^{r}] («una jarra de cerveza»).
— *Where's your money?* [uéa^{r}s ioú^{r} máni?] («¿dónde está su dinero?»).
— *I forgot it* [ái forgót ít] («lo olvidé»).
— *Oh, get lost, you drunken lot!* [o^{u}, gét lóst, iú dránken lót!] («¡oh, váyase al diablo, borrachuzo!»).

N.B. Actualmente, el granadero ha sido sustituido por un gato, y la jarra de cerveza por una de leche.

Points of grammar

1 *At the airport* («en el aeropuerto»)

At expresa, como se dijo, tanto la estancia en un lugar —justo en tal punto— como un momento preciso.

2 *The Browns are about to leave and Mum is worried about her children* («los Brown se disponen a partir y la madre está preocupada por sus hijos»)

Brown puede aludir también a una familia al completo, en cuyo caso se emplea en plural, precedido del artículo *the*.

To be about to, junto con el verbo de acción, indica que se está a punto de realizar algo.

To leave, left, left [tu líif, léft, léft] significa *dejar*, en el sentido de separarse de una persona, cosa o lugar, por lo que también se utiliza con el significado de *partir*:

— *the plane left at three o'clock* («el avión salió a las tres»);
— *he left his watch in the toilet* («se dejó el reloj en el servicio»);
— *leave me alone!* [a^{e}ló^{u}n] («¡déjame solo, -a!»);
— *they all left the room* [rúum] («todos salieron/abandonaron la habitación»).

No debe confundirse con *to let* [tu lét], cuyo significado literal es «permitir»: *let me go* («deja que me marche», «deja que vaya», «déjame ir», «suéltame»); *let him in* («déjale/hazlo entrar»).

Children, que normalmente se traduce por *niños*, significa también «hijos», sea cual fuere su edad. El singular es *child* [cháild].

3 *I've been to the coffee bar for a cup of coffee, and then to the Currency Exchange to get some american currency* («he estado en el bar [tomando] una taza de café y luego en la oficina de cambio para obtener algo de divisa americana»)

Un *coffee* o *cafe bar* es una cafetería, aunque sin venta de bebidas alcohólicas.

El verbo *to get, got, got* [tu gét, gót, gót] tiene innumerables significados: los ingleses lo usan en muchísimas ocasiones.

4 *But please, don't worry, Mum. By the way, did you notice that there are six clocks in this airport, and they all tell different times?* («pero, por favor, no te preocupes, mamá. A propósito, ¿te has dado cuenta de que hay seis relojes en este aeropuerto y todos marcan una hora distinta?»)

To worry (about something/somebody) [tu uórri a^{e}báut sámin^{g}/sámbodi] puede traducirse por *preocuparse* o *estar preocupado* por algo o alguien.

*By the way** es una expresión equivalente a la española *a propósito*. Indica una coincidencia o una idea repentina.

There are («allí hay») corresponde a la forma impersonal de presente del verbo *haber*, si bien en inglés puede conjugarse en singular *(there is)* y en plural *(there are).*

To tell, tóld, tóld [tu tél, tó^{u}ld, tó^{u}ld] expresa, como se dijo, la actividad de relatar. En este caso, *to tell the time* equivale a la expresión «marcar la hora».

5 *What's wrong? Who needs six clocks if they all tell the same time?* («¿qué tiene de raro? ¿Para qué se necesitarían seis relojes si todos marcasen la misma hora?»)

La expresión *what's wrong?* [uóts rón^{g}?] suele aparecer junto con *with. Wrong* es el antónimo de *right* [ráit] («correcto»), que significa además *derecho*, tanto en su forma adjetiva como nominal. Así pues, expresa el concepto de errado, equivocado, contrario a algo que debería ir de otro modo, es decir, en la dirección correcta. Esto se debe al hecho de que, con el paso del tiempo, el hombre ha asociado con la mano derecha todo lo que está bien, y con la izquierda todo lo contrario. Aún hoy hablamos de personas, miradas o parajes siniestros (del latín *sinister*, izquierda).

> El antónimo de *right* («derecha») en inglés es *left* («izquierda»):
> — *he was sitting on my left* (hí uós síttin^{g} on mái léft) («se sentaba a mi izquierda»);
> — *he's left-handed* (hís léft-há^{e}nded) («es zurdo»);
> — *the house is on the left side of the road* (θe háus ísz on θe léft sáid of θe ró^{u}d) («la casa está en el lado izquierdo de la carretera»).
>
> El significado metafórico de *siniestro* —en cuanto apartado de lo normal, inquietante, que infunde temor— se expresa, por el contrario, mediante un adjetivo de origen latino: *sinister* (siníste^{r}). Sin embargo, hay que tener en cuenta que en inglés las palabras de origen latino se consideran cultismos.

Who [hú] corresponde:

a) al pronombre interrogativo *¿quién?*:
  - — *who's that girl?* («¿quién es esa chica?»). La expresión *who's that?* («¿quién es ese, -a?» no es descortés);
  - — *who are you?* («¿quién eres?»);

b) a los pronombres relativos *que* y *quien*, referidos sólo a personas:
  - — *that is the girl who was at the restaurant* [θá^{e}t ís^{z} θe gó^{e}rl hú uós a^{e}t θe réstorant] («esa es la chica que estaba en el restaurante»). *Who* relaciona ambas frases.

También en español se diferencian los pronombres; de hecho, en una interrogación como *¿quién es ese?* el pronombre interrogativo *quién* se refiere a la persona acerca de la cual queremos saber algo. Si preguntamos *¿qué es eso?*, aludimos a un animal o una cosa. No ocurre lo mismo con el pronombre relativo, que en español permanece invariable y en inglés se diferencian. A decir verdad, también el inglés dispone de un pronombre relativo universal: *that*; sin embargo, prefiere usar formas distintas para diferenciar las personas de los animales y las cosas. En calidad de pronombre interrogativo, *who* forma parte de la serie de las *wh-how questions*, a cuyas reglas obedece.

El pronombre *who* cambia de forma y se convierte en *whose* [húus] cuando es complemento de un nombre y en *whom* cuando es objeto indirecto:

— *whose dog is that?* («¿de quién es el perro?»);
— *that is the girl to whom I gave the book* («esa es la chica a la que he dado el libro»).

Same equivale al adjetivo *mismo, -a*:

— *it's the same girl* («es la misma chica»);
— *for me it's the same* («a mí me da lo mismo»).

And now a tongue twister to practice *i*

Through three cheese trees three teasing fleas freely flew. While these three teasing fleas freely flew a freezing breeze freely blew.

[θrú θríi chíis tríis θríi tíisin^{g} flíis fríili flíu/ uáil θíis θríi tíisin^{g} flíis fríili flíu a^{e} fríisin^{g} bríis^{z} fríili bliú].

(«A través de tres árboles de queso tres pulgas burlonas saltaban libremente. Mientras estas tres pulgas burlonas saltaban libremente una gélida brisa soplaba libremente.»)

Lesson 5B

«Aunt Mary has a new baby», a mother told her small daughter.
[á^{o}nt má^{e}ri há^{e}s a^{e} niú bá^{e}ibi, a^{e} máθe^{r} tó^{u}ld hó^{e}r smól dóote^{r}]
(«"La tía Mary ha tenido otro niño", dijo una madre a su hijita»).

«Why? What was wrong with the old one?»
[uái?/ uót uós rón^{g} uíθ θi ó^{u}ld uán?]
(«"¿Por qué? ¿Qué tenía de malo el viejo?"»).

NOTA

- Observemos de nuevo que a *to tell* no le sigue ninguna preposición; para limitar la posibilidad de confusión con los otros verbos seguidos por la preposición *to*, bastará recordar la expresión *tell me* («dime»). Todos los demás verbos relacionados con la idea de decir o hablar aparecen seguidos por *to*.
- Con *small* [smól] se forman los diminutivos y *one* [uán] es un pronombre.
- *Why* [uái] es el interrogativo *por qué*; el consecutivo es *because* [bikós]: *why are you drinking? Because I'm thirsty* [uái aár iú drínkin^{g}?/ bikós áim θó^{e}rsti] («¿por qué bebes? Porque estoy sediento»).

And now a tongue twister to practice *j*

The aged judge urged the jolly jury of jugglers to be just but generous in the jungle.
[θi éix^{e}d xiáx ó^{e}rg^{e}d θe xólli xúri of xággle^{r}s tu bí xást bát género^{u}s in θe gian^{g}l]
(«El anciano juez exhortó al alegre jurado de prestidigitadores a ser justos aunque generosos en la jungla.»)

Let's do some exercises now!

EJERCICIO 22

A couple ... the restaurant («una pareja en el restaurante»).

JACK: *You ... hungry, weren't you?** («tenías hambre, ¿no es cierto?»).
JILL: *You bet I ... I'm tired ...* («puedes jurar que sí. También estoy cansada»).
JACK: *Why? What's the matter?** («¿por qué? ¿Qué te ocurre?»).
JILL: *You see, I got up ... early this morning* («mira que me he levantado muy pronto esta mañana»).
JACK: *...? You always sleep till ...* («¿por qué? Tú siempre duermes hasta tarde»).
JILL: *Because the postman knocked* (*to knok* [tu nók], «llamar») *on* my door. He ... a letter from ... mother* («porque el cartero ha llamado a mi puerta. Traía una carta de mi madre»).
JACK: *Well, go to bed ... tonight* («bueno, pues vete a la cama pronto esta noche»).

NOTA

- Los interrogativos *¿verdad?* o *¿no es cierto?* se expresan repitiendo el verbo de la frase:

  — *you've been to the market, haven't you?* («has estado en el mercado, ¿no es cierto?»);
  — *you're not tired* [tái^{a}rd], *are you?* («no estás cansado, ¿verdad?»)

  Como se puede comprobar, a una afirmación le corresponde una negación de refuerzo y viceversa. Si, por el contrario, el interlocutor refuerza la afirmación o la negación, tendremos:

  — *I haven't been to the supermarket today* [tudá^{e}i]. — *Haven't you?* («no he estado en el mercado hoy. —¿Seguro?»);
  — *I went three times to the post office* [pó^{u}st óffis] *today! — Did you?* («¡he ido tres veces a Correos hoy! —¿Sí?»).

  Estas expresiones se denominan *question tags* [kuéstion tá^{e}gs].
- *Matter* forma otra expresión idiomática: *it doesn't matter* [ít dásnt má^{e}tte^{r}] («no importa», «da lo mismo»).
- La expresión inglesa para *llamar a la puerta* es *knock on the door* («llamar *sobre* la puerta»).

EJERCICIO 23

En este ejercicio se proporcionan todos los elementos necesarios para relacionar ocho situaciones. Primero se hará en español y luego en inglés. Dado que aparecen algunos términos nuevos, habrá que proceder por eliminación e intuición.

A 1. Tengo frío. 2. Estoy acalorado. 3. Tengo prisa. 4. Me aburro. 5. Tengo hambre. 6. Tengo sueño. 7. Tengo sed. 8. Estoy cansado.

B 1. Cojo un taxi. 2. Me voy a la cama. 3. Me pongo el chaleco. 4. Me procuro algo de beber. 5. Me procuro algo de comer. 6. Abro la ventana. 7. Voy a la discoteca. 8. Me siento y me relajo.

En este caso, repetiremos el ejercicio pero partiendo de palabras en inglés. *Para facilitar la comprensión, proporcionamos a continuación, entre paréntesis, el antónimo de las mismas:*

hot («congelado») – bored («vivamente interesado») – sleepy («desvelado, con los ojos muy abiertos») – in a hurry («con calma») – thirsty («sin sed») – disco («lugar silencioso») – relax («agitarse, ponerse nervioso») – sit down («ponerse de pie»)

A	*B*
1. *I'm hungry* [áim hángri]	☐ *I get a taxi* [ái gét a^{e} táxi]
2. *I'm hot* [áim hót]	☐ *I go to bed* [ái gó^{u} tou béd]
3. *I'm tired* [áim táir^{e}d]	☐ *I put my jumper on* [ái pút mái xámpe^{r} on]
4. *I'm sleepy* [áim slíipi]	☐ *I go to the disco* [ái gó^{u} tu θe dísco^{u}]
5. *I'm could* [áim kó^{u}ld]	☐ *I get something to eat* [ái gét sámθin^{g} tu íit]
6. *I'm bored* [áim bóa^{re}d]	☐ *I open the window* [ái ó^{u}pen θe uíndou]
7. *I'm thirsty* [áim θó^{e}rsti]	☐ *I sit down and relax* [ái sít dáun a^{e}nd rilá^{e}x]
8. *I'm in a hurry* [ái in a^{e} hárri]	☐ *I get something to drink* [ái gét sámθin^{g} tu drínk]

Ejercicio 24

Rellenar los espacios en blanco

1. I didn't … to the news on Tuesday night. 2. That … of information was right but I was too busy at that moment to listen … it. 3. Why don't you buy that nice … … furniture for your house? 4. Let's go to … early tonight. 5. I didn't meet them at the airport but at the station. … they late? 6. I like … lunch every day … noon. 7. I … notice ([nó^{u}tis] «observar») that that man was impatient.

Ejercicio 25

Traducción inversa

1. ¿Te has dado cuenta de que el hombre del control de pasaportes estaba muy tenso? 2. ¿Qué hora es? ¿Llegamos tarde a nuestro vuelo? Veo (puedo ver) que la gente se apresura. 3. Cada día me gusta desayunar a las ocho en punto (*sharp* [xárp]). 4. He comprado un mueble nuevo (*new* [niú]) para mi casa de campo (*country house* [káuntri háus]). 5. Me encontré con ellos en la estación a las cuatro: el tren (*train* [tréin]) iba con retraso. 6. Tomemos una buena taza de café. No, gracias, prefiero el té al café. 7. ¿Has oído las noticias? No, ¿qué noticias? ¿Eran interesantes? 8. Esta es la noticia; aquella información era correcta, pero llegó el lunes por la mañana; demasiado tarde para la gente que estaba como yo (en mi caso). 9. Déjame que te dé (*to give, gave, given* [tu gíf, géif, gíf^{e}n], «dar») un consejo: ¡déjalo entrar! 10. Antes de partir John podría venir a comer con nosotros.

NOTA Los verbos precedidos por preposición requieren la forma en *-ing*.

Ejercicio 26

Ordenar las siguientes palabras para obtener oraciones:

baby/whose/is/that? – night/little/frightened/dog/me/last/a – about/leave/to/is/who? – leave/Sarah/did/the/watch/in/her/bathroom? ([báθ-rúum], «baño»)– you/worried/are/something/about? – clock/by/tells/time/the/itself/the – passport/what's/with/wrong/my? – sister/is/my/left-handed – the/on/wrong/I/of/side/the/road/parked – the/I/got/a/for/parking/side/on/wrong/of/road/the/fine (*fain*, *multa*) – village/is/the/beneath/the/mansion ([má^{e}n-xon], «mansión», «palacio») – the/on/the/door/postman/knocked/first/the/of/of/house/the/block ([blók], «manzana», «edificio») – if/can/you/down/you/sit/want – you/me/get/something/to/can/drink/please? – freezing/through/ trees/the/blew/a/breeze – are/you/but/generous/unjust ([anxást], «injusto»).

Ejercicio 27

Formar oraciones con las palabras y estructuras gramaticales aprendidas.

UNIDAD SEIS
UNIT SIX

Lesson 6A

Applying for a job («candidatura para un puesto de trabajo»)

SARAH: *May I come in, please?* [méi ái kám-in, plíis?] («¿se puede pasar?»).

MRS GATE: *Yes, of course!** [iés, of kóo^{r}s] («sí, por supuesto»).

SARAH: *Good morning. Are you Mrs Gate?* [gúud móo^{r}nin^{g}/ aár iú mísis géit?] («buenos días. ¿Es usted la señora Gate?»).

MRS GATE: *Yes, I am. I'm the manageress* [iés, ái a^{e}m/ áim θe má^{e}nageres] («sí. Soy la directora»).

SARAH: *I'm Sarah Jones. The applicant who phoned yesterday* [áim sára xóns/ θi ápplikant hu fó^{u}n^{e}d iéste^{r}da^{e}i] («soy Sarah Jones. La candidata que llamó ayer por teléfono»).

MRS GATE: *How do you do?* [háu diú dú?] («mucho gusto»).

SARAH: *How do you do?* [háu diú dú?] («el gusto es mío»).

MRS GATE: *Well, Sarah, can you use a computer?* [uél, sára, ká^{e}n iú iús a^{e} kompiúte^{r}?] («bueno, Sara, ¿sabe utilizar un ordenador?»).

SARAH: *Yes, I can* [iés, ái ká^{e}n] («sí»).

MRS GATE: *And can you speak German?* [á^{e}nd ká^{e}n iú spíik xó^{e}rman?] («¿sabe hablar alemán?»).

SARAH: *Yes, I can* [iés, ái ká^{e}n] («si»).

MRS GATE: *That's good. Can you drive?* [θá^{e}ts gúud/ ká^{e}n iú dráif?] («bien. ¿Sabe conducir?»).

SARAH: *No, I can't* [nó^{u}, ái kánt] («no»).

MRS GATE: *When can you start work?* [uén ká^{e}n iú stárt uó^{e}rk?] («¿cuándo puede empezar a trabajar?»).

SARAH: *I can start tomorrow* [ái ká^{e}n stárt tumórrou] («mañana»).

MRS GATE: *Good. Thank you. I'll see you tomorrow. Goodbye, Sarah* [gúud/ θá^{e}nk iú/ áil síi iú tumórrou/ gudbái, sára] («bien. Muchas gracias. Mañana nos veremos. Adiós, Sarah»).

SARAH: *Goodbye, Mrs Gate* [gudbái, míssis géit] («adiós, señora Gate»).

Acquisition and consolidation of rhythm and intonation

One, two, three, four; come in, please, and shut the door [uán, tú, θríi, fóo^{r}; kám-in, plíis, á^{e}nd xát θe dóo^{r}] («uno, dos, tres, cuatro; entra, por favor, y cierra la puerta»).

Five, six, seven, eight; it's time for school, you're very late* [fáif, síx, séb^{e}n, éit; íts táim fóo^{r} skúul, iuá^{r} bé^{r}i léit] («cinco, seis, siete, ocho, es hora de ir a clase, llegas tarde»).

Nine, ten, nine, ten; don't be late for school again [náin, tén, náin, tén; dó^{u}nt bí léit fóo^{r} skúul a^{e}géin] («nueve, diez, nueve, diez; no vuelvas a llegar tarde a clase»).

Now what do you think [náu uót dú iú θínk] («ahora, ¿qué piensas»)
of little Jack Jingle? [óf lit^{e}l xá^{e}k xíng^{e}l?] («del pequeño Jack Jingle?»)
*Before he got married** [bifóo^{r} hí gót má^{e}rri^{e}d] («antes de casarse»)
he used to be single [hí iús^{e}d tú bí síng^{e}l] («solía estar soltero»).

Solomon Grundy born on Monday [sólomon grándi bórn ón mánda^{e}i] («Solomon Grundy, nació el lunes»),
christened on Tuesday [krísn^{e}d ón tiúsda^{e}i] («fue bautizado el martes»),
márried on Wednesday [má^{e}rri^{e}d on uénsda^{e}i] («se casó el miércoles»),
sick on Thursday [sík ón θó^{er}sda^{e}i] («enfermó el jueves»),
worse on Friday [uó^{e}rs ón fráida^{e}i] («empeoró el viernes»),
died on Saturday [dáid ón sátu^{r}da^{e}i] («murió el sábado»)
buried on Sunday [bó^{e}ried ón sánda^{e}i] («y se le enterró el domingo»).

NOTA

- *To shut, shut, shut* [tú xát, xát, xát] («cerrar»); suele emplearse con la expresión, muy descortés, *shut up!* [xát áp!] («¡cierra el pico!»).
- *It's time for school* es una expresión peculiar que no se puede traducir literalmente en español. La preposición, de hecho, es distinta a la española: nosotros decimos *es hora de clase*.
- *To be late* se considera, en imperativo, como un verbo de acción: esta es la razón por la que se usa el auxiliar *do* para expresar la exhortación o prohibición *don't be late*.
- *To get married* (a menudo seguido de *to*) es una expresión muy corriente, mientras que *to marry* es más formal (en español, el equivalente sería *desposarse*).

THE MARRIAGE («EL MATRIMONIO»)

Con el participio pasado *married* (má^{e}rri^{e}d) se forman expresiones como *just married* («recién casados») o *he is married to the company* («está casado con su empresa»). La ceremonia de boda es *the wedding* (uéddin^{g}); el convite, *the reception* (risépxon); la luna de miel, *the honeymoon* (háni-múun); el marido, *the bridegroom* (bráid-grúum); la esposa, *the bride* (bráid); el testigo, *the best man* (bést má^{e}n) (literalmente, «el mejor hombre»). El estado matrimonial es *the marriage* (má^{e}rriax), y *the marital status* (márital stá^{e}t^{o}s) es el estado civil.

NOTA

• Con *to use to* [tú iús tú] se expresa una obligación incómoda, y aparece seguida por el infinitivo del verbo de acción; por ejemplo: *I used to go to church when I was young* [ian^{g}] («solía ir a la iglesia cuando era joven»).

Otra forma de expresar un hábito es *to be used to*, seguida por la forma en *-ing* del verbo:

— *he is used to going to church every Sunday* («suele ir a la iglesia todos los domingos»);
— *I was used to getting up early when I was a boy* («solía levantarme pronto cuando era niño»).

To be accustomed to [tú bí akkóstum^{e}d tú], seguido por el verbo en la forma en *-ing*, significa *estar acostumbrado a*. Para expresar los conceptos de usar y hacer uso, se utilizan *to use* [tú iús] y *to make use of* [tú méik iús óf].

Las expresiones *ir a la iglesia, a clase, al hospital*, etc., se expresan sin artículo: *to go to church, to go to school, to go to hospital* (tu gó^{u} tu hóspital) (véase también pág. 135).

Points of grammar

1 *Applying for a job* («candidatura para un puesto de trabajo»)

Applying es un verbo sustantivado en la forma en *-ing* (véase pág. 24). Deriva de *to apply* [tú áppli] («aspirar a un trabajo»).

2 *Mrs Gate: That's good. Can you drive?* («Señora Gate: Bien. ¿Sabe conducir?»)

Mrs es la abreviatura de *Missis* («señora»), siempre con el apellido. Si se diese el caso de que este lo desconociésemos, deberíamos emplear la palabra *Madam* [má^{e}dam]: *can I help you, Madam?*, que corresponde a nuestro *¿en qué puedo servirle?* Esta manera de dirigirse es muy frecuente en establecimientos públicos.

Los ingleses, de modo muy formal y educado, cuando se refieren a una mujer, raramente la definen como *woman*; prefieren la palabra *lady* [lé^{i}di] y, en caso de que sea joven, *young lady* [ián^{g} lé^{i}di]: *there was a lady/young lady in the bus* («había una señora/chica en el autobús»).

La palabra española *señorita* puede traducirse en inglés por *Miss* [mís], que debe ir siempre unido al nombre propio: *is Miss Helen Smith there, please?* («¿está la señorita Helen Smith, por favor?»). Actualmente, al escribir, se recurrre a la forma *Ms*.

EL FUTURO: NOTAS HISTÓRICAS, FORMAS Y REGLAS

En un principio, la formación del futuro en inglés se expresaba mediante el presente de indicativo (que únicamente se emplea en frases de presente habitual como *el avión despega a las 8.30*). Las ideas de deber y voluntad, expresadas respectivamente por los verbos *shall* (xá^{e}l) y *will* (uíl), fueron las que se emplearon para desarrollar el futuro; lo mismo ocurrió con el condicional, para el cual se emplean las formas *should* (xúd) y *would* (uúd).

Shall (xá^{e}l) y *will* (uíl) en negativo se convierten en *shall not* o *shan't* (xánt) y *will not* o *won't* (uó^{u}nt). Un vestigio de estas formas aún se detecta en la pregunta *shall I?* («¿debo?») —en la cual se sobreentiende la realización de lo preguntado— así como *will you?* («¿lo quieres así?»). De todos modos, la orden expresada mediante *shall* también puede aplicarse a personas del mismo rango: *you shall go to school* («debes ir a la escuela (porque yo te lo mando)»).

Shall y *will* se convirtieron en meras expresiones de acciones futuras y, por último, se contrajeron en la forma *'ll*: *I'll go to school* («yo iré a escuela»), *you'll go to school* («tú irás a escuela»).

Una forma más explícita de expresión tiende a usar *shall* y *will* para todas las personas, en función del mensaje:

— *I will go to school* («iré a la escuela (porque así lo quiero)»);
— *you shall go to school!* («¡irás a la escuela! (ese es mi deseo)»).

La forma contracta no se emplea en las preguntas, ya que el verbo auxiliar aparece el primero en la frase.

Para referirse a acontecimientos ajenos a la voluntad del sujeto se sustituye *I shall* por *I'll*: *tomorrow I'll be twenty* (tumórrou áil bí tuénti) («mañana tendré veinte años»). El uso de *shall* en la primera persona está desapareciendo gradualmente en favor de la forma contracta *'ll*.

El concepto de futuro tiene también otros matices; por ejemplo, la intención de realizar una acción (es decir, *tender hacia algo*) se expresa mediante *to go*: *I'm going to learn a foreign language* (áim góin^{g} tu ló^{e}rn a^{e} fóren lá^{e}ngua^{e}x) («voy a aprender una lengua extranjera»).

La acción futura estipulada, planificada y que se da por segura presenta la forma del presente continuo, como si ya estuviera ocurriendo: *I'm leaving tomorrow* (áim lîi^{f}in^{g} tumórrou) («saldré mañana»); *I'm meeting my friend this afternoon* (áim mîitin^{g} mái frénd θís afte^{r}núun) («veré a un amigo por la tarde»).

El futuro continuo se construye mediante el verbo auxiliar, el infinitivo del verbo *to be* y el verbo principal con el sufijo *-ing*: *tomorrow at this time I'll be flying to New York* (tumórrou á^{e}t θis táim áil bí fláin^{g} tu niú iórk) («mañana a esta hora estaré volando hacia Nueva York»).

El futuro anterior, que prevé una acción que se concluirá en el futuro, se forma con el verbo auxiliar, el infinitivo del verbo *to have* y el participio del verbo principal: *at this time tomorrow I shall have finished your book* (a^{e}t θis táim tumórrou ái xá^{e}l há^{e}f fínix^{e}d ioú^{r} búuk) («mañana a esta hora habré acabado tu libro»).

Lo mismo ocurre con la palabra *man*, que cede ante el uso del término *gentleman* [géntl-má^{e}n].

Señor, en cambio, es *Sir* [só^{e}r], equivalente masculino de *Madam*. Al escribir se recurre a la forma abreviada *Mr.* Por otra parte, *Sir* se utiliza para dirigirse a personas de las que se desconoce el apellido. Si se emplea con el nombre de pila o con el apellido, el tratamiento *Sir* indica un título honorífico, pero nunca nobiliario.

El verbo *to drive, drove, driven* [dráif, dró^{u}f, drífen] incluye el concepto de automóvil y, por tanto, se puede emplear sin añadir este último término: *I drove to France* [ái dró^{u}f tú fráns] («he viajado a Francia conduciendo un coche»).

3 *I'll see you tomorrow* («nos veremos mañana»)

I'll see you es futuro (véase pág. 70).

En inglés, el adverbio *tomorrow* equivale a *mañana* y la expresión *the day after tomorrow*, a *pasado mañana* [θe dá^{e}i áfte^{r} tumórrou]. Por otra parte, nuestro *antes de ayer* se traduce por *the day before yesterday* [θe dá^{e}i bifóor iéste^{r}da^{e}i].

And now a tongue twister to practice *k*

Coward cats, slack cats, clever cats, crafty cats.
[káua^{r}d ká^{e}ts, slá^{e}k ká^{e}ts, klé^{f}e^{r} ká^{e}ts, kráfti ká^{e}ts]
(«Gatos cobardes, gatos indolentes, gatos inteligentes, gatos astutos.»)
Slick cats, slow cats, careless cats, committed cats.
[slík ká^{e}ts, slóu ká^{e}ts, kéa^{r}les ká^{e}ts, kommítted ká^{e}ts].
(«Gatos suaves, gatos lerdos, gatos negligentes, gatos comprometidos.»)

NOTA

- Un sinónimo de *slack* es *lazy* [léis^{z}i] («perezoso»).
- *Slow* se refiere a la lentitud, tanto de mente como de cuerpo. *Clever* («inteligente», «despierto») y *fast* («rápido») son sus respectivos antónimos.
- *Careless* está formado por el sustantivo *care* («cuidado», «atención»), y el sufijo *-less*, que se convierte en el adjetivo comparativo de inferioridad. Este sufijo puede ser aplicado además a otras palabras: *motionless* [mósxionles] («inmóvil»; *shameless* [xéimles] («desvergonzado»). Por otra parte, *less* tiene como antónimo *full* [fúl] («lleno», «completo»), que pierde una *l* cuando acompaña a otra palabra: *shameful* [xéimful] («vergonzoso», «deshonroso», «infame»).
- Recordemos también la expresión *politically committed* [polítikalli kommítted] cuya traducción podría ser «comprometido» o bien «alineado políticamente».

Lesson 6B

The Managing Director to the Chief Accountant: «Here we have a new employee» [θe má^{e}naxin^{g} dairéktor tú θe chíif a^{e}kkáuntant: hiá^{r} úi há^{e}f a^{e} niú emplóii] («el consejero delegado al jefe de contabilidad: "tenemos un nuevo empleado"»).

«He's the owner's son: check if he's able to do something else» [hís θi óune^{r}s són: chék íf hís éib^{o}l tú dú sámθin^{g} éls] («es el hijo del dueño. Compruebe si es capaz de hacer alguna otra cosa»).

LA ORGANIZACIÓN EMPRESARIAL: TERMINOLOGÍA

staff (stáf) («plantilla», «empleados»)
personnel (personnél) («personal», formal)
workforce (uó^{e}rk-fórs) («fuerza de trabajo»)
director (dairéktor) («directivo», «consejero de administración»)
manager (má^{e}naxe^{r}) («director», formal), *boss* (bós) («jefe», informal)
secretary (sékret^{e}ri) («secretaria, -o»)
typist (táipist) («mecanógrafa»)
clerk (klárk) («empleado sin especialización»)
worker (uó^{e}rke^{r}) («operario», «trabajador»)
receptionist (risépxonist) («recepcionista»)
colleague (kóllig) («colega»)
management (má^{e}nax-ment) («gestión», «dirección», «administración»)
executive (exékiutif) («directivo de alta graduación», «funcionario»)
interview (ínter^{f}iu) («entrevista de trabajo»)
to appoint (tu appóint) («nombrar un cargo»)
appointment (appóintment) («cargo»)
to engage (tu engéx) («contratar»)
to hire (tu háia^{r}) («contratar un servicio eventual»)
to promote (tu promó^{u}t) («ascender»)
to go (tu gó^{u}), *be on strike* (bí on stráik) («hacer o estar en huelga»)
to cross the picket line (tu krós θe pìket lain) («acabar con la huelga»; literalmente, «atravesar la línea de piquete»)
to resign (tu risáin) («dimitir»)
to dismiss (tu dismís) («despedir», formal)
to sack (tu sá^{e}k), *fire* (fáia^{r}) («despedir», informal)
notice (nó^{u}tis) («preaviso de dimisión»)
to hand (tu há^{e}nd), *give in* (gíf in) («presentar»)
redundancy (ridándansi) («jubilación anticipada»)
to retire (tu ritáia^{r}) («jubilarse»)
retirement (ritáia^{r}ment) («jubilación»)

NOTA

Other [áθe^{r}] equivale a *otro* y antecede a los adjetivos. *Else*, en cambio, acompaña a ciertas expresiones:

- *what else can I do?* [uót éls ká^{e}n pái dú?] («¿qué otra cosa puedo hacer?»);
- *where else did you go?* [uéa^{r} éls díd iú gó^{u}?] («¿a dónde has ido?»).

Junto con *or* [ó^{r}], equivale a *de otro modo, si no, en caso contrario, de no ser así*:

- *tell me the truth, or else!...* [tél mí θe trú, o^{r} éls!...] («dime la verdad, o de lo contrario...»);
- *let's go, or else we'll miss the train* [léts gó^{u}, o^{r} éls uíl mís θe tréin] («vámonos, porque si no perderemos el tren»).

And now some tongue twisters to practice I

All's well [óls uél] («¡todo va bien!»).

Old Bill tells tales, wild and tall tales Bill tells!*
[ó^{u}ld bíl téls téils, uáild a^{e}nd tól téils bíl téls!]
(«El viejo Bill explica historias; extrañas e increíbles historias explica Bill.»)

In moonlit leaves a lot of lively elves enjoy themselves lopping off all the lawns.
[in múun-lit líifs a^{e} lót of láifli élfs enxói emsélfs lóppin^{g} of ól θe l^{o}ns]
(«Entre las hojas iluminadas de la luna un gran número de elfos vivaces se divierte segando los prados de arriba a abajo.»)

NOTA

- *Tall* [tól] indica la estatura de una persona.
- *In* («en» o «entre») puede traducirse por *sobre* o *encima*, como en la expresión *the bird was sitting in the tree* [θe bó^{e}rd uós síttin^{g} in θe tríi] («el pájaro se encaramó en lo alto del árbol»).
- *To enjoy* [tu enxói] equivale a *divertirse* (junto con el pronombre reflexivo) y a *disfrutar*: *I hope you'll enjoy your meal* [ái hó^{u}p iúl enxói ioú^{r} míil] («espero que disfrutes de este plato»).

Let's do some exercises now!

EJERCICIO 28

Comprensión escrita.

Sabiendo que:

a) *to nickname* [tu ník-néim] significa «apodar»;
b) *to call* [tu kol] es sinónimo de *to name* [tu néim];
c) *to stand for* [tu sta^{e}nd foo^{r}] significa «disponerse a»,

respóndase a las siguientes cuestiones. (En el caso de que se ignoren las respuestas pueden consultarse las soluciones.)

1. The christian name of Cervantes was [θe krístian néim of θerbántes uós] … 2. Alphonse the Tenth was nicknamed [alfónse θe tén θ uós nik-neimd] … 3. The friend of Mortadelo is [θe friénd of mortadélo ís^{z}] … 4. Cassius Clay changed his name to [ká^{e}ssius kléi cheing^{e}d his neim tu] …. 5. N.B. and P.S. stand for [én bí a^{e}nd pí és stá^{e}nd fóo^{r}] ….

EJERCICIO 29

Sabiendo que:

a) *to be born* [tu bí bórn] y su derivado *birth* [bírθ] significan «nacer» y «nacimiento», respectivamente;
b) *date* [déit] equivale a *fecha*;
c) *degree* [digríi] significa «grado» y «título de estudios»;
d) *certificate* [sertífiket] sgnifica «certificado»;
e) *place* [pléis] puede traducirse como *lugar*;
f) *country* [káuntri] equivale a *campo* y *país*;
g) *free* [fríi] significa «libre»;
h) *to live* [tu líf] significa «vivir» o «residir»;
i) *first* [fó^{e}rst] equivale a *primero*;
l) *home* [hó^{u}m] («casa», «morada»), rechaza la preposición *to*;
m) *education* [ediuká^{e}xon] significa «instrucción» o «estudios realizados», mientras que *politeness* [poláitnes] se refiere a las buenas maneras;
n) *qualification* [qualifiká^{e}xon] equivale a *calificación*;
o) *signature* [síg-náua^{r}] significa «firma»,

hállense en la columna B las correspondencias a las preguntas de la columna A.

Cuando un funcionario formula las siguientes preguntas, ¿qué es lo que desea averiguar?

A	B
1. *Where were you born?* [uéa^{r} uéa^{r} iú bórn?]	☐ *First name* [fó^{e}rst néim]
2. *What do you do?* [uót díu dú?]	☐ *Surname* [só^{e}rnéim]
3. *What's your family name?* [uóts ioú^{r} fá^{e}mili néim?]	☐ *Date of birth* [déit of bó^{e}rθ]

A	B
4. What degrees, diplomas and *certificates do you have?* [uót digríis, dipló^{u}mas a^{e}nd sertífikets dú iú há^{e}f?]	☐ Place of birth [pléis of bó^{e}rθ]
5. *When were you born?* [uén uéa^{r} iú bórn]	☐ *Nationality* [naxoná^{e}liti]
6. *What's your telephone number in London?* [uóts ióu^{r} télefo^{u}n námbe^{r} in lándon?]	☐ *Permanent address* [pó^{e}rmanent addrés]
7. *What country are you from?* [ár iú síng^{e}l or má^{e}rri^{e}d]	☐ *Telephone number* [télefo^{u}n námbe^{r}]
8. *Where did you go to school?* [uéa^{r} did iú gó^{u} tu skúul]	☐ *Address in London* [addrés in lándon]
9. *Are you single or married* [áar síng^{e}l or má^{e}rri^{e}d?]	☐ *Telephone number* [téléfo^{u}n námbe^{r}]
10. *What do you do in your free time?* [uót dú iú dú in ióu^{r} fríi táim?]	☐ *Marital status* [márital stá^{e}t^{o}s]
11. *Where do you live in your country?* [uéa^{r} dú iú líf in ióu^{r} káuntri?]	☐ *Education* [ediuká^{e}xon]
12. *Where do you live in London?* [uéa^{r} dú iú líf in lándon?]	☐ *Qualifications* [kualifiká^{e}xons]
13. *What´s your first name?* [uóts ióu^{r} fó^{e}rst néim?]	☐ *Occupation* [okkiupá^{e}xon]
14. *What's your telephone number at home?* [uóts ióu^{r} télefo^{u}n námbe^{r} a^{e}t hó^{u}m?]	☐ *Hobbies and interests* [hóbbis a^{e}nd ínterests]

NOTA En inglés, en una interrogación, la preposición se coloca al final:

— *where are you from?* («¿de dónde procede usted?»);
— *what are you talking about?* («¿de qué está hablando?»).

EJERCICIO 30

Sin mirar el ejercicio precedente, contestar al siguiente formulario (fill in the form)*:*

1. Name and surname .... 2. Date of birth .... 3. Place of birth .... 4. Nationality .... 5. Permanent address .... 6. Telephone number .... 7. Address in London .... 8. Telephone number .... 9. Marital status .... 10. Education .... 11. Qualifications .... 12. Occupation .... 13. Hobbies .... 14. Date* .... 15. Signature ....

NOTA En inglés, la fecha se expresa así: después de indicar la localidad, se dice o escribe el mes; a continuación se señala el día, en números ordinales (primero, segundo, tercero, etc.; véase pág. 113), precedido del artículo determinado *the*; por último, se menciona el año. De este modo, *Toledo, 2 de abril de 1996* se escribiría en inglés *Toledo, April the 2nd (second), 1996.*

Los norteamericanos aplican esta regla también a las fechas exclusivamente numéricas: *28/06/98* sería *06/28/98.*

Los días del mes se expresan en números ordinales, no cardinales: *today is the 15th of December* (tudá^{e}i ís^{z} θe fiftíin of disémbe^{r}) («hoy es el 15 de diciembre», si bien literalmente sería «hoy es el decimoquinto día de diciembre»).

En todos los demás casos, los números ordinales se usan como en español: *Elizabeth II (the second)* (Elísabeθ θe sékond); *this is the third English lesson* (θís ís^{z} θe θó^{e}rd ínglix lésson) («esta es la tercera lección de inglés»).

THE MONTHS («LOS MESES»)

January (xá^{e}nuari) («enero»)
February (fébruari) («febrero»)
March (márch) («marzo»)
April (éipril) («abril»)
May (méi) («mayo»)
June (xú^{u}n) («junio»)
July (xulái) («julio»)
August (ógust) («agosto»)
September (septémbe^{r}) («septiembre»)
October (októbe^{r}) («octubre»)
November (nobémbe^{r}) («noviembre»)
December (disémbe^{r}) («diciembre»)

N.B. Los meses se escriben siempre con mayúscula.

Monthly magazine (manθli mágasin) («revista mensual»).

PREPOSICIONES Y COMPLEMENTOS DE TIEMPO

Las preposiciones que introducen el complemento de tiempo son:

— *in* para años y meses: *in 1987* (in naintíin-éiti-seb^{e}n); *in January* (in xá^{e}nuari);
— *on* para días: *on Monday* (on mánda^{e}i), *on the 27th* (on θe tuénti-séb^{e}n); en este último caso se utilizará el artículo determinado.

In se usa también para la semana: *what I can't do in the week I do on Sundays* (uót ái kánt dú in θe uíik ái dú on sánda^{e}is) («lo que no puedo hacer durante la semana lo hago el domingo»).

Para no confundir las preposiciones *in* y *on* basta asociar a *on* el arco de tiempo más breve, es decir, el día; las otras expresiones van precedidas de *in*.

THE WEEK («LA SEMANA»)

Veamos algunas expresiones relativas a *week*:

— *last week I didn't go to the office* (lást uíik ái díd^{e}nt gó^{u} tu θi óffis) («la semana pasada no fui al despacho»);
— *a week ago today* (a^{e} uíik agó^{u} tudá^{e}i) («hace una semana»).

Una semana se traduce *by the week* (bai θe uiik): *he is paid by the week* (hí ís^{z} péid bái θe uíik) («cobra por semanas»).

El adjetivo *semanal* y el adverbio *semanalmente* se traducen ambos por *weekly* (uíikli), aunque también se utiliza como sinónimo de *weekly magasin* (uíikli mágasin) («semanario»).

Week-end significa «fin de semana»: *I stayed with them over the week-end* (ái stéid uí θem ó^{u}e^{r} θe uíik-end) («estuve con ellos el fin de semana»), donde *over* expresa el periodo temporal completo.

EJERCICIO 31

Rellenar los espacios en blanco.

1. I'm in a ..., but I can't find (*to find, found, found* [fáind, fáund, fáund], «hallar») a taxi and the plane is about to .... 2. If you go ... the cinema you can't ... to bed early. 3. ... you get me something to drink? 4. I didn't manage to ... some British currency at the Currency .... 5. I ... hear the postman knock on the door because I ... sleeping. 6. She's been ... for the post ([pó^{u}st] «puesto») of assistant manager. 7. ... go to the restaurant with our friends! 8. Is your father ([fáθe^{r}], «padre») angry ... you? 9. I ... go to the disco tonight ... I'm very tired. 10. By the ..., what did you buy in London? 11. ... you belong ([bilón^{g}], «pertenecer») to a union ([iúnion], «sindicato»)? 12. What's the ... with your father? He's very angry. 13. Where is John? He ... be at the cinema.

14. Where have you ...? I've been to ... my mother and then to the disco. 15. ... the retirement age in your country? 16. Do you like the performance ([perfó^{r}mans], «representación»)? No, I'm rather ([ráθe^{r}], «más bien», «un tanto») ... 17. If you're feeling hot you can ... the window. 18. That boy isn't clever at all, he's rather ... Nevertheless ([né^{f}er-eles], «sin embargo») he is not ... but diligent/careful ([díligent/kéa^{r}ful], «diligente», «esmerado»). 19. Peter ... receive an increase ([inkríis], «aumento») in salary next ([néxt], «próximo») month. 20. The performance ... start at nine sharp. 21. ... I make you a nice cup of tea? 22. ... you do the washing-up ([uóxin^{g} áp], «lavar los platos») before leaving, please? 23. I ... watch TV in the lounge ([láunx], «sala de estar», «salón»). 24. Lucky you! ([láki], «afortunado») This time tomorrow you ... be sun-bathing [sanbéiin^{g}]; to sun-bathe ([tu sanbéi], «tomar el sol») at the seaside. 25. It's my birthday next Saturday and I ... be giving a party as usual ([á^{e}s iús-xual], «como de costumbre»). 26. The kettle ... be boiling in a couple of minutes. Do stay and have a cup of tea with us! 27. Is it true that we ... not meet him again? 28. The magistrates ([mágistreits], «magistrados») ... give their decision ([desís-xon], «decisión») next week.

EJERCICIO 32

Traducción inversa.

1. ¿Tu madre está contenta cuando duermes hasta tarde? 2. Si vas a la discoteca no puedes irte pronto a la cama. 3. ¿Tus amigos han ido contigo al restaurante? 4. ¡Vamos al cine esta noche! 5. Tengo mucha sed y mucha hambre: ¿puedes procurarme algo de beber y de comer, por favor? 6. ¿Por qué te vas siempre a la cama tan (*so* [só^{u}]) temprano? 7. Porque me puedo relajar. 8. Le despidieron el viernes pasado. 9. ¿Qué te ocurre? Tengo hambre pero no puedo comer. 10. Ha contratado a un detective privado para espiar (*to follow* [tu fóllou]) a su esposa. 11. ¿Tienes calor? ¡Pues abre la ventana! ¿Puedo? 12. ¿Cuándo te jubilarás? 13. ¿Quién ha llamado a la puerta? Puede ser el cartero, pero no acierto a abrir la puerta. 14. ¿Qué has hecho en la discoteca? He bailado (*to dance* [tu dá^{e}ns]) con mis amigos. 15. ¿Dónde ha estado tu padre? Ha ido a visitar a su hermana a Londres. 16. Tienen la intención de nombrar un nuevo vicedirector (*assistant manager* [assístant má^{e}nage^{r}]). 17. Si tienes frío, ponte una camiseta. 18. Tenemos un contable entre *(on)* nuestros empleados. 19. La lección (*lesson* [lésson]) no me ha gustado. 20. Los documentos (*records* [rékords]) están en el archivo (*file cabinet* [fáil kábinet]) que hay junto (*next to* [néxt tu]) a mi escritorio (*writing desk* [ráitin^{g} désk]). 21. Hallarás la llave debajo del felpudo (*doormat* [dóo^{r}-má^{e}t]). 22. Nunca dejaré solo a un amigo que necesite mi ayuda. 23. Te invitaré a mi boda. 24. Pagaré la póliza a final de mes. 25. El culpable (*guilty man* [gílti má^{e}n]) estará en prisión durante un año. 26. Ese pez fuera del agua morirá pronto (*soon* [súun]). 27. ¡Vete! No volverás a entrar (*to enter* [tu énte^{r}]) nunca más (*never again* [nébe^{r} a^{e}géin]) en mi casa. 28. Ir de vacaciones nos costará un montón de dinero. 29. Te enviaré un giro de *(for)* cien libras. 30. Me complacerá (*glad* [glá^{e}d]) arremangarme (*to roll up one's sleeves* [tu ról áp uáns slíifs]) para ayudarle.

Ejercicio 33

Ordenar los siguientes vocablos para obtener frases completas:

will/get/you/when/married? – careless/shameless/was/the/typist/sacked/and – went/workforce/strike/ago/the/two/months/on – handed/I/have/my/in/notice – given/her/company/the/one/notice/month's/has – happy/they/us/a/marriage/wished ([uíx^{e}d]; *to wish* [tu uíx], «desear») – did/what/buy/you/else? – you/when/start/will/work? – this/been/there/hundreds/have/applications/for/of/job – worked/five/overtime ([ó^{uf}e^{r}-táim], «trabajo extraordinario»)/hours/last/I/week – retired/from/he/the/months/ago/school/three.

Ejercicio 34

Formar oraciones con las palabras y estructuras gramaticales aprendidas.

UNIDAD SIETE
UNIT SEVEN

Lesson 7A

JACK: *What are you going to buy for your Mum?* [uót aár iú góin^{g} tu bái fóo^{r} ioú^{r} mám?] («¿qué le vas a comprar a tu madre?»).

JILL: *I'm going to buy her some perfume, a gold necklace with matching ear-rings and a woollen scarf* [«áim góin^{g} tu bái hó^{e}r sám pá^{e}rfium, a^{e} gó^{u}ld nekléis uiθ má^{e}chin^{g} ía^{r}-rín^{g}s a^{e}nd a^{e} uúllen ská^{r}f] («voy a comprarle un perfume, una cadenilla de oro con pendientes a juego y una bufanda de lana»).

JACK: *What are you going to buy for your Dad?* [uót aár iú góin^{g} tu bái fóo^{r} ioú^{r} dá^{e}d?] («¿qué le vas a comprar a tu padre?»).

JILL: *I'm going to buy him a new pair of slippers* [áim góin^{g} tu bái hím a^{e} niú péa^{r} of slíppers] («voy a comprarle un par de pantuflas nuevas»).

JACK: *What are you going to buy for your sister?* [uót aár iú góin^{g} tu bái fóo^{r} ioú^{r} síster?] («¿qué vas a comprar a tu hermana?»).

JILL: *I'm going to buy her a silk blouse* [áim góin^{g} tu bái hó^{e}r a^{e} sílk bláus] («voy comprarle una camisa de seda»).

JACK: *What are you going to buy for your little brothers and for your little sister?* [uót aár iú góin^{g} tu bái fóo^{r} ioú^{r} lit^{e}l bráe^{r}s a^{e}nd fóo^{r} ioú^{r} lit^{e}l síste^{r}?] («¿qué vas a comprar a tus hermanitos y a tu hermanita?»).

JILL: *I'm going to buy a toy gun for Peter, a nice doll for Doris and a rocking horse for baby John* [áim góin^{g} tu bái a^{e} tói gán foo^{r} píte^{r}, a^{e} náis dól foo^{r} dóris a^{e}nd a^{e} rókin^{g} hórs foo^{r} bá^{e}ibi xóon] («voy a comprar una pistola de juguete para Peter, una bonita muñeca para Doris y un caballito de madera para el pequeño John»).

JACK: *What are you going to buy for your aunt and for your uncle?* [uót aár iú góin^{g} tu bái foo^{r} ioú^{r} á^{o}nt a^{e}nd foo^{r} ioú^{r} ánk^{e}l?] («¿qué vas a comprar a tu tía y a tu tío?»).

JILL: *I'm going to buy a leather handbag and some handkerchiefs for my aunt and a book for my uncle* [áim góin^{g} tu bái a^{e} léθe^{r} há^{e}nd-bá^{e}gh a^{e}nd sám há^{e}nd-kérchifs foo^{r} mái á^{o}nt a^{e}nd a^{e} búuk foo^{r} mái ank^{e}l] («tengo la intención de comprar un bolsito de piel y unos pañuelos para mi tía y un libro para mi tío»).

Jack: *What are you going to buy for your grandparents?* [uót aár iú góin^g tu bái foo^r ioú^r grá^{e}nd-pá^{e}rents?] («¿qué vas a comprar a tus abuelos?»).

Jill: *I'm going to buy a warm sweater for Grandma and a new pipe for Grandpa* [áim góin^g tu bái a^e uó^{r}m suéte^r foo^r grá^{e}nd-má a^{e}nd a^e niú páip foo^r grá^{e}nd-pá] («voy a comprar un cálido suéter para mi abuela y una nueva pipa para mi abuelo»).

Jack: *What are you going to buy for your pets?* [uót aár iú góin^g tu bái foo^r ioú^r péts?] («¿qué vas a comprar para tus mascotas?»).

Jill: *I'm going to buy a bone for my dog, a tin of fish for Pussy and some special seed for the parrot* [áim góin^g tu bái a^e bó^{u}n foo^r mái dog, a^e tín of fix foo^r pússi a^{e}nd sám spéxal síid foo^r θe pá^{e}rrot] («voy a comprar un hueso al perro, una lata de sardinas al gato y alpiste especial para el loro»).

Acquisition and consolidation of rhythm and intonation

— *What are you going to be?* [uót aár iú góin^g tu bí?] («¿qué quieres ser?»).

— *I shall be a soldier, that's the life for me*!* [ái xá^{e}l bí a^e sóldie^r, θá^{e}ts θe láif foo^r mí] («seré soldado, ¡es lo que más me gusta!»).

Proverbs («proverbios», «refranes»)

Early to bed and early to rise make a man healthy, wealthy and wise [ó^{e}rli tu béd a^{e}nd ó^{e}rli tu ráis méik a^e má^{e}n héli, uéli a^{e}nd uáis] («acostarse pronto y levantarse temprano vuelven al hombre sano, rico y sabio»).

When in Rome do as the Romans do [uén in ró^{u}m dú a^{e}s θe ró^{u}mans dú] («cuando estés en Roma, haz como hacen los romanos»; «allí donde fueres, haz lo que vieres»).

All that glitters is not gold [ól a^{e}t glítte^{r}s ís^z nót gó^{u}ld] («no es oro todo lo que reluce»).

Quotation («cita»)

In the land of the blind, the one-eyed man is a king [in θe lá^{e}nd of θe bláind, θi uán-áid má^{e}n ís^z a^e kín^g] («en el país de los ciegos, el tuerto es el rey»).

(N. Maquiavelo, *La Mandrágora*)

NOTA

- *Wealthy* es el sinónimo del más corriente *rich* [rích].
- Ingresar en el ejército se dice *to join the army* [tu xóin θi á^{r}mi].
- El oro falso se dice *fool's gold* [fúuls gó^{u}ld]; *goldfish* [gó^{u}ld-fix], por su parte, es un pez rojo.
- El sufijo *-ed*, que indica un participio, indica posesión: *one-eyed sailor* [uán-aid sá^{e}ilo^r] («marinero tuerto»).

Points of grammar

1 ***What are you going to buy?*** **(«¿qué vas comprar?»)**

Como se ha anticipado, la intención de realizar una acción se expresa mediante *to be going to*. Cuando las expresiones de *ir a* y *tratar de* coinciden, uno de los dos *go* cae: *I'm going to the theatre* [θíatr] *tonight* («voy/iré/tengo la intención de ir al teatro esta noche»).

2 ***I'm going to buy her some perfume, a gold necklace with matching earrings and a woollen scarf*** **(«voy a comprarle un perfume, una cadenilla de oro con pendientes a juego y una bufanda de lana»)**

En inglés, al igual que en español, es bastante común utilizar el pronombre personal de objeto indirecto ante un objeto directo: *I'm going to buy her a book* («le compraré un libro»; (véase pág. 165).

Algunos complementos se expresan mediante sustantivos empleados como adjetivos que preceden a los nombres a los que se refieren.

Veamos algunas de estas formas que enriquecen la expresividad de los ingleses. En estos casos pueden aparecer sustantivos como *car* [káa^{r}] («coche») que, junto con *door* [dóo^{r}] («puerta»), se convierte en *car door* [káa^{r} dóo^{r}] («puerta del coche»); si añadimos queso a un pastel salado, este se convierte en *cheese pie* [chíis pái]; añadiendo a una pasta dulce unas manzanas, tendremos un *apple pie* [á^{e}p^{e}l pái] («tarta de manzana»); la pata de una mesa es una *table leg* [téib^{e}l lég], mientras que el dedo anular recibe el nombre de *ring finger* [rín^{g} fínge^{r}], cuya traducción literal sería *dedo del anillo* o *de la alianza matrimonial*.

LOS DEDOS Y OTRAS PARTES DEL CUERPO

Thumb (θám) («pulgar»); *forefinger* (fóo^{r}-fínge^{r}) («índice»); *middle finger* (míd^{e}l fínge^{r}) («corazón»); *ring finger* (rin^{g} fínge^{r}) («anular»); *little finger* (lít^{e}l fínge^{r}) («meñique»); *hip* (híp) («cadera»); *joint* (xóint) («articulación»); *armpit* (á^{r}m-pít) («axila»); *ankle* (á^{e}nk^{e}l) («tobillo»); *eye-lash* (ái-lá^{e}x) («ceja»); *thigh* (θái) («muslo»); *rib* (ríb) («costilla»); *liver* (lí^{f}e^{r}) («hígado»); *side* (sáid) («costado»); *forehead* (fóo^{r}-há^{e}d) («frente»); *gum* (gám) («encía»); *knee* (nîi) («rodilla»); *elbow* (élbou) («codo»); *lip* (líp) («labio»); *mandíbula* (xóo) («jaw»); *chin* (chín) («barbilla»); *muscle* (más^{e}l) («músculo»); *nostril* (nóstril) («orificio nasal»); *eyelid* (ái-líd) («párpado»); *lung* (lán^{g}) («pulmón»); *calf* (káf) («pantorrilla»); *kidney* (kídni) («riñón»); *bottom* (bótto^{m}) («trasero»); *breast* (brést) («seno»); *shoulder* (xúlde^{r}) («hombro»); *spine* (spáin) («columna vertebral»); *stomach* (stómak) («estómago»); *heel* (hîil) («talón»); *chest* (chést) («tórax»).

En otros casos se recurre al genitivo sajón: *a miner's lamp* [a^{e} máiners lá^{e}mp] («una lámpara de minero») o a la preposición *of*: *a loaf of bread* [a^{e} ló^{u}f of bréd] («una barra de pan»). Nótese que *loaf* tiene un plural irregular, *loaves* [ló^{u}fs].

En palabras cortas o expresiones muy comunes, se produce la fusión: *raincoat* [réinko^{u}t] («abrigo de lluvia», es decir, «impermeable»), *housework* [háus-uó^{e}rk] («trabajos domésticos») y que, al igual que *homework* [hó^{u}m-uó^{e}rk] («tareas del hogar»), carece de plural. En otros casos, se inserta un guión entre ambas palabras: *shoe-maker* [xúu-méike^{r}] («zapatero»).

Estos sustantivos mantienen siempre la forma singular: a *ten-mile walk* («un paseo de diez millas»); en plural, adopta la desinencia el sustantivo propiamente dicho, es decir, el segundo: *shoe-makers, apple pies, miner's lamps.*

Por otra parte, «reloj de oro» se dice *gold watch* [gó^{u}ld uóch]; sin embargo, si se pasa a un atributo figurado, por ejemplo, «piel de seda», la expresión cambia a *silken skin* [sílk^{e}n skín]; del mismo modo ocurre con *lead pipe* [léd páip] («tubo de plomo»), a diferencia de *leaden sky* [léd^{e}n skái] («cielo plúmbeo»).

No hay que desalentarse: los propios ingleses suelen echar mano del diccionario para cerciorarse de cómo se escribe.

3 *I'm going to buy him a new pair of slippers* («voy a comprarle un par de pantuflas nuevas»)

Pair («par») se usa, como en español, cuando dos cosas no se pueden separar: *a pair of shoes* [a^{e} péa^{r} of xúus] («un par de zapatos»), *a pair of scissors* [a^{e} péa^{r} of síssors] («un par de tijeras»). Si, por el contrario, el emparejamiento es arbitrario, se utiliza *couple* [káp^{e}l] («pareja»): *a couple of beers* [a^{e} kápl of bíia^{r}s] («un par de cervezas»), *a nice couple* [a^{e} náis káp^{e}l] («un buena pareja»).

4 *What are you going to buy for your pets?* («¿qué vas a comprar para tus mascotas?»)

Destaquemos una expresión idiomática formada por las palabras *pet* y dislike que, unidas, forman *pet dislikes* [pét disláiks]. Al verbo *like*, referido a lo que gusta, corresponde al opuesto *dislike* («disgustar»). Este último también es sustantivo, y significa «aversión». Mediante una combinación de opuestos (*pet*, entre otras cosas, significa «favorito»), se obtiene el concepto de algo insoportable, que no se puede aguantar.

5 *Early to bed and early to rise make a man...* («acostarse pronto y levantarse temprano hacen al hombre...»)

Hasta ahora, hemos visto que la idea de hacer algo se expresaba mediante *to do. To make, made, made* [tu méik, méid, méid], por el contrario, expresa el concepto de hacer materialmente, transformar la materia. En esta cuestión, el español es más genérico.

Los ingleses hacen mesas (*tables* [téib^{e}ls]), pasteles (*cakes* [kéiks]), errores (*mistakes* [mistéiks]) con el verbo *to make*. Entre otras expresiones, es conocido el lema *made in Spain. Hacer el amor con* se traduce *to make love to.*

Por otra parte, se emplea la expresion *to do* para favores (*favours* [féibors]), las tareas del hogar (*homework* [hó^{u}m-uó^{e}rk]) y los trabajos domésticos (*housework* [háus-uó^{e}rk]), la compra (*shopping* [xóppin^{g}]), negocios (*business* [bísnis]) o cosas en general.

Recordemos que el verbo *hacer* no siempre se traduce por *do* o *make* en inglés, sobre todo cuando el verbo no guarda ninguna relación con la acción de la oración. En esos casos, conviene consultar el diccionario.

Además, el verbo *hacer* puede adoptar diversas formas en inglés:

a) si se desea convencer a alguien para que haga algo: *get somebody* [sámbodi] *to do something* [sámθin^{g}];

b) si queremos obligarlo, o bien porque resulta el causante de que una acción pueda llevarse a cabo: *to make somebody* [sámbodi] *do*; *I make him wash my car once a week* [ai meik him uox mai kaa^{r} uans a^{e} uiik] («le hago lavar mi coche una vez a la semana»);

c) se le ordena hacer algo: *to order* [órde^{r}] *somebody to do*;

d) se le permite o se le deja hacer algo: *to allow* [a^{e}láu] *somebody to do/let somebody do*; *he didn't allow me to go to the cinema* [hi didnt a^{e}láu mi tu go^{u} tu θe sínema] («no me dejó ir al cine»).

HACER: EJEMPLOS Y FRASES HECHAS

- Ejemplos que plasman el concepto de *hacer*:
  - — *don't let him go out* (dó^{u}nt lét hím gó^{u} áut) («no le hagas salir», «no le permitas que salga»);
  - — *make him work* (méik hím uó^{e}rk) («hazle estudiar»);
  - — *what caused her to change her opinion?* (uót kóos^{e}d hó^{e}r tu chéinx hó^{e}r opínion?) («¿qué es lo que le ha hecho cambiar de opinión?»);
  - — *I got him to come to the seaside with me* (ái gót hím tu kám tu θe síi-sáid uíθ mí) («le he convencido de que venga a la costa conmigo»);
  - — *she was made come back three times* (xí uós méid kám bá^{e}k θríi táims) («le hicieron volver tres veces»);
  - — *he wasn't allowed to come in* (hí uós^{e}nt a^{e}láud tu kámin) («no le hicieron entrar»);
  - — *he had a new house built* (hí há^{e}d a^{e} niú háus bílt) («se hizo construir una casa nueva»);
  - — *he had his hair cut because it was too long* (hí há^{e}d hís héa^{r} kát bikóos ít uós túu lón^{g}) («se hizo cortar el pelo porque lo llevaba muy largo»).
- Algunas frases hechas:
  - — *to send for somebody* («hacer venir a alguien»);
  - — *to let somebody know* («hacer saber a alguien»);
  - — *to grow* (tu gró^{u}) («hacer crecer», «criar»); si se habla de niños, debe emplearse la expresión *to raise a family* (tu réis a^{e} fá^{e}mili);
  - — *to keep somebody waiting* (uéitin^{g}) («hacer esperar a alguien»);
  - — *to let somebody in/out* («hacer entrar/salir a alguien»);
  - — *to boil* (tu bóil) («hacer hervir»); *to roast* (tu ró^{u}st) («hacer rustir»);
  - — *to let somebody see* («hacer ver a alguien»);
  - — *to let somebody have* («hacer tener a alguien»).

6 *In the land of the blind...* («en el país de los ciegos...»)

Una particularidad de la lengua inglesa es que denota con un adjetivo toda una categoría de personas anteponiendo el artículo determinado; por ejemplo:

— *the blind* [θe bláind] («los ciegos»);
— *the rich* [θe rích] («los ricos»);
— *the poor* [θe puá^{r}] («los pobres»);
— *the deaf* [θe dé^{a}f] («los sordos»);
— *the sick* [θe sík] («los enfermos»);
— *the mentally ill* [θe méntalli íl] («los enfermos mentales»);
— *the handicapped* [θe há^{e}ndi-ká^{e}pd] («los discapacitados»);
— *the dead* [θe dé^{a}d] («los muertos»);
— *the unemployed* [θi anemplóid] («los desempleados»);
— *the old* [θi ó^{u}ld] («los viejos»).

Hay, además, otro concepto para aludir a las personas ancianas: *elderly people* [élderli píp^{e}l], que se convierte en *the elderly.*

Asimismo, el uso de los adjetivos gentilicios sigue el mismo método:

— *the Irish* [θi áirix] («los irlandeses»);
— *the Spanish* [θe spá^{e}nix] («los españoles»).

And now some tongue twisters to practice *m*

In the middle of the night many mighty men mount the mighty mountain.
[in θe míd^{e}l of θe náit má^{e}ni máiti mén máunt θe máiti máuntin]
(«En el corazón de la noche muchos hombres vigorosos suben hasta la montaña maciza.»)

NOTA

- *To mount* tiene como sinónimo *to climb* [tu kláim] («trepar», «subir»): *the road climbs* [θe ró^{u}d kláims] («el camino sube»); *to climb up* [tu kláim áp] y *to climb down* [tu kláim dáun] pueden traducirse por *trepar* (por un árbol, una pared, etc.) y *descender* o *bajar*, respectivamente.
- *By* introduce aquí el complemento de agente y causa (con el verbo en forma pasiva): *the melody was made by the piper the window-pane was broken by the wind.* La frase pasiva se construye en inglés con el verbo *ser* seguido por el participio del verbo de acción, tal como ocurre en español.

  Recordemos que únicamente los verbos transitivos (es decir, los que poseen objeto directo) admiten la forma pasiva; por ejemplo: *the cake was eaten by Johnny* [θe kéik uós íten bái xónni] («el pastel fue comido por Johnny»).
- *Meadow* es el prado de forraje; el campo cultivado es *field* [fíild], mientras que el césped de casa, es *lawn* [ló^{o}n]. *Field* expresa además conceptos abstractos, como el de campo de acción, sector, etc.

Lesson 7B

JOHN: *I've lost my dog* [áif lóst mái dóg] («he perdido a mi perro»).

JACK: *Are you going to put an ad in the paper?* [aár iú góin^{g} tu pút a^{e}n á^{e}d in θe péipe^{r}?] («¿vas a poner un anuncio en el periódico?»).

JOHN: *Don't be silly, he can't read!* [dó^{u}nt bí sílli, hí ként ríid!] («no seas tonto; ¡si no sabe leer!»).

NOTA

- *Ad* es la abreviación de *advertisment* [adfó^{e}rtisment] («anuncio publicitario», tanto de prensa como de valla).
- *Paper* es la abreviación de *newspaper* [nius-péipe^{r}]. La preposición que se utiliza en estos casos para indicar que algo aparece publicado en él es *on*.

And now some tongue twisters to practice *n*

Your needles are needless to me.
[ioú^{r} níid^{e}ls áa^{r} níidles tu mí]
(«Tus agujas son inútiles para mí.»)

NOTA

Needle es la aguja para coser, la quirúrgica, así como también la manecilla de ciertos instrumentos, la de brújula (*compass* [kómpas]) o la del taquímetro (*speedometer* [spiidomíte^{r}]).

TO NEED («TENER NECESIDAD DE», «NECESITAR»)

To need (tu níid) plasma el concepto de necesidad, que en español también se expresa con el verbo *deber*. Es un verbo bastante usual en la lengua inglesa, ya que suele utilizarse como auxiliar en las frases negativas, interrogativas e interrogativas negativas que se constituyen con un presente de indicativo que indique un valor de futuro cuando es seguido por un infinitivo:

- need you work so much? («¿necesitas trabajar tanto?»);
- *I'm sure* (xúa^{r}) *you needn't work so much!* («¡estoy seguro de que no es necesario que trabajes tanto!»);
- *tell the students* (stiúdents) *they needn't bring the books tomorrow as we are going to the cinema* («di a los estudiantes que no deben traer mañana los libros porque iremos al cine»);
- *I don't think the secretary need be informed* (infórm^{e}d) («no creo que se deba informar a la secretaria»);
- *I doubt whether* (uéθe^{r}) *John need know about that* («dudo si John debe saber eso»).

Tal como puede comprobarse en los dos últimos ejemplos, basta un atisbo de negación o duda para emplear el verbo *to need* como auxiliar.

Por lo que respecta a su uso como verbo independiente, *to need* pertenece a la categoría de los verbos de acción, cuyas reglas de conjugación y combinación sintáctica sigue siempre con toda regularidad:

— *I don't need a new coat: what I need is a new* (niú) *pair of shoes* («no necesito un abrigo nuevo, sino un par de zapatos nuevos»);
— *the lady needs to leave at once* (aᵉt uáns) («la señora debe salir de inmediato»).

En aquellas oraciones en que se relata una acción en tiempo pasado, es el sentido de la frase el que determina la forma que debe adoptar el verbo *to need*:

— si la acción se juzga innecesaria pero a pesar de todo llega a realizarse, el verbo *to need* se deberá conjugar en presente de indicativo y siempre en modo negativo; el verbo subordinado, por otra parte, deberá estar en pretérito perfecto: *you needn't have worked so much* («no era necesario que trabajases tanto»);
— por el contrario, si la acción no se ha realizado porque se juzga innecesaria, *to need* se conjuga en presente negativo y el verbo subordinado en infinitivo: *you didn't need to come* («no era necesario que vinieras»).

Si en una construcción en español hay un participio pasivo, en inglés el verbo *need* irá seguido por la forma en *-ing*: *my car needs washing* (uóxinᵍ) («mi coche necesita un lavado», «mi coche necesita ser lavado»).

Otro verbo similar a *to need* es *to dare* (déaʳ) («atreverse»). Suele desempeñar funciones de auxiliar o defectivo en las frases interrogativas y negativas, siempre y cuando vaya seguido por un infinitivo:

— *he dare not talk to me/he doesn't dare to talk to me* («no se atreve a hablarme»);
— *how dare you say such a thing!/how do you dare to say such a thing!* («¿cómo te atreves a decirme algo así?»)

Aun así, en numerosas ocasiones puede ser el verbo principal de modo que el infinitivo que le sigue puede perder el *to*:

— *dare you go?* («¿te atreves a ir?»);
— *I dare not go* («¡no me atrevo a ir!»);
— *did he dare go?* («¿se atrevió a ir?»);
— *no, he didn't* («no, no se atrevió»).

Let's do some exercises now!

EJERCICIO 35

Practicar la poesía de la página 87 con las siguientes profesiones (ejemplo 1), expresando además las eventuales objeciones (ejemplo 2).

1. What are you going to be?

a) I shall be a diplomat ([díplomat], «diplomático»), that's the life for me!

b) I won't be a …, that's no life for me!

a doctor (dókto^{r}) («doctor», «médico»)
a teacher (tîichia^{r}) («profesor»)
a plumber (pláme^{r}) («fontanero»)
an electrician (elektríxian) («electricista»)
a housewife (háus-uáif) («ama de casa»)
a cook (kúuk) («cocinero»)
a writer (ráite^{r}) («escritor»)
an actress (áktres) («actriz»)
a priest (prîist) («cura», «sacerdote»)
a bus driver (bás-drái^{f}e^{r}) («conductor de autobús»)
a caretaker (kéa^{r}-téike^{r}) («portero», «bedel»)
a carpenter (ká^{r}pente^{r}) («carpintero»)
a clerk (klárk), *employee* (emplóii) («empleado, -a»)
a farmer (fá^{r}me^{r}) («granjero»)
a hairdresser (héa^{r}dresse^{r}) («peluquero, -a»)
a nurse (nó^{e}rs) («enfermera»)
a bus conductor (bás-kondákto^{r}) («revisor de autobús»)
a principal (prínsipal) («rector»)
a tailor (téilo^{r}) («sastre»)
a taxi-driver (táksi-drái^{f}e^{r}) («taxista»)
a tourist (túrist) («turista»)
a manager (má^{e}naxe^{r}) («director», «directivo», «ejecutivo»)
a traffic warden (tráfik uórd^{e}n) («agente de tráfico»)
a policeman (polísma^{e}n) («agente de policía»)
a businessman (bísnisma^{e}n) («hombre de negocios»)
an employer (emplóie^{r}) («empresario»)

NOTA Como veremos, *no* es un adjetivo que significa «ninguno» o «alguno» y se emplea en lugar de *not* para poner en negativo una frase.

En inglés nunca se utiliza la doble negación, que sí es posible en español: *I met no friends* («no he encontrado a ningún amigo»); véase pág. 120.

Ejercicio 36

Señalar en los textos anteriores (diálogos del ejercicio 35) las diversas palabras compuestas; luego, con ayuda del diccionario, dividir sus partes asignando a cada una el significado respectivo.

Ejemplo: necklace *[nekléis]:* neck *(«cuello»)* + lace *(«lazo»);* handkerchief *[há^e nd-kerchíf]:* hand *(«mano»)* + kerchief *(«pañuelo»).*

NOTA La división de las palabras inglesas no es la misma que la española, por lo que se deberá recurrir al diccionario. Sin embargo, hay que tener en cuenta que la ortografía inglesa en estos casos suele ser bastante permisiva.

Ejercicio 37

Rellenar los espacios en blanco.

1. If you … make use of ([méik iús of], «usar») it, why don't you try ([trái], «probar», «intentar») with a knife? ([náif], «cuchillo») 2. Pork pies are my pet … 3. A … man owns ([óuns]; *to own* [tu óun], «poseer») a lot of money. 4. This silk blouse is … in Italy. 5. It's not … to eat too much. 6. I … my car washed every week. 7. I need a … of scissors to cut (*to cut, cut, cut* [tu kát, kát, kát], «cortar») the lace. 8. I think I need a new … of slippers. 9. What … you change your mind*? (*to change one's mind* [tu chéing uáns máind] «cambiar de idea») 10. What … nice … are Fred and Linda! 11. The old lady … her will ([uíl], «testamento») and then she died ([dáid]; *to die* [tu dái] «morir»). 12. Shall we go for a … on your scooter? 13. We … a swim and then a nice meal. 14. Let's go … a walk. 15. The policeman didn't … me to go into the office. 16. I … have dinner because I want to go on a diet (*to go on a diet** [tu goó^u on a^e dáiet] «ponerse a dieta»). 17. The students … lots of mistakes. 18. My wife felt sick and so I … … a doctor. 19. There was a … («sabio») old man who told us the whole ([hó^u l] «entero») story. 20. They kept me waiting three hours … the police station. 21. Can you mend … shoes by («dentro de») four …, please? 22. I … Jim to accept the post in the company. 23. Funny people! They … vegetables in their front ([frónt], «anterior», «fronterizo») garden.

Los ingleses sólo cultivan plantas ornamentales y flores en el jardín que rodea la casa.

Los árboles frutales se cultivan en el *orchard* (órcha'd) («pomar»), y las verduras, en el *kitchen garden* (kíchchen gárden) («huerto»), situados en la parte posterior de la casa.

EJERCICIO 38

Traducción inversa.

Elegir la forma apropiada del verbo hacer.

1. ¿Qué te propones hacer mañana? Iré a la escuela, escribiré una carta y luego iré a ver a unos amigos. 2. Siempre hago los deberes antes de cenar. 3. No sé qué hacer esta tarde (*afternoon* [afte[r]núun]). 4. Ha hecho un montón de negocios (*business* [bísnis]) con nuestra sociedad (*company* [kómpani]). 5. Ha hecho un buen discurso (*speech* [spíich]). 6. ¿Puede hacerme un favor? 7. La he convencido de que venga con nosotros a la montaña (*to the mountains* [máuntins]). 8. Esto es todo lo que (*all that* [ól θá[e]t]) puedo hacer por él. 9. ¿Tienes el propósito de hacer un pastel para tu cumpleaños? (*birthday* [bó[e]rθdei]) 10. ¿Qué es lo que te ha hecho cambiar de opinión? (*opinion* [opínion])11. No puedo prescindir de ello (*without* [uiθáut]). 12. Ha cometido un montón de errores. 13. No puedes utilizar esto: no funciona (*to work* [tu uó[e]rk] «funcionar»). 14. Antes de cenar daré un paseo en bicicleta. 15. ¿El chico es lo bastante inteligente como para entender todo esto? 16. Después de comer, me encanta echar una cabezadita. 17. Me pasaré por tu despacho a partir de las tres. 18. Si estás acalorado te puedes dar una ducha. 19. Permítame que le dé un consejo: acepte el puesto en esa empresa. 20. ¿Por qué no mandas llamar a tu hermana?

EJERCICIO 39

En nuestra opinión, ¿con qué frecuencia el mecánico debería realizar los siguientes trabajos en un coche?

	1 Once a week	2 Once a month	3 Once every month	4 Once every three months	5 Once every six months	6 Once a year
1. Change air filter	☐	☐	☐	☐	☐	☐
2. Change oil	☐	☐	☐	☐	☐	☐
3. Change oil filter	☐	☐	☐	☐	☐	☐
4. Change spark plugs	☐	☐	☐	☐	☐	☐
5. Change transmission oil	☐	☐	☐	☐	☐	☐
6. Check battery	☐	☐	☐	☐	☐	☐
7. Check car underneath	☐	☐	☐	☐	☐	☐
8. Check oil	☐	☐	☐	☐	☐	☐
9. Check radiator	☐	☐	☐	☐	☐	☐
10. Check tyres	☐	☐	☐	☐	☐	☐
11. Clean spark plugs	☐	☐	☐	☐	☐	☐
12. Look for oil leaks	☐	☐	☐	☐	☐	☐
13. Test brakes	☐	☐	☐	☐	☐	☐
14. Test lights	☐	☐	☐	☐	☐	☐

air filter (éaʳ fîlteʳ) («filtro del aire»)
brakes (bréiks) («frenos»)
car underneath (kaaʳ andeʳnîiθ) («parte inferior del coche»)
every three, six... (éʳri θrîi, six) («cada tres, seis...»)
lights (láits) («luces», «faros»)
oil filter (óil fîlter) («filtro del aceite»)
oil leaks (oîl lîiks) («pérdida de aceite»)
radiator (rádiaᵉtor) («radiador»)
sparking plugs (spárk plágs) («bujía de encendido»)
to change (tu chéing) («cambiar»)
to check (tu chék) («controlar»)
to look for (tu lúuk foʳ) («buscar»)
to test (tu tést) («examinar»)
transmission oil (transmíxon oîl) («aceite de la transmisión»)
tyres (táiaʳs) («neumáticos»)

Ejercicio 40

Ordenar los siguientes conceptos para obtener frases completas.

to/going/you/send/mother/to/what/are/your? – will/there/where/is/a/way/ a/is/there – we/shall/for/walk/a/go? – family/went/whole/the/on/diet/a – not/ glitters/all/not/that/gold/is – o'clock/you/can/spark plugs/check/five/the/by? – you/will/test/of/car/my/brakes/the/please? – are/you/why/an/on/the/putting/paper/ad? – mighty/climbed/men/the/the/mountain/up – were/car/brakes/by/mechanic/a/checked/the.

Ejercicio 41

Formar oraciones con las palabras y las construcciones que se han aprendido.

UNIDAD OCHO

UNIT EIGHT

Lesson 8A

A telephone call («una llamada telefónica»)

Mr and Mrs Parker are speaking on the phone about their son George* [míste^{r} a^{e}nd míssis pá^{r}ke^{r} áa^{r} spíikin^{g} on θe fó^{u}n a^{e}báut θéa^{r} són xórx] («el señor y la señora Parker están hablando por teléfono de su hijo George»).

MOTHER: *Five, six, double two, nine, four* [faíf, síx, dábl tu, náin, fóo^{r}] («cinco, seis, dos, dos, nueve, cuatro»).

FATHER: *Hallo, is Mary there, please?* [halló, ís^{z} má^{e}ri θéa^{r}, plíis?] («Hola. ¿Está Mary, por favor?»).

MOTHER: *Yes, speaking** (in surprise) [iés, spíikin^{g}/ in so^{e}rpráis] («soy yo —sorprendida»).

FATHER: *Sorry, darling, but the telephone is making funny noises. I can't hear your voice clearly. Has George arrived from the airport?* [sórri, dá^{r}-lín^{g}, bát θe télefo^{u}n ís^{z} méikin^{g} fánni nóis^{z}is/ ái kánt hiá^{r} ioú^{r} fóis klíarli/ há^{e}s xórx a^{e}rráif^{e}d fróm θi éa^{r}port?] («perdona, cariño, pero el teléfono está haciendo ruidos raros. No logro escuchar con claridad tu voz. ¿Ha llegado George del aeropuerto?»).

MOTHER: *Oh, it's you, Steve. No, he hasn't arrived yet* [o^{u}, íts iú, stíif/ nó^{u}, hí há^{e}snt a^{e}rráif^{e}d iét] («ah, eres tú, Steve. No, aún no ha llegado»).

FATHER: *But... has he called* you?* [bát... há^{e}s hí kóld iú?] («pero.. ¿te ha llamado?»).

MOTHER: *No, he hasn't* [nó^{u}, hí há^{e}snt] («no, no lo ha hecho»).

FATHER: *Good Heavens! Shall we call the police?* [gúud hé^{f}ens!/ xá^{e}l uí kól θe polís?] («¡oh, santo cielo! ¿Debemos llamar a la policía?»).

MOTHER: *No, don't worry. Let's wait till 11 o'clock. Perhaps the plane was late* [nó^{u}, dó^{u}nt uórri/ léts uéit tíl iléf^{e}n oklók/ pó^{e}r-há^{e}ps θe pléin uós léit] («no, no te preocupes. Esperemos como mínimo hasta las once. Quizás el avión iba con retraso»).

FATHER: *You're right: don't panic. He'll come soon* [iuá^{r} ráit/ dó^{u}nt pá^{e}nik/ híl kám súun] («tienes razón. No nos asustemos. Llegará en breve»).

MOTHER: *Yes, I'm sure he will. But what about you? Aren't you coming home?* [iés, áim xúa^{r} hí uíl/ bát uót a^{e}báut iú?/ áa^{r}nt iú kámin^{g} hó^{u}m?] («sí, estoy segura de que lo hará. ¿Y tú? ¿No vienes a casa?»).

FATHER: *I'm afraid not. I'm going to be late tonight. I'm working overtime* [áim a^{e}fréid nót/ aim góin^{g} tu bí léit tunáit/ áim uó^{e}rkin^{g} o^{uf}é^{r}-táim] («lo siento, pero no. Esta noche llegaré tarde. Tengo trabajo pendiente»).

MOTHER: *Oh, how disappointing! There is that marvellous, exciting Hitchcock thriller on TV!* [o^{u}, háu disappóintin^{g}!/ éa^{r} ís^{z} á^{e}t márello^{u}s, exáitin^{g}/ híchkók ríllle^{r} on tí-bí!] («¡vaya chasco! Dan una estupenda y emocionante película de suspense de Hitchcock por televisión!»).

FATHER: *Yes, I know. I'm afraid I've got no choice. The boss wants me to stay here until all this mess is sorted out* [iés, ái nóu/ áim a^{e}fréid áif gót nó^{u} chióis/ θe bós uónts mí tu stéi hía^{r} antíl ól ís més ís^{z} sórt^{e}d áut] («sí, ya lo sé. Me temo que no tengo elección. El jefe quiere que me quede aquí hasta que todo este lío se arregle»).

MOTHER: *Well, dear. Give me a call when you leave the office: you'll find something special in the oven...* [uél, día^{r}/ gíf mí a^{e} kól uén iú líif θi óffis: iúl fáind sámin^{g} spéxal in θi ó^{u}f^{e}n] («bueno, cariño. Llámame cuando salgas de la oficina: encontrarás algo especial en el horno...»).

FATHER: *Thank you, darling. I'll surely need a good meal and a good rest* [θá^{e}nk iú, dá^{r}lin^{g} /áil xúa^{r}li níid a^{e} gúud míil a^{e}nd a^{e} gúud rést] («gracias, tesoro. Sin duda necesitaré una buena comida y un buen descanso»).

Acquisition and consolidation of rhythm and intonation

Curly Locks, Curly Locks, will you be mine? [kó^{e}rli lóks, kó^{e}rli lóks, uíl iú bí máin?] («escarola, escarola, ¿vas a ser toda mía?»).

You shall neither wash the dishes, nor feed the swine [iú xá^{e}l náie^{r} uóx θe díx, no^{r} fíid θe suáin] («no deberías lavar los platos, ni dar de comer a los cerdos»).

Batman, Batman [bá^{e}tma^{e}n, bá^{e}tma^{e}n] («Batman, Batman»),
up in the sky [áp in θe skái] («allá en el cielo»),
where are you going to [uéa^{r} aár iú góin^{g} tu] («¿a dónde te diriges...»)
flying so high? [fláin^{g} só^{u} hái?] («... volando tan alto?»).
Over the mountains and over the sea [ó^{u}ve^{r} θe máuntins a^{e}nd ó^{u}ve^{r} θe síi] («más allá de las montañas y más allá del mar»).
Batman, batman, [bá^{e}tma^{e}n, bá^{e}t ma^{e}n] («Batman, Batman,»)
won't you take me? [uó^{u}nt iú téik mí?] («¿por qué no me llevas contigo?»).

NOTA

- *Neither... nor* tiene su correspondiente positivo: *either... or* [áiθe^{r}... o^{r}] («ya... ya», «o bien... o»).
- *Batman* significa literalmente «hombre murciélago».

Points of grammar

1 *Yes, speaking (in surprise)* («soy yo —sorprendida»)

La traducción literal de *spekaing* es *hablando*: corresponde a nuestra expresión *al habla*.

Los adjetivos *sorprendido*, *enfadado*, etc., se expresan mediante la preposición *in* más el sustantivo: *in surprise* [so^{e}rpráis], *in anger* [á^{e}nge^{r}]. Existen también *surprised* [so^{e}rpráisd] y *angry* [a^{e}ngri].

Del mismo modo, los ingleses cantan bajo la lluvia (*in the rain* [in θe réin]), se tumban al sol (*lie in the sun* [lái in θe sán]) y se visten de verde (*dress in green* [drés in gríin]).

> **TO LIE («YACER», «MENTIR»)**
>
> *To lie, lay, lain* (tu lái, léi, léin) es un verbo de estado; su equivalente de movimiento, que puede traducirse como *yacer o poner*, es *to lay, laid, laid* (tu léi, léid, léid). Veamos algunos ejemplos:
>
> — *hens lay eggs* (héns léi égs) («las gallinas ponen huevos»);
> — *John laid the book on the table* (xóon léid θe búuk on θe téib^{e}l) («John puso el libro sobre la mesa»);
> — *the book lay on the table* (θe búuk léi on θe téib^{e}l) («el libro estaba puesto sobre la mesa»).
>
> Otro verbo similar es *to lie* (lái) («mentir»): *a witness is not supposed to lie* (a^{e} uítnes ís^{z} nót sappó^{u}s^{e}d tu lái) («un testigo no debe mentir»).

2 *Has George arrived from the airport?* («¿ha llegado George del aeropuerto?»)

El pretérito perfecto se usa para indicar una acción que, aunque aún no se ha producido, todavía puede ocurrir.

To arrive es un verbo de origen marinero: *llegar* significa estar a bordo. La preposición requerida es *at* y no *to*. Si la localidad de llegada es bastante grande, entonces se emplea *in*; el *to*, nunca: *he arrived late at the party* [hí a^{e}rráif^{e}d léit a^{e}t θe pá^{r}ti] («llegó tarde a la fiesta»); *John arrived in London three months ago* [xóon a^{e}rráif^{e}d in lándon θríi máns ágo^{u}] («John llegó a Londres hace tres meses»); sin embargo: *John arrived at London airport.*

3 *No, he hasn't arrived yet* («no, aún no ha llegado»)

Yet («todavía», «aún») se utiliza sobre todo al final de frases negativas, siempre que estas no sean demasiado largas, aunque también se puede emplear en frases afirmativas: *yet another hour passed* [iét a^{e}náθe^{r} áua^{r} pás^{e}d] («aún pasó otra hora»).

En otros casos, *yet* equivale a *y aun así*, a *no obstante*, o a *sin embargo*: *it is strange yet true* [ít ís^{z} stréing iét tru] («raro, y aun así cierto»).

4 ***Over the mountains and over the sea... won't you take me?*** **(«más allá de las montañas y más allá del mar... ¿por qué no me llevas contigo?»)**

Over puede traducirse por *más allá* o *por encima de*, y expresa siempre la idea de movimiento, al contrario de *on*, que equivale a *sobre* y posee un matiz más estático:

— *the horse jumped over the fence* [θe hórs xámp^{e}d ó^{uf}er θe fens] («el caballo saltó por encima de la cerca»);
— *put it on the table* [pút it on θe téib^{e}l] («ponlo sobre la mesa»);
— *it's on the table* [íts on θe teib^{e}l] («está sobre la mesa»).

El verbo *to take* significa «tomar», como en *take a break* [brék] («tomarse un respiro»), o bien «llevar», como en *he took me to the station* [hí túuk mí tu θe stá^{e}xon] («me llevó a la estación»).

Para expresar el concepto de llevar se utilizan tres verbos distintos:

— *to take, took, taken* [tu téik, túuk, téik^{e}n] («llevar»);
— *to bring, brought, brought* [tu brín^{g}, bró^{o}t, bró^{o}t] («traer»): *he brought his brother to my office* [hí bró^{o}t hís bráθe^{r} tu mái óffis] («trajo a su hermano a mi despacho»; *will you bring me some records?* [uíl iú brín^{g} mí sám rékords?] («¿me traerás unos discos?»);
— *to fetch* [tu féch] («ir a buscar»): *can you fetch me a glass of water, please?* [ká^{e}n iú fech mí a^{e} glás of uóte^{r}, plíis?] («¿puedes ir a buscarme un vaso de agua, por favor?»).

Sin embargo, debe tenerse en cuenta que ir a buscar a alguien a alguna parte se traduce con el verbo *to meet* («encontrarse»): *I'll meet you at the station* [áil míit iú a^{e}t θe stá^{e}-xon] («iré a buscarte a la estación» o «nos encontraremos en la estación»).

Llevar a alguien en coche se dice *to give a lift*. Literalmente, *lift* es el equivalente de ascensor: son vocablos que derivan del verbo homónimo que significa «levantar», «elevar».

And now a tongue twister to practice *o*

Joseph supposes his tulips are roses but Joseph supposes erroneously for nobody's tulips are posies of roses.
[xó^{u}sef sappó^{u}s^{i}s hís tiúlips áa^{r} ró^{u}s^{i}s bat xó^{u}sef sappó^{u}s^{i}s irrónio^{u}sli fóo^{r} nó^{u}-bodis tiúlips áa^{r} pó^{u}sis of ró^{u}- s^{i}s]
(«Joseph supone que sus tulipanes son rosas, pero Joseph supone equivocadamente, pues los tulipanes de nadie son ramos de rosas.»)

NOTA

- En español, el verbo *suponer* rige en subjuntivo, que es el modo usado para expresar lo deseado, lo esperado y también lo supuesto *(supongo que lo sabes)*. El inglés moderno, en cambio, prácticamente ignora el presente de subjuntivo, aun cuando sí emplea normalmente el imperfecto de subjuntivo (véase pág. 139).
- *For* significa también *dado que* y *a pesar de*.

Lesson 8B

— *Where are you from, Otto?* [uéa^r aár iú from, ótto?] («¿de dónde vienes, Otto?»)
— *I'm from Germany, sir* [áim from xó^{e}rmani, só^{e}r] («vengo de Alemania, señor»).
— *What part...?* [uót part?] («¿y qué parte...?»).
— *All of me, sir* [ól of mí, só^{e}r] («yo entero, señor»).

— *Richard, what's the plural of mouse?* [ríchard, uóts θe plúral of máus?] («Richard, ¿cuál es el plural de ratón?»).
— *Mice, sir* [máis, só^{e}r] («ratones, señor»).
— *Very well. And what's the plural of baby?* [fé^{r}i uél/ a^{e}nd uóts θe plúral of bá^{e}ibi?] («muy bien. ¿Y cuál es el plural de bebé?»).
— *Twins, sir* [tuíns, só^{e}r] («gemelos, señor»).

A man and his dog were sitting at a table in the bar [a^e má^{e}n a^{e}nd his dóg uéa^r síttin^g a^{e}t a^e téib^{e}l in θe báa^r] («un hombre y su perro estaban sentados en la mesa de un bar»).

They were playing cards [θéi ueá^r pléin^g ká^{r}ds] («jugaban a cartas»).

— *What a very clever dog you have! —a customer remarked* [uót a^e fé^{r}i klé^{f}er dóg iú há^{e}f!, a^e kástome^r rimá^{r}k^{e}d] («"¡qué perro más inteligente tiene!", observó un cliente»).
— *Oh, he's not that clever. He hasn't learnt yet not to wag his tail when he has good cards* [o^u, hís nót θá^{e}t klé^{f}er/ hí hé^{e}s^{e}nt lá^{e}rnt iét nót tu uég hís téil uén hí há^{e}s gúud ká^{r}ds] («oh, no crea. Todavía no ha aprendido a no menear la cola cuando tiene buenas cartas»).

NOTA

- Ya hemos mencionado la tendencia en inglés a colocar la preposición al final de la frase (véase pág. 81). Otro recurso peculiar es el *who did you talk to?* [hú díd iú tók tu?] («¿con quién has hablado?»), en la que la forma más correcta, *whom*, se abrevia en *who.*
- *To learn, learnt, learnt* [tu ló^{e}rn, ló^{e}rnt, ló^{e}rnt] («aprender») también es un verbo regular *(learned).*

And now a tongue twister to practice *p*

I put a copper penny in a copper coffee pot as we shall have to pay the price with properly polished copper pennies.
[ái pút a^e kóppe^r pénni in a^e kóppe^r kóffii pót a^{e}s uí xá^{e}l há^{e}f tu péi θe práis uí próperli pólix^{e}d kóppe^r pénnis]
(«He puesto un penique de cobre en una cafetera de cobre ya que tendremos que pagar el precio con peniques de cobre cuidadosamente abrillantados.»)

NOTA Como *because* y *for*, *as* significa también «dado que» o «puesto que».

WHAT, WHICH

• *What* («qué», «cuál») es un pronombre interrogativo que se refiere a cierto número de posibilidades. Si son limitadas, se usa *which* (uích), un pronombre interrogativo que expresa la elección de una entre pocas personas o cosas:

— *which is my room?* («¿cuál es mi habitación?»);
— *which wine do you prefer, Rioja or Penedes?* («¿qué vino prefieres, Rioja o Penedés?»);
— *what book do you prefer?* («¿qué libro prefieres?»; entre muchos);
— *which book do you prefer?* («¿qué libro prefieres?»; entre pocos).

• En cambio, si la elección se tuviese que realizar entre cosas distintas, se preguntaría:

— *what do you prefer, wine or water?* («¿qué prefieres: vino o agua?»);
— *what part of your body did the dog bite?* (báit) («¿(en) qué parte del cuerpo te ha mordido el perro?»);
— *which leg did it bite?* («¿en cuál de las piernas te ha mordido?»).

• Recordemos que *which* como pronombre relativo nunca se emplea para referirse a una persona, sino que *who* o en su caso *that* cumplen tal función: *this is the man who/that called me* («este es el hombre que me llamó»).

• *Which* también se emplea como relativo *(lo que, lo cual)*: *the dog bit my leg, which made me furious* (fiúrio^{u}s) («el perro me mordió la pierna, lo cual me puso furioso»).

• *What* traduce además el adjetivo exclamativo *qué*:

a) *what a...* ante nombres concretos, numerables, en singular: *what a naughty* (nóti) *dog!* («¡qué perro tan pillo»);
b) *what...* ante nombres abstractos, no numerables y nombres concretos en plural:

— *what bad weather!* (uéθer) («¡qué tiempo tan malo!»);
— *what impatience!* (impá^{e}xiens) («¡qué impaciente!»);
— *what good milk!* («¡qué leche tan buena!»).

Son excepciones ciertas expresiones como:

— *what a pity!* (píti) («¡qué lástima!»);
— *what a shame!* (xéim) («¡qué vergüenza!»);
— *what a bad luck!* (bá^{e}d lák) («¡qué mala suerte!»).

La cafetera (*coffee pot* (kóffii pót)) se utiliza mucho menos que la tetera (*tea pot* (tíi pót)). Un juego de té está compuesto por la taza (*cup* (káp)), el plato (*saucer* (sóse')) y la cucharilla (*tea spoon* (tíi spúun)).

Los cubiertos son la cuchara (*table spoon* (téibᵉl spúun)), el cuchillo (*knife* (náif)) y el tenedor (*fork* (fórk)); si se les añade la palabra *dessert* (disóᵉrt) se consideran cubiertos de postre y si se les añade *fish* (fíx), de pescado. Si en la mesa del desayuno hay un cuchillo de más, es porque los ingleses untan la mantequilla con el *butter knife* (bátte' náif).

Let's do some exercises now!

EJERCICIO 42

Rellenar los espacios en blanco.

Where are you from? («¿de dónde vienes», «de qué país eres?»).

NATIONALITIES («NACIONALIDADES»)

American (amérikan) («americano»).
Austrian (óstriaᵉn) («austríaco»).
Brazilian (brasílian) («brasileño»).
British (brítix) («británico»).
Bulgarian (balgáᵉrian) («búlgaro»).
Chinese (chaníis) («chino»).
Dutch (dách) («holandés»).
Egyptian (egípxian) («egipcio»).
French (frénch) («francés»).
German (xóᵉrman) («alemán»).
Irish (áirix) («irlandés»).
Israeli (ísraeli) («israelí»).
Japanese (xapaníis) («japonés»).
Italian (itáᵉlian) («italiano»).
Mexican (méksikan) («mexicano»).
Norwegian (nor-uíxan) («noruego»).
Rumanian (rumáᵉniaᵉn) («rumano»).
Russian (rás-xian) («ruso»).
Spanish (spáᵉnix), *Spaniard* (spániard) («español», adj. y sust., respectivamente).
Swedish (suídix) («sueco»).
Swiss (suís) («suizo»).

N.B. Los adjetivos y sustantivos gentilicios suelen escribirse con mayúscula.

1. John is from the *States* [stéits].	Is he?	Yes, he's (...)
2. Heidi is from *Switzerland* [suízerland].	Is she?	Yes, she's (...)
3. Marco is from *Italy* [ítali].	Is he?	Yes, he's (...)
4. Sukito is from *Japan* [xapá^{e}n].	Is he?	Yes, he's (...)
5. Ludwig is from *Austria* [óstria].	Is he?	Yes, he's (...)
6. Tom is from *Britain* [brít^{e}n].	Is he?	Yes, he's (...)
7. Pat is from *Ireland* [áir-lánd].	Is he?	Yes, he's (...)
8. Maria is from *Mexico* [méksico^{u}].	Is she?	Yes, she's (...)
9. Yussef is from *Egypt* [éxipt].	Is he?	Yes, he's (...)
10. Pablo is from *Spain* [spéin].	Is he?	Yes, he's (...)
11. Greta is from *Sweden* [suíden].	Is she?	Yes, she's (...)
12. Nikolai is from *Russia* [rás-xia].	Is he?	Yes, he's (...)
13. Joséphine is from *France* [fráns].	Is she?	Yes, she's (...)
14. Heinz is from *Germany* [xó^{e}rmani].	Is he?	Yes, he's (...)
15. Anton is from *Bulgaria* [balgéria].	Is he?	Yes, he's (...)
16. Wang is from *China* [cháina].	Is he?	Yes, he's (...)
17. Josef is from *Brazil* [brasíl].	Is he?	Yes, he's (...)
18. Christian is from *Rumenia* [ruménia].	Is he?	Yes, he's (...)
19. Hans is from *Norway* [nór-uei].	Is he?	Yes, he's (...)
20. David is from *Israel* [ísrael].	Is he?	Yes, he's (...)
21. Jop is from *Holland* [hólland].	Is he?	Yes, he's (...)

EJERCICIO 43

Rellenar los espacios en blanco.

1. Where … you going to buy the toys for your children? 2. I … be a diplomat: that's the … for me! 3. If you're … help yourself to* (*to help oneself to* [tu hélp uansélf tu], «servirse de») a drink. 4. If you're hot, … that window. 5. … did you start work? I … yesterday. 6. Can you … Spanish? 7. I'm not … a hurry, and I … get a taxi. 8. How … you feel? I felt very cold. 9. Are you … to call your grandparents for Christmas? ([krísmas], «Navidad») 10. Don't panic: they'll arrive … time. I don't think so; I'm sure they …. 11. The old lady wasn't happy … all her riches. 12. They … *(to drive)* me home. 13. I wonder if ([ái uónde^{r} if], «me pregunto si]») you could … me some magazines … London. 14. I'll give you a … to the station. 15. … my advice: it's important for your career ([karíia^{r}], «carrera»). 16. … room do you prefer? The big … or the small one? 17. We … a lot of fun ([fán], «diversión») … New Year's Eve.

HOLIDAYS («FESTIVIDADES», «VACACIONES»)

Christmas Day (krísmas dá^{e}i) («Navidad»); suele abreviarse *X-mas*.
New Year's Eve/Day (niú iá^{r}s îîf/dá^{e}i) («Nochevieja»).
Easter (îste^{r}) («Pascua»).
Good Friday (gúud fráida^{e}i) («Viernes Santo»).
Boxing Day (bóxin^{g} dá^{e}i) («San Esteban»).
Halloween (hallouîin) («vigilia de Todos los Santos»).

N.B. Todas las festividades van precedidas por la preposición *on*.

EJERCICIO 44

Traducción inversa

1. ¿Qué vas a comer para almorzar? 2. ¿Dónde has comprado ese bolso de piel? 3. Ser empresario: ¡esta es la vida que quiero! 4. El cocinero ha echado a perder *(to spoil)* la cena. 5. ¿Ha llegado tu tía del aeropuerto? 6. Si tienes hambre, coge algo para comer. 7. ¿Puedes ir a buscarme un cuchillito de mantequilla a *(from)* la cocina, por favor? 8. ¿Sabes hablar español? 9. ¿Cuándo puede empezar? Tengo intención de empezar mañana. 10. Si tienes prisa, coge un taxi. 11. Les he esperado hasta las ocho, pero mis abuelos no han llegado. 12. ¿De dónde es tu marido? (*husband* [hásband]). Es español (*a Spaniard* [a^{e} spániard]). 13. No es oro todo lo que reluce: ¡escucha mis palabras! 14. Ve a buscarme el expediente (*file* [fáil]) que tienes en tu despacho, por favor. 15. La novia iba vestida de blanco. 16. ¿Puedes llevarme en coche hasta casa, por favor? 17. ¡Qué lástima! Mi coche se ha averiado (*to break down* [tu bréik dáun] «averiarse»). 18. Si quieres te llevo al aeropuerto. 19. ¿Por qué aún no ha llegado John? 20. ¡Qué hombre tan estúpido! No es feliz a pesar de todo su dinero.

EJERCICIO 45

Ordenar las siguientes palabras para obtener frases completas.

high/plane/flying/the/is – my/lay/books/table/the/all/on – in/like/sun/I/laying/the – hen/laid/six/the/eggs – won't/why/take/you/you/me/with? – are/you/about/John/worried/why? – heard/funny/I/in/house/the/noises – tell/why/does/Bill/tales/tall? – works/always/he/overtime – had/poor/no/man/choice/the – afraid/can't/I/I/to/am/theatre/tonight/come/the.

EJERCICIO 46

Formar oraciones con las palabras y las construcciones que se han aprendido.

UNIDAD NUEVE

UNIT NINE

Lesson 9A

Voice: *Sunshine Hotel. Good afternoon* [sanxáin hotél/ gúud afte^{r}núun] («Sunshine Hotel. Buenas tardes»).

Brian: *Good afternoon. I'd like to book a double room for Saturday evening, please* [gúud afte^{r}núun/ áid láik tu búuk a^{e} dábl rúum fóo^{r} sátu^{r}da^{e}i ífnin^{g}, plíis] («buenas tardes. Querría reservar una habitación doble para el sábado por la noche, si es tan amable»).

Voice: *Saturday evening? Just a moment, please. I'll just check if we have a double room free* [sátu^{r}da^{e}i ífnin^{g}?/ xást a^{e} mó^{u}ment, plíis/ áil xást chék if uí há^{e}f a^{e} dáb^{e}l rúum fríi] («¿para el sábado por la noche? Un momento, por favor. Comprobaré si tenemos una habitación doble libre»).

Brian: *Certainly* [só^{e}rtenli] («claro»).

Voice: *Yes, we've got one free for Saturday* [iés, uíf gót uán fríi fóo^{r} sátu^{r}-dá^{e}i] («sí, tenemos una libre para el sábado»).

Brian: *Oh, good* [ó^{u}, gúud] («ah, bien»).

Voice: *Can I have your name, please?* [ká^{e}n ái há^{e}f iόur néim, plíis?] («¿podría darme su nombre, por favor?»).

Brian: *Certainly. It's Smithson. Shall I spell it?* [só^{e}rtenli/ íts smíθson/ xiá-^{e}l ái spél ít?] («por supuesto. Me llamo Smithson. ¿Se lo deletreo?»).

Voice: *Yes, please* [iés, plíis] («sí, por favor»).

Brian: *S-M-I-T-H-S-O-N,* [es-em-ai-ti-eich-es-o^{u}-en].

Voice: *Well, Mr Smithson; and how many nights do you want the room for?* [uél, míste^{r} smíson; a^{e}nd háu má^{e}ni náits dú iú uónt θe rúum for?] («bien, señor Smithson; ¿y para cuántas noches desea usted la habitación?»).

Brian: *Two nights, please* [tú náits, plíis] («para dos noches, por favor»).

Voice: *All right. Thank you and goodbye* [ól ráit/ θá^{e}nk iú a^{e}nd gudbái] («de acuerdo. Gracias y hasta pronto»).

Brian: *Thanks to you too. Goodbye* [θá^{e}nks tu iú túu/ gudbái] («gracias a usted. Hasta pronto»).

Two days later... [tú dá^{e}is léite^{r}] («dos días después»).

Brian: *Excuse me!* [ekskiús mí!] («perdone»).

Man: *Yes?* [iés?] («¿sí?»).

Brian: *Am I going the right way for Sunshine Hotel?* [á^{e}m ái góin^{g} θe ráit uéi foo^{r} sanxáin hotél] («¿voy bien [lit., por el buen camino] para el Hotel Sunshine?»).

Man: *Yes. It's about half a mile down the road, just behind the museum. You can't miss it** [iés/ íts a^{e}báut háf a^{e} máil dáun θe ró^{u}d, xást biháind θe miusíum/ iú kánt mís ít] («sí. Está a media milla siguiendo por esta carretera, justo detrás del museo. No hay pérdida»).

Brian: *Behind the museum? Which museum?* [biháind θe miusíum?/ uích miusíum?] («¿detrás del museo? ¿Qué museo?»).

Man: *The British Museum* [θe brítix miusíum] («el British Museum»).

Brian: *Oh, right. Thank you very much* [o^{u}, ráit/ θá^{e}nk iú bé^{r}i mách] («ah, claro. Muchas gracias»).

Man: *You're welcome* [iuá^{r} uélkam] («de nada»).

NOTA Es recomendable, sobre todo si se es extranjero, deletrear el nombre.

Acquisition and consolidation of rhythm and intonation

An old irish prayer («una antigua plegaria irlandesa»)

Take time to work: it's the price of success [téik táim tu uó^{e}rk/ íts θe práis of saksés] («tómate un tiempo para trabajar: es el precio del éxito»).

Take time to think: it's the source of power [téik táim tu θínk/ íts θe só^{u}rs of páue^{r}] («tómate un tiempo para pensar: es la fuente del poder»).

Take time to play: it's the secret of perpetual youth [téik táim tu pléi/ íts θe síkret of pe^{r}pétual iúθ] («tómate un tiempo para divertirte: es el secreto de la eterna juventud»).

Take time to read: it's the foundation of wisdom [téik táim tu ríid/ íts θe faundá^{e}xon of uísdom] («tómate un tiempo para leer: es la base de la sabiduría»).

Take time to be friendly: it's the road to happiness [téik táim tu bí fréndli/ íts θe ró^{u}d tu há^{e}ppines] («tómate un tiempo para ser cordial: es el camino hacia la felicidad»).

Take time to dream: it's hitching your wagon to a star [téik táim tu dríim/ íts híchin^{g} ióur uégon tu a^{e} stá^{r}] («tómate un tiempo para soñar: es [como] enganchar tu carro a una estrella»).

Take time to love and to be loved: it's the privilege of the gods [téik táim tu láf a^{e}nd tu bí laf^{e}d/ íts θe príbileg of θe góds] («tómate un tiempo para amar y ser amado: es el privilegio de los dioses»).

Take time to look around: the day is too short to be selfish [téik táim tu lúuk a^{e}ráund/ θe dá^{e}i ís^{z} tuu xórt tu bí sélfix] («tómate un tiempo para mirar a tu alrededor: el día es demasiado corto para ser egoísta»).

Take time to laugh: it's the music of the soul [téik táim tu lágf/ íts θe miúsik of θe sóul] («tómate un tiempo para reír: es la música del alma»).

NOTA *Autostop* se dice *hitchhiking* [hích-háikin^{g}], del verbo homónimo *to hitchhike*.

Quotation («cita»)

The malicious enjoy a dark happiness [θe malíxo^{u}s enxói a^{e} dá^{r}k há^{e}ppines] («los malvados disfrutan de una felicidad lúgubre»).

(Víctor Hugo, *Los Miserables*)

Points of grammar

1 *Two days later...* («dos días después»)

Later («después», «más tarde») es el comparativo aumentativo de *late* (véase pág. 111).

2 *You can't miss it* («no hay pérdida»)

Se trata de una expresión que literalmente significa «no puede perderlo» y que, en este caso, se refiere al camino.

FALSE FRIENDS («falsos amigos»)

La lengua inglesa tiende en ocasiones trampas con aquellas palabras que los propios ingleses llaman *false friends* (fóls frénds) («falsos amigos»). Se trata de términos de origen latino que en español han sufrido variaciones respecto al significado original y, por tanto, no pueden ser tomados como referencia para la comprensión de vocablos ingleses que, estructuralmente, se asemejan a ellos.
He aquí unos ejemplos: *actually* (á^{e}kxualli) («efectivamente», no «actualmente»); *eventually* (i^{f}énxualli) («finalmente», no «eventualmente»); *vicious* (^{f}íxio^{u}s) («malvado» o «maligno», no «vicioso»); *to traduce* (tu tradiús) («calumniar» o «difamar», no «traducir»); *to pretend* (tu priténd) («aparentar» o «simular», no «pretender»).

También hay que tener un especial cuidado con las siguientes formas:

- *quotation* (quotá^{e}xon) («cita»);
- *brave* (bréif) («valiente» o «corajudo»);
- *parents* (pá^{e}rents) («padres»); en cambio, *relatives* (rélatifs) («parientes»);
- *to annoy* (tu a^{e}nnói) («causar molestias»);
- *lecture* (lékxa^{r}) («conferencia», «lección universitaria»);
- *opportunity* (opportiúniti) («ocasión»);
- *salary* (sá^{e}lari) («sueldo»); en cambio, *wage* (uéix) («salario»).

And now a tongue twister to practice *q*

Quixote Quicksight quietly quizzed some queerish queuing Quidboxes.
[kuík-só^{u}t kuíksait kuáietli kuís^{ze}d sám kíiri kiúin^{g} kuíd-bóxis]
(«Quijote Quicksight interrogó silenciosamente a extravagantes cajas de libras en fila.»)

NOTA
- *Quid*: uso coloquial de libra esterlina.
- *Queue* [kiú] es una fila o cola de personas, animales o cosas.

Lesson 9B

Nonsense («absurdo»)

A ride on a tiger («cabalgada sobre un tigre»)

There was a young lady of Riga who went for a ride on a tiger.
[θéa^{r} uós a^{e} ián^{g} lé^{i}di of ráig hú uént foo^{r} a^{e} ráid on a^{e} táige^{r}]
(«Había una señorita de Riga que fue a cabalgar sobre un tigre»).

They came back from their ride with the lady inside and a smile on the face of the tiger.
[θéɪ kéim bá^{e}k from θéa^{r} ráid uíθ θe lé^{i}di insáid a^{e}nd a^{e} smáil on θe féis of θe táige^{r}].
(«Ambos volvieron de su cabalgada con la mujer dentro y una sonrisa en la cara del tigre»).

In a restaurant a client asks the waiter: «You're not the same waiter who took my order, are you?»
[in a^{e} réstorant a^{e} kláient ásks θe uéite^{r}/ iuá^{r} nót θe séim uéite^{r} hú túuk mái órde^{r}, aár iú?]
(«en un restaurante un cliente le pregunta al camarero: "usted no es el mismo camarero que me ha tomado nota, ¿verdad?"»).

«Yes, sir. I am», replied the waiter.
[iés, só^{e}r/ ái á^{e}m, ripláid θe uéite^{r}].
(«"Sí, señor. Lo soy", respondió el camarero»).

«That's funny», remarked the client, «I was expecting a much older man!».
[θá^{e}ts fánni, rimá^{r}kd θe kláient, ái uós expéktin^{g} a^{e} mác ó^{u}lde^{r} má^{e}n!]
(«"¡Tiene gracia!", observó el cliente, "¡me esperaba a un hombre más viejo!"»).

Riddle («adivinanza»)

Higher than a house [háie^{r} θá^{e}n a^{e} háus] («más alta que una casa»),
higher than a tree [háie^{r} θá^{e}n a^{e} tríi] («más alta que un árbol»),
oh, whatever can it be? [o^{u}, uotébe^{r} ká^{e}n ít bí?] («ay, ¿qué es lo que puede ser?»).

Solución: una estrella en el cielo. Esta adivinanza se remonta a la época de los Tudor (siglos XV-XVII).

NOTA

- El *nonsense* [nónsens] («absurdo») es una composición típicamente anglosajona de carácter humorístico que carece de sentido. La mayor parte de ellas se debe a Edward Lear (1812-1888), quien destacó notablemente en este campo.
- *Higher* está compuesto por el adjetivo *high* y el sufijo *-er*; este último forma el comparativo aumentativo y el superlativo relativo: *near* [nía^r] («cercano»), *nearer* [níare^r] («más cercano»); *strange* [stréing] («raro»), *stranger* [stréinge^r] («más raro»); *fast* [fást] («rápido»), *faster* [fáste^r] («más rápido»).

  En caso de palabras plurisilábicas, se usa *more* [móo^r] («más»): *more beautiful* [móo^r biútiful] («más bonito»); *more intelligent* [móo^r intélligent] («más inteligente»).

  El primero y el segundo término de comparación aparecen unidos por la conjunción *than* [θa^{e}n], que corresponde a nuestro *que*: *a star is higher than a house* [a^e stá^r ís^z háie^r θá^{e}n a^e háus] («una estrella es más alta que una casa»); *my parcel is smaller than yours* [mái párs^{e}l ís^z smólle^r θa^{e}n ióurs] («mi fardo es más pequeño que el tuyo»).

EL COMPARATIVO DE SUPERIORIDAD

- Los adjetivos monosilábicos compuestos por una consonante, una vocal y otra consonante forman el *comparativo de superioridad* duplicando la consonante final y añadiendo *-r*. *fat* (fá^{e}t) («gordo»), *fatter* (fá^{e}tte^r) («más gordo»).

- El sufijo *-er* se añade también a los adjetivos bisilábicos que terminan en una letra no acentuada: *happy* (há^{e}ppi) («feliz»), *happier* (há^{e}ppie^r) («más feliz»), o bien en *-le*, *-er* o *-ure*: *simple* (símp^{e}l) («simple»); *simpler* (símple^r) («más simple»); *mature* (machúa^r) («maduro»); *maturer* (machúa^{r}e^r) («más maduro»); *the maturer* («el más maduro de los dos»), si bien una fruta madura es *ripe* (ráip). También siguen la misma regla otros adjetivos corrientes como *common* (kómmon) («común»); *handsome* («hermoso», sólo referido a hombres); *polite* (poláit) («educado»); *pleasant* (plésant) («agradable») y *quiet* (quáiet) («silencioso», «tranquilo»).

- *More* se aplica, además de a todos los adjetivos plurisilábicos, también a aquellos que acaban en *-ful*, *-less*, *-al*, *-ic*, *-ate*, *-ish*, *-ed*, *-ing*, *-ous*, *-ive*, *-ent*, *-ory*, *-ary*, *-(i)an*, *-ist*, *-able*, *-ible*. En caso de duda, es preferible formar el comparativo con *more*.

- Hay, obviamente, ciertas excepciones:

— *good* («bueno»), *well* («bien»), *better* («mejor»);
— *bad* («malo»), *ill* («enfermo»), *worse* («peor»);
— *much* («mucho»), *more* («más»);
— *ittle* («poco»), *less* («menos»);
— *little* («pequeño») también se asimila a *small*, cuyo comparativo es *smaller*;
— *far* («lejos»), se convierte en *farther* (fá'e') para indicar un espacio físico y en *further* (fó^{er}e') para indicar otro metafórico.

- El segundo término de la comparación adopta siempre el caso del primero, aunque en la lengua oral se usan con más frecuencia los pronombres personales de objeto: *I'm more interested* (interésted) *than he is* («estoy más interesado que él»), cuya forma coloquial es *I'm more interested than him.*

- También hay casos ambiguos, como, por ejemplo, en la frase *te quiero a ti más que a él*, en la cual en inglés no quedaría claro si *yo te quiero más de cuanto tú le quieres a él* o si *yo te quiero más de lo que le quiero a él*: por este motivo, en el primer caso se dirá *I love you more than him* (donde el objeto directo actúa como tal) y en el segundo se aplicará la regla descrita: *I love you more than he does.*

- Para formar el *comparativo de inferioridad* se usa *less* («menos») delante del adjetivo, o bien *not so... as* o *not as... as*. Suele emplearse mucho el antónimo unido al comparativo de superioridad: *Jack is less rich han Paul* («Jack es menos rico que Paul»).

- Cuando se desea expresar un aumento o una disminución de las cualidades expresadas por el adjetivo, se usa *more and more* («cada vez más»), *less and less* («cada vez menos») o bien, en caso de adjetivos monosilábicos, el sufijo *-er* aplicado al adjetivo repetido: *I'm getting fatter and fatter* («estoy cada vez más gordo»).

- *The more* y *the less* significan, respectivamente, «cuanto más» y «cuanto menos»: *the more I eat, the fatter I get* («cuanto más como, más gordo me pongo»); *the less you eat, the thinner* (θínne') *you become* («cuanto menos comas, más delgado estarás»).

- Si la comparación se produce entre dos entidades, el inglés usa una fórmula mixta entre el comparativo y el superlativo: *of the two sisters Alice* (áelis) *is the cleverer* («de las dos hermanas, Alice es la más inteligente»). Lo mismo ocurre con los adverbios: *early, earlier* y *dangerously, more dangerously.*

And now a tongue twister to practice *r*

Riding on a ridiculous rhino the ragged rascal ran all round the rugged rock. [ráidin^{g} on a^{e} ridíkiulo^{u}s ráino θe rá^{e}gg^{e}d rá^{a}sk^{e}l rén ól ráund θe rágg^{e}d rók] («Cabalgando sobre un ridículo rinoceronte, el desgarrado bribón corría alrededor de la roca desigual.»)

NOTA *To run, ran, run* [tu rán, rén, rán] («correr») también tiene el significado de «dirigir»y «administrar» *(to run a business, a restaurant, a school)*, así como el de hacer funcionar una máquina: *to run a machine* [tu rán a^{e} maxín]. Si añadimos el adverbio *out*, el significado será «agotar», «acabar»: *we ran out of petrol* [uí rén áut of pétrol] («agotamos la gasolina»). La expresión *to run a risk* [tu rán a^{e} rísk] significa lo mismo que en español: correr un riesgo.

Let's do some exercises now!

EJERCICIO 47

Preguntar a un hipotético interlocutor si sabe llevar a cabo las siguientes acciones (el ejercicio debe realizarse en voz alta):

Tocar la guitarra o el piano (*to play the guitar* [gíta^{r}], *the piano* [piá^{e}no^{u}]).
Jugar a fútbol *(to play football)*.
Montar a caballo (*to ride a horse* [tu ráid a^{e} hórs]).
Jugar al ajedrez (*to play chess* [chés]).
Jugar a tenis *(to play tennis)*.
Nadar (*to swim* [tu suím]).
Programar un ordenador (*to programme* [prógram] *a computer*).
Cocinar (*to cook* [tu kuuk]).

EJERCICIO 48

Indicar las direcciones.

Durante un paseo, se ha pedido a los transeúntes diversas informaciones sobre las calles por las que se pasaba. De acuerdo con las respuestas recibidas, hay que asignar a cada una de las indicaciones la casilla respectiva y el número correspondiente:

CLAVES DE LOS SÍMBOLOS

1	2	3	4	5	6
⇐❑	⇑❑	⇒❑	⌈❑	⌉❑	+❑
1.ª o 2.ª a la izquierda	siempre recto	1.ª o 2.ª a la derecha	girar a la derecha	girar a la izquierda	atravesar

Ejemplo: **It's the first on the left**

⇐☒ ⇑❑ ⇒❑ ⌈❑ ⌉❑ +❑

1. Go straight on* until* you come to the traffic lights*, then turn right.

⇐❑ ⇑❑ ⇒❑ ⌈❑ ⌉❑ +❑

2. Cross* the road, turn left and then go straight on. You can't miss it.

⇐❑ ⇑❑ ⇒❑ ⌈❑ ⌉❑ +❑

3. The second on the left, then the first on the right.

⇐❑ ⇑❑ ⇒❑ ⌈❑ ⌉❑ +❑

4. Turn left then go straight on: it's the second on the right.

⇐❑ ⇑❑ ⇒❑ ⌈❑ ⌉❑ +❑

NOTA

- *Straight* [stréit] significa «recto»; *straight on* equivale a nuestro «todo recto».
- *Until* («hasta», «mientras que», «mientras no»).
- *Traffic lights* [tráfik láits] («semáforo»).
- *To cross* [tu krós] («cruzar», «atravesar»). El paso de peatones se llama *zebra crossing* [s^{z}íbra króssin^{g}]. Cuando los ingleses se encuentran por casualidad con un conocido, emplean la expresión *to come across* [tu kam a^{e}krós] («nos hemos cruzado con»). Si, en cambio, se sienten alterados o contrariados, usan la expresión *to be cross* [tu bí krós] («estar cruzado»).

LOS NÚMEROS ORDINALES

En inglés, los números ordinales se forman del siguiente modo:

1st *first* (fó^{e}rst);
2nd *second* (sékond);
3rd *third* (θó^{e}rd);

para todos los demás, se añade al número cardinal el sufijo *-th*:

4th fourth (foo^{r}θ);
5th fifth (fifθ);
6th sixth (siksθ);
7th seventh (sé^{f}enθ);
8th eighth (eitθ);
9th ninth (náinθ);
10th tenth (tenθ).

N.B. Las decenas terminadas en *-ty* cambian la *y* en *ieth*; por ejemplo: *ninety* (náinti) se convierte en *ninetieth* (náintiθ).

EJERCICIO 49

Rellenar los espacios en blanco.

Durante un paseo, hemos entrado en una farmacia, una tienda de ropa, una biblioteca pública, una iglesia, un pub y una agencia de viajes. Nos dirigimos a los transeúntes con la pregunta: Excuse me, is there a ... near here? *[ekskiús mí, ís^{z} θéa^{r} a^{e} ... nía^{r} hía^{r}?] («perdone, hay un/una ... por aquí cerca?»). Sin embargo, no entendemos bien las respuestas y deberemos completarlas.*

1. Yes, ... in Church Street [chó^{e}rch stríit]: take the first ... the left, near the tobacconist's [tobákkonists] («estanco»). 2. Yes, turn right, ... second left, opposite [ópposit] («enfrente») ... greengrocer's [gríin-gró^{u}se^{r}s] («verdulería»). 3. Yes, cross the road and ... straight [stréit] («recto») on until [antíl] («hasta que») you come ... the bank [bá^{e}nk] («banco»); it's in front ... the butcher's [búchche^{r}s] («carnicería»). 4. Yes, go straight ... until you come ... the florist's [flórists] («floristería»). ... turn left: ... near the post office [pó^{u}st óffis] («estafeta de correos»). 5. Yes, it's the second ... the left, near the news-agent's [niús-éixents] («quiosco»). 6. Yes, it's just ... the corner [kórne^{r}] («esquina»), between the bookshop [búuk-xóp] («librería») and the chemist [kémist] («farmacia») and near the jeweller [xúelle^{r}] («joyería»). You can't ... it.

NOTA

- *Between* indica la posición intermedia entre dos elementos. Si hay más de dos, se usa el término *among* [a^{e}món^{g}].
- Por *library* [láibrari], a menudo precedido del adjetivo *public* [páblik], se entiende *biblioteca*.

Pub (páb) es la abreviación de *public house* o *public bar*, donde se venden licores. En todos los *pubs* ingleses se puede leer el lema *saloon bar*, ya que hay dos salas: una más concurrida y otra reservada.

Si deseamos un licor, no debemos acudir a una cafetería. Además de los restaurantes, también hay *wine* (uáin) *bar*, que corresponden a nuestras bodegas. En algunas ciudades históricas puede hallarse el lema *inn* (ín) y *alehouse* (éil-háus), correspondientes a nuestros mesones y fondas. Por último, hay locales donde se vende el célebre *fish and chips* (fíx a^e nd chíps): se trata de un plato compuesto por pescado frito, que suele ser bacalao (*kod* (kód)), y patatas fritas; en otros locales se consume *fast food* («comida rápida»), *takeaway* (teik a^e uéi) («comida para llevar»), o bien *junk food* (xánk fuud), comida que se consume más por su sabor que por su valor nutritivo. *Junk* puede traducirse por *chucherías*, si bien también se la conoce por *rubbish* (rábbix), *litter* (lítte^r) o *garbage* (gá^e rbich), si bien estos términos suelen tener connotaciones negativas.

EJERCICIO 50

Rellenar los espacios en blanco.

1. He didn't come … time and so we didn't … at the bus station. 2. … a nice baby! Is … your nephew [néflu] («sobrino»)? 3. My niece [nîis] («sobrina») has … blue … and fair [féa^r] («rubio») hair: she's really [ríali] («verdaderamente», «realmente») pretty [prítti] («bonita»). 4. Can you … me a glass of milk … the kitchen, please? 5. You can … my bike … you like: I'm not using it today. 6. He saw … cattle … in the meadow. 7. I don't like … horses because they jump … walls [uóls] («paredes»). 8. Crossing the road with a pram [prá^e m] («cochecito») … time. 9. Can you tell me … the … of perpetual youth … ? 10. The young man … mean and selfish: he … even [íb^e n] («ni siquiera», «incluso») pay his bill, … was abominable [abóminabl]! 11. If you … the second street on the left you can't … it. 12. As I was going home I came … an old friend of mine. 13. You can get some … cheques from the bank … is near the news-agent and … stamps [stáemps] («sellos») for your letters and postcards [pó^u st-ká^r ds] from the post …. 14. Shall we … the highway [hái-uéi] («autopista»)? Yes, it takes less [lés] («menos») … to go back home. 15. I drank a … [pár] of beers at the pub, … I went home.

NOTA

- Los sobrinos de los abuelos se llaman *grandchildren* [grá^e nd-chíldren].
- *To pay* va seguido de *for* («pagar por»).
- En Inglaterra los sellos se compran en la estafeta de correos.

Street (strîit) es la calle flanqueada por edificios; *road* (ró^u d) carretera; *avenue* (á^efe niu) es un paseo; *lane* (léin) es un camino; *track* (trá^e k) es un sendero; *bypass* (baipás), una variante; *ringroad* (rín^g-ro^u d) es una carretera de circunvalación; *square* (skuéa^r) es una plaza y *motorway* (móto^r-uei) o *highway*, la autopista.

EJERCICIO 51

Traducción inversa.

1. ¡Qué mal día hace hoy! ¿No estás de acuerdo (*to agree* [tu aegríi]) conmigo? 2. Iré a buscarte al aeropuerto a las once en punto. 3. Mi prima (*cousin* [kásin]) tiene los ojos azules y el pelo castaño. 4. ¿Puedes ir a buscarme un bocadillo (*sandwich* [sá^{e}nduich]) de queso, por favor? 5. La risa es la música del alma. 6. Puedes coger el coche si quieres: hoy no lo necesito. 7. He visto ovejas pastando en el prado (*meadow* [médou]). 8. El caballo que ha saltado (*to jump* [tu xámp]) el seto (*hedge* [héx]) aún no ha regresado (*to come back* [tu kám bá^{e}k]). 9. Me gusta amar y ser amado. 10. Un momento, por favor, ¡aún no he terminado mi bocadillo! 11. El dinero es la raíz de todos los males (*evil* [ébil]). 12. ¡Qué muchacho tan egoísta! 13. Vaya todo recto hasta llegar al semáforo y luego tome la primera a la derecha. 14. El trabajo es el precio del éxito. 15. Algunos asientos (*seats* [siits]) no están ocupados. ¿Lo has comprobado? 16. No me gusta jugar al ajedrez: exige demasiado tiempo para pensar. 17. Estoy más bien (*rather* [raθe^{r}]) contrariado porque son las diez y aún no ha llegado. 18. Los pensamientos son la fuente del poder. 19. Entre mis alumnos hay uno especialmente (*particularly* [partíkiularli]) inteligente. 20. ¿Debo ir a la floristería a comprar flores para el cumpleaños de Jane? 21. Puede encontrar una librería en Church Street, que es la tercera calle a la derecha. 22. Ser cordial es el camino hacia la felicidad. 23. La carta está sobre la mesa, entre la taza y la tetera (*teapot* [tíi-pót]). 24. La vieja cervecería (*alehouse* [éil-háus]) está en Chester Road [chéste^{r} ró^{u}d]: la segunda a la izquierda. 25. El peatón (*pedestrian* [pedéstrian]) fue arrollado (*to run over* [tu rán ó^{u}be^{r}]) en el paso de cebra por un coche que luego se estrelló (*to crash* [tu krá^{e}x]) contra (*against* [a^{e}géinst]) la pared de una casa. 26. El dinero es el premio (*reward* [riuórd]) del *(for)* trabajo. 27. El primer premio (*prize* [práis^{z}]) de la competición (*competition* [kompetíxon]) era de cien libras.

EJERCICIO 52

Ordenar las siguientes palabras para obtener frases completas:

the/now/tongue/to/twister/practice/alphabet/and/a – public/is/across/just/library/road/the/the – going/the/am/right/to/I/Buckingham Palace/way? – miss/you/house/because/it's/can't/red/the – youth/the/can/what/is/you/me/secret/everlasting/of/tell? – don't/I/like/playing/takes/it/football/too/energy/much/because – many/people/how/are/that/in/there/room? – her/pretty/sat/the/ground/the/girl/dress/spoiled/new/and/little/on.

EJERCICIO 53

Formar oraciones con las palabras y construcciones que se han aprendido.

UNIDAD DIEZ
UNIT TEN

Lesson 10A

JACK: *Where are you going darling?* [uéa^{r} aár iú góin^{g} dá^{r}lin^{g}?] («¿a dónde vas, cariño?»).

JENNIFER: *I'm going to the big stores in Regent Street* [áim góin^{g} tu θe bíg stó^{r}s in rígent stríit] («me dirijo a los grandes almacenes de Regent Street»).

JACK: *Are you taking the car?* [aár iú téikin^{g} θe káa^{r}?] («¿coges el coche?»).

JENNIFER: *No; it's only five minutes walk* [nó^{u}; íts ónli fáif mínits uók] («no, sólo son cinco minutos a pie»).

JACK: *What are you going to buy? You've plenty* of everything!* [uót aár iú góin^{g} tu bái?/ iúf plénti of ébríθin^{g}!] («¿qué te propones comprar? ¡Si ya tienes un montón de cosas!»).

JENNIFER: *That's not true. I need some new dresses* [θá^{e}ts not trú/ ái níid sám niú drésses] («eso no es cierto. Necesito algún vestido nuevo»).

JACK: *What?! You're joking!* [uót?!/ iuá^{r} xó^{u}kin^{g}!] («¡¿cómo?! ¡Bromeas!»).

JENNIFER: *No, I am not. And I'm going to buy a fur coat, two silk blouses, a pair of shoes, some fashion stockings and tights, a skirt and an evening dress. I hope you're coming with me* [nó^{u}, ái á^{e}m nót/ a^{e}nd áim góin^{g} tu bái a^{e} fó^{e}r kó^{u}t, tú sílk bláuses, a^{e} péa^{r} of xúus, sám fá^{e}xon stókin^{g}s a^{e}nd táits, a^{e} skó^{e}rt a^{e}nd a^{e}n ífnin^{g} drés/ ái hó^{u}p iuá^{r} kámin^{g} uí mí] («no. Y me propongo comprar un abrigo de piel, dos blusas de seda, un par de zapatos, medias y leotardos a la moda, una falda y un traje de noche. Supongo que vas a venir conmigo»).

JACK: *No, darling. I am not. I'm going to stay at home and enjoy a quiet afternoon on my own* watching the Olympic Games on TV* [nó^{u}, da^{r}lin^{g}/ ái á^{e}m nót/ áim góin^{g} tu stéi a^{e}t hó^{u}m a^{e}nd enxói a^{e} kuáiet afternúun on mái óun uóchin^{g} θi olímpik géims on tí-bí] («no, cariño. No voy. Tengo el propósito de quedarme en casa disfrutando de una tarde tranquila a mis anchas viendo los Juegos Olímpicos por televisión»).

JENNIFER: *And who's going to pay the bills?* [a^{e}nd hús góin^{g} tu péi θe bíls?] («¿y quién pagará las facturas?»).

JACK: *Not I, of course! I am not going to come with you and I am not going to pay any bills* [nót ái, of kóo^{r}s!/ ái a^{e}m not góin^{g} tu kám uíθ iú a^{e}nd ái á^{e}m nót góin^{g} tu péi á^{e}ni bíls] («¡yo no, por supuesto! No voy a ir contigo ni tampoco pagaré factura alguna»).

JENNIFER: *But darling, it's our anniversary tomorrow. Remember? We're giving a party: for sure you do want me to wear something special, don't you?* [bát dá^{r}lin^{g}, íts áua annibó^{e}rsari tumórrou/ rimémbe^{r}?/ uiaá^{r} gífin^{g} a^{e} pá^{r}ti: fóo^{r} xúa^{r} iú dú uónt mí tu uéa^{r} sámin^{g} spéxal, dó^{u}nt iú?] («pero, amor mío, mañana es nuestro aniversario. ¿Recuerdas? Vamos a dar una fiesta: sin duda tú quieres que me ponga algo especial, ¿no es así?»).

JACK: *Of course, my dear, of course. By the way, I think I need a dinner jacket, some socks, some underwear and a nice tie. For our anniversary, you know* [of kóo^{r}s, mái día^{r}, of kóo^{r}s/ bái θe uéi, ái θínk ái níid a^{e} dínne^{r} xáket, sám sóks, sám ande^{r}uéa^{r} a^{e}nd a^{e} náis tái/ fóo^{r} áua annibó^{e}rsari, iú nóu] («claro, querida, claro. A propósito, ahora caigo en que necesito un esmoquin, calcetines, ropa interior y una bonita corbata. Ya sabes, para nuestro aniversario»).

JENNIFER: *What? You need all that? Darling, are you feeling all right?* [uót?/ iú níid ól θá^{e}t?/ dá^{r}lin^{g}, aár iú fíilin^{g} ól ráit?] («¿cómo? ¿Necesitas todo eso? Tesoro, ¿te encuentras bien?»).

Acquisition and consolidation of rhythm and intonation

There was an old woman who lived in a shoe [θéa^{r} uós a^{e}n ó^{u}ld húma^{e}n hú lif^{e}d in a^{e} xúu] («Había una vez una anciana que vivía en un zapato»).

She had so many children she didn't know what to do [xí há^{e}d só^{u} má^{e}ni chíldren xí díd^{e}nt nóu uót tu dú] («tenía tantos hijos que no sabía qué hacer»).

She gave them some broth without any bread [xí géif θém sám bróθ uiθáut á^{e}ni bréd] («les daba caldo sin pan»).

She whipped them all soundly and sent them to bed [xí huíp^{e}d θém ól sáundli a^{e}nd sént θém tu béd] («los castigaba duramente y les enviaba a la cama»).

Points of grammar

1 *I am not going to pay any bills* («no voy a pagar factura alguna»)

Any equivale a las construcciones *del*, *de la*, *de los*, *de las*, y forma parte de la familia de los adjetivos y pronombres indefinidos, como *some* (véase pág. 37), *no* y *none*.

Volviendo a *some*, diremos que es el equivalente de *a little* [a^{e} lít^{e}l] («un poco») y de *a few* [a^{e} fií] («algún»), *a certain quantity of* [a^{e} só^{e}rten kuóntiti of] («una cierta cantidad de»). Se emplea delante de nombres en plural (*some friends*, «algunos amigos») y no numerales (*some butter*, «un poco de mantequilla») así como para las frases afirmativas e interrogativas retóricas, en las que se espera una respuesta positiva: *would you like some tea?* [úud iú láik sám tíi?] («¿te apetece un poco de té?»).

Any traduce los mismos significados de *some* y suele acompañar a nombres en plural, excepto cuando se trata de no numerales, como *sugar* [xúga^{r}] («azúcar»), *bread* [bréd] («pan»), *money* [máni] («dinero»), etc. Suele usarse en frases interrogativas (*are there any books on the table?*, «¿hay algún libro sobre la mesa?»; *have you got any wool?*, «¿tienes lana?») o en frases negativas como *he hasn't got any friends* («no tiene amigos»), *he hasn't got any money* («no tiene dinero») o *I've never seen any girl like that* [áif nébe^{r} síin á^{e}ni gó^{e}rl láik θá^{e}t] («nunca he visto una muchacha como aquella»). También se usa para construir frases condicionales como *if you need any help, please call me* [if iú níid á^{e}ni hélp, plíis kól mí] («si necesitas ayuda, llámame, por favor»).

No, delante de nombres, y sólo en frases negativas, equivale a *nada* o a *ninguno (not any)*. Sin embargo, es preciso tener en cuenta que se trata de una negación absoluta y que, en cuanto tal, rechaza otra negación: *I have no friends and I have no money* («no tengo ni amigos ni dinero»). El adjetivo y el pronombre correspondientes son *none* [nán] («nada») y *no one* [nó^{u} uán] («nadie»).

Por otra parte, *some* y *any* son tanto adjetivos como pronombres: *I haven't got any apples* («no tengo manzanas») es una oración negativa con partitivo; *I've got no apples* («no tengo ni una manzana») es, en cambio, una oración negativa con adjetivo; por último, *I've got none* («no tengo nada») es una frase negativa con pronombre.

COMPUESTOS DE *SOME, ANY* Y *NO*

- Los compuestos de *some, any* y *no* siguen las mismas reglas:

— *someone* (sámuan), *somebody* (sámbodi) («alguien»);
— *something* (sámin^{g}) («algo»);
— *somewhere* (samuéa^{r}) («algún lugar»);
— *anyone* (á^{e}niuan), anybody (á^{e}nibodi) («cualquiera»);
— *anything* (á^{e}niin^{g}) («cualquier cosa»);
— *anywhere* (á^{e}niuea^{r}) («cualquier lugar»);
— *no one* (no^{u}uán), *nobody* (nó^{u}bodi) («nadie»);
— *nothing* (náin^{g}) («nada»);
— *nowhere* (no^{u}uéa^{r}) («ningún lugar»).

- También hay adverbios compuestos por *some* y *any*:

— *somehow* (samháu), *someway(s)* (samuéi) («de algún modo», «de una u otra manera»);
— *sometime* (samtáim) («un día», «un momento»): *sometime next week* («un día de la próxima semana»);
— *sometimes* (samtáims) («alguna vez», «a veces», «en ocasiones»);
— *somewhere* (samuéa^{r}) («algún lugar»);
— *anytime* (á^{e}nitaim) («en cualquier momento», «a todas horas»);
— *anyhow* (á^{e}nihau), anyway (á^{e}niuei) («de cualquier forma», «sea como fuere»);
— *anywhere* (á^{e}niuea^{r}) («en cualquier lugar»).

2 ***You do want me to wear something special* («tú quieres que me ponga algo especial»)**

Una de las características del verbo auxiliar *do* es que ayuda al verbo a enfatizar la frase: *do come with me!* («¡venga, ven conmigo!»)

3 ***She whipped them all soundly* («los castigaba duramente»)**

El adverbio *soundly* puede traducirse de varias maneras: «firmemente», «seguramente», «correctamente» o, como en el ejemplo, «duramente». Sin embargo, en la lengua hablada suele asociarse con el verbo *to sleep* para expresar la idea de dormir profundamente.

And now some tongue twisters to practice *s*

The sun shines on shop stainless signs. Through the puddles Tom is splashing. Soon his clothes will need washing.
[θe sán xáins on xóp stéinles sáins θrú θe pád^{e}ls tóm ís^{z} splá^{e}xin^{g} súun hís kló^{u}s uíl níid uóxin^{g}]
(«El sol reluce sobre los letreros inoxidables de las tiendas. Tom está chapoteando en los charcos. Pronto sus ropas necesitarán un lavado»).

When slowly sinks the setting sun the silver stars come bringing stardust and softest sleep when songs are sung.
[uén slóuli sínks θe séttin^{g} sán θe sílve^{r} stá^{r}s kám bríngin^{g} stárdast a^{e}nd sóftest slíip uén son^{g}s áa^{r} sán^{g}]
(«Cuando lentamente declina el sol crepuscular las estrellas de plata venían trayendo polvo de estrellas y el más dulce sueño cuando las canciones han concluido [lit., han sido cantadas]»).

NOTA

- Los verbos *need*, *want* y *require* [rikuáia^{r}], cuando aparecen en una oración pasiva, requieren la forma en *-ing* del verbo que los sigue. Ejemplos: *your hair needs cutting* [iór héa^{r} níids káttin^{g}] («tus cabellos necesitan ser cortados»); *the lawn wants watering* [θe ló^{o}n uónts uóterin^{g}] («el prado necesita ser regado»); *my suit requires pressing* [mái súut rikuáia^{r}s préssin^{g}] («mi traje/vestido necesita un planchado [lit., ser planchado]»).

  En cuanto al primer ejemplo, conviene tener en cuenta que *hair* carece de plural, por lo que para indicar si se trata de un solo cabello habrá que recurrir al numeral *one*.
- *Softest* es el superlativo relativo de *soft* («suave»), por lo que podrá traducirse por «el más suave» o «el más dulce».

EL SUPERLATIVO RELATIVO Y EL ABSOLUTO

• El superlativo relativo se obtiene añadiendo el sufijo *-est* y el artículo *the* (así, de *old*, se obtiene *the oldest* (θi ó^{u}ldest)) o el prefijo *the most* (θe mó^{u}st) si se trata de palabras plurisilábicas, como en *the most beautiful.*
En el caso del superlativo rigen las mismas reglas que para el resto de grados del comparativo. El segundo término aparece precedido por las preposiciones *of, among* (a^{e}món^{g}) («entre») o *in*. Veamos algunos ejemplos:

— *John is the laziest* (léis^{z}iest) *of my pupils* («John es el más perezoso de mis alumnos»);
— *Rome is the most interesting city* (síti) *in the world* («Roma es la ciudad más interesante del mundo»).

• Sin embargo, hay algunas formas irregulares de superlativo:

— *good* («bueno») y *well* («bien»): *the best;*
— *bad* («malo») e *ill* («enfermo»): *the worst* (uó^{e}rst);
— *much* («mucho»): *the most;*
— *little* («poco»): *the least* (lîist);
— *little* («pequeño») se asimila a *small*, que tiene el mismo significado: *the smallest* (smóllest);
— *far* («lejos»), se convierte en *farthest* (fá^{r}θest) para indicar un espacio físico y en *furtherst* (fó^{er}θest) para indicar otro metafórico.

• Para los adverbios, la regla es la misma; por ejemplo: *at your earliest convenience* (a^{e}t ioú^{r} ó^{e}rliest kon^{f}íniens) («lo más pronto posible»), si bien en la lengua escrita es más frecuente la expresión *as soon as possible.*

• El *superlativo absoluto*, que ya conocemos (*very* y *quite*), se forma también con:

— *well* (uél): *well known* («sumamente conocido», «conocidísimo»); *well equipped* (ekíp^{e}d) («sumamente equipado»);
— *fully* (fúlli): *fully convinced* (kon^{f}ínsd) («plenamente convencido», «convencidísimo»);
— *deeply* (dîipli): *deeply loved* («profundamente amado»).

Lesson 10B

Some hotels have a notice at the reception desk for the benefit of the departing guests that reads: «Have you left anything?» With today's prices a more appropriate wording would be: «Have you anything left?»* [sám hotéls há^{e}f a^{e} nó^{u}tis a^{e}t θe risépxon désk fóo^{r} θe bénefit of θe dipártin^{g} gésts a^{e}t ríids/ há^{e}f iú léft á^{e}niθin^{g}?/ uíθ tudá^{e}is práisis a^{e} móo^{r} appróprieit uó^{e}rdin^{g} uúd bí/ há^{e}f iú á^{e}niθin^{g} left?] («algunos hoteles tienen un aviso en el mostrador de recepción en atención a los clientes que se marchan donde se lee: "¿se ha dejado algo?". Con los precios actuales, una expresión más apropiada sería: "¿le ha quedado algo?").

TOURIST [túrist] («turista»): *Any big man born round here?* [á^{e}ni bíg má^{e}n bórn ráund hía^{r}?] («¿por estos lares nació algún gran hombre?»).

NATIVE [néitif] («nativo»): *No. Best we can do is babies. Different in your country, I suppose* [nó^{u}/ bést uí ká^{e}n dú ís^{z} bá^{e}ibis/ dífrent in ióur káuntri, ái sappó^{u}s] («no. Lo mejor que sabemos hacer son niños. No así en su país, por lo que deduzco»).

NOTA

- Recordemos algunas expresiones que utilizan el término *benefit* («ventaja», «beneficio», «provecho», «atención»):
  - *to be of great benefit* («ser de gran provecho»). Si es económico, suele utilizarse el sinónimo *profit* [prófit];
  - *child benefit* («ayudas», «subsidios familiares»);
  - *old age* [ó^{u}ld éig] *benefits* («subsidio por jubilación»);
  - *unemployment* [anemplóiment] *benefit* («subsidio por desempleo»);
  - *social security* [só^{u}xial sekiúriti] *benefits* («seguridad social»).
- *Guest* literalmente significa «huésped»: es una cortesía típica inglesa la de referirse a los clientes de un hotel como huéspedes. También son huéspedes los que se alojan en casas particulares (y que en otro tiempo se conocían como *realquilados*): la costumbre de hospedar a personas resulta muy infrecuente en nuestro país, aunque aún es corriente en Inglaterra, que los denominan como *paying guests* [péin^{g} gésts] («huéspedes de pago») para diferenciarlos de los invitados *(guests)*. El cliente de una tienda se llama *customer* [kástome^{r}] y el de un profesional, *client* [kláient].
- *To read* («leer») se usa en este caso como frase hecha.
- Al hablar del futuro, hemos comentado las formas del condicional, cuyos auxiliares son *should* [xúd] y *would* [úud] (véase pág. 76). Según las reglas gramaticales, *should* se debería emplear en la primera persona singular y plural en la formación del condicional: en la práctica, sin embargo, se da un claro predominio del *would* en todas las personas, mientras que *should* ha cobrado cierta autonomía como verbo principal, con el significado de *debería*, *deberías*, etc., indicando con ello cierto imperativo moral.

And now a tongue twister to practice *t*

Tiptoing into the tulips, two tiny dwarfs tickle the tall tree tops.

[tiptóin^{g} íntu θe tiúlips, tu táini duó^{r}fs tíkl θe tól tríi tóps]

(«De puntillas por entre los tulipanes, dos minúsculos enanos cosquilleaban las altas cimas de los árboles.»)

NOTA *Tall*, además de a la estatura, se refiere también a árboles y edificios.

Let's do some exercises now!

EJERCICIO 54

Rellenar los espacios en blanco.

1. I'm going to buy … petrol because we ran … of it. 2. Did you see … upstairs? 3. Did … help you? 4. How long does it … to go to Piccadilly Circus? 5. Do you need … eggs? No, thank you: … plenty. 6. He is the («más pobre») … … my friends. 7. Can you see … stars in the sky? No, … it's cloudy [kláudi] («nublado»). 8. Did the … leave … in their rooms? 9. I have («menos») … books than my sister. 10. We got there without … trouble [tráb^{e}l] («problemas», sólo en singular). 11. I want some fresh [fréx] («fresco, -a») vegetables; have you got …? 12. I always get up … early as … …. 13. I doubt [dáut] (*to doubt* [tu dáut], «dudar») if there are … sweets [suíits] («dulces») left [léft] («quedado») in the cupboard [káp-bóa^{r}d] («armario», «despensa»). 14. Won't you have … more cake? 15. The U.S.A. is the («más rico») … country … the world. 16. Did you go … («a algún sitio») … summer [sámme^{r}] («verano»)? 17. Can you give me … more milk, please? 18. This girl is taller … her friend. 19. If you're not expecting … else, we can go … for a drink. 20. What's on TV tonight? I don't know. I have … time to watch TV. 21. This film is … boring … the one I saw on TV last night.

EJERCICIO 55

Traducción inversa.

1. Se nos han acabado los fósforos (*match* [má^{e}ch]): ¿puedes ir a buscar uno? 2. He ido también al piso de arriba (*upstairs* [apstéa^{r}s]), pero no he visto a nadie. 3. ¿Había alguien en la habitación? 4. ¿Queda lejos el Buckingham Palace? No, apenas a cinco minutos a pie. 5. Si necesitas algo, llámame (*to call* [tu kól]). 6. Febrero no es tan largo como enero, pero ambos (both [bó^{u}θ]) son meses sumamente fríos. 7. ¿No te pones azúcar en el (tu) café? 8. No acierto a ver ningún letrero de tienda. 9. Con los precios actuales, es casi (*almost* [ólmost]) imposible (*impossible* [impóssib^{e}l]) comprar un coche nuevo. 10. En invierno hace más frío que en verano. 11. ¿Tienes cuchillas de afeitar (*razor-blades* [réiso^{r}-bléids])? 12. La ciudad está a varias millas (*mile* [máil]) de distancia (*away* [a^{e}uéi]) de cualquier lugar. 13. ¿No te di dinero la semana pasada? 14. Hay menos competencia (*competition* [kompetíxon]) ahora en el mercado que el año pasado. 15. Estás esperando (*expecting* [ekspéktin^{g}]) que alguien te telefonee, ¿no es así? 16. He perdido los guantes. ¿Puedes prestarme unos? 17. La sopa de cebolla (*onion soup* [ónion súup]) es la más sabrosa (*tasty* [téisti]) que nunca (*ever* [ébe^{r}]) he probado (*to try* [tu trái]). 18. Así que esta es tu hija: ¡es realmente bonita! 19. Tengo menos amigos que él, pero más dinero. 20. Peter es el muchacho menos inteligente de la clase. 21. Jane es la más atenta de las dos muchachas.

EJERCICIO 56

Hallar la solución correspondiente a las siguientes adivinanzas:

Riddles *(«adivinanzas»):*

1. *They go up and down, but they never move. What are they?* [θéi gó^{u} áp a^{e}nd dáun, bát θéi nébe^{r} múuf/ uót áa^{r} θéi?] («van hacia arriba y hacia abajo, pero nunca se mueven. ¿Qué son?»).
2. *It is always coming, but it never arrives. What is it?* [ít ís^{z} óllueis kámin^{g}, bát ít nébe^{r} a^{e}rráifs/ uót ís^{z} ít?] («siempre está a punto de llegar, pero no llega nunca. ¿Qué es?»).
3. *What does a wall say to the other?* [uót dás a^{e} uól sá^{e}i tu θi áθe^{r}?] («¿qué le dice una pared a la otra?»).
4. *Why do we buy clothes?* [«uái du uí bái kló^{u}θs?] («¿por qué compramos ropa?»).
5. *What does an helicopter do when it rains?* [uót dás a^{e}n helikópte^{r} du uén ít réins?] («¿qué hace un helicóptero cuando llueve?»).
6. *Do centipedes always have a thousand feet?* [dú sentipídis óllueis ha^{e}f a^{e} θáusand fíit?] («¿los ciempiés siempre tienen cien pies?»).

Answers («respuestas»):

Let's meet at the corner – Because we can't get them for nothing – Tomorrow – They don't know because they can't read – Stairs («escaleras») – It gets wet.

EJERCICIO 57

Señalar en la columna B la palabra que corresponde a la columna A:
Have a good journey/trip! *(«¡buen viaje!»).*
Have you got everything?

A	B
1. boarding [boá^{r}din^{g}] card	☐ divisa inglesa
2. ticket [tíket]	☐ gafas de sol
3. passport [páspo^{r}t]	☐ maleta
4. British currency	☐ agenda
5. wallet [uóllet]	☐ pasaporte
6. sunglasses [san-glássis]	☐ zapatillas de tenis
7. glasses case [glássis keis]	☐ raqueta de tenis
8. map [má^{e}p] of London	☐ cámara fotográfica
9. address book/agenda	☐ llaves
10. camera [kámera]	☐ billetero
11. tennis shoes	☐ guía de Londres
12. keys [kiis]	☐ tarjeta de embarque
13. suitcase [suut-kéis]	☐ estuche de gafas
14. tennis racket [tennis ráket]	☐ billete

EJERCICIO 58

Ordenar las siguientes palabras para obtener frases completas:

is/fridge/in/some/tea/in/the/more/kitchen/there/any/but/milk/isn't/there/the – don't/there/I/who/here/can/French/speak/think/anyone/is – ask/go/him/for/paper [péipe^r] («papel»)/some/and/because/I/any/haven't got/left/please/more – don't/why/ask/for/the/money/bank/you/some? – make/please/don't/any/noise:/want/I/go/sleep*/to/to – have/no/to/you/I/time/help – had/they/to/nothing/eat – you/read/have/good/any/books/lately [léitli] («últimamente», «recientemente»)? – give/nobody/I'll/it/to/else.

NOTA

- La expresión *to ask* significa «preguntar», acompañada de la preposición *for (to ask for)*, significa «pedir».
- *To go to sleep* equivale a *adormecerse*.

EJERCICIO 59

Formar oraciones con las palabras y construcciones que se han aprendido.

UNIDAD ONCE
UNIT ELEVEN

Lesson 11A

At the travel agency («en la agencia de viajes»)

TRAVEL AGENT [trá^{fe}l éixent] («agente de viajes»): *Good morning, Mr McDonald. Can I help you?* [gúud móo^{r}nin^{g}, míste^{r} má^{e}kdónald/ ká^{e}n ái hélp iú?] («buenos días, señor McDonald. ¿Puedo ayudarle?»).

BOB: *Yes, please. I want to book a flight to Rome next Tuesday* [iés, plíis/ ái uónt tu búuk a^{e} fláit tu ró^{u}m néxt tiúsda^{e}i] («quiero reservar un vuelo a Roma para el próximo martes»).

TRAVEL AGENT: *What time of the day do you want to travel?* [uót táim of θe dá^{e}i dú iú uónt tu trá^{fe}l?] («¿a qué hora del día desea usted viajar?»).

BOB: *Well, I must be in Rome at half past four in the afternoon* [uél, ái mást bí in ró^{u}m a^{e}t háf pást fóo^{r} in θi afte^{r}núun] («bueno, debo estar en Roma a las cuatro y media de la tarde»).

TRAVEL AGENT: *I see. Well, there is a flight leaving London at one thirty and arriving in Rome at a quarter past three* [ái síi/ uél, θéa^{r} ís^{z} a^{e} fláit líivin^{g} lándon a^{e}t uán θó^{e}rti a^{e}nd a^{e}rráivbin^{g} in ró^{u}m a^{e}t a^{e} kuó^{r}te^{r} pást θríi] («entiendo. Bien, hay un vuelo que sale de Londres a la una y media con llegada a Roma a las tres y cuarto»).

BOB: *Yes, that's fine* [iés, θá^{e}ts fáin] («sí, me parece bien»).

TRAVEL AGENT: *And when do you want to travel back to London?* [a^{e}nd uén dú iú uónt tu trá^{fe}l báek tu lándon?] («¿y para cuándo desea el vuelo de regreso a Londres?»).

BOB: *I have to be back at twelve in the morning the next day* [ái há^{e}f tu bí bá^{e}k a^{e}t tuélf in θe móo^{r}nin^{g} θe néxt dá^{e}i] («debo estar de vuelta a mediodía del día siguiente»).

TRAVEL AGENT: *Well, there is a flight from Rome at nine forty-five arriving in London at eleven o'clock* [uél, θéa^{r} ís^{z} a^{e} fláit fróm ró^{u}m a^{e}t náin fóo^{r}-ti-fáif a^{e}rrái^{f}in^{g} in lándon a^{e}t ilé^{f}en oklók] («bueno, hay un vuelo desde Roma a las diez menos cuarto que llega a Londres a las once»).

Bob: *All right. What time have I got to check-in at London airport?* [ól rait/ uót táim há^{e}f ái gót tu chék-in a^{e}t lándon éa^{r}port?] («perfecto. ¿A qué hora debo embarcar en el aeropuerto de Londres?»).

Travel agent: *Check-in time is one and a half hour before departure time. That's twelve o'clock at London airport. Is that all, Mr McDonald?* [chék-in táim ís uán a^{e}nd a^{e} háf áua^{r} bifóo^{r} depárcia^{r} táim/ θá^{e}ts tuélf oklók a^{e}t lándon éa^{r}port/ ís^{z} a^{e}t ól, míste^{r} má^{e}kdónald?] («el embarque es hasta una hora y media antes de la salida. Es decir, a mediodía en el aeropuerto de Londres. ¿Eso es todo, señor McDonald?»).

Bob: *No. Actually I've got another problem. I booked a holiday in Spain with you a fortnight ago and there is a thing in the contract which isn't quite clear* [nó^{u}/ á^{e}kxualli áif gót a^{e}náθe^{r} próblem/ ái búuk^{e}d a^{e} hólida^{e}i in spéin uíθ iú a^{e} fórtnait ágo^{u} a^{e}nd θéa^{r} ís^{z} a^{e} θín^{g} in θe kóntrakt uích ís^{e}nt kuáit klía^{r}] («no. La verdad es que tengo otro problema. Reservé unas vacaciones en España con ustedes hace unos quince días y hay algo en el contrato que no está muy claro»).

Travel agent: *Well, what's the problem exactly? Do you have anything to complain about?* [uél, uóts θe próblem exá^{e}ktli?/ dú iú há^{e}f á^{e}niin^{g} tu kompléin a^{e}báut?] («bueno, ¿cuál es el problema exactamente? ¿Tiene usted alguna queja?»).

Bob: *No, I don't think so. The contract says that the company is not liable for any loss incurred during the flight. Does that mean that you don't pay us if our luggage disappears?* [nó^{u}, ái dó^{u}nt θínk só^{u}/ θe kóntrakt sá^{e}is a^{e}t θe kómpani ís^{z} nót láiab^{e}l fóo^{r} á^{e}ni lós inkó^{e}rd diúrin^{g} θe fláit/ dás a^{e}t míin a^{e}t iú dó^{u}nt péi ás íf áua lággag disappíars?] («no, no es eso. El contrato dice que la empresa no se responsabiliza de los extravíos que puedan producirse durante el vuelo. ¿Esto significa que no nos indemnizarán si se pierde nuestro equipaje?»).

Travel agent: *That's correct, Mr McDonald. It's normal practice. But we can insure your luggage for you. It costs very little. About five pounds per week* [θá^{e}ts korrékt, míste^{r} má^{e}kdónald/ íts nórmal prá^{e}ktis/ bát uí ká^{e}n inxúa^{r} ióur lággag fóo^{r} iú/ ít kósts bé^{r}i lít^{e}l/ a^{e}báut fáif páunds pó^{er} uíik] («exactamente, señor McDonald. Es la norma. Pero podemos asegurar su equipaje a su nombre. Cuesta muy poco. Unas cinco libras a la semana»).

Bob: *Oh, that's not expensive, and in that case... Can I see you sometime next week?* [o^{u}, θá^{e}ts nót expénsif, a^{e}nd in θá^{e}t kéis/ ká^{e}n ái síi iú samtáim néxt uíik?] («ah, no es caro, en ese caso... ¿Puedo volver la semana que viene?»).

Travel agent: *Yes, of course. Any time during office hours* [iés, of kóo^{r}s/ á^{e}ni táim diúrin^{g} óffis áua^{r}s] («por supuesto. En cualquier momento, durante el horario de oficina»).

Bob: *Fine. Thank you very much. I'll se you after my trip to Rome. Goodbye* [fáin/ θá^{e}nk iú bé^{r}i mách/ áil síi iú áfte^{r} mái tríp tu ró^{u}m/ gudbái] («de acuerdo. Muchas gracias. Nos veremos después de que vuelva de Roma. Adiós»).

Travel agent: *Thank you, Mr McDonald. See you soon* [θá^{e}nk iú, míste^{r} má^{e}kdónald/ síi iú súun] («gracias a usted, señor McDonald. Hasta pronto»).

Acquisition and consolidation of rhythm and intonation

Ladybird, Ladybird, fly away home![lé^{i}di-bó^{e}rd, lé^{i}di-bó^{e}rd, flái a^{e}uéi hó^{u}m!] («¡mariquita, mariquita, vete a casa volando!»).

Your house is on fire your children all gone [ióur háus ís^{z} on fáia^{r} ióur chíldren ól gón] («tu casa está ardiendo, y tus hijas han muerto»).

All but one and her name is Ann* [ól bát uán a^{e}nd hó^{e}r néim ís^{z} á^{e}n] («todas excepto una, que se llama Ann»),
and she crept under the frying pan [a^{e}nd xí krépt ánde^{r} θe fráin^{g} pá^{e}n] («que se ha escurrido debajo de la sartén»).

NOTA
- La conjunción adversativa *but* se traduce por *pero* o *excepto*.
- Además de la sartén para freír *(frying pan)*, mencionemos *saucepan* [sóospa^{e}n] (olla), *pressure cooker* [préxua^{r} kuuke^{r}] («olla a presión»).

Riddle («*adivinanza*»)

As I was going to St. Ives I met a man with seven wives [a^{e}s ái uós góin^{g} tu séint áifs ái mét a^{e} ma^{á}n uiθ séb^{e}n uáifs] («mientras me dirigía hacia St. Ives me crucé con un hombre con siete mujeres»).

Every wife had seven sacks; every sack had seven cats [ébri uáif há^{e}d sében sá^{e}ks; ébri sá^{e}k há^{e}d sében ka^{e}ts] («cada mujer tenía siete bolsas; cada bolsa tenía siete gatos»).

Every cat had seven kittens [ébri ká^{e}t há^{e}d séb^{e}n kítt^{e}ns] («cada gato tenía siete gatitos»).

Kittens, cats, sacks and wives, how many were there going to St. Ives? [kítt^{e}ns, ká^{e}ts, sá^{e}ks a^{e}nd uáifs/ háu má^{e}ni uéa^{r} θéa^{r} góin^{g} tu séint áifs?] («Gatitos, gatos, bolsas y mujeres, ¿Cuántos en total se dirigían hacia St. Ives?»).

Answer: none («ninguno»).

Points of grammar

1 *I must be in Rome at half past four* («debo estar en Roma a las cuatro y media»)

El verbo *must* puede traducirse por *deber*, *obligación*, *orden* y *voluntad*. Puede expresar:

a) la orden directa dada por quien habla: *you must go to school* («debes ir a la escuela»);
b) un refuerzo de la orden emitida por otro con quien se está de acuerdo: *you must do your homework as your teacher says!* («¡debes hacer los deberes como dice tu profesor!»);

c) una orden a uno mismo, de carácter moral: *I must go to school* («debo ir a la escuela»);
d) un consejo encarecido: *you must see that film!* («¡debes ver esa película!»);
e) una necesidad: *you must know the truth!* [trúθ] («¡debes saber la verdad!»); *must you go so soon?* («¿debes irte tan pronto?»);
f) una costumbre: *it's ten o'clock; I must go to bed now!* («son las diez; ¡tengo que acostarme!»).

Por otra parte, *must* se usa en presente y, sólo en el discurso indirecto, en pasado: *the doctor said that I must go to bed early* («el doctor ha dicho que debo acostarme pronto»).

La forma negativa *must not*, que puede contraerse en *mustn't* [más[e]nt], se usa para expresar una prohibición: *you must not break the law!* [lóo] («¡no debes infringir la ley!»).

TO BE TO («DEBER»)

Mediante la construcción *to be to* se enuncian oraciones que indican a un sujeto una acción que debe realizar. En español, puede traducirse rerriendo al presente y al imperfecto siempre y cuando se exprese una acción previamente estipulada.

— *we are/were to meet at one o'clock* («debemos/debíamos encontrarnos a la una»);
— *we are/were to get married in June* («debemos/debíamos casarnos en junio»).

En el caso de que la acción estipulada no llegue a realizarse, *to be to* puede aparecer seguido por el participio del verbo de acción: *I was to have gone home with her* («debía haber ido a casa con ella»).

Con esta construcción, pueden expresarse además:

a) previsión, predestinación: *he is to become a great pianist* (piá[e]nist) («debe convertirse en un gran pianista»); *she was to become an actress* (áktres) («debía convertirse en actriz»); *he was never to see his wife again* («no debía volver a ver a su mujer», «no volvería a ver a su mujer»);
b) orden, imposición de una voluntad ajena a la del sujeto: *you are to be in Mr Brown's office at three o'clock* («debes ir al despacho del señor Brown a las tres»); *at what time am I to leave?* («¿a qué hora debo irme?»); *what am I to do?* («¿qué debo hacer?»);
c) oportunidad o necesidad. A diferencia de *must*, en este caso la opinión de quien se expresa indica una obligación, pero no una orden): *the work is to be done by tomorrow* («el trabajo debe estar acabado antes de mañana»); *life is to be accepted* (aksépted) *as it is* («la vida debe tomarse como viene»); *what's to be done first?* («¿qué debe hacerse primero?»).

2 *I have to be back at twelve* («debo estar de vuelta a mediodía»)

Have to expresa deber y obligación provocadas por las circunstancias y se usa para suplir las formas que carecen de *must*. No permite expresar órdenes directas:

— *you have to go to school!* (¡debes ir a la escuela!»);
— *when you go to school you have to get up early* («cuando vas a la escuela, debes levantarte pronto»).

To have to sigue las reglas gramaticales de los verbos de acción.

Otra traducción del concepto de deber sería *have got to*. Usado normalmente en presente, expresa necesidad y obligación, referidas a circunstancias concretas: *got* constituye un elemento de énfasis respecto a la forma habitual *have to*.

En el habla, requiere pues un énfasis: *they have got to work today!* («¡deben trabajar hoy!»).

3 *The company is not liable for any loss* («la empresa no se responsabiliza de los extravíos»)

Liable es un término técnico. Un sinónimo sería *answerable* [ánserabl^{e}] («responsable»)

4 *But we can insure your luggage for you* («pero podemos asegurar su equipaje a su nombre»)

To insure es un término del mundo de los seguros que alude al hecho de estipular una póliza; si, por el contrario, se desea dar algo por seguro, entonces habrá que utilizar el verbo *to assure* [tu axúa^{r}].

POLICY («PÓLIZA DE SEGUROS»): TERMINOLOGÍA

policy (pólisi) («póliza de seguros»)
theft (θeft), *fire policy* (fáiar pólisi) («póliza contra robo e incendio»)
comprehensive motor policy (komprehénsif móto^{r} pólisi) («póliza de coche a todo riesgo»)
blanket (blá^{e}nket), *block policy* (blók pólisi) («póliza de casco»)
third party liability policy (θó^{e}rd pá^{r}ti laiabíliti pólisi) («responsabilidad civil a terceros»)
life insurance (láif inxúrans) («seguro de vida»)
lapsed policy (lá^{e}ps^{e}d pólisi) («póliza caducada»)
goods in transit policy (gúuds in tránsit pólisi) («póliza para mercancías en tránsito»)
to void the policy (tu ^{r}óid θe pólisi) («anular la póliza»)
policy-holder (pólici-hó^{u}lde^{r}) («titular de póliza»)

N.B. *Policy* significa también «política de acción», «programa político».

5 ***Oh, that's not expensive*** **(«ah, no es caro»)**

Sinónimos de *expensive* son *dear* [día^{r}] («caro») y *costly* [kóstli] («costoso»); el antónimo es *cheap* [chíip], que puede traducirse por *barato, económico* y también por *ganga* o *saldo*. Usado metafóricamente equivale a *mezquino* y *burdo*.

6 ***I'll see you after my trip to Rome*** **(«nos veremos después de que vuelva de mi viaje a Roma»)**

I'll see you y *see you* equivalen a las expresiones *hasta luego* y *hasta la vista*.

En español se usa indistintamente la palabra *viaje* para aludir a cualquier tipo de desplazamiento: los ingleses distinguen los conceptos de viaje en general (*travel* [trá^{fe}l]), viaje de ida y vuelta a una sola localidad (*journey* [xó^{e}rni]), y viaje de ida y vuelta con visita incluida *(trip)*. Por *voyage* [bóiax] se entiende travesías marítimas y espaciales, de donde se deriva el término *Voyager* [bóiager], que suele darse a los transbordadores espaciales.

Por otra parte, el billete de ida y vuelta se llama *return ticket* [ritó^{e}rn tíket].

And now a tongue twister to practice *th*

Two thieves' hearts are throbbing. Both thieves breath through their mouths.
[tu θíifs harts áa^{r} róbbin^{g}/ bó^{u}θ θíivs bríiθ θrú θea^{r} máuθs]
(«Dos corazones de ladrones están latiendo fuerte. Ambos ladrones respiran por la boca.»)

Lesson 11B

The employee at the Lost Properties Office is speaking on the phone with to wife* [θi emplóii a^{e}t θe lóst própertis óffis ís^{z} spíikin^{g} on θe fó^{u}n tu hís uáif] («el empleado de la Oficina de Objetos Perdidos está hablando por teléfono con su mujer»).

WIFE: *You forgot your sandwiches, darling* [iú forgót ióur sá^{e}nduichis, dá^{r}lin^{g}] («te has olvidado los bocadillos, cariño»).

HUSBAND: *Oh, leave them on a bus somewhere* [o^{u}, líif θém on a bás samuéa^{r}] («bah, déjalos en un autobús, en cualquier parte»).

Riddle («adivinanza»)

One of the British rules of the road is difficult quite [uán of θe brítix rúuls of θe ró^{u}d ís^{z} díffikalt kuáit] («una de las reglas de circulación inglesas es bastante difícil»).

As you're riding or driving along, if you keep to your ... you're sure to be right; if you keep to your ... then you'll be wrong! [a^{e}s iuá^{r} ráidin^{g} o^{r} dráibin^{g} a^{e}lón^{g} if iu kíip tu iόur ... iuá^{r} xuá^{r} tu bí ráit; if iú kíip tu ióur ... en iúl bí rón^{g}] («mientras cabalgas o conduces por la carretera, si tienes ... puedes estar seguro de llevar la razón; si tienes la ... ¡entonces, te equivocas!»).

NOTA

- *To speak on the phone* («hablar por teléfono»).
- *Quite*: por razones de rima se ha colocado después del adjetivo; al igual que *very*, indica el superlativo absoluto.
- *As* es una conjunción que en este caso significa *mientras*; sin embargo, también tiene otros significados:

  a) causal: *as I was tired I stayed at home* [a^{e}s ái uós tái^{a}r^{e}d ái stéid a^{e}t hó^{u}m] («dado que estaba cansado, me quedé en casa»);
  b) concesivo: *poor as he is, he's happy* [puá^{r} a^{e}s hí ís^{z}, hís há^{e}ppi] («aunque es pobre, es feliz»);
  c) modal: *as usual* [á^{e}s iús-xual] («como de costumbre»); *to behave as a gentleman* [tu bihéif á^{e}s a^{e} gent^{e}l-má^{e}n] («comportarse como un caballero»).

And now a tongue twister to practice *u*

When the twelth Turkish cook took a look at her cookery-book, I tucked myself up into a rug and there I stayed as snug as a bug.
[uén θe tuél tó^{e}rkix kúuk túuk a^{e} lúuk a^{e}t hó^{e}r kúukeri-búuk, ái ták^{e}d maisélf áp íntu a^{e} rá^{g} á^{e}nd θéa^{r} ái stéid á^{e}s sná^{g} á^{e}s a^{e} bá^{g}]
(«Cuando la duodécima cocinera turca examinó su libro de cocina, yo me arrebujé en una alfombra y allí me quedé, cómodo como una chinche.»)

NOTA

- *As snug as a bug* es un comparativo de semejanza, que en español se expresa mediante las construcciones *tanto... como* o *así... como*, aunque puede elidirse el primer término. En inglés, se expresa:

  a) en las frases afirmativas, con *as... as*, *as much... as* (con sustantivos no numerales), *as many... as* (con sustantivos numerales): *was your diamond ring as beautiful as you had thought?* [uós ióur dáiamond rín^{g} á^{e}s biútiful á^{e}s iú há^{e}d ó^{o}t?] («¿el anillo de diamantes era tan bonito como pensabas?»); *I've got as many friends as you have* («tengo tantos amigos como tú»);
  b) en las frases negativas, con *so... as*, *so much... as*, *so many... as*. El segundo término de la comparación aparece siempre en el mismo caso que el primero: *I've got as much money as he has* («tengo tanto dinero como él»): *I haven't got so much money as you have* («no tengo tanto dinero como tú»); *I haven't got so many friends as you have* («no tengo tantos amigos como tú»).

- Otro sinónimo de *rug* («alfombra») es *carpet* [ká^{r}pet], si bien suele utilizarse para aludir a la moqueta.

  Comfortable [kónfortab^{e}l] es el sinónimo más corriente de *cómodo*, que se aplica también a las cosas: *a comfortable armchair* [á^{r}m-chéa^{r}] («un sillón cómodo»).

Cuando el comparativo de superioridad se refiere a un periodo de tiempo, se usa *as long... as* (a^{e}s lón^{g} a^{e}s), o bien *so long... as* (so^{u} lón^{g} a^{e}s):

— *will you stay here as long as Mary?* («¿te quedarás aquí tanto (tiempo) como María?»);
— *I'll stay with you as long as possible, but not so long as Mary* («me quedaré contigo cuanto pueda, pero no tanto como María»);
— *I'll stay with you until the train leaves* («me quedaré contigo hasta que salga el tren»);
— *I'll stay with you as long as the train is in the station* («me quedaré contigo mientras (lit., todo el tiempo que) el tren esté en la estación»).

N.B. El inglés rechaza el doble futuro y usa el presente en la oración subordinada.

Tan... como para... seguido por un infinitivo se expresa en inglés con *so, so much* o *so many... as*:

— *he was so silly as to tell everything he knew* (niú) *to his friends* («era tan tonto como para explicar todo lo que sabía a sus amigos»).

Tanto... que... se traduce por *so, so much, so many... that*:

— *he was so silly that he told everything he knew to his friends* («fue tan tonto que explicó todo lo que sabía a sus amigos»);
— *the poor woman had so many children that she did not know what to do* («la pobre mujer tenía tantos hijos que no sabía qué hacer»).

Let's do some exercises now!

Ejercicio 60

Rellenar los espacios en blanco.

Philip decide ir al cine con su novia. En la taquilla pide las localidades menos caras, pero su novia le dice que no quiere ir a un asiento de saldo. Philip toma entonces una decisión.

Philip doesn't … to … money. But this … he is … his … … the cinema. They are at the box office [bóx-óffis] and Philip …: Two seats [síits] at fifty pence, …. But his girfriend remarks [rimá'ks]: I don't … to go in the fifty pence …. They're too …. Then Philip says: O.K. … … at fifty pence, please.

EJERCICIO 61

Rellenar los espacios en blanco.

La traducción española indica la palabra que debe utilizarse.

A Scotsman once ... into a pub and asked for a ... of whisky.
[a^e skóts-má^{e}n uáns ... íntu a^e páb a^{e}nd ask^{e}d fóo^r a^e ... of uíski]
(«Una vez un escocés entró en un bar y pidió un vaso de whisky.»)
The barman served him and ... when the Scotsman ... ... to take the ... sip a fly landed ... his glass. He ... very ... and fishing the fly ... of the glass he ... ... it: «Spit ... ... my whisky out!»
[θe bá^{r}ma^{e}n só^{e}r^{fe}d hím a^{e}nd ... uén θe skótsma^{e}n ... ... tu téik θe ... síp a^e flái lá^{e}nded ... hís glás/ Hí ... bé^{r}i ... a^{e}nd fíxin^g e θe flái ... of θe glás hí ... ... ít/ spít ... ... mái uíski áut!]
(«El barman se lo sirvió y justo cuando el escocés se disponía a beber el primer sorbo, una mosca cayó dentro del vaso. Él se enfadó mucho y, sacándolo del vaso, le dijo: "¡Escupe inmediatamente mi whisky!"»)

EJERCICIO 62

Traducción inversa.

1. Debes hacerlo inmediatamente (*at once* [a^{e}t uans]). 2. Debemos empezar (*to begin, began, begun* [bighín, bigá^{e}n, bigán]) antes de las cinco. 3. Deben pagar dos veces (twice [tuáis]), pero nosotros no. 4. No tendrá que hacer todo el trayecto (way [uei]) andando, ¿verdad? 5. No puede volver (*to get back* [tu get ba^{e}k]) esta noche. Debe pasar* aquí la noche. 6. Tendremos que salir antes de lo habitual (*usual* [iús-xiual]). 7. ¡Tienes que ver esa obra (*play* [plei]) a toda costa! 8. ¿Debo enseñar mi pasaporte cada vez (*every time* [ébri taim])? 9. Sea como fuere (*in any case* [in a^{e}ni keis]) tenemos que comprar los billetes de tren (*train tickets* [trein tíkets]) porque el coche se ha averiado. 10. ¿No tendrá que venir a pie (*on foot** [on fuut]), verdad? 11. Debes tomar/sacar más *more* fotografías (fotografiar: *to take photographs* [tu teik fó^{u}tografs]). 12. Los cuchillos necesitan un afilado (afilar *to sharpen* [tu xarpen]): debemos hacerlos (to get) afilar. 13. Dice que no debes bebértelo todo. 14. Mi vestido necesita ser ajustado. 15. Debo encender un fuego (*to light a fire* [tu lait a^e fáiar]). 16. Jack dice que no debes escucharle. 17. Debes entender (*to understand, understood, understood* [tu ande^{r}stá^{e}nd, ande^{r}stúud, ande^{r}stúud]) mi postura (*position* [posíxon]): no puedo dejar de *(but)* tomar una decisión (*to make a decision* [tu meik a^e desís-^{x}ion]).

NOTA Pasar el tiempo, los días, etc. se traduce por *to spend, spent, spent* [tu spend, spent, spent]: *we spent a couple of days in Paris* [Pá^{e}ris] («hemos pasado un par de días en París»).

EJERCICIO 63

Adverbios de frecuencia (adverbs of frequency).

Hallar los conceptos adecuados en español de acuerdo con los esquemas que se detallan a continuación:

Inglés	*Esquema*	*Concepto español*
Ejemplo: **once**	—	una vez
twice (tuáis)	—— ——	______
three times	—— —— ——	______
four times, etc.	—— —— —— ——	______
always	————————	______
usually (iùs-xiualli)	— — — —	______
generally (gèneralli)	—— ——	______
regularly (règhiularli)	— — — — —	______
sometimes (samtàims)	—— — ——	______
often (òfen)	— — — — —	______
occasionally (okkà^{e}s-^{g}ionalli)	—— -	______
seldom/rarely (sèldom/rèa^{r}li)	- -	______
never (neve^{r})		______
ever* (eve^{r})	?	______

NOTA

Ever es un adverbio que se usa en frases interrogativas, negativas y dubitativas que corresponde a nuestro *alguna vez*: *have you ever been to London?* («¿has estado alguna vez en Londres?»); *I don't think I'll ever be homesick*here* [hó^{u}m-sík] («no creo que alguna vez sienta nostalgia aquí»); *if you ever happen...* [há^{e}ppen] («si alguna vez te ocurre...»).

También se emplea para subrayar una continuidad: *ever since* [síns] *I was married* («desde que me casé»).

Ejercicio 64

Responder a las siguientes preguntas practicando los adverbios de frecuencia, poniendo especial atención al artículo determinado:

1. Do you ever go to the mountains? 2. Have you ever been late for school? 3. Do you go to church? 4. Do you have eggs and bacon for breakfast? 5. Do you have lunch at home? 6. Did you ever win (*to win, won, won* [tu uín, uón, uón], «ganar un premio») the lottery [lótteri] («lotería»)? 7. Do you go to school on week-ends? 8. Do you do your homework on Sundays? 9. Do your schoolmates [skúul-méits] («compañeros de clase») speak English? 10. Do you have black coffee for breakfast? 11. How often do you go to the cinema? 12. Do you read thrillers? 13. Have you ever been to/in a camp-site [ká^{e}mp-sáit] («campamento»)? 14. Did you ever bathe in the moonlight [múun-láit] («claro de luna»)? 15. Do you cook your meals at home? 16. Have you ever been to Mont Blanc in the Alps?

USO DEL ARTÍCULO DETERMINADO

- El artículo determinado *the* se usa siempre con las siguientes palabras: *sun* («sol»), *moon* («luna»), *earth* («tierra»), *sky* («cielo»), *air* («aire»), *wind* («viento»), *sea(side)* («mar»), *ocean* (ó^{u}xan) («océano»), *world* («mundo»), *universe* (iuni^{f}ó^{e}rs) («universo»), *soul* («alma»), *mind* («mente»), *body* («cuerpo»), *country* («campo»), *city* («ciudad»), *cinema* («cine»), *theatre* («teatro»), *radio* (rá^{e}dio^{u}) («radio»), *king* («rey»), *queen* («reina»).
- *The* no se usa en los siguientes casos:

a) con los nombres de las partes del cuerpo, de objetos personales o prendas de vestir que, por regla general, aparecen precedidos por el adjetivo posesivo;

b) con sustantivos como *man, woman, space* (spéis) («espacio»), usados en sentido general; *heaven* (hé^{fe}n) («cielo», «paraíso»), *hell* (hél) («infierno»), *God, parliament* (párliament) («parlamento»), *society* (sosáieti) («empresa»), *people* y con las personificaciones: *Fortune* (fórchun) («fortuna»);

c) con los nombres propios precedidos por títulos: *Mr Brown, Queen Elizabeth;*

d) con los nombres de lagos, montañas e islas (en singular);

e) con los nombres propios de carreteras, plazas, estaciones, aeropuertos, edificios, iglesias, parques y puentes;

f) con los gerundios (*collecting stamps* (kolléktin^{g} stá^{e}mps), «colección de sellos»), los nombres abstractos (*beauty* (biúti), «belleza») o los titulares de periódicos;

g) con los sustantivos: *bed, church, hospital, prison, school, sea, university, work;*

h) con los medios de transporte en sentido general: *by train.*

EJERCICIO 65

Ordenar las siguientes palabras para obtener frases completas:

I/smoking [smó^{u}kin^g]; to smoke [tu smó^{u}k] («fumar»)/must/I/stop – must/there/wrong/something/be – I/clean/must/rooms/all/the? – must/ you/why/leave/always/dirty [dó^{e}rti] («sucio»)/in/clothes/bathroom/the/your? – must/Mary/ some/have/problems – mustn't/move [múuf] («mover», «desplazar»)/ you/my/papers/any/from/of/my/desk – had/to/I/earlier/leave/I/feeling/wasn't/well/because – I/go/church/to/Sunday/every/have/to? – mustn't/trifles [tráifls] («cosas sin valor»)/your/all/money/spend/on/you.

NOTA *To move* significa también trasladarse: *they moved to another town.*

EJERCICIO 66

Formar oraciones con las palabras y construcciones que se han aprendido.

UNIDAD DOCE
UNIT TWELVE

Lesson 12A

At the railway station («en la estación de tren»)

VOICE (on the loudspeaker) [bóis on θe láud-spíike^{r}] («voz, por el megáfono»): *This is Brighton... This is Brighton... The train now arriving at platform eight is the 7.25 train from London* [θís ís^{z} bráiton... θís ís^{z} bráiton... θe tréin náu a^{e}rráibin^{g} a^{e}t plá^{e}tform éit ís^{z} θe séb^{e}n-tuénti-fáif tréin from lándon] («estación de Brighton... estación de Brighton... El tren que está haciendo su entrada por la vía ocho es el tren de las siete y veinticinco procedente de Londres»).

JOAN: *What time is our train leaving?* [uót táim ís^{z} áua tréin líivin^{g}?] («¿a qué hora sale nuestro tren?»).

MARY: *At 9.00 o'clock* [a^{e}t náin oklók] («a las nueve»).

VOICE (on the loudspeaker) [bóis on θe láud-spíike^{r}] («voz, por el megáfono»): *Attention, please! Here is an announcement for all passengers to London. The train arriving from Hastings at 8.50 at platform six and leaving for London at 9.00 o'clock has a delay of fifteen minutes* [atténxon, pliis!/ hía^{r} ís^{z} a^{e}n a^{e}nnáunsment fóo^{r} ól pássengers tu lándon/ θe tréin a^{e}rráibin^{g} fróm há^{e}stin^{g}s a^{e}t éit-fífti a^{e}t plá^{e}tform síx a^{e}nd líibin^{g} fóo^{r} lándon a^{e}t náin oklók há^{e}s a^{e} diléi of fiftíin mínits] («¡atención, por favor! Aviso para todos los pasajeros con destino a Londres. El tren procedente de Hastings y destino a Londres que debe hacer su estrada a las ocho y cincuenta por la vía seis y salida a las nueve circula con un retraso de quince minutos»).

JOAN: *Hey! That must be our train!* [héi!/ θá^{e}t mást bí áua tréin!] («¡eh! ¡Ese debe de ser nuestro tren!»).

MARY: *Never mind*. It isn't so bad. Can you look after my handbag for a minute, please? I'll fetch some sandwiches and a drink. We've got plenty of time** [nébe^{r} máind/ ít ís^{e}nt só^{u} bá^{e}d/ ká^{e}n iú lúuk áfte^{r} mái há^{e}nd-bá^{e}g fóo^{r} a^{e} mínit, plíis?/ áil féch sám sá^{e}nduichis á^{e}nd a^{e} drínk/ uíf gót plénti of táim] («no importa. No es tan grave. ¿Puedes vigilarme el bolso un momento, por favor? Voy a por unos bocadillos y una bebida. Tenemos tiempo de sobras»).

JOAN: *Yes, of course. By the way*, can you get me a magazine as well? Any will be all right. I'm getting a little bit bored* [iés, of kóo^{r}s/ bái θe uéi, ká^{e}n iú gét mí a^{e} mágasin á^{e}s uél?/ á^{e}ni uíl bí ól ráit/ áim géttin^{g} a^{e} lít^{e}l bít bóo^{r}d] («sí, por supuesto. A propósito, ¿puedes traerme una revista? Una cualquiera. Me estoy aburriendo un poco»).

MARY (coming back) [kómin^{g} bák] («de vuelta»): *The train's now arriving. Let's get on quickly and find a seat near the window* [θe tréins náu a^{e}rráibin^{g}/ léts gét on kuíkli a^{e}nd fáind a^{e} síit nía^{r} θe uindou] («el tren ya llega. Subamos deprisa para coger un asiento junto a la ventanilla»).

Acquisition and consolidation of rhythm and intonation

The wishing rocket («el cohete de los deseos»)

I wish I could fly to the moon [ái uíx ái kúd flái tu θe múun] («me gustaría poder volar hasta la luna»).

I think I can leave very soon [ái θínk ái ká^{e}n liiv bé^{r}i súun] («creo que podré salir pronto»).

I thought I could land there by noon [ái θó^{o}t ái kúd lá^{e}nd θéa^{r} bái núun] («creí que podría aterrizar allí a mediodía»).

Points of grammar

1 *Is the 7.25 train from London* («es el tren de las siete y veinticinco»)

En inglés, la hora se puede emplear con función atributiva.

2 *Never mind* («no importa»)

Los verbos que acompañan a *to mind* adoptan la forma en *-ing*: *do you mind opening the window?* [dú iú máind ó^{u}penin^{g} θe uíndou?] («¿te importa abrir la ventana?»). El mismo verbo puede significar «prestar atención»: *mind the step* [máind θe stép] («preste atención al escalón»).

3 *That must be our train* («ese debe de ser nuestro tren»)

Además de las funciones de *must* que hemos visto en la página 129, este verbo puede utilizarse para formar oraciones condicionales: *she must be twenty* [xí mást bí tuénti] («ella debe de tener veinte años»); *it must be eight o'clock* [ít mást bí éit oklók] («deben de ser las ocho»). Una condicional negativa, en cambio, se constituye con el auxiliar *can* en negativo: *she can't be twenty!* [xí kánt bí tuénti!] («¡no puede tener veinte años!»); *it can't be eight o'clock already!* [ít kánt bí éit oklók olrédi!] («¡no pueden ser ya las ocho!»).

4 *Let's get on quickly* («subamos deprisa»)

El antónimo de *to get on* («subir») es *to get off* («bajar»).

5 *I wish I could* («¡ojalá pudiera!»)

Ya conocemos los verbos *to need* y *to want*, que expresan respectivamente necesidad y voluntad. Sin embargo, también *to want* expresaba en un principio el concepto de necesidad y, en ciertos casos, ha conservado este significado, sobre todo en el sustantivo que le corresponde, por ejemplo en *to be in want of*:

— *my car is in want of washing* («mi coche necesita un lavado»);
— *he wants for nothing* («no necesita nada»);
— *to live in want* («vivir en [estado de] necesidad»).

To wish [tu uíx] expresa por su parte un deseo y se suele utilizar en frases como *anyone who wishes* [uíxes] *to come is welcome* («cualquiera que desee venir será bienvenido»). En estos casos, también se puede emplear la forma con *want* o *like*, como en *I'd like to see the manager, please* («querría ver al director, por favor»). Para subrayar algo que deseamos intensamente también podemos recurrir a este verbo: *I wish you had left earlier!* («¡desearía que te hubieras marchado antes!»); *I wish I hadn't said that!* («¡desearía no haber dicho eso!»).

To wish se utiliza asimismo para felicitar: *I wish you a Merry X-mas* (abreviación informal de *Christmas*) *and a Happy New Year* («feliz Navidad y próspero año nuevo»); las felicitaciones también se pueden expresar en forma de saludo en alusión a las onomásticas del año: *Season's Greetings* [sísons gríitin^{g}s]. En Pascua se desea una *happy easter* y por un cumpleaños, *happy birthday* y *many happy returns* [ritó^{e}rns] («que cumplas muchos más»). Las felicitaciones aparecen precedidas por *I* o *we wish you.*

Como ya adelantamos (véase la unidad ocho), el presente de subjuntivo no se usa casi nunca en el lenguaje moderno. Sea como fuere, su construcción es simple, ya que consta únicamente de la raíz verbal (infinitivo sin *to*): *God bless* (blés) *you* («que Dios te bendiga»); *God save* (séi^{i}) *the Queen* («Dios salve a la reina»).

Al no existir el presente de subjuntivo, ¿cómo se traduce entonces una frase como *quiero que vayas?* Muy fácil: *I want you to go*; es decir, se utiliza el verbo *to want* seguido por el sujeto que debe realizar la acción, más el infinitivo del verbo de acción: *I want George to be punctual* (pánkchual) («quiero que George sea puntual»).

Otro ejemplo podría ser: *I want you to finish your homework by seven* (ái uónt iú tu fínix ioú^{r} hó^{u}m-uó^{e}rk bái se^{fe}n) («quiero que acabes los deberes antes de las siete»).

6 *I thought I could* («creí que podría»)

Si en español, las expresiones condicionales como *creí que podría (I thought I could)* se utilizan para expresar la certeza de una idea, en otras como *pensaba que podrías ir allí (I thought you could go there)* se incluye la noción de la voluntad ajena. En inglés, por el contrario, ambas formas coinciden *(thought)*.

> Además de con *by*, las expresiones *antes de* y *dentro de* se traducen por *within* (uiθín) e *in*: *within a month* (uiθín a^{e} mánθ) («dentro de un mes»), *in a year* (in a^{e} ía^{r}) («dentro de un año»). *Within* equivale también a las expresiones *en el interior* y *dentro*: *strawberries* (stróberris) *are red outside and white within* («las fresas son rojas por fuera y blancas por dentro»), *within limits* (límits) («dentro de ciertos límites»).

And now a tongue twister to practice *v*

Every evening Eve, Eveline and Valery visit voracious Viscount Victor.
[é^{f}ri ífnin^{g} íif, é^{fe}lin a^{e}nd ^{f}áleri ^{f}ísit ^{f}orá^{e}xo^{u}s ^{f}aikáunt ^{f}íktor]
(«Cada noche Eva, Evelina y Valery visitan al voraz vizconde Víctor.»)

NOTA *Visitar* se traduce además por *to pay a visit** [tu péi ae ^{f}ísit] y *voraz* y *glotón* por *greedy* [gríidi].

Lesson 12B

JANE: *I heard that you're not going to New York this year* [ái hó^{e}rd a^{e}t iuá^{r} nót góin^{g} tu niú iórk ís ía^{r}] («he oído que este año no váis a Nueva York»).

MARY: *No, it's London we're not going this year. It was New York we didn't go last year* [nó^{u}, íts lándon uiá^{r} nót góin^{g} ís ía^{r}/ ít uós niú iórk uí díd^{e}nt gó^{u} lást ía^{r}] («no, es a Londres a donde no vamos este año. Fue el año pasado cuando no fuimos a Nueva York»).

And now a tongue twister to practice *w*

In winter watchful William never keeps his warm woollen vest in the wardrobe but he always wears it.

[in uínte^{r} uóch-fúl uílliam nébe^{r} kíips hís uórm úullen ^{f}ést in θe uórd-ró^{u}b bát hí óllueis uéars ít]

(«En invierno, el previsor de William nunca deja su camiseta de lana caliente en el armario, sino que siempre la lleva puesta.»)

NOTA

To wear, wore, worn [uéa^{r}, uó^{r}, uó^{e}rn] es un verbo transitivo que significa tanto «vestir» como «llevar» (*to wear a moustache* [mustáx], *to wear a moustache glasses* [glássis]) y «desgastar» o «deteriorar», como en *to wear one's clothes through** («desgastar la propia ropa»).

Como verbo intransitivo, en cambio, significa «estropearse» o «consumirse»: *cheap material* [matírial] *soon wears* («el material de saldo se estropea enseguida»). Suele aparecer con la partícula *out*: *wind and rain had worn out the faces of the sculpures* [skálpxa^{r}s] («el viento y la lluvia habían estropeado los rasgos de las esculturas»).

Worn out [uó^{e}rn aut] significa «gastado», «consumido».

Let's do some exercises now!

EJERCICIO 67

Rellenar los espacios en blanco.

1. I wish I ... rich. 2. I wish I ... go sailing [gó^{u} sá^{e}ilin^{g}] («ir a navegar en barco de vela») with you. 3. I wish I ... a new car. 4. I wish you ... never come. 5. I think I ... go home with you. 6. I thought you ... to school alone. 7. He thought she wanted ... ... sailing with her fiancé [fiansé] («prometido, -a»). 8. Father is not ... home, he is not ... the office. He ... be at the club. 9. Phil always comes home straight ... the office. Tonight he is a little late. He ... have ... his train. 10. You can't lose a large bunch [bánch] («manojo») of keys, Kate. Look carefully [kéa^{r}fulli] («atentamente») in all your pockets [pókets] («bolsillos»). It ... be in one of them. 11. George spends plenty* [plénti] («un montón», «a manos llenas»). He ... get his money somewhere! 12. John ... have forgotten to telephone: he's always punctual about this. He ... have lost our telephone number. 13. I feel hungry. It ... be almost [ólmost] («casi») lunch time. 14. Lady Mary has been here for ages [foo^{r} éixes] («una eternidad»): she ... have passed her seventieth birthday years ago. 15. The sea air ... have made you hungry because you have a good appetite [appetáit] («apetito»). 16. Jack ... have arrived late ... the office because he missed his train this morning. 17. You look very brown: you ... have had a wonderful weather on your holiday at the sea-side. 18. My car won't start this morning. Its battery ... be flat. 19. Here's Phil already: he ... have caught the earlier train.

NOTA

- *Bunch* significa «manojo» o «ramo»: *a bunch of flowers* («un ramo de flores»).
- Los ingleses no suelen desearse buen provecho, sino que es más corriente que, durante o al final de la comida, pregunten si estamos satisfechos de lo que estamos comiendo o acabamos de comer: *are you enjoying your meal?, did you enjoy your meal?*(«¿te gusta tu comida?»).

EJERCICIO 68

Traducción inversa

1. Pensé que habrías consultado (*to see* [tu síi]) al médico. 2. Ese niño realmente (*really* [ríalli]) está mimado: no le falta de nada y, sin embargo (*notwithstanding* [nót-uíθ-stá^{e}ndin^{g}]), siempre está de mal humor (*in a bad mood* [ín a^{e} bá^{e}d múud]). 3. Creí que podría ir a la montaña con George, pero se ha puesto enfermo [enfermar (*to fall ill* [tu fól íl]). 4. ¿Por qué John ha llegado tan pronto a casa? Debe de haber tomado el tren anterior. 5. ¿Quién llama a la puerta? Debe de ser el lechero (*milkman* [mílk-má^{e}n]). 6. No queda pan [bréad léft]. Deben de habérselo llevado para el picnic. 7. Baja en Piccadilly Circus: encontrarás la tienda que estás buscando (*to look for* [tu lúuk fóo^{r}]). 8. Me gustaría poder ir en barca de vela con mis amigos. 9. Creo que llegaré antes a casa si tomo el tren de las 12.40. 10. Quiere que vuelvas a casa antes de medianoche. 11. Quiero que seas más puntual. 12. Te deseo un feliz aniversario (de matrimonio). 13. Debe de ser la hermana de John. No, no puede ser su hermana. 14. Deben de ser las ocho. No, no es posible que sean ya las ocho. 15. ¿A qué hora debo estar ahí? Debes estar en el despacho del señor Brown a las tres en punto.

NOTA

- *To spoil* es un verbo tanto regular como irregular *(spoilt, spoilt)*: esta última forma se aplica generalmente a un niño mimado. *a spoilt child.*
- Si el mal humor depende del carácter, entonces se dice *ill tempered* [íl témper^{e}d].

EJERCICIO 69

Y ahora un ejercicio basado en las imágenes mentales:

Can you drive? *(«¿sabes conducir?»)*

Cuando llueve se acciona el... *windscreen wiper control* [uínd-skríin uáipe^{r} kontról].

El aire caliente o frío sale por el... *air vents* [éa^{r} bénts].

Con calor o frío se acciona el... *air conditioning* [éa^{r} kondíxonin^{g}].

Para controlar la velocidad miramos el... *speedometer* [spiidomíte^{r}].

Los kilómetros se cuentan con el... *milometer* [mailomíte^{r}].

En caso de niebla se acciona el dispositivo... *fog light control* [fóg láit kontról].

El nivel de combustible figura en el indicador del... *fuel gauge* [fiúel géix].

Cuando está oscuro, se acciona la palanca del... *light control* [láit kontról].

Si queremos girar a la derecha, accionamos el... *indicator switch* [indiká^{e}tor suích].

Mientras conducimos, sujetamos el... *steering wheel* [stíiarin^{g} uíil].

Si fumamos, ponemos la ceniza en el... *ashtray* [á^{e}x-tréi].

Para atraer la atención tocamos el... *horn* [hórn].

Para meter la primera marcha accionamos el... *gear stick* [gía^{r} stík].

Si queremos oír música, encendemos... *hi-fi and radio* [hái-fái a^{e}nd rá^{e}dio^{u}].

Ponemos nuestros objetos en el... *glove compartment* [gló^{u}f kompártment].

Para quitar el vaho de la luna posterior, accionamos... *rear window heater control* [ría^{r} uíndou híte^{r} kontról].

What are cars made of? («¿cómo están hechos los coches?»)

Si llevamos a tres pasajeros en el coche, haremos que dos se sienten en el... *back seats* [bá^{e}k síits].

Si el coche se para, examinaremos el motor levantando el... *bonnet* [bónnet].

El equipaje lo ponemos en el... *boot* [búut].

En caso de accidente leve, sirve para proteger la carrocería... *bumper* [bámpe^{r}].

A veces requiere un barnizado total... *car body* [káa^{r} bódi].

El alma del coche es... *engine* [éngin].

Uno para el conductor y otro para el pasajero... *front seats* [frónt síits].

Iluminan la carretera... *headlights* [há^{e}d-láits].

Se acciona para girar a izquierda y derecha... *indicator* [indiká^{e}tor].

Sirve para identificar el coche por fuera... *number plate* [námbe^{r} pléit].

Es como la joroba del camello... *petrol tank* [pétrol tá^{e}nk].

De noche hacen visible la parte posterior del coche... *rear lights* [ría^{r} láits].

A veces es abatible... *roof* [rúuf].

Sirve para ver los costados del coche... *side window* [sáid uíndou].

Si se pincha (*puncture** [pánkchue^{r}]) se considera una avería... *tyre* [táia^{r}].

El coche tiene cuatro... *wheels* [uíils].

Resguarda del viento... *windscreen* [uínd-skríin].

Antes de salir, nos abrochamos los... *safety belts* [séifti bélts]

NOTA

- El término *smog* se deriva de la fusión de *smoke* («humo») y *fog* («niebla»).
- El verbo *to bump* significa literalmente «chocar» o «golpear» y también se utiliza con *into* para expresar la idea de tropezar o topar con algo o alguien.
- Con *roof* se indica además la cubierta de los edificios: los pintorescos techos de paja de los *cottage* ingleses se llaman *thatched roofs* [θá^{e}tch^{e}d rúufs].
- Además de *puncture* («pinchazo»), también se puede recurrir a la palabra *injection* [inxékxion]. Con los términos *bite* [báit] y *sting* [stín^{g}] se alude a las picaduras de insecto.

EJERCICIO 70

Señalar en B el significado opuesto de cada uno de los refranes de A (la traducción española es literal).

A	B
1. *Where there is a will there is a way* [uéa^{r} θéa^{r} ís^{z} a^{e} uíl θéa^{r} ís^{z} a^{e} uéi] («Donde hay una voluntad, hay un camino»)	☐ *Look before you leap* («saltar») [lúuk bifóo^{r} iú líip] («Mira antes de saltar»)
2. *He who hesitates is lost* [hí hú hésiteits ís^{z} lóst] («Quien duda está perdido»)	☐ *Too many cooks spoil the broth* [túu má^{e}ni kúuks spóil θe bróθ] («Demasiados cocineros estropean el caldo»)
3. *Many hands make light work* [má^{e}ni há^{e}nds méik láit uó^{e}rk] («Muchas manos hacen liviano el trabajo»)	☐ *It's not the cowl that makes the friar* [íts nót θe kául a^{e}t méiks θe fráia^{r}] («El hábito no hace al monje»)
4. *Fine feathers make fine birds* [fáin féθe^{r}s méik fáin bó^{e}rds] («Las plumas bonitas embellecen a los pájaros»)	☐ *Out of sight, out of mind* [áut of sáit, áut o^{f} máind] («Lejos de la vista, lejos de la mente»)
5. *Absence makes the heart grow fonder* [ábsens méiks θe hárt gróu fónde^{r}] («La ausencia hace al corazón más apasionado»)	☐ *You can't make a silk purse out of a sow's ear* [iú kánt méik a^{e} sílk pó^{e}rs áut of a^{e} só^{u}s ía^{r}] («No puedes hacer una bolsa de seda con una oreja de cerdo»)

NOTA *Will* significa también «testamento».

EJERCICIO 71

Formar oraciones con las palabras y las construcciones que se han aprendido.

UNIDAD TRECE
UNIT THIRTEEN

Lesson 13A

*Let's have some more fun as a remedy for all aches and pains... So relax and take it easy!** [léts há^{e}f sám móo^{r} fán á^{e}s a^{e} rémedi fóo^{r} ól éiks a^{e}nd péins/ sóo^{u} rilá^{e}ks a^{e}nd téik ít ísi] («concedámonos un poco de diversión como remedio de todos los males y penas... Así pues, ¡relajémonos y tomémonoslo con calma!»).

Doctors («médicos»)

A doctor to his wife who's feeling sick: «Be reasonable, my dear. You know very well I haven't done house-calls since I retired!» [a^{e} dókto^{r} tu hís uáif hús fíilin^{g} sík: bí rísonab^{e}l, mái día^{r}/ iú nóu bé^{r}i uél ái há^{efe}nt dán háus-kóls síns ái ritáird!] («un médico a su mujer, que se encuentra mal: "Sé razonable, cariño. ¡Sabes muy bien que no hago visitas a domicilio desde que me jubilé!"»)

PATIENT [pá^{e}xent] («paciente»): *I keep thinking I'm a cat* [ái kíip θínkin^{g} áim a^{e} ká^{e}t] («sigo pensando que soy un gato»).

PSYCHIATRIST [sakáiatrist] («psiquiatra»): *How long have you been feeling like this?* [háu lón^{g} há^{e}f iú bíin fíilin^{g} láik θís?] («¿desde cuándo se siente así?»).

PATIENT [pá^{e}xent] («paciente»): *Since I was a kitten* [síns ái uós a^{e} kítt^{e}n] («desde que era un gatito»).

NOTA El cachorro de perro se llama *puppy* [páppi], mientras que *litter* [lítte^{r}] es la camada.

Acquisition and consolidation of rhythm and intonation

I do not like you Dr Bell [ái dú nót láik iú dókto^{r} bél] («no me gusta, Dr. Bell»).
The reason why I cannot tell [θe ríson uái ái ká^{e}nnot tél] («no me explico la razón»),

but this I know perfectly well [bát θís ái nóu pó^{e}rfektli uél] («pero lo que sí sé perfectamente»),
I do not like you Dr Bell! [ái dú nót láik iú dókto^{r} bél!] («es que usted no me gusta, Dr. Bell»).

*There was an old man, and he went mad**[θéa^{r} uós a^{e}n ó^{u}ld má^{e}n, a^{e}nd hí uént má^{e}d] («había un viejo que se volvió loco»);
he jumped into a paper bag [hí xámp^{e}d íntu a^{e} péipe^{r} bá^{e}g] («saltó dentro de una bolsa de papel»);
the paper bag was too narrow [θe péipe^{r} bá^{e}g uós túu ná^{e}rrou] («la bolsa de papel era demasiado estrecha»):
he jumped into a wheelbarrow [hí xámp^{e}d íntu a^{e} uíil-bá^{e}rrou] («saltó dentro de una carretilla»);
the wheelbarrow caught fire [θe uíil-bá^{e}rrou kó^{o}t fáia^{r}] («la carretilla se incendió»);
he jumped into a tyre [hí xámp^{e}d íntu a^{e} táia^{r}] («saltó dentro de un neumático»);
the tyre was full of stones [θe táia^{r} uós fúl of stó^{u}ns] («el neumático estaba lleno de piedras»);
he fell down and broke his bones [hí fél dáun a^{e}nd bró^{u}k hís bó^{u}ns] («se cayó y se rompió los huesos»).

NOTA *Plastic bag* [plástik bá^{e}g] es una bolsa de plástico.

Points of grammar

1 *I keep thinking I'm a cat* («sigo pensando que soy un gato»)

Algunos verbos ingleses requieren la forma en *-ing* en los verbos que le siguen (como es el caso de *to keep*); otros, por el contrario, van seguidos por infinitivos, y otros rigen ambas formas, aunque con cambios de significado.

En lo que respecta a los verbos seguidos tanto por gerundio como infinitivo, hay dos que pueden provocar cierta ambigüedad: *to forget* [forgét] («olvidar») y *to stop* («cesar», «parar», «detenerse»). Veamos algunos ejemplos:

— *after the crash he forgot hitting the tree* («tras el golpe olvidó que había chocado contra un árbol»);
— *I forgot to renew my passport* («me olvidé de renovar el pasaporte»);
— *he stopped to smoke* («se paró para fumar»);
— *he stopped smoking* («dejó de fumar»).

2 *How long have you been feeling like this?* («¿desde cuándo se siente así?»)

En la expresión *how long have you been feeling*, al pretérito perfecto del auxiliar se le añade el verbo de acción en la forma en *-ing* para expresar una

LIKE («IGUAL QUE», «COMO»)

• Como adjetivo, *like* puede traducirse por *igual, similar, mismo*:

— *a like amount* (a^{e} láik a^{e}máunt) («una suma equivalente»);
— *in like manner* (in láik má^{e}nne^{r}) («de forma similar», «asimismo»);
— *as like as two peas* (as láik as tu pís) («iguales como dos guisantes», «como dos gotas de agua»);
— *ladylike behaviour* (bihá^{ef}io^{u}r) («maneras de gran señora»).

• Como sustantivo significa «semejante», si bien se traduce como adjetivo: *I never saw his like* (ái né^{f}e^{r} só^{o} hís láik) («nunca había visto a nadie semejante a él»); *I have never heard the like of it* («nunca había oído nada semejante»).

• Como preposición equivale a *como, del mismo modo de, similar a*: *he works like a slave* (hí uó^{e}rks láik a^{e} sléif) («trabaja como un esclavo»); si, por el contrario, decimos *mi madre trabaja de (como) profesora*, utilizaremos la preposición *as*: *my mother works as a teacher*.

• Otras expresiones que utilizan *like*:

— *something like a thousand pounds* («algo así como mil libras»);
— *what is he like?* («¿qué aspecto tiene?»);
— *who does the baby look like?* («¿a quién se parece el niño?»);
— *he is like his father* («se parece a su padre/es como su padre»);
— *what is he like as an actor?* («¿qué tal es como actor?»);
— *he acts like a gentleman* («se comporta como un caballero»);
— *it is just like him* («es muy propio de él»);
— *he treated me like a brother* («me trató como un hermano»);
— *there is no place like home* («no hay un lugar comparable con la (propia) casa», «no hay nada como estar en casa»).

acción que, iniciada en el pasado, se ha prolongado en el tiempo y todavía perdura en el presente.

Por ejemplo, la frase *he estudiado inglés durante tres años* puede indicar que:

a) he estudiado esta lengua durante tres años, pero ya no la recuerdo (uso impropio, como ya dijimos, del pretérito perfecto);
b) la he estudiado durante tres años y aún la recuerdo.

Como vimos a propósito del pretérito indefinido y del pretérito perfecto (véase págs. 35 y 36), un inglés diría, respectivamente:

a) *I studied English for three years* [ái stádi^{e}d ínglix fóo^{r} θríi ía^{r}s], en el caso de que se considere remota esta acción;
b) *I have studied English for three years* [ái há^{e}f stádi^{e}d ínglix fóo^{r} θríi ía^{r}s], en el caso de que el resultado de esta acción aún esté presente en la mente.

Si queremos añadir que aún lo estamos estudiando no diremos *I am studying English for three years* (traducción literal de «estoy estudiando inglés desde hace tres años»), sino *I have been studying English for three years* [ái há^{e}f bíin stádiin^{g} ínglix fóo^{r} θríi ía^{r}s]. Esta forma se denomina *duration form* [diurá^{e}xon fó^{r}m] («forma de duración»).

Observemos que en español se usa la preposición *desde* para indicar tanto un periodo de tiempo *(desde hace seis años)* como una fecha concreta en que empieza una acción *(desde 1990).*

El inglés utiliza, respectivamente, *for* [fóo^{r}] («para», «por») y *since* [síns] («desde») para todas las formas: *I've studied/been studying English for six years* (periodo temporal), o bien *I've studied/been studying English since 1990* (momento de inicio).

Otro ejemplo lo constituye la frase *I have known him for ten years* [ái há^{e}f nóun hím fóo^{r} tén ía^{r}s] («hace diez años que lo conozco»). Al no expresarse en este caso una continuidad en la acción de conocer, no se usa la forma continuada sino el pretérito perfecto; si, por el contrario, se desea subrayar el momento en que se tuvo conocimiento, se dirá *I met him ten years ago* [ái mét hím tén ía^{r}s agó^{u}] («lo conocí hace diez años»).

Lo mismo ocurre con el verbo morir: *he has been dead for five years* [hí há^{e}s bíin dé^{a}d fóo^{r} fáif ía^{r}s] («murió hace cinco años»); o bien: *he died five years ago* [hí dáid fáif ía^{r}s agó^{u}]; del mismo modo: *he went out five hours ago* [hí uént áut fáif áua^{r}s agó^{u}] («hace cinco horas que salió»).

Con los verbos de acción en forma negativa, el inglés usa el pretérito perfecto: *it hasn't snowed for six years* [ít há^{e}s^{e}nt snóud fóo^{r} síx ía^{r}s] («hace seis años que no nieva»).

Por lo que respecta a la duración aparente, hay también una forma impersonal: *it's an hour since he went out* («se fue hace una hora»); si, por el contrario, hay una auténtica duración, la forma impersonal sólo se admite si la frase española es negativa: *how long is it since you saw him?* («¿hace cuánto que…?», «¿desde cuándo no lo ves?»); *it's two years since I saw him last* («hace dos años que no lo veo»).

Lo mismo ocurre con el pluscuamperfecto:

— *how long was since you had seen him last?* («¿desde cuándo no lo ves?»);
— *it was two years since I had last seen him* («hacía dos años que no lo veía»);
— *I haven't seen him for years/ages* («hace años/siglos que no lo veo»).

De estos últimos ejemplos se deduce que la *duration form* no se utiliza con verbos de percepción (que por otra parte ni siquiera admiten la forma continuada en presente).

Veamos ahora algunos ejemplos de *duration form* en pluscuamperfecto, futuro y condicional:

— *I had known him [for] twenty years* [ái há^{e}d nóun hím fóo^{r} tuénti ía^{r}s] («hacía veinte años que lo conocía»);
— *in six months I shall/'ll have been married for six years* [ín síx máns ái xá^{e}l há^{e}f bíin má^{e}rri^{e}d fóo^{r} síx ía^{r}s] («dentro de seis meses hará seis años que me casé»);

— *if you hadn't interrupted* [interrápted] *me, I would now have been working for three hours* («si no me hubieras interrumpido, llevaría tres horas trabajando»).

And now some tongue twisters to practice *x*

An old Oxford ox in the orchard opening six oysters
[a^{e}n ó^{u}ld óxford óx in θe ó^{r}cha^{r}d ó^{u}penin^{g} six óiste^{r}s]
(«un viejo buey de Oxford abre seis ostras en el huerto»)

for a fox in a box without oxygen
[fóo^{r} a^{e} fóx in a^{e} bóx uiθáut oxígen]
(«para un zorro en una caja sin oxígeno»).

Lesson 13B

A joke about phrasal verbs («un chiste con juegos de palabras»)

A visitor to England, who did not know English very well, was travelling by train with a friend [a^{e} ^{f}ísito^{r} tu íngland, hú díd nót nóu ínglix bé^{r}i uél, uós trá^{f}ellin^{g} bái tréin uíθ a^{e} frénd] («un turista en Inglaterra que no conocía demasiado bien el inglés estaba viajando en tren con un amigo»).

He was leaning out of the window and his friend saw he might get hurt [hí uós líinin^{g} áut of θe uíndou a^{e}nd hís frénd só^{o} hí máit gét hó^{e}rt] («se asomó a la ventanilla y su amigo le advirtió de que podía hacerse daño»).

«Look out!», he shouted [lúuk áut!, hí xáut^{e}d] («¡Cuidado!, gritó»).

The visitor leaned farther out of the train, and was nearly hit by a pole at the side of the railway line [θe ^{f}ísito^{r} líin^{e}d fá^{r}e^{r} áut of θe tréin, a^{e}nd uós níarli hít bái a^{e} pó^{u}l a^{e}t θe sáid of θe réil-uéi láin] («el turista se asomó fuera del tren y casi se golpeó con un poste que había al lado de la vía»).

Then he turned to his friend and said angrily: Why do you say «look out» when you mean «look in»? [θén hí tó^{e}rn^{e}d tu hís frénd a^{e}nd sá^{e}id á^{e}ngrili: uái dú iú sá^{e}i lúuk áut uén iú míin lúuk in?] («se giró hacia su amigo y le dijo enfadado: "¿Por qué me dices que mire fuera si querías decir que mirara dentro"?»).

NOTA

- *By train:* el complemento circunstancial de medio viene introducido por la preposición *by*.
- *To look out* significa literalmente «mirar afuera», si bien en este caso se emplea para llamar la atención y puede traducirse con expresiones como *¡cuidado!* o *¡mira!*. Se trata de una de las muchas palabras y expresiones que pueden llevar a equívoco (véase pág. 109).

LA PREPOSICIÓN *BY*

- La preposición *by* (bái) introduce:

a) el complemento de medio o instrumento: *I go to school by bus* («voy a la escuela en autobús»);
b) el complemento de medida: *a room six metres by three* («una habitación de seis metros por tres»); *eggs are sold by the dozen* («los huevos se venden por docenas»); *they arrived by the thousands* («llegan por millares»);
c) el complemento de lugar: *we came by Calais* («estamos pasando por Calais»). En algunos casos, puede sustituirse por *trough* («a través»);
d) el complemento de tiempo. En este caso, *by* significa «dentro de» o «antes de»; valga como ejemplo este antiguo dicho: *cobbler, cobbler* (kóbble'), *mend my shoe, have it ready by half past two* («zapatero remendón, zapatero remendón, ajústame el zapato y prepáralo para (antes de) las dos y media»);
e) el complemento de agente y de causa: *the student was praised* (préis^{e}d) *by the teacher* («el estudiante fue elogiado por el profesor»); *this piece of music is by Beethoven* («este fragmento musical es de Beethoven»).

- Expresa además:

a) proximidad: *sit by me* («siéntate a mi lado», «siéntate junto a mí»); *he passed by* («pasó por allí»);
b) acciones realizadas por uno mismo: *he did all the work by himself* («hizo todo el trabajo solo»); *why doesn't she do the cleaning* (klíinin^{g}) *by herself?* («¿por qué no hace la limpieza ella sola?»); *they can't do all the work by themselves!* («¡no pueden hacer todo el trabajo solos»);
c) un estado de soledad: *I live in a small house all by myself* («vivo yo sola en una casa pequeña»).

- Por último, *by* se usa tambén en los juramentos: *he swore it by God* («lo juró por Dios»); en donde *to swear, swore, sworn* (tu suéa', suóa', suórn) significa «jurar».

Let's do some exercises now!

EJERCICIO 72

Rellenar los espacios en blanco.

1. The weather had been fine … a few days. 2. Next week we'll have been living in this house … three years. 3. John has been learning German … several [sé^{fe}ral] («diversos») years, I think … 1990. 4. I haven't met Peter … we quarrelled (*to quarrel* [tu kuórrel], «querella», «riña»). 5. Jane hasn't been

feeling well ... some days and she hasn't eaten ... yesterday. 6. At this time tomorrow we will have been travelling ... three days. 7. It hasn't rained ... three months and I'm afraid the drought [draut] («viento») will damage [dá^{e}ma^{e}x] («dañar») the harvest [hár^{fe}st] («cosecha»). 8. How long have you been waiting ... her? 9. Jack has been collecting [kolléktin^{g}] («coleccionar») stamps [sta^{e}mps] («sellos»)... twelve years. 10. How long has been Peter practising [prá^{e}ktisin^{g}] («practicar», «tocar») the guitar? ... over a year. 11. They have been building (*to build, built, built* [tu bíld, bílt, bílt], «construir») that block of flats [fla^{e}ts] («apartamentos») ... over five years ... 1991. 12. How long has your son been ill? ... two days, but he's now recovering (*to recover* [tu rikó^{f}er], «curarse»).

EJERCICIO 73

Traducción inversa.

1. ¿Desde cuándo trabajas en esta fábrica? (*factory* [fá^{e}ktori]) 2. ¿Cuánto tiempo hace que tus padres están casados? 3. ¿Desde cuándo conduces tu coche? 4. Conozco al señor Smith desde hace diez años. 5. Estoy leyendo esta revista desde hace media hora. 6. Estoy viendo la televisión desde hace media hora: es una comedia muy interesante (*play* [pléi]). 7. ¿Cuánto tiempo hace que John no tiene trabajo? Desde la pasada primavera. 8. ¿Cuánto hace que se droga? (*to become a drug addict* [drág a^{e}ddíkt]) 9. Lo conozco desde hace tres años, pero nunca me he encontrado (*to meet, met, met* [tu míit, mét, mét], «encontrar») con su mujer. 10. Me hospedo *(to live)* en este hotel desde hace un mes (hecho ocasional/forma de duración). 11. Peter vive en Londres desde hace veinte años (costumbre/pasado próximo). 12. He olvidado (*to forget, forgot, forgotten* [tu forghét, forgót, forgótte^{n}]) enviar (*to send, sent, sent* [tu sénd, sént, sént]) la carta. 13. ¿Por qué has dejado (*to stop* [tu stóp]) de comer pan? 14. ¿Te molesta (*to mind* [tu máind]) abrir la ventana? 15. No puedo permitirme (*to afford* [tu a^{e}ffórd]) comprar un coche nuevo. 16. Me he olvidado completamente* (*clean* [klíin]) de haberle prestado dinero. 17. ¡Eres igual que tu hermano! 18. Me hizo pagar (*to charge* [tu chárx], «pedir dinero») unas cien libras esterlinas. 19. Me ha tratado siempre como un padre. 20. Lo vi mientras cruzaba la calle (acción incompleta: *-ing form*). 21. Lo vi cruzar la calle (acción completa). 22. Deja de hacer el tonto (*to make a fool of oneself* [tu méik a^{e} fúul of uansélf]). 23. Odio (*to hate* [tu héit]) levantarme pronto por las mañanas. 24. Deja de trabajar *(in order to)* para observarme atentamente. 25. ¿Te molesta si abro la puerta? (*my* junto con un verbo acabado en *-ing*). 26. Mi padre es médico (trabaja como) desde hace cincuenta años. 27. En efecto, nunca he oído ni visto nada igual como ahora: ¡hacer trabajar a la gente como esclavos! 28. Dentro de tres meses hará diez años que me casé. 29. Deja de roncar porque lo despiertas. 30. Finalmente llegamos a casa.

NOTA

- *To* e *in order to* introducen el complemento circunstancial de finalidad. También es muy frecuente el uso de la consecutiva *so that*: *your mother sends you to school so that you can learn English* [ioú^{r} maθe^{r} sénds iú tu skúul so^{u} a^{e}t iú ká^{e}n ló^{e}rn ínglix] («tu madre te lleva a la escuela para que puedas aprender inglés»), en donde el aprendizaje del inglés es la finalidad del hecho de ir a la escuela, no la consecuencia, ya que depende en última instancia de la decisión que tome el sujeto en cuestión: *I go to school in order to learn English* («voy a la escuela para aprender inglés»).
- No es preciso que el verbo precedido por la preposición deba acabar en *-ing*.

Ejercicio 74

Imagine your friend is not feeling well and advise him about possible remedies: some of the illnesses can have more than a remedy [imá^{e}xin ioú^{r} frénd ís^{z} nót fíilin^{g} uél a^{e}nd a^{e}d^{f}áis hím a^{e}báut póssib^{e}l rémedis/ sám of θi ílnessis ká^{e}n há^{e}f móo^{r} a^{e}n uán rémedi] («imagine que un amigo suyo no se encuentra bien y recomiéndele algún remedio; algunas de las enfermedades pueden tener más de uno»).

Primero en español. Si su amigo tiene: 1. dolor en una pierna; 2. dolor de cabeza; 3. dolor de muelas; 4. dolor en la espalda; 5. indigestión; 6. la garganta inflamada; 7. dolor de estómago; 8. agotamiento nervioso; 9. tos, le aconsejaría: ☐ no comer demasiado; ☐ consultar al médico; ☐ no trabajar tanto; ☐ toser tranquilamente; ☐ tomarse una aspirina; ☐ tomar una infusión o una pastilla para la acidez; ☐ sentarse y reposar; ☐ tomar una taza de leche caliente con miel; ☐ ir al dentista.

If your friend's got...	***You advise him...*** *(iu aed^{f}áis him)*
1. *a pain* [péin] *in the leg*	☐ *don't eat too much*
2. *a headache* [há^{e}d-éik]	☐ *go to the doctor's*
3. *toothache* [túu-éik]	☐ *stop working so much*
4. *backache* [bá^{e}k-éik]	☐ *cough* [kóf] *in peace*
5. *tummy ache* [támmi-éik]	☐ *take an aspirin* [ásprin]
6. *a sore throat* [sóa^{r} θró^{u}t]	☐ *have a cup of tea or a digestive* [daigéstif] *pill* [píl]
7. *stomach ache* [stómak-éik]	☐ *sit down and have a rest*
8. *a nervous breakdown* [nír^{f}ous bréik-dáun]	☐ *have a cup of hot milk with some honey* [háni]
9. *a cough* [kof]	☐ *go to the dentist's* [déntists]

Ejercicio 75

Ordenar las siguientes palabras para obtener frases completas:

played/a/haven't/football/I/long/for/time – two/it's/since/days/I/him/saw/last (*last time*, «última vuelta») – been/hadn't/I/to/theatre/the/ages/for – hasn't/Peter/taken part [téik^{e}n párt] («tomar parte», «participar»)/in/tournament [túrnament] («torneo»)/a/tennis/for/years/three – hasn't/he/lessons/attended (*to attend* [tu atténd], «frecuentar»)/two/for/weeks – did/you/when/last [lást] («últimamente»)/from/hear him? – for/hadn't/we/spoken/each other [íich áθe^{r}] («mutuamente»)/to/weeks – had/been/we/sitting/garden/in/a/when/storm [stórm] («tormenta»)/terrible/broke out (*to break out* [tu bréik áut], «estallar»)/an/hour/about/the/for.

Ejercicio 76

Formar oraciones con las palabras y expresiones que se han aprendido.

UNIDAD CATORCE
UNIT FOURTEEN

Lesson 14A

Enrolling for a course («matricularse en un curso»)

VOICE: *Three double six two seven nine, Oxford College, good morning* [θrìi dáb^{e}l síx tú séb^{e}n náin, óksford kóllex, gúud mó^{r}nin^{g}] («tres seis seis dos siete nueve, Oxford College, buenos días»).

STUDENT: *Good morning. I'd like some information about German summer courses, please. Do you have any courses for complete beginners*? [gúud móo^{r}nin^{g}/ áid láik sám informá^{e}xon a^{e}báut xó^{e}rman sámme^{r} kóo^{r}sis, plíis/ dú iú há^{e}f á^{e}ni kóo^{r}sis fóo^{r} komplíit bigínne^{r}s?] («buenos días. Querría [solicitar] información sobre los cursos de verano de alemán, por favor. ¿Hay cursos para principiantes?»).

VOICE: *Yes, sir. There is a beginners' course on Monday and Wednesday afternoons from 2.30 to 5.30* [iés, só^{e}r/ θéa^{r} ís^{z} a^{e} bigínne^{r}s kóo^{r}s on mánda^{e}i a^{e}nd uénsda^{e}i afte^{r}núuns fróm tú- θó^{e}rti tu fáif-θó^{e}rti] («sí, señor. Hay un curso para principiantes los lunes y miércoles, de 14.30 a 17.30»).

STUDENT: *I don't think it's good for me. I'm working till 5 o'clock in the afternoon. It's the only course you've got?* [ái dó^{u}nt θínk íts gúud fóo^{r} mí/ áim uó^{e}rkin^{g} tíl fáif oklók in θi afte^{r}núun/ íts θi ónli kóo^{r}s iúf gót?] («creo que no me va bien. Trabajo hasta las cinco de la tarde. ¿Es el único curso que tienen?»).

VOICE: *I'm afraid so, sir* [áim a^{e}fréid só^{u}, só^{e}r] («me temo que sí, señor»).

STUDENT: *Thank you very much, anyway* [θá^{e}nk iú bé^{r}i mách, á^{e}niuei] («muchas gracias de todos modos»).

VOICE: *You're welcome. Maybe we'll have some other courses in the future... I think you should call again in the month of July* [iuá^{r} uélkam/ méibi uíl há^{e}f sám áθe^{r} kóo^{r}sis in θe fiúcha^{r}/ ái θínk iú xúd kól a^{e}géin in θe mónθ of xulái] («De nada. Quizá tengamos otros cursos en el futuro. Creo que podría volver a llamar en julio»).

STUDENT: *That's good. I surely will. Thank you and goodbye* [θá^{e}ts gúud/ ái xúa^{r}li uíl/ θá^{e}nk iú a^{e}nd gudbái] («de acuerdo. Sin duda lo haré. Gracias y adiós»).

Acquisition and consolidation of rhythm and intonation

Mary had a little lamb [má^{e}ri há^{e}d a^{e} lít^{e}l lá^{e}m] («Mary tenía una ovejita»);
its fleece was as white as snow [íts flíis uós a^{e}s uáit a^{e}s snóu] («su pelo era blanco como la nieve»)
and everywhere that Mary went [a^{e}nd é^{f}riuea^{r} a^{e}t má^{e}ri uént] («y allí donde fuera Mary»),
the lamb was sure to go [θe lá^{e}m uós xúa^{r} tu gó^{u}] («la ovejita la seguía»).
It followed her to school one day [ít fólloud hó^{e}r tu skúul uán dá^{e}i] («la siguió un día hasta la escuela»),
that was against the rule [a^{e}t uós a^{e}géinst θe rúul] («esto iba contra el reglamento»)
it made the children laugh and play [ít méid θe chíldren láf a^{e}nd pléi] («y divirtió e hizo reír a los niños»)
to see a lamb at school [tu síi a^{e} lá^{e}m a^{e}t skúul] («ver a una ovejita en la escuela»),
and so the teacher turned it out [a^{e}nd so^{u} θe tíicha^{r} tó^{e}rnd ít áut] («por lo que el profesor la echó fuera»).
But still it lingered near [bát stíl ít lín^{g}red nía^{r}] («pero ella seguía rondando por allí cerca»)
and waited patiently about [a^{e}nd uéited pá^{e}xentli a^{e}báut] («y esperaba pacientemente por las inmediaciones»)
till Mary did appear [tíl má^{e}ri díd appía^{r}] («a que Mary reapareciera»).
«Why does the lamb love Mary so?» [uái dás θe lá^{e}m láf má^{e}ri só^{u}?] («"¿por qué la ovejita quiere tanto a Mary?"»)
The eager children cry [θi íige^{r} chíldren krái] («gritaron los niños, entusiasmados»).
«Because Mary loves the lamb, you know » [bikós má^{e}ri láfs θe lá^{e}m, iú nóu] («"porque Mary quiere a la ovejita, ¿sabéis?"»)
the teacher did reply [θe tíicha^{r} díd riplái] («respondió el profesor»).

NOTA *To cry* significa «llorar».

Points of grammar

1 *I think you should call again* («Creo que podría volver a llamar»)

El concepto de deber se expresa mediante las siguientes formas.

1. El verbo *shall* [xá^{e}l]. Se usa en las preguntas expresadas en primera persona del singular o plural para pedir a otra persona instrucciones:

   — *shall I open the window?* («¿debo abrir?», «¿abro la ventana?»);
   — *shall we go to the cinema or shall we stay at home?* («¿vamos al cine o nos quedamos en casa?»).

En este último caso, para subrayar una actitud claramente predispuesta, suele usarse *let's*: *let's go to the cinema!* («¡vamos al cine!»).

2. El verbo *should* [xúd] y *ought* [ó^{u}t] *to*, que expresan necesidad, oportunidad, deducción, deber moral o conveniencia formuladas con una cierta autoridad y que, a diferencia de lo que ocurre con *must*, se ve atenuada por la forma condicional. Veamos algunos ejemplos:

   — *you should study more* («deberías estudiar más»);
   — *you should not eat so much* («no deberías comer tanto»);
   — *that should be Mr Brown* («ese debe de ser el señor Brown»);
   — *they should be here by now* («a estas horas ya deberían estar aquí»);
   — *you should help them* («deberías ayudarles»);
   — *then you should help them!* («entonces, ¡deberías ayudarles!»);
   — *he should be made to work* («debería hacerle trabajar»). En la frase pasiva con *to make* se usa el infinitivo con la preposición *to*.

3. Las construcciones *to be obliged* [obláix^{e}d] y *to be compelled* [kompél^{e}d] se emplean indistintamente para expresar obligación en general:

   — *he was obliged to sell his house* («se vio obligado a vender su casa»);
   — *he was compelled to leave his job* («se vio obligado a dejar su trabajo»).

4. La expresión *to be bound to* indica algo que debe ser comprobado:

   — *the poor old woman is bound to die* («la pobre anciana está condenada a morir»);
   — *that horse was bound to win* («ese caballo estaba condenado a ganar»);
   — *she was bound to succeed* [saksíid] («estaba condenada a tener éxito»).

5. La expresión *to be due* [diú] indica la consumación de algo previsto:

   — *the train is due at 2.40* («el tren debe llegar a las 2.40»);
   — *the queen is due to speak tomorrow* («la reina debe hablar mañana»).

   To be due expresa además el concepto de causa y vencimiento: *the accident was due to careless* [kéa^{r}les] *driving* («el accidente fue provocado por una negligencia»); *when is the bill due?* («¿cuándo vence la factura?»).

6. La expresión *to owe* [óu] indica una deuda:

   — *you owe me ten pounds* («me debes diez libras»);
   — *how much do I owe you?* («¿cuánto te debo?»);
   — *you don't owe me anything* («no me debes nada»).

7. La expresión *to be supposed* [sappó^{u}s^{e}d] *to* se utiliza para expresar un deber dictado por las normas sociales:

   — *the maid* [méid] *is not supposed to cook* («la sirvienta no debe cocinar»);
   — *you aren't supposed to smoke here* («aquí no debes fumar», «no está permitido fumar»).

And now a tongue twister to practice *y*

In a yard beyond a yellow hill a Yankee yak yells yearly.
[in a^{e} iárd bi-iónd a^{e} iélo^{u} híl a^{e} iénkii iák iéls ía^{r}li]
(«En un patio detrás de una colina amarilla un yak americano grita una vez al año.»)

Lesson 14B

A joke

A small boy to his father: «Look, here is my report card and here is one of yours I found in an old suitcase in the attic» [a^{e} smól bói tu hís faθe^{r}: lúuk, hía^{r} ís^{z} mái ripórt ká^{r}d a^{e}nd hía^{r} ís^{z} uán of ióurs ái fáund in a^{e}n ó^{u}ld súut-kéis in θi á^{e}ttik] («un chiquillo a su padre: "Aquí tienes mi boletín con las notas y aquí uno de los tuyos, que encontré en una vieja maleta del trastero"»).

HOUSE («CASA»): TERMINOLOGÍA

flat (flá^{e}t), *apartment* (apártment) («apartamento»)
cellar (sélla^{r}) («bodega»)
semidetached house (sémiditá^{e}ch^{e}d háus) («casa adosada»)
terraced houses (térras^{e}d háusis) («casas adosadas»)
block of houses (blók of háusis) («manzana (de casas)»)
landing (lá^{e}ndin^{g}) («rellano»)
upstairs (apstéa^{r}s) («piso superior»)
downstairs (daunstéa^{r}s) («piso inferior»)
flight of stairs (fláit of stéa^{r}s) («tramo de escalera»)
villa (^{f}íla) («villa», «chalé»)

And now some tongue twisters to practice *z*

«What kind of bees are these?» «Busy brown honey making bees are these!»
[uót káind of bíis^{z} áa^{r} íis?/ bís^{z}i bráun háni-méikin^{g} bíis^{z} áa^{r} íis!]
(«"¿A qué clase pertenecen estas abejas?" "¡Estas son abejas obreras marrones que fabrican miel!"»)

A lazy New Zealand zebra called Susan is dozing in a Zulu zoo.
[a^{e} léis^{z}i niú s^{z}íila^{e}nd s^{z}íbra kóld sús^{z}an ís^{z} dó^{u}s^{z}in^{g} in a^{e} s^{z}úlu s^{z}úu]
(«Una cebra neozelandesa y perezosa llamada *Susan* está dormitando en un zoo zulú.»)

Let's do some exercises now!

EJERCICIO 77

Rellenar los espacios en blanco

1. You … («deberías») find a lot of pleasant things to do … the college. 2. I'm your father: I think you … («deberías») look forward ([lúuk fóo^{r}-uórd tu] + forma en *-ing*: «no ver el momento de») to having me as a guest in … house. 3. … («deberían») be any semidetached houses in that area [á^{e}ria] («zona»), I'll … one. 4. All the students … («deberían») shake hands [xéik há^{e}nds] («estrecharse la mano») and say «How do you do!» … each other. 5. … («debería») you find yourself in difficulty [díffikalti] («dificultad»), please call …

EJERCICIO 78

Traducción inversa.

1. Si dejase de llover un sólo día, cortaría (*to mow* [tu móu]) el césped. 2. Esos muchachos (*kids* [kíds]) deberían mirar con más cuidado a derecha e izquierda antes de cruzar la calle. 3. Nunca he sido muy bueno (*to be good at* [tu bí gúud a^{e}t]) nadando, pero si tuviera que aprender a nadar tan bien como él, sería un campeón (*champion* [chémpion]). 4. A los niños con enfermedades (*disease* [disíis]) infecciosas [*infectious* [infékxo^{u}s]) no debería estarles permitido ir a la escuela.

EJERCICIO 79

Odd-man out: decide which words does not belong to the group [ód-má^{e}n áut: disáid uích uó^{e}rds dás nót bilón^{g} tu θe grúup] («¡adiós al elemento extraño! Señalar qué palabras no pertenecen al grupo»):

1. *TV set* [tí-bí sét] («televisor»), *radio* [rá^{e}dio^{u}] («radio»), *telephone* [télefo^{u}n] («teléfono»), *CD* [sí-dí] («cedé»).

2. *Sink* [sínk] («fregadero»), *fridge* [fríg] («frigorífico»), *oven* [ó^{ufe}n] («horno»), *cupboard* [káp-bóa^{r}d] («armario de cocina»), *wardrobe* [uórd-ró^{u}b] («guardarropa»), *microwave oven* [máikro-uéif o^{ufe}n] («horno de microondas»), *blender/mixer* [bléndе^{r}/míxe^{r}] («batidora»).

3. *Sofa* [so^{u}fa] («sofá»), *carpet* [ká^{r}pet] («alfombra/moqueta»), *armchair* [á^{r}m-chéa^{r}] («sillón»), *washing machine* [uóxin^{g} maxín] («lavadora»), *table* [téib^{e}l] («mesa»), *lampshade* [la^{e}mp-xéid] («lámpara»), *ashtray* [á^{e}x-tréi] («cenicero»).

4. *Window* [uindou] («techo»), *roof* [ruuf] («techo»), *sill* [sil] («alféizar»), *floor* [floo^{r}] («suelo»), *shelf* [xélf] («estantería»).

5. *Cooker* [kúuke^{r}] («cocina»), *alarm clock* [alárm klók] («despertador»), *dish-washer* [díx-uóxe^{r}] («lavavajillas»), *meat fork* [míit fórk] («trinchadora»), *dustbin* [dástbin] («cubo de la basura»).

6. *Hairdryer* [héa^{r}-dráia^{r}] («secador de pelo»), *steam iron* [stíim áiron] («plancha de vapor»), *hoover* [húu^{f}e^{r}] («aspirador»), *toaster* [tó^{u}ste^{r}] («tostadora»), *tray* [tréi] («bandeja»), *watering can* [uóterin^{g} ká^{e}n] («regadera»), *electric kettle* [iléktrik két^{e}l] («calentador eléctrico»), *record player* [rékord-pléie^{r}] («tocadiscos»).

7. *Double bed* [dáb^{e}l béd] («cama de matrimonio»), *bunk bed* [bánk béd] («litera»), *mattress* [máttres] («colchón»), *sheet* [xít] («sábana»), *laundry basket* [lóndri básket] («cesta de la ropa sucia»), *bedroom rug* [bédruum rá^{g}] («alfombrilla de cama»), *mirror* [mírror] («espejo»), *blanket* [blá^{e}nket] («colcha»).

NOTA Un sinónimo de *odd* es *strange* [stréing] («no familiar», «extraño»).

EJERCICIO 80

*Without rhyme or reason** [uiθáut ráim o^{r} ríison], *neither rhyme nor reason** [náθie^{r} ráim no^{r} ríison] («sin pies ni cabeza»).

Con ayuda de la rima, unir las dos partes del siguiente ejercicio:

1. *I wonder what the bird sings...* [ái uónde^{r} uót θe bó^{e}rd sín^{g}s] («Me pregunto qué canta el pájaro»)	☐ *and make your soul sin and fail* [a^{e}nd méik ioú^{r} sóul sín a^{e}nd féil] («y hace pecar y equivocarse a tu alma.»)
2. *I said it very loud and clear...* [ái sá^{e}id ít ^{r}é^{r}i láud a^{e}nd klía^{r}] («Lo dije fuerte y claro» [«claro y rotundo»])	☐ *I rushed as fast as I could* [ái rásx^{e}d a^{e}s fást a^{e}s ái kúd] («corrí/me precipité tan rápidamente como pude.»)
3. *In winter when the fields are white...* [in uínte^{r} uén θe fíilds áa^{r} uáit] («En invierno, cuando los campos están blancos»)	☐ *are the first born in May* [áa^{r} θe fó^{e}rst bórn in méi] («son los primeros en nacer en mayo.»)

4. *My father said I always must...* [mái fáθe^{r} sá^{e}id ái óllueis mást] («Mi padre dijo que debo siempre...»)	☐ *while my car went all the way stuttering* [uáil mái káa^{r} uént ól θe uéi státterin^{g}] («mientras mi coche balbuceó durante todo el camino.»)
5. *Five or six little boys...* [fáif o^{r} síx lít^{e}l bóis] («Cinco o seis muchachos...»)	☐ *but I'm sure that nobody could hear* [bat áim xúa^{r} a^{e}t nó^{u}bodi kúd hía^{r}] («pero estoy seguro de que nadie podía oírme.»)
6. *Far away from the wood...* [fáa^{r} a^{e}uéi fróm θe úud] («Muy lejos del bosque...»)	☐ *were playing with their toys* [uéa^{r} pléin^{g} uiθ θéa^{r} tóis] («estaban jugando con sus juguetes.»)
7. *Insects that blunder blindly in the way...* [ínsekts a^{e}t blánde^{r} bláindli in θe uéi] («Los insectos que van a ciegas por la carretera»)	☐ *not talk too much of the past* [nót tók túu mách of θe pást] («no hables demasiado del pasado.»)
8. *Flesh and blood are weak and frail...* [fléx a^{e}nd blád áa^{r} uíik a^{e}nd fréil] («La carne y la sangre son débiles y vulnerables»)	☐ *you can enjoy a beautiful sight* [iú ká^{e}n enxói a^{e} biútiful sáit] («puedes disfrutar de una bella vista.»)
9. *Down by the river their horses went clattering...* [dáun bái θe rí^{f}e^{r} θéa^{r} hó^{r}sis uént klá^{e}tterin^{g}] («Río abajo sus caballos hacían ruido de cascos»)	☐ *when it spreads its wings* [uén it spréds íts uín^{g}s] («cuando abre las alas.»)

NOTA

- *Balbucear* se refiere a las personas. También se utiliza *to stammer* [tu stámme^{r}].
- *To spread, spread, spread* también se utiliza con el significado de «untar» (por ejemplo, la mantequilla).

EJERCICIO 81

Formar oraciones con las palabras y expresiones que se han aprendido.

UNIDAD QUINCE
UNIT FIFTEEN

Lesson 15A

BOB: *What's the weather like* today, darling?* [uóts θe uéθe^{r} láik tudá^{e}i, dá^{r}-lin^{g}?] («¿qué tiempo hace hoy, cariño?»).

SUE: I*t's pouring with rain*. If you don't put on your raincoat and take your umbrella, you'll get soaked to the skin** [íts póa^{r}in^{g} uiθ réin/ if iú dó^{u}nt pút ón ióur réinko^{u}t a^{e}nd téik ióur ambrélla, iúl gét só^{u}k^{e}d tu θe skín] («está lloviendo a cántaros. Si no te pones el impermeable y coges el paraguas, te calarás hasta los huesos [lit., la piel]»).

BOB: *You're right. But I can't find them. What can I do?* [iuá^{r} ráit/ bát ái kánt fáind θém/ uót ká^{e}n ái dú?] («tienes razón. Pero no logro encontrarlos. ¿Qué puedo hacer?»).

SUE: *You won't find either your raincoat or your umbrella, if you don't look carefully for them* [iú uó^{u}nt fáind áie^{r} ióur réinko^{u}t o^{r} ióur ambrélla, if iú dó^{u}nt lúuk kéa^{r}fulli fóo^{r} θém] («no encontrarás ni el impermeable ni el paraguas si no los buscas bien»).

BOB: *Oh, dear! If you don't help me, I'll be late for work* [o^{u}, diá^{r}!/ if iú dó^{u}nt hélp mí, áil bí léit fóo^{r} uó^{e}rk] («¡ay! Si no me ayudas, llegaré tarde al trabajo»).

SUE: *I'll help you, if you promise to take me to the theatre when you come home* [áil hélp iú, if iú prómis tu téik mí tu θe θíat^{e}r uén iú kám hó^{u}m] («te ayudaré si me prometes llevarme al teatro cuando vuelvas a casa»).

BOB: *That's not fair. You perfectly know that I must work overtime tonight!* [θá^{e}ts not féa^{r}/ iú pó^{e}rfektli nóu a^{e}t ái mást uó^{e}rk ó^{uf}er-táim tunáit!] («no es justo. ¡Sabes de sobras que esta noche debo hacer horas extras!»).

Acquisition and consolidation of rhythm and intonation

It's raining, it's pouring [íts réinin^{g}, íts póa^{r}in^{g}] («está lloviendo, está diluviando»)

the old man is snoring [θi ó^{u}ld má^{e}n ís^{z} snóo^{r}in^{g}] («el anciano estaba roncando»),
he jumped into bed [hí xámpd íntu béd] («saltó sobre la cama»),
and bumped his head [a^{e}nd bámp^{e}d hís há^{e}d] («y se golpeó en la cabeza»)
and couldn't get up in the morning [a^{e}nd kúd^{e}nt gét áp in θe móo^{r}nin^{g}] («y no logró levantarse por la mañana»).

Sleep, little baby on the tree top [slíip, lít^{e}l bá^{e}ibi on θe tríi tóp] («duerme, mi niño, en la copa del árbol»),
when the wind blows, the cradle will rock [uén θe uínd blóus, θe krá^{e}d^{e}l uíl rók] («cuando sople el viento, se mecerá la cuna»).
When the bough breaks, the cradle will fall [uén θe báu bréiks, θe krá^{e}d^{e}l uíl fól] («cuando se rompa la rama, la cuna caerá»),
down will come baby, cradle and all [dáun uíl kám bá^{e}ibi, krá^{e}d^{e}l a^{e}nd ól] («y adiós niño, cuna y lo demás»).

I love little Pussy [ái láf lít^{e}l pússi] («adoro a la pequeña *Pussy*»)
her coat is so warm [hó^{e}r kó^{u}t ís^{z} só^{u} uórm] («su pelo está tan caliente»)
and if I don't hurt her [a^{e}nd if ái dó^{u}nt hó^{e}rt hó^{e}r] («y si no le hago daño»)
she'll do me no harm [xíl dú mí nó^{u} hárm] («ella no me lo hará a mí»).

NOTA *Ponerse de pie* se traduce por *to stand up* [tu stá^{e}nd áp] y *estar de pie*, por *to stand* [tu stá^{e}nd].

Points of grammar

1 *When the wind blows, the cradle will rock* («cuando sople el viento, se mecerá la cuna»)

En los periodos compuestos por una oración principal y una subordinada, el futuro se usa sólo en la primera. En este caso, la principal está constituida por *the cradle will rock* («se mecerá la cuna») y la subordinada temporal, por *when the wind blows* («cuando sople el viento»).

Además de conjunción, *when* también puede ser un adverbio de tiempo en frases afirmativas precedidas por expresiones de incertidumbre o interrogativas. En tal caso, puede ir con un verbo en futuro: *when will you be home?* («¿cuándo llegarás a casa?»); *I don't know when I'll be home* («no sé cuándo llegaré a casa»).

2 *Down will come baby, cradle and all* («adiós niño, cuna y lo demás»)

La inversión del orden sujeto-verbo-complemento puede darse cuando se centra el énfasis del discurso en un adverbio o a una locución adverbial. Aun así, no todos los adverbios admiten este tratamiento, sino únicamente aquellos que confieren a la frase un sentido restrictivo o negativo:

— *seldom* [séldom] *in my life have I heard such terrible* [térrib^{e}l] *things* («pocas veces en mi vida había oído una cosa tan terrible»);
— *in no circumstances* [sírkamstansis] *will I do it again* («de ninguna manera volveré a hacerlo»).

La única excepción es *so*: *I've bought a lot of books. —So have I* («he comprado un montón de libros. —Yo también»).

Si en la frase sólo hay un verbo de acción sin auxiliar, entonces se recurre a *do*: *not only did he stole the jewels, but he smashed* [smáx^{e}d] *the whole* [hó^{u}l] *furniture* («no sólo robó las joyas, sino que destrozó todos los muebles»); si el sujeto es un pronombre, no es necesaria la inversión: («saltó encima») *up he jumped.*

3 ***And if I don't hurt her, she'll do me no harm*** **(«y si no le hago daño, ella no me lo hará a mí»)**

En esta frase puede aplicarse lo dicho a propósito de la que incluía *when*: en este caso, la oración subordinada es introducida por la conjunción *if* («si»), lo que la convierte en condicional.

En inglés, se usa el presente en la oración subordinada y el futuro en la principal: *if it is fine, I'll go for a walk.*

Esta misma expresión puede expresarse mediante *unless* [anlés] («a menos que», «excepto si»): *I'll go for a walk unless it rains* («iré a dar un paseo excepto si llueve», «a menos que llueva»).

Lesson 15B

A woman whose son was attending a course at a College received an ecstatic call from the director [a^{e} húma^{e}n húus són uós atténdin^{g} a^{e} kóo^{r}s a^{e}t a^{e} kóllex risíb^{e}d a^{e}n ekstá^{e}tik kól fróm θe dairéktor] («una mujer cuyo hijo asistía a un curso en un colegio recibió una entusiasta llamada del director»).

«John is one of the most promising young boys we have ever had here. He is a fine athlete too, he has a world of vitality and enthusiasm in whatever he does» [xóon ís^{z} uán of θe mó^{u}st prómisin^{g} ián^{g} bóis uí há^{e}f ébe^{r} há^{e}d hía^{r}/hí ís^{z} a^{e} fáin a^{e}θlít túu, hí há^{e}s a^{e} uó^{e}rld of baitá^{e}liti a^{e}nd enθiúsiasm in uotébe^{r} hí dás] («John es uno de los chicos más prometedores que jamás hayamos tenido. También es un buen atleta, demuestra una gran vitalidad y entusiasmo en todo lo que hace»).

»Last Saturday he won three games out of five and the effort almost knocked him senseless [last sátu^{r}da^{e}i hí uón θríi géims áut of fáif a^{e}nd θi éffort ólmost nók^{e}d hím séns-les] («el sábado pasado ganó tres de las cinco carreras [en las que participó] y el esfuerzo le dejó prácticamente exhausto»).

»If every boy we had were such a splendid example of leadership and sportsmanship as John, we would feel we had succeeded far beyond our fondest expectations» [if é^{f}ri bói uí há^{e}d uéa^{r} sách a^{e} spléndid exámp^{e}l of líiderxip a^{e}nd spórts-ma^{e}nxíp a^{e}s xóon, uí úud fíil uí há^{e}d saxíid^{e}d fáa^{r} bi-iónd áua fóndest ekspektá^{e}xons] («si todos los chicos que hemos tenido hubieran sido un ejemplo tal de liderazgo y deportividad como el de John, habríamos cosechado un éxito muy superior al de nuestras expectativas más optimistas»).

Quite astonished the mother replied: «I'm happy to hear that John is doing so well; sure he seems to be an excellent student. I've got a son there, too, also named John. How is he doing?» [kuáit astónix^{e}d θe máθe^{r} ripláid/ áim há^{e}ppi tu hía^{r} a^{e}t xóon ís^{z} dúin^{g} uél/ xúa^{r} hí síims tu bí a^{e}n ékselent stiúdent/ áif gót a^{e} són θéa^{r}, túu, ólso néim^{e}d xóon/ háu ís^{z} hí dúin^{g}?] («muy sorprendida, la madre respondió: "Me alegra oírle decir que John va bien; al parecer, es un estudiante excelente. Yo también tengo un hijo [en ese colegio] que se llama John. ¿Cómo va?").

NOTA

En este texto se recurre a oraciones condicionales y finales. Aquí destacaremos el uso que hace la lengua inglesa de los verbos finales *(the effort almost knocked him senseless)*, de los cuales proporcionamos algunos ejemplos:

— *the girl cried herself to sleep* («la muchacha lloró hasta quedarse dormida»);
— *the mother lulled* [lald] *her baby to sleep* («la madre acunó a su bebé hasta que se durmió»);
— *the poor man drank his sadness* [sá^{e}dnes] *away* («el hombre pobre bebe hasta alejar su tristeza»);
— *George drank himself under the kitchen table* («George bebe hasta acabar debajo de la mesa de la cocina»).

Let's do some exercises now!

Ejercicio 82

Rellenar los espacios en blanco.

1. He … come if you call him. 2. If you don't comb [kóm] («peinar») your hair you … look awful* [ó^{u}ful] («espantoso»). 3. If you don't hurry up [hárri áp] («apresurarse», «darse prisa») you … miss your train. 4. If you don't work hard you … pass [pás] («pasar», «superar», «aprobar») your examination* [examiná^{e}xon] («examen»). 5. You … lose weight [uéit] («peso») if you don't stop eating so much. 6. If she takes her medicine [médisin] («medicina») she … feel much better. 7. We … buy a house provided that [pro^{f}áided a^{e}t] («a condición de que») it has four bedrooms. 8. We … go to the beach [bíich] («playa») unless it's a fine day. 9. If you wait a few moments the waiter … bring you a cup of tea. 10. You can't come into this room … you have permission [permíxon] («permiso»).

NOTA

- Del adjetivo *awful* se deriva el adverbio *awfully* [ó^{u}fulli], que también sirve de elemento de refuerzo: *awfully sorry* («terriblemente contrariado»); *awfully glad* («enormemente contento», «complacido»).
- Recordemos que también se puede emplear la forma abreviada *exam* [exá^{e}m], o bien el término *test* [test], que se utiliza igualmente para indicar el análisis clínico.

Ejercicio 83

Traducción inversa.

1. Si le envía una carta, ella le responderá inmediatamente. 2. Si vuelve a hacerlo, su padre le castigará (*to punish* [tu pánix]). 3. Si toman el autobús de las tres, llegarán a tiempo para la fiesta. 4. Su salud (*health* [hél]) mejorará (*to improve* [imprú^{u}f]) si duerme más. 5. Si promete portarse bien (*to behave** [bihéif]), su padre le perdonará (*to forgive* [to forgíf]). 6. Si te hago caso, perderé todo mi dinero. 7. No es cierto *(that's)*: si aceptaras *(to take*)* mi consejo, harías una fortuna (*to make a fortune* [tu méik a^{e} fórxun]). 8. Si no queda otro remedio, iremos en barco (*ship* [xíp]). 9. Si no ahorras (*to save* [tu séif]), te quedarás sin blanca (*broke* [bró^{u}k]). 10. Si no mandas la carta de inmediato (*as soon as possible*, tu hermana la recibirá *(to get)* demasiado tarde. 11. Es improbable que venga con nosotros si no le telefoneas.

EL COMPLEMENTO DIRECTO Y EL INDIRECTO

Muchos verbos ingleses pueden ir seguidos por un complemento directo y otro indirecto sin preposición; por ejemplo: *he gave his daughter a gift for Christmas* («hizo *a* su hija un regalo en Navidad»). Si el complemento indirecto es un pronombre, se utiliza la preposición *to*: *he gave a gift to me*, si bien es correcta la oración *he gave me a gift*. En presencia de dos pronombres, el objeto directo precede al indirecto: *give it to me* («dámelo»).

Algunos verbos que siguen esta regla son los siguientes:

— *to bring* («llevar»);
— *to buy* («comprar»);
— *to cost* («costar»);
— *to give* («dar»);
— *to leave* («dejar»);
— *to lend* («dar en préstamo»);
— *to make* («hacer»);
— *to offer* («ofrecer»);
— *to owe* («deber», «ser deudor»);
— *to pass* («pasar»);
— *to pay* («pagar»);
— *to promise* («prometer»);
— *to read* («leer»);
— *to refuse* («rechazar»);
— *to send* («mandar»);
— *to show* («mostrar»);
— *to take* («llevar»);
— *to tell* («decir», «explicar»);
— *to write* («escribir»).

EJERCICIO 84

What's the weather like in? («¿qué tiempo hace?»).

Imaginemos que un amigo que vive en Londres desea conocer las condiciones del clima en distintas ciudades. Le informaremos repitiendo la pregunta que nos ha hecho, como ocurre cuando nos tomamos un momento antes de responder (lo cual permite ampliar al máximo la práctica de la conversación). Hay que leer la pregunta, si es necesario más de una vez y luego, sin mirar el texto, repetirla. Se hace lo mismo con la respuesta. El ejercicio debe realizarse en voz alta.

YOUR FRIEND: What's the weather like in Madrid? And what's the weather like in Paris? [uóts θe uéθe^{r} láik in madríd?/ a^{e}nd uóts θe uéθe^{r} láik in pá^{e}ris?] («¿qué tiempo hace en Madrid? ¿Y en París?»).

YOU: *Well, the weather in Madrid is sunny, but in Paris is foggy* [uél, θe uéθe^{r} in madríd ís^{z} sánni, bát in páris ís^{z} fóggi] («bueno, el tiempo en Madrid es soleado, pero en París es nuboso»).

Berlin [bérlin], rainy [réini] («lluvioso»).
Amsterdam [ámsterdam], sunny [sánni] («soleado»).
Venice [vénis], sleety [slíiti] («celliscoso»).
Brussels [brúsels], snowy [snóui] («nevoso»).
Lisbon [lísbon], cloudy [kláudi] («nuboso»).
Stockholm [stókholm], stormy [stórmi] («tormentoso»).

EJERCICIO 85

True, false or possible («verdadero, falso o posible»).

A cada situación le puede corresponder más de una consecuencia.

1. My children were hungry and thirsty	☐ They had a fight [fáit] («lucha»)
2. We arrived late at the airport	☐ We went to a Wimpy bar
3. They didn't do their homework	☐ We'll meet our girlfriends
4. John and Bob didn't catch the right train	☐ We didn't meet our friends
5. A thief stole the wallets [uóllets] («billetero») of two passengers	☐ They got into trouble [tráb^{e}l] («problemas»)

6. Tom was impolite [impoláit] («descortés», «maleducado») to Adam	☐ They went to the Police [polís] («policía») Station
7. We went to a disco	☐ They got lost (*to get lost*, «perderse»)
8. They didn't pay for a taxi	☐ They couldn't find a taxi
9. They were late for school angry	☐ Pat O'Sullivan was very
10. We've got a date [déit] («cita»)	☐ We couldn't find a living soul [lí^{f}in^{g} sóul] («alma viva»)

NOTA *Appointment* [appóintment] («cita») es un término más formal.

EJERCICIO 86

Ordenar las siguientes palabras para obtener frases completas:

won't/get/he/angry/you/talk/to/about/if/don't/him/politics – can/he/he/meet/if/comes/John – you/looking/your/for/hat/you'll/in/find/it/the/hall [hól] («vestíbulo»)/if/are – have/you/finished/if/letter/your/I'll/for/you/post/it – you/ heat [híit] («calentar»)/a/if/metal/of/bar/expands/it – you/come/if/the/all/guests/glad/will/to/be/see/you – buy/house/the/I'll/is/if/bargain [bárgein] («ganga», «oportunidad»)/it/a/real – won't/join [xóin] («unirse»)/company/unless/I/the/they/ask/me/to – you/if/going/stay/are/to/at/camp-site [ká^{e}mp-sáit] («campamento»)/a/I'll/my/lend/camper/you – have/you/if/a/temperature (*to have a temperature** [tu há^{e}f a^{e} témperchua^{r}], «tener fiebre»)/don't/why/you/for/send/a/doctor? – tell/won't/I/you/anything/else/you/unless/make/decision (*to make a decision** [tu méik a^{e} desís-xon], «tomar una decisión»)/the/same.

NOTA

- Las oraciones condicionales que expresan verdades universales o condiciones habituales, requieren el presente tanto en la oración principal como en la subordinada.
- En inglés suele recurrirse a la preposición *to* para no repetir el verbo de acción: *I'll sing a song if you want me to* («si quieres, cantaré una canción»); *I won't go unless you ask me to* («no iré a menos que tú me pidas que vaya», «no iré si tú no me lo pides»). Nótese que la misma función la realiza en español el pronombre *lo*.

UNIDAD DIECISÉIS

UNIT SIXTEEN

Lesson 16A

KATE: *You know, if I had plenty of time, I'd write books. I've wanted to be a writer since I was a little girl* [iú nóu, if ái há^{e}d plénti of táim, áid ráit búuks/ áif uónted tu bí a^{e} ráite^{r} síns ái uós a^{e} lít^{e}l gó^{e}rl] («¿sabes?, si tuviera un montón de tiempo, escribiría libros. Cuando era niña quería convertirme en escritora»).

JOE: *Yes, darling. And if I had plenty of time I'd read your books* [iés, dá^{r}lin^{g}/ a^{e}nd if ái há^{e}d plénti of táim áid ríid ióur búuks] («sí, cariño. Y si yo tuviera un montón de tiempo leería tus libros»).

KATE: *And if I became famous, I would get rich too and I could buy lots of beautiful things and I would travel all around the world* [a^{e}nd if ái bikéim féimo^{u}s, ái úud gét rích túu a^{e}nd ái kúd bái lóts of biútiful θín^{g}s a^{e}nd ái úud trab^{e}l ól a^{e}ráund θe uó^{e}rld] («y si me hiciera famosa, también me haría rica y podría comprar montañas de cosas bonitas y viajaría por todo el mundo»).

JOE: *Yes, and who knows? They would build a statue of you in the centre of our town, if you became famous* [iés, a^{e}nd hú nóus?/ θéi úud bíld a^{e} stéixa of iú in θe sént^{e}r of áua táun, if iú bikéim féimo^{u}s] («sí y, ¿quién sabe? Si te hicieras famosa, te erigirían una estatua en el centro de la ciudad»).

KATE: *Perhaps some film directors would make films out§ of my books, if I became famous. Just imagine!* [pó^{e}r-há^{e}ps sám fílm dairéktors úud méik fílms áut of mái búuks, if ái bikéim féimo^{u}s/ xást imá^{e}xin] («si me hiciera famosa, quizás algún director de cine llevaría mis libros a la pantalla. ¡Imagínate!»).

JOE: *Yes, darling. And you would be given TV interviews as well* [iés, dá^{r}lin^{g}/ a^{e}nd iú úud bí gi^{f}en tí-bí ínterbius a^{e}s uél] («sí, mi amor. Y también te harían entrevistas en la televisión»).

KATE: *I'd become a world famous figure and I would give lectures at universities* [áid bikám a^{e} uó^{e}rld féimo^{u}s fígia^{r} a^{e}nd ái úud gíf lékxia^{r}s a^{e}t iuni^{f}ó^{e}rsitis] («me convertiría en un personaje famoso en el mundo entero y darías conferencias en la universidad»).

JOE: *Yes, but you'd be working every minute of the day and have no private life and no time for anything... for cooking my meals, for instance* [iés, bát iúd bí uó^{e}rkin^{g} é^{f}ri mínit of θe dá^{e}i a^{e}nd há^{e}f nó^{u} práibet láif a^{e}nd nó^{u} táim fóo^{r} á^{e}niθin^{g}/ fóo^{r} kúukin^{g} mái míils, fóo^{r} ínstans] («sí, pero estarías trabajando todas las horas del día y carecerías de vida privada y de tiempo para nada... para cocinar, por ejemplo»).

KATE: *You can't help* being mean and selfish, can you?* [iú kánt hélp bíin^{g} míin a^{e}nd sélfix, ká^{e}n iú?] («tú no puedes dejar de ser mezquino y egoísta, ¿verdad?»).

Acquisition and consolidation of rhythm and intonation

«If I had a donkey that wouldn't go [if ái há^{e}d a^{e} dónki a^{e}t úudnt gó^{u}] («si tuviera un burro que no quisiera trabajar»),
»would I beat him?» «Oh no, no [úud ái bíit hím? O^{u}, nó^{u}, nó^{u}] («¿le pegaría?» «Ah, no, no»).
»I'd put him in the barn and give him some corn [áid pút hím in a^{e} bárn a^{e}nd gí^{f} hím sám kórn] («lo metería en el granero y le daría grano»).
»The best little donkey that ever was born [θe bést lít^{e}l dónki a^{e}t ébe^{r} uós bórn] («[sería] el mejor burrito que jamás haya nacido"»).

Three wise men of Gotham went to sea in a bowl* [θríi uáis mén of góθam uént tu síi in a^{e} bóul] («tres sabios de Gotham se embarcaron en un tazón»).

And if the bowl had been stronger, my song would have been longer [a^{e}nd if θe bóul há^{e}d bíin strón^{g}e^{r}, mái són^{g} úud há^{e}f bíin lón^{g}e^{r}] («y si el tazón hubiera sido más robusto, mi canción habría sido más larga»).

NOTA

- *To go to sea* («embarcarse») no debe confundirse con *to go to the sea-side* («ir a la costa»). Sin embargo, embarcarse, con el sentido de emprender, en inglés se dice *to embark* [tu imbárk].
- El verso *if the bowl had been stronger, my song would have been longer* está formado por una oración condicional que se compone de una oración principal en condicional *(would have been)* y una subordinada en pretérito perfecto *(had been)*, que en español debería traducirse forzosamente con el verbo subordinado en pluscuamperfecto de subjuntivo *(si hubiese hecho buen tiempo)* y el principal en condicional compuesto *(habría ido a dar un paseo)*.

Points of grammar

1 *If I had plenty of time, I'd write books* («si tuviera un montón de tiempo, escribiría libros»)

Retomemos el ejemplo del paseo subordinado a las condiciones meteorológicas: si en el momento de salir me doy cuenta de que no hace buen tiempo, es posible que exprese mi disgusto exclamando: «si hiciera buen tiempo, iría a dar un paseo». El propósito se refiere a una situación que no se produce: que salga aún es posible, pero improbable.

En inglés se utilizan los siguientes verbos:

1. En la oración subordinada, el pretérito indefinido de los verbos de acción (*had*, *went*, *wrote*, por ejemplo). En el caso de *to be*, para todas las personas se emplea *were* [uéa^{r}], aunque en ocasiones se puede encontrar *was*. Por tanto, tenemos: *if he had* («si hubiera»), *if you went* («si fueras»), *if I wrote* («si yo escribiera»), *if it were fine* («si hiciera buen tiempo»), etc.

2. En la oración principal, el condicional con *should* y *would*, con funciones similares al *shall* y el *will* del futuro. Por tanto, tendremos: *I'd go for a walk* («iré a dar un paseo»).

   Así pues, *if it were fine, I'd go for a walk* podría traducirse por *si hiciera buen tiempo, iría a dar un paseo.*

Por otra parte, si más que una condición, la oración principal, con el verbo en condicional, expresa un deseo, en este caso el verbo auxiliar en subjuntivo se colocará en primer lugar en la propia oración, eliminando la conjunción *if*: *had I known the truth in time!* («¡si hubiera sabido la verdad a tiempo!»).

La única excepción a esta construcción se produce cuando se quieren expresar riesgos inminentes, para lo cual se usa el condicional en ambas oraciones: *I'd be very much obliged, if you would do it for me* («te lo agradecería mucho si lo hicieras tú por mí»).

2 They would build a statue of you («te erigirían una estatua»)

Las oraciones impersonales o con un sujeto general o indeterminado se construyen con los siguientes pronombres:

— *they*, como en la oración que consideramos;
— *one: one must do one's duty* («uno debe cumplir sus deberes»);
— *we: we must come to an agreement* [a^{e}gríiment] («se debe alcanzar un acuerdo»);
— *you: you must always be punctual* («uno debe ser siempre puntual»).

Lesson 16B

— *When shall we get married, darling?* [uén xá^{e}l uí gét má^{e}rri^{e}d, dá^{r}lin^{g}?] («¿cuándo nos casaremos, cariño?»).
— *Oh, I'd like very soon, but do you think you could live on* my salary?* [oú, áid láik ^{f}é^{r}i súun, bat dú iú θínk iú kúd líf on mái sá^{e}lari?] («ay, por mí enseguida, pero ¿crees que podrías vivir con mi sueldo?»).

— *Of course I could. But what would you live on then?* [of kóo^{r}s ái kúd/ bat uót úud iú lif on θén?] («claro que podría. Pero, ¿de qué vivirías entonces tú?»).

Johnny had two bars of chocolate and gave the smaller one to his little brother Jack [xónni há^{e}d tú bá^{r}s of chókola^{e}t a^{e}nd géif θe smólle^{r} uán tu hís lít^{e}l bráθe^{r} xá^{e}k] («Johnny tenía dos tabletas de chocolate y le dio la más pequeña a su hermanito Jack»).

«You're rude, Johnny», said Jack [iuá^{r} rúud, xónni, sá^{e}id xá^{e}k] («"qué desconsiderado eres, Johnny", dijo Jack»).

«Why?» asked Johnny. «Because you've given me the smaller bar of chocolate» [uái? ásk^{e}d xónni/ bikós iúf gí^{f}en mí θe smólle^{r} bá^{r} of chókola^{e}t] («"¿por qué?", preguntó Johnny. "Porque me has dado la tableta de chocolate más pequeña"»).

«If I had had two bars of chocolate I would have been polite and I would have given the larger one away and keep the smaller one «[if ái há^{e}d há^{e}d tú bá^{r}s of chókola^{e}t ái úud há^{e}f bíin poláit a^{e}nd ái úud há^{e}f gí^{fe}n θe lárge^{r} uán a^{e}uéi a^{e}nd kíip θe smólle^{r} uán] («"si yo hubiese tenido dos tabletas de chocolate habría sido educado y te habría dado la más grande, quedándome yo con la más pequeña"»).

«Well, why are you cross?» asked Johnny. «You've got the smaller one, haven't you?»* [uél, uái aár iú krós? ásk^{e}d xónni/ iúf gót θe smólle^{r} uán, há^{efe}nt iu?] («"bueno, entonces ¿por qué te enfadas?", preguntó Johnny. "Ya tienes la más pequeña, ¿no?"»).

NOTA *To live on* («vivir de algo») se usa además en expresiones del tipo *I could live on pizza* («viviría a base de pizzas», es decir, «viviría sólo de pizzas»).

What did they say? («¿qué han dicho?»)

Uncle John asks his nephew: «Do you like going to school, Jack?» [ánk^{e}l xóon ásks hís néfiu/dú iú láik góin^{g} tu skúul, xá^{e}k?].

And Jack replies: «Yes, indeed, I like going to school. It's when I arrive there that I don't like it at all!» [a^{e}nd xá^{e}k ripláis/ iés, indíid, ái láik góin^{g} tu skúul/ íts uén ái a^{e}rráif θéa^{r} a^{e}t ái dó^{u}nt láik ít a^{e}t ól!].

NOTA En discurso indirecto, el diálogo anterior podría resumirse del siguiente modo: *uncle John asked his nephew Jack if he liked going to school. Jack replied that he actually liked going to school but it was when he arrived there that he didn't like it at all* («el tío John le preguntó a su sobrino Jack si le gustaba ir a la escuela. Jack respondió que sí, que le gustaba ir a la escuela, pero que una vez allí no le gustaba en absoluto»).

Discurso directo		*Discurso indirecto*
presente **I want an apple**	>	pretérito indefinido **She said she wanted an apple**
presente continuo **I'm going**	>	pretérito continuo **He said he was going**
pretérito perfecto **She's just arrived**	>	pluscuamperfecto **He said that she had just arrived**
pretérito perfecto progresivo **I've been working for hours**	>	pretérito pluscuamperfecto progresivo **He said that he had been working for hours**
pretérito indefinido **I went home at five**	>	pluscuamperfecto **She said that she had gone home at five**
futuro **I will come in time**	>	condicional **He said that he would come in time**
futuro continuo **I'll be leaving at once**	>	condicional presente continuo **He said that he would be leaving at once**
imperativo **Don't go**	>	infinitivo **He ordered me not to go**
here	>	**there**
now	>	**then**
today	>	**that day**
tomorrow	>	**the next day**
yesterday	>	**the day before**
ago	>	**before**
next week/year	>	**the following week/year**
last week/year	>	**the week/year before**
the day before yesterday	>	**two days before**
the day after tomorrow	>	**in two days time**

N.B. Para las acciones que se estén desarrollando en ese mismo momento, debe utilizarse el presente: *I'm learning to cook* se convierte en *she said that she's learning to cook.*

EL FUTURO EN EL PASADO

He said that he would come in time: esta forma de discurso indirecto contiene otra, la del *futuro en el pasado,* que se expresa en inglés mediante el condicional presente. Ejemplos: *I thought he would come* («pensaba (pasado) que ya habría llegado (futuro respecto a *pensaba*)»); *I didn't think the shops would be so crowded* (kráuded) («no creí que las tiendas estarían tan atestadas»); *the referee confirmed that the match wouldn't take place** (θe reférii konfó^{e}rm^{e}d a^{e}t θe má^{e}ch uúd^{e}nt téik pléis) («el árbitro confirmó que el partido no se disputaría»).

En caso de que se sepa con certeza que una acción no va a producirse, se usa el condicional pasado: *I thought he would have come* («creía que iba a venir (pero no le fue posible)»).

And now some ingenious sentences

Quotation («cita»)

Always the dullness of the fool is the whetstone of the wits [óllueis θe dálnes of θe fúul ís^{z} θe uét-stó^{u}n of θe uíts] («la lentitud del necio siempre es la muela donde se afilan los espíritus agudos»).

(W. Shakespeare, *As you like it*)

NOTA Actualmente el término *wit* se emplea para aludir a la inteligencia; *a witty person* será una persona inteligente y despierta.

Definition («definición»)

A celebrity is one who is known to many persons he is glad he doesn't know [a^{e} selébriti ís^{z} uán hú ís^{z} nóun tu má^{e}ni pó^{e}rsons hí ís^{z} glá^{e}d hí dás^{e}nt nóu] («una persona famosa es alguien que es conocido por muchas personas a quienes ella se alegra de no conocer»).

A celebrity works hard all his life to become well-known then wears dark glasses to avoid being recognized [a^{e} selébriti uó^{e}rks hárd ól hís láif tu bikám uél-nóun θen uéa^{r}s dá^{r}k glássis tu a^{ef}óid bíin^{g} rikonnáis^{e}d] («una persona famosa trabaja duramente toda su vida para ser conocida y luego se pone gafas de sol para evitar que la reconozcan»).

NOTA *Acknowledgment* equivale a *reconocimiento* o *aceptación.*

Let's do some exercises now!

EJERCICIO 87

Rellenar los espacios en blanco.

1. He ... get angry if you ... *(to talk)* to him about politics. 2. What ... you do if you ... *(to see)* someone drowning (*to drown* [tu dráun], «ahogar», «anegar») in the lake [léik] («lago»)? 3. I ... wear some warm clothes today, if I ... *(to be)* you. 4. People ... like Peter more, if he ... always talk about himself. 5. I ... come out for a walk with you, if I ... *(to be)* so busy. 6. If I ... *(to win)* a lot of money, I ... *(may)* stop working. 7. You ... *(can)* marry at the age of sixteen, if you ... *(to have)* your parents' permission. 8. I ... understand Mr Brown better, if he ... *(to speak)* slowly. 9. My mother thought there ... be a storm and she was right. 10. John wrote that he ... ... come home in November, but he didn't.

Ejercicio 88

Traducción inversa.

1. Si yo fuera *(in)* tú, me apresuraría para tomar (*to catch* [tu ká^{e}ch]) el tren. 2. Sería idiota por su parte (*of him* [of hím]) si no aprovechara *(to take)* esta oportunidad. 3. Me complacería (*to be pleased* [tu bi plíis^{e}d]) que vinieras al concierto (*concert* [kónsert]) conmigo. 4. Caerás enfermo (*to be ill* [tu bí íl]) si comes demasiado. 5. Me gustaría que ese hombre estuviera a mil millas de distancia (*away* [a^{e}uéi]) de aquí. 6. ¿Si no apruebo (*to pass* [tu pás]) el examen, tendré que repetirlo *(to take again)*? 7. Si ganase un montón de dinero, me tomaría *(to take)* unas largas vacaciones. 8. No habrías ganado peso (*to put on weight* [tu pát on uéit]) si te hubieras puesto a dieta. 9. Si no te aplicas (to put on) crema solar (*suncream* [sán-kríim]) te quemarás (*to get sunburnt* [sánbó^{e}rnt]). 10. Aunque (*even if* [í^{fe}n if]) viviera cien años (*to be a hundred* [tu bí a^{e} hándred]), nunca entendería al hombre. 11. Si tuvieras un poco de paciencia, trataría (*to try* [tu trái]) de explicarte (*to explain* [tu expléin]) por qué llego con tanto retraso. 12. Si no apostara (*to bet* [tu bét]) todo su dinero a los caballos, podría mantener (*to* keep [tu kíip]; *to support* [tu sappórt]) a su familia (*family* [fá^{e}mili]).

Ejercicio 89

Traducción inversa.

1. No habrías perdido el tren si hubieras salido antes (*earlier* [o^{e}rlie^{r}]). 2. Habría sido mejor que Mary hubiera esperado a su amiga para ir al cine con ella. 3. ¡De haberlo sabido! 4. Si no hubieras cometido tantos errores en el examen (*test* [test]), ahora no deberías repetirlo. 5. Si no hubiese conducido de manera peligrosa (*dangerous* [dá^{e}nxero^{u}s]), no debería comparecer (*to face* [tu féis]) ante el tribunal (*magistrates* [máxistreits]) el martes que viene. 6. De haberlo necesitado, le habría ayudado con mucho gusto. 7. Si no hubiera hablado demasiado, no habría perdido la calma (*to lose one's temper* [tu lúus uáns témpe^{r}]). 8. No estarías tan transtornado (*upset* [apsét]) si no hubieses oído la noticia por *(on)* la radio (*radio* [rá^{e}dio^{u}]). 9. Tendrías un trabajo mejor si hubieses estudiado más. 10. Le quedaría muy agradecido (*grateful* [gréitful]) si pudiera darme una respuesta lo más pronto posible. 11. Ya es hora de que te vayas *(you went)* a la cama.

NOTA

- Cuando un hecho pasado influye en el presente, el verbo principal de la oración debe ser siempre un condicional, simple o compuesto, y el subordinado un imperfecto o pluscuamperfecto de subjuntivo.
- En estos casos, en inglés suele recurrirse al pretérito indefinido.

Ejercicio 90

Formar oraciones con las palabras y expresiones que se han aprendido.

SOLUCIONES DE LOS EJERCICIOS

A la hora de corregir un error, es muy importante tratar de comprender el motivo de tal equivocación, con el fin de no incurrir en ella en futuras ocasiones.

Unit 1

Ejercicio 2. Knowing, doubting, fascinating, fetching, glistening, having, going, being, listening, meeting, signalling, walking, whistling, suffering, writing, wrecking, talking, puzzling.

Ejercicio 3. 1. Your. 2. My, name. 3. How, spell. 4. Are. 5.Very. 6. Hi, to meet. 7. Your, name's. 8. Your, name, my. 9. Do. 10. You. 11. Welcome.

Ejercicio 4. What's her name? What are they? What is his surname? How old are you? How is she? Their idea is good. He is fine. How are you? What's her surname? How do you spell your name? Spell your name, please. How do they spell their names? What do you prefer? Nice to meet you. Don't mention it. Her cat is nice. People are good. You are welcome. Is she a woman? Is he English? Is she fine? Thank you very much. Not at all.

Ejercicio 5. 1. She isn't fine. Is she fine? Isn't she fine? 2. His name isn't George. Is his name George? Isn't his name George? 3. Her cat isn't nice. Is her cat nice? Isn't her cat nice? 4. Your name isn't Smith. Is your name Smith? Isn't your name Smith? 5. You aren't English. Are you English? Aren't you English? 6. Their idea isn't good. Is their idea good? Isn't their idea good? 7. People aren't good. Are people good? Aren't people good? 8. He isn't pleased to meet Jane. Is he pleased to meet Jane? Isn't he pleased to meet Jane? 9. He isn't welcome. Is he welcome? Isn't he welcome? 10. She isn't a woman. Is she a woman? Isn't she a woman?

Unit 2

Ejercicio 6. 1. Did, they. 2. Spend, of. 3. Do. 4. Have, thank. 5. Did, some. 6. Your, that's. 7. Beautiful. 8. Did.

Ejercicio 7. 1. Did you meet Mary? No, I didn't meet her. 2. What a beautiful dog! Is it yours? No, the dog is theirs. 3. They have bought some petrol. 4. I love/like beer and wine as well/too. 5. What did you have/drink? I had some white wine. 6. And what did you eat? I ate a lot of cherries. 7. I met a boy: his name is John. Where did you meet him? 8. I normally buy some mushrooms and some vegetables for Jane. 9. Did the cat have/drink his milk? 10. Where have you been? I have been to the supermarket to do my shopping. 11. They have bought a nice red rose. 12. Where is the food for Pussy?

Ejercicio 8. 1. She hasn't been to the shop. Has she been to the shop? Hasn't she been to the shop? 2. You didn't spend a lot of money. Did you spend a lot of money? Didn't you spend a lot of money? 3. She doesn't love biscuits. Does she love biscuits? Doesn't she love biscuits? 4. Wine isn't their favourite drink. Is wine their favourite drink? Isn't wine their favourite drink? 5. He doesn't read *Moby Dick*. Does he read *Moby Dick*? Doesn't he read *Moby Dick*? 6. John and Jean don't love cats. Do John and Jean love cats? Don't John and Jean love cats? 7. Breadsticks aren't good to eat. Are breadsticks good to eat? Aren't breadsticks good to eat? 8. You haven't got a lot of wine. Have you got a lot of wine? Haven't you got a lot of wine? 9. Steve didn't buy a lot of cherries. Did Steve buy a lot of cherries? Didn't Steve buy a lot of cherries?

Ejercicio 9. Este ejercicio puede tener varias soluciones, por ejemplo: *love* y *care* pueden combinarse tanto con *friends* como con *cats*; *earth*, tanto con *ground* como con *country*, aunque también con *food*, etc.

Unit 3

Ejercicio 11. 1. Feeling. 2. Am, am. 3. Are. 4. Much. 5. Going, meal. 6. Idea, let's, to, nice. 7. About. 8. Not, at, at. 9. Your. 10. My, at. 11. Let's.

Ejercicio 12. 1. Hi, Phil. How are you feeling today? 2. Very well, thank you. 3. What about going to the cinema? 4. That is a good idea. Let's go to the restaurant too! 5. What about inviting Jean too? 6. That is not a good idea. Jean is angry with me. 7. All right, let's go then.

Ejercicio 13. Are, much, meal, fried, for, thank, like, chicken, prefer, isn't, let, have, with, then, cup, black, that's.

Ejercicio 14. 6-1-5-2-7-3-4.

Ejercicio 15. Let's treat ourselves to a nice meal. Do you need a meal? Did you do it yourself? What are you eating? Can you look after the children? Has John been to the baker's? Wc had a nice chat. Listen to me, please! Did you hear the music? Can you lend me a pound? That boy is a chatterbox. Did you go fishing? That girl has got a funny face. Frenchmen are foreigners in Italy. Sorry, but I am a stranger here myself.

Unit 4

Ejercicio 17. Half past five; six o'clock; half past six; seven o'clock; half past seven; eight o'clock; half past eight; nine o'clock; half past nine; five o'clock; half past two; three o'clock; four o'clock; half past three; half past twelve; half past four; one o'clock; half past one; half past eleven; two o'clock; half past ten; ten o'clock.

Ejercicio 18. Half past eight. One o'clock. Ten to four. Eleven o'clock. Half past five.

Ejercicio 19. At half past six Mary gets up. At seven o'clock Mary has breakfast. At one o'clock Mary has lunch. At five o'clock Mary has tea. At half past eight Mary has dinner. At half past ten Mary goes to bed.

Ejercicio 20. Were you able to open the door? Time and tide wait for no man. May God bless you. Can you manage to open the door? Let's meet at the airport. What did you do last summer? There is time for everything. Do you like purple hats? The man has got a grey beard. The patient went to the doctor's. Can you hold this parcel, please? Time works wonders. I don't hold him in much esteem. The line is engaged, can you hold on please? Time is a great healer. Are you busy tonight? Time will tell.

Unit 5

Ejercicio 22. At, were, was, too, very, why, late, had, my, early.

Ejercicio 23. 8-4-5-6-1-2-3-7.

Ejercicio 24. 1. Listen. 2. Piece, to. 3. Piece, of. 4. Bed. 5. Were. 6. Having, at. 7. Didn't.

Ejercicio 25. 1. Did you notice that the man at the Passport Control was highly strung?. 2. What's the time?/What time is it? Are we late for our flight? I can see people hurrying. 3. Every day I like having breakfast at eight o'clock sharp. 4. I bought a new piece of furniture for my country house. 5. I met them at the station at four: the train was late. 6. Let's have a nice cup of coffee. No, thank you, I prefer tea to coffee. 7. Have you heard the news? No, what news? Was it interesting? 8. Here is the news; that piece of information was right, but arrived on Monday morning: too late for the people who were with me. 9. Let me give you a piece of advice: let him in! 10. Before leaving John might come to have lunch with us.

Ejercicio 26. Whose baby is that? Last night a little dog frightened mc. Who is about to leave? Did Sarah leave her watch in the bathroom? Are you worried about something? The clock tells the time by itself. What's wrong with my passport? My sister is left-handed. I parked on the wrong side of the road. I got a fine for parking on the wrong side of the road. The village is beneath the mansion. The postman knocked on the door of the first house of the block. You can sit down if you want. Can you get me something to drink, please? Through the trees blew a freezing breeze. You are generous but unjust.

Unit 6

Ejercicio 28. 1. Miguel. 2. El Sabio. 3. Filemón. 4. Mohammed Alí. 5. Nota bene/Post scriptum.

Ejercicio 29. 13-3-5-1-7-11-6-12-14-9-8-4-2-10.

Ejercicio 31. 1. Hurry, leave. 2. To, go. 3. Can. 4. Get, Exchange. 5. Couldn't, was. 6. Interviewed/appointed. 7. Let's. 8. With. 9. Won't, because. 10. Way. 11. Do. 12. Matter. 13. May/might. 14. Been, see/visit. 15. What's. 16. Bored. 17. Open. 18. Silly, careless/lazy. 19. Will. 20. Will. 21. Shall. 22. Will. 23. Shall. 24. Will. 25. Shall. 26. Will. 27. Shall. 28. Will.

Ejercicio 32. 1. Is your mother happy when you sleep till late? 2. If you go to the disco you can't go to bed early. 3. Did your friends come with you to the restaurant?. 4. Let's go to the cinema tonight! 5. I'm very thirsty and very hungry: can you get me something to eat and drink, please? 6. Why do you always go to bed so early? 7. Because I can relax. 8. They dismissed (sacked/fired) him last Friday. 9. What's the matter with you? I'm hungry but I can't eat. 10. He hired a detective to follow his wife. 11. Are you feeling warm/hot? Open the window. Can I? 12. When will you retire? 13. Who knocked at/on the door? It may be the postman but I can't open the door. 14. What did you do at the disco? I danced with my friends. 15. Where has your father been? He's been to London to see/visit his sister. 16. They are going to appoint a new assistant manager. 17. Put on a pullover if you're feeling cold. 18. There is an accountant on our staff. 19. I didn't like the lesson. 20. The records are in the filing cabinet next to my writing desk. 21. You will/'ll find the key under the doormat. 22. I will/'ll never leave a friend alone who needs me. 23. I shall/will/'ll invite you to my wedding. 24. I shall/will/'ll pay the bill at the end of the month. 25. The guilty man shall remain in prison for a year! 26. That fish out of water will die soon. 27. Go away! You shall never enter my house again. 28. It will cost a lot of money to go on holiday. 29. I will send you a cheque for a/one hundred pounds. 30. I will/'ll be glad to roll up my sleeves to help him.

Ejercicio 33. When will you get married? The careless and shameless typist was sacked. The workforce went on strike two months ago. I have handed in my notice. The company has given her one month's notice. They wished us a happy marriage. What else did you buy? When will you start work? There have been hundreds of applications for this job. I worked five hours overtime last week. He retired from the school three months ago.

Unit 7

Ejercicio 37. 1. Don't. 2. Dislikes. 3. Rich/wealthy. 4. Made. 5. Healthy. 6. Have. 7. Pair. 8. Pair. 9. Made. 10. A, couple. 11. Made. 12. Ride. 13. Had. 14. For. 15. Allow/let. 16. Won't. 17. Made. 18. Sent, for. 19. Wise. 20. At. 21. My, o'clock. 22. Got. 23. Grow.

Ejercicio 38. 1. What are you going to do/doing tomorrow? I'll go to school, I'll write a letter and then I'll meet some friends. 2. I always do my homework before dinner. 3. I don't know what to do this afternoon. 4. He did a lot of business with our company. 5. He made a nice speech. 6. Can you do me a favour? 7. I got her to come with us to the mountains. 8. This is all that I can do for him. 9. Are you going to make a cake for your birthday? 10. What caused you to change your opinion? 11. I can't do without it. 12. He made a lot of mistakes. 13. You can't make use of it: it doesn't work. 14. I'm going to ride my bike before dinner. 15. Is the boy clever enough to understand all that? 16. I like having a nap after lunch. 17. I'll come to your office by three o'clock. 18. If you're feeling hot you can have a shower. 19. Let me give you a piece of advice: take the post in that company. 20. Why don't you send for his sister?

Ejercicio 40. What are you going to send to your mother? Where there is a will there is a way. Shall we go for a walk? The whole family went on a diet. All that glitters is not gold. Can you check the spark plugs by five o'clock? Will you test the brakes of my car, please? Why are you putting an ad in the paper? The mighty men climbed up the mountain. The car brakes were checked by a mechanic.

Unit 8

Ejercicio 43. 1. Are. 2. Shall, life. 3. Thirsty. 4. Open. 5. When, started. 6. Speak. 7. In, won't. 8. Did. 9. Going. 10. In/on, won't. 11. For. 12. Drove. 13. Bring, from. 14. Lift. 15. Take. 16. Which, one. 17. Had, on.

Ejercicio 44. 1. What are you going to have for lunch? 2. Where did you buy that leather handbag? 3. To be an employer: that's the life for me! 4. The cook spoiled the dinner. 5. Has your aunt arrived from the airport? 6. If you're (feeling) hungry get yourself something to eat. 7. Can you fetch me a butter knife from the kitchen, please? 8. Can you speak Spanish? 9. When can you start? I'm going to start tomorrow. 10. If you are in a hurry you can take a taxi. 11. I waited till eight o'clock but my grandparents didn't arrive. 12. Where is your husband from? He is a Spaniard. 13. All that glitters is not gold: listen to my words! 14. Fetch me the file that is in the your office, please. 15. The bride was dressed in white. 16. Can you give me a lift home, please? 17. What a pity! My car has broken down. 18. If you want I'll take/give you a lift to the airport. 19. Why hasn't John arrived yet? 20. What a silly man! He isn't happy for all his money.

Ejercicio 45. The plane is flying high. All my books lay on the table. I like lying in the sun. The hen laid six eggs. Why won't you take me with you? Why are you worried about John? I heard funny noises in the house. Why does Bill tell tall tales? He always works overtime. The poor man had no choice. I am afraid I can't come to the theatre tonight.

Unit 9

Ejercicio 48. 1. 2-4; 2. 6-5-2; 3. 1-3; 4. 5-2-3.

Ejercicio 49. 1. It's, on. 2. The, the. 3. Go, to, of. 4. On, to, then, it's. 5. On. 6. Round, miss.

Ejercicio 50. 1. On, meet. 2. What, it. 3. Got, eyes. 4. Fetch, from. 5. Take, if. 6. Some, grazing. 7. Riding, over. 8. Takes. 9. What, secret, is. 10. Was, didn't, that. 11. Take, miss. 12. Across. 13. Traveller's, which/that, some, office. 14. Take, time. 15. Couple, then.

Ejercicio 51. 1. What bad weather today. Don't you agree with me? 2. I'll meet you at the airport at eleven o'clock/sharp.3. My cousin has got blue eyes and brown hair. 4. Can you (go and) fetch me a cheese sandwich, please?. 5. Laughter is the music of the soul. 6. You can take the car if you want: I don't need it today. 7. I saw some sheep grazing in the meadow. 8. The horse that jumped over the hedge hasn't come back yet. 9. I like to love and be loved. 10. Just a moment, please! I haven't finished my sandwich yet. 11. Money is the root of all evil. 12. What a selfish boy! 13. Go straight on until you come to the traffic lights, then take the first right. 14. Work is the price of success. 15. Some seats are not occupied. Did you check carefully? 16. I don't like playing chess: it takes too much time to think. 17. I am rather cross because it's ten o'clock and he hasn't arrived yet. 18. Thoughts are the source of power. 19. Among my pupils there is one who is particularly intelligent/clever.
20. Shall I go to the florist to buy some flowers for Jane's birthday? 21. You can find a bookshop in Church Street which is the third (street) on the right.

22. To be friendly (friendliness) is the road to happiness. 23. The letter is on the table between the cup and the teapot. 24. The old alehouse is in Chester Road: the second on the left. 25. The pedestrian was run over on the zebra crossing by a car which then crashed against the wall of a house. 26. Money is the reward for work. 27. The first prize in the competition was hundred pounds.

Ejercicio 52. And now a tongue twister to practise the alphabet. The public library is just across the road. Am I going the right way to Buckingham Palace? You can't miss the house because it's red. Can you tell me what the secret of everlasting youth is? I don't like playing football because it takes too much energy. How many people are there in that room? The little girl sat on the ground and spoiled her pretty new dress.

Unit 10

Ejercicio 54. 1. Some, out. 2. Anybody. 3. Anybody. 4. Take. 5. Any, I've got . 6. Poorest, of/among. 7. Any, because. 8. Guests, anything. 9. Less. 10. Any. 11. Any. 12. As, I, can. 13. Any. 14. Any. 15. Richest, in. 16. Anywhere, last. 17. Some. 18. Than. 19. Anyone, somewhere. 20. No. 21. More, than.

Ejercicio 55. 1. We have run out of matches: can you fetch some? 2. I went/(have also been) also upstairs but I couldn't see anybody. 3. Was there anybody in the room? 4. Is Buckingham Palace far from here? No, it isn't. It's only five minutes walk. 5. If you need anything, call me. 6. February is not as long as January, but both are very cold months. 7. Don't you take any sugar in your coffee? 8. I can't see any shop signs. 9. With today's prices it is almost impossible to buy a new car. 10. Winter is colder than summer. 11. Have you got any razor-blades? 12. The town is miles away from anywhere. 13. Didn't I give you any money last week?. 14. There is less competition now on the market than last year. 15. You are waiting for somebody to call you, aren't you? 16. I have lost my gloves. Have you got any to lend me? 17. Onion soup is the tastiest soup I have ever tried. 18. So this is your daughter: she is really pretty! 19. I've got less friends than he/him, but I've got more money. 20. Peter is the less intelligent/clever boy of the class. 21. Of the two girls Alice is the more careful.

Ejercicio 56. 3-4-2-6-1-5.

Ejercicio 57. 4-6-13-9-3-11-14-10-12-5-8-1-7-2.

Ejercicio 58. There is some more tea in the kitchen but there isn't any milk in the fridge. I don't think there is anyone here who can speak French. Please go and ask him for some more paper because I haven't got any left. Why don't you ask the bank for some money? Please, don't make any noise: I want to go to sleep. I have no time to help you. They had nothing to eat. Have you read any good books lately? I won't give it to anobody else.

Unit 11

Ejercicio 60. Like, spend, evening, taking, girlfriend, to, says, please, want, seats, cheap, one, seat.

Ejercicio 61. Went, glass, just, was, about *(aquí la preposición no acompaña a una forma verbal* -ing, *ya que forma parte del verbo al que precede)*, first, into, got, angry, out, said, to, at once.

Ejercicio 62. 1. You must do it at once/immediately. 2. We have to/must begin before five o'clock. 3. They have to/must pay twice, but we haven't. 4. He won't have to walk all the way, will he? 5. He can't get back tonight. He'll have to spend the night here. 6. We'll have to leave earlier than usual. 7. You must see that play! 8. Do I have to show my passport every time? 9. In any case we have to buy train tickets because our car has broken down. 10. He won't have to come on foot, will he? 11. You must take some more photographs/pictures. 12. The/our knives need sharpening: we must get them sharpened. 13. He says that you are not supposed to drink it all. 14. My suit needs mending. 15. I must light a fire. 16. Jack says that you are not to listen to them. 17. You must understand my position: I can't but make a decision.

Ejercicio 64. Dado que las respuestas pueden ser muy diferentes, damos sólo unos ejemplos: 1. Yes, I often go to the mountains (aunque también podría ser: No, I seldom go to the mountains).

Ejercicio 65. I must stop smoking. There must be something wrong. Must I clean all the rooms? Why must you always leave your dirty clothes in the bathroom? Mary must have some problems. You mustn't move any of my papers from my desk. I had to leave earlier because I wasn't feeling well. Have I to go to church every Sunday? You mustn't spend all your money on trifles.

Unit 12

Ejercicio 67. 1. Were. 2. Could. 3. Had. 4. Had. 5. Can. 6. Went. 7. To, go. 8. At, at, must. 9. From, must, missed. 10. Must. 11. Must. 12. Can't, must. 13. Must. 14. Must. 15. Must. 16. Must, at. 17. Must. 18. Must. 19. Must.

Ejercicio 68. 1. I thought you had seen a doctor. 2. That child is really spoilt: he wants for nothing, notwithstanding this he is always in a bad mood. 3. I thought I could go to the mountains with George but he fell ill. 4. Why has John arrived home so early? He must have caught the earlier train. 5. Who's knocking on the door? It must be the milkman. 6. There isn't any bread left. They must have taken it for the picnic. 7. Get off at Piccadilly Circus: you'll find the shop you're looking for. 8. I wish I could go sailing with my friends. 9. I think I can go home earlier if I catch the twelve-forty train. 10. I want you to come home by midnight. 11. I want you to be more punctual. 12. I wish you a happy anniversary. 13. It must be John's sister. No, it can't be his sister. 14. It must be eight o'clock. No, it can't be eight o'clock already. 15. What time am I to be there? You're to be at Mr Brown's office at three o'clock sharp.

Ejercicio 70. 2-3-4-5-1.

Unit 13

Ejercicio 72. 1. For. 2. For. 3. For, since. 4. Since. 5. For, since. 6. For. 7. For. 8. For. 9. For. 10. For. 11. For, since. 12. For.

Ejercicio 73. 1. How long have you been working in this factory? 2. How long have your parents been married? 3. How long have you driven your car? 4. I have known Mr Smith for ten years. 5. I have been reading this magazine for half an hour. 6. I have been watching TV since seven o'clock: there is a very interesting play on. 7. How long has John been unemployed? Since last spring. 8. How long has he become a drug addict? 9. I have known him for three years but I've never met his wife (I met him three years ago). 10. I've been living in this hotel for a month. 11. Peter has lived in London for twenty years. 12. I forgot to send the letter. 13. Why did you stop eating bread? 14. Do you mind opening the window? 15. I cannot afford to buy a new car. 16. I had clean forgotten having lent her some money. 17. You are just like your brother! 18. He charged me something like hundred pounds. 19. He has always treated me like a father. 20. I saw him crossing the road. 21. I saw him cross the road. 22. Stop making a fool of yourself. 23. I hate getting up early in the morning. 24. He stopped working to watch me more carefully. 25. Do you mind my opening the window? 26. My father has been working as a doctor for fifty years. 27. Actually I had neither heard nor seen a thing like that before: to make people work like slaves! 28. In three months I shall have been married for ten years. 29. He stopped snoring because I woke him up. 30. Eventually we arrived/got home.

Ejercicio 74. 5-1-8-9-2-7-4-6-3.

Ejercicio 75. I haven't played football for a long time. It's two days since I last saw him. I hadn't been to the theatre for ages. Peter hasn't taken part in a tennis tournament for three years. He hasn't attended lessons for two weeks. When did you last hear from him? We hadn't spoken to each other for weeks. We had been sitting in the garden for about an hour when a terrible storm broke out.

Unit 14

Ejercicio 77. 1. Should/ought to, at. 2. Should, your. 3. Should, rent. 4. Should, to. 5. Should, me.

Ejercicio 78. 1. If it should stop raining for one day, I would mow the lawn. 2. Those little boys/kids should look left and right more carefully before crossing the road. 3. I've never been good at swimming but should I learn to swim as well as he does, I'll be a champion. 4. Children with infectious diseases should not be allowed to go to school.

Ejercicio 79. 1. Telephone. 2. Wardrobe. 3. Washing machine. 4. Shelf. 5. Alarm clock. 6. Hairdryer, record player. 7. Laundry basket.

Ejercicio 80. 8-6-7-9-2-5-4-3-1.

Unit 15

Ejercicio 82. 1. Will/'ll. 2. Will/'ll. 3. Will/'ll. 4. Won't. 5. Won't. 6. Will/'ll. 7. Will/'ll. 8. Won't. 9. Will. 10. Unless.

Ejercicio 83. 1. If he sends her a letter, she'll answer him immediately. 2. If he does it again, his father will punish him. 3. If they take the three o'clock bus, they'll arrive in time for the party. 4. Her health will improve if she sleeps longer. 5. If he promises to behave, his father will forgive him. 6. I'll lose all my money if I listen to you. 7. That's not true: if you take my advice you'll make a fortune. 8. Unless there is another way, we will go by ship. 9. If you don't save your money, you'll soon be broke. 10. If you don't send your letter as soon as possible, your sister will get it too late. 11. She is not likely to come with us if you don't call her (unless you call her).

Ejercicio 86. He won't get angry if you don't talk to him about politics. He can meet John if he comes. If you are looking for your hat, you can find it in the hall. If you have finished your letter, I'll post it for you. If you heat a bar of metal, it expands. If you come, all the guests will be glad to see you. I'll buy the house if it is a real bargain. I won't join the company unless they ask me to. If you are going to stay at a camp-site, I'll lend you my camper. If you have a temperature, why don't you send for a doctor? I won't tell you anything else unless you make the same decision.

Unit 16

Ejercicio 87. 1. Would, talked. 2. Would, saw. 3. Would, were. 4. Would, didn't. 5. Would, weren't. 6. Won, might. 7. Could, had. 8. Would, spoke. 9. Would. 10. Would have.

Ejercicio 88. 1. If I were you, I'd hurry to catch the train. 2. It wouldn't be wise of him, if he didn't take this opportunity. 3. I'd be pleased if you came to the concert with me. 4. You'd be ill if you ate too much. 5. I wish that man were miles away. 6. If you didn't pass your exam, would you take it again? 7. If I won a lot of money, I'd take a long holiday. 8. You wouldn't have put on weight if you had gone on a diet. 9. If you didn't put on some suncream, you would get sunburnt. 10. Even if I were a hundred I'd never understand that man. 11. If you were more patient, I'd try to explain why I'm so late. 12. If he didn't bet all his money on horses, he would be able to keep his family.

Ejercicio 89. 1. You wouldn't have missed the train if you had left earlier. 2. It would have been better if Mary had waited for her friend to go to the cinema with her. 3. Had I only known it!. 4. If only you hadn't made so many mistakes in your test now you wouldn't have to take it again. 5. If he hadn't driven his car in such a dangerous way, he wouldn't be facing the magistrates next Tuesday. 6. If he had needed any help, I would have been glad to help him. 7. If I hadn't talked too much, he wouldn't have lost his temper. 8. You wouldn't be so upset if you hadn't heard the news on the radio. 9. You would have a better job if you had studied more. 10. I would be very grateful if you could give me an answer as soon as possible. 11. It's time/high time you went to bed.

SEGUNDA PARTE
DICCIONARIO

DICCIONARIO ESPAÑOL-INGLÉS

Los verbos irregulares se reproducen en sus tres formas, si bien conviene recurrir a un diccionario más completo en el caso de que se desee consultar una acepción concreta.

Los asteriscos indican, respectivamente:

— * los verbos que rigen gerundio;
— ** los verbos que rigen infinitivo;
— *** los verbos que rigen tanto gerundio como infinitivo.

Siempre que ha sido posible, los vocablos se han agrupado según criterios etimológicos o de significado.

Se han utilizado las siguientes abreviaturas:

— *a.* (adjetivo);
— *f.* (femenino);
— *fam.* (expresión familiar);
— *m.* (masculino);
— *n.* (nombre);
— *nt.* (neutro);
— *pl.* (plural);
— *pr.* (pronombre);
— *prep.* (preposición).

A

a, *prep.* at [a^{e}t]; **a, hacia, respecto a,** to [tu].
abadía, abbey [á^{e}bbei].
abajo, bajo, down [dáun].
abarrotado, packed with [pá^{e}k^{e}d uiθ].
abeja, bee [bíi].
abogado, lawyer [lóia^{r}], solicitor [solísito^{r}].
abrigo, coat [kó^{u}t]; **- de piel,** fur coat [fó^{e}r kó^{u}t].
abril, April [éipril].
abrillantar, polish (to) [pólix].
abrir, open (to) [ó^{u}pen]; **- de par en par,** open wide (to) [ó^{u}pen uáid].
abstemio, non-drinker [nón-drínke^{r}].
absurdo, nonsense [nónsens].
abuelo, grandfather [grá^{e}nd-fáθe^{r}], *fam.* grandpa [grá^{e}nd-pá]; **abuela,** grandmother [grá^{e}nd-máθe^{r}], *fam.* grandma [grá^{e}nd-má]; **abuelos,** grandparents [grá^{e}nd-pá^{e}rents]; **nieto, -a,** grand-son [gra^{e}nd-són], grand-girl [gra^{e}nd-góerl]; **nietos, -as,** grand-child [gra^{e}nd-cháild],
abundancia, plenty [plénti].
aburrir, bother** (to) [baθ e^{r}]; **estar aburrido,** be bothered (to) [bí báθe^{re}d]; **aburrirse,** get bored (to) [gét bóo^{re}d]; **aburrido,** bored [bóo^{re}d]; **aburrimiento,** boredom [bóo^{r}dom].
acabar, finish* (to) [fínix].
accidente accident [áksident]; **- de tráfico,** road accident [ró^{u}d áksident].
aceite, oil [óil]; **aceite de la transmisión,** transmission oil [transmíxon óil]; **oleómetro,** oleometer [oleomíte^{r}]; **pérdida de aceite,** oil leaks [óil líiks].
aceptación, reception [risépxon].
aceptar, accept (to) [aksépt].
acera, pavement [péi^{f}ment].
acerca, cerca, alrededor de, about [a^{e}báut].
acompañar, accompany (to) [akkómpani].
aconsejar, sugerir, advise* (to) [a^{e}d^{f}áis].
acordar, agree (to) [a^{e}gríi]; **acuerdo,** agreement [a^{e}gríiment].
acostumbrado, accustomed [akkóstumd], used to* [iús^{e}d tu].
actitud, attitude [áttitiud].
actividad, branch [brá^{e}nch].
actuar, act (to) [á^{e}kt]; **acto,** act [á^{e}kt]; **acción,** action [á^{e}kxion]; **- de bolsa,** share [xéa^{r}]; **poseer acciones de una empresa,** hold shares (to) [hó^{u}ld xéa^{r}s]; **actuar (representar),** play (to) [pléi]; **actor,** actor [ákto^{r}]; **actriz,** actress [áktres].
adecuado, suitable [sútab^{e}l], fit [fít].
adecuarse, match (to) [má^{e}ch].
además, besides [bisáids].

adiós, goodbye [gudbái].

adivinanza, riddle [ríd^{e}l].

adivinar, guess (to) [gés].

admitir, admit* (to) [admít].

adolescente, teenager [tíin-éixe^{r}].

adormecerse, go to sleep (to) [gó^{u} tu sliip], fall asleep (to) [fól a^{e}xlíip].

aduana, customs [kástoms]; **aduanero,** customs officer [kástoms óffise^{r}].

adulto, adult [ádult], grown-up [gróun-ap].

aeropuerto, airport [éa^{r}port]; **aeroplano,** plane [pléin].

afeitar, shave (to) [xéif].

afilar, sharpen (to) [xárpen]; **agudo,** sharp [xárp].

afirmar, state (to) [stéit].

afrontar, face* (to) [féis]; **cara,** face [féis].

agenda, agenda [axénda], diary [dáiari].

ágil, nimble [nímb^{e}l].

agosto, August [ógust].

agotar, run out (to) [rán áut].

agradar, please (to) [plíis]; **agradable,** pleasant [plésant]; **agradecer,** thank (to) [θá^{e}nk]; **agradecido,** grateful [gréitful]; **agradecimiento,** acknowledgment [a^{e}knó^{u}-lexment].

agua, water [uóter]; **agua mineral,** mineral water [míneral uóte^{r}].

aguja, needle [níid^{e}l].

agujero, hole [hó^{u}l].

ahogar, drown (to) [dráun].

ahora, now [náu]; **hasta ahora,** so far [só^{u} fáa^{r}]

ahorros, remnant [rémnant], leftover [left-o^{uf}e^{r}].

aire, air; aire acondicionado, air conditioning [éa^{r} kondíxonin^{g}]; **filtro de aire,** air filter [éa^{r} filte^{r}]; **boca de aire caliente o frío,** air vents [éa^{r} ^{f}énts].

ajedrez, chess [chés].

ajo, garlic [gá^{r}lik].

ajustar, mend (to) [ménd].

alabar, praise (to) [préis].

alba, dawn [dóon].

alcanzar, reach (to) [ríich]; - **un objetivo,** attain (to) [attéin].

alegre, cheerful [chí^{r}ful], merry [mérri], jolly [xólli]; **alegremente,** merrily [mérrili].

alfarería, pottery [pótteri].

alfiler, pin [pín].

alfombra, carpet [ká^{r}pet], rug [rá^{g}].

algún, -o, -a, some [sám]; **alguien,** somebody [sámbodi], someone [sámuan]; **algún lugar,** somewhere [samuéa^{r}]; **alguna cosa,** something [sámθin^{g}]; **alguna otra cosa,** something else [sámθin^{g} éls].

allá, there [θéa^{r}]; **- lejos,** over there [ó^{uf}e^{r} ea^{r}]; **más allá,** beyond [bí-iónd], over [ó^{uf}e^{r}], further [fó^{e}rθe^{r}].

alma, soul [sóul].

almohada, pillow [píllou].

almuerzo, lunch [lánch].

alquilar, rent (to) [rent].

alto, tall [tól], high [hái]; **altamente,** highly [háili]; **tenso, nervioso,** highly strung [háili strán^{g}]; **autopista,** highway [hái-uéi].

alubia, bean [bíin].

amable, kind [káind]; **amabilidad,** kindness [káindnes].

amar, love (to) [láf]; **amor,** love [láf]; **enamorarse de,** fall in love with (to) [fól in láf uíθ].

amarillo, yellow [iéllo^{u}].

ambos, both [bó^{u}θ].

ambulancia, ambulance [ámbiulans].

amenazar, threaten** (to) [θréten].

amigo, -a, friend [frénd].

ampliar, enlarge (to) [enlárx]; **amplio,** broad [bró^{u}d], wide [uáid].

ancho, large [lárx].

anciano, elderly [élderli].

anillo, ring [rín^{g}].

animal, animal [á^{e}nimol], **- doméstico, mascota,** pet [pét].

animar, encourage (to) [enkárax].

aniversario, anniversary [anni^{f}ó^{e}rsari].

añadir, add (to) [á^{e}d].

año, year [ía^{r}]; **anualmente,** yearly [ía^{r}li].

ansia, ansiedad, anxiety [anxáieti].

antes, earlier [ó^{e}rlie^{r}], before [bífóo^{r}].

anticipado, advance [ad^{f}áns].

anticuario, antique shop [antík-xóp].

anunciar, announce (to) [a^{e}nnáuns], **anuncio,** announcement [a^{e}nnáunsment]; advertise (to) [ad^{f}ertáis]; **publicidad,** advertising [ad^{f}ertáisin^{g}]; **anuncio publicitario,** advertisement [ad^{f}ó^{e}rtis-ment]; **anuncio por palabras,** ad [á^{e}d].

aparcar, park (to) [párk]; **aparcamiento,** parking area [párkin^{g} á^{e}-ria].

aparecer, appear (to) [appía^{r}].

apartamento, apartment [apártment].

apasionado, fond of [fónd of].

apellido, surname [so^{e}rnéim].

apenas, just [xást].

apetito, appetite [appetáit].

apodar, nickname (to) [ník-néim]; **apodo,** nickname [ník-néim].

apostar, bet, bet, bet (to) [bét, bét, bét]; **apuesta,** bet [bét].

aprender, learn, learnt, learnt** (to) [ló^{e}rn, ló^{e}rnt, ló^{e}rnt]; **aprendizaje,** learning [ló^{e}rnin^{g}]; **aprender de memoria,** learn by heart (to) [ló^{e}rn bai hárt].

apresurarse, rush (to) [ráx]; **prisa,** rush [ráx].

apropiado, appropriate [appróprieit].

aquel, -la, that [θá^{e}t], *pl.* those [θó^{u}s].

aquí, here [hía^{r}].

arañar, graze (to) [gréis^{z}].

árbol, tree [tríi].

archivo, file [fáil].

arena, sand [sá^{e}nd].

argumento, subject [sábxekt].

armada, navy [néi^{f}i].

armario, closet [kló^{u}set].

arrojar, dispose (to) [dispó^{u}s].

arroz, rice [ráis].

arte, art [árt]; **bellas artes,** fine arts [fáin árts]; **exposición de arte,** exhibition [eksibíxon].

asado, joint of meat [xóint of míit] (plato); *a.* well done [uél-dán].

ascensor, lift [líft].

asegurar, assure (to) [asxúa^{r}]; **asegurar (con póliza),** insure (to) [inxúa^{r}]; **compañía de seguros,** insurance company [inxúrans kómpani].

asesinar, murder (to) [mó^{e}rde^{r}]; **homicidio,** murder [mó^{e}rde^{r}]; **homicida,** murderer [mó^{e}rdere^{r}].

así, so [só^{u}]; **así que, por consiguiente,** so that [só^{u} θá^{e}t]

asiento, seat [síit].

asistir, attend (to) [atténd]; **asistencia,** assistance [assístans]; **subdirector,** assistant manager [assístant má^{e}nage^{r}].

asma, asthma [ástma].

asociación, association [assoxésxon].

asomarse, lean, leant, leant out (to) [líin, lént, lént aut].

áspero, rough [ráf], sour [sáue^{r}].

aspirador, hoover [húu^{f}e^{r}].

aspirar a un puesto de trabajo, apply (to) [a^{e}ppláí]; **aspirante, candidato,** applicant [ápplikant].

aspirina, aspirin [ásprin].

astuto, cunning [kánnin^{g}].

atar, tie (to) [tái]; **nudo,** tie [tái].

atardecer, evening [í^{f}nin^{g}]; **traje de noche,** evening dress [í^{f}nin^{g} drés].

atención, attention [atténxon]; **prestar atención,** mind* (to) [máind], pay attention (to) [péi atténxon].

aterrizar, land (to) [lá^{e}nd].

atestado, overcrowded [ó^{uf}e^{r}-kráud^{e}d].

ático, attic [á^{e}ttik] .

atraco, robbery [róbberi]; **atracador,** robber [róbbe^{r}].

atravesar, cross (to) [krós].

atrayente, cute [kiút].

atún, tuna fish [túna fíx].

audaz, bold [bó^{u}ld].

auditor, revisor de cuentas, auditor [ódito^{r}].

aula, classroom [klás-rúum].

aumentar, increase (to) [inkríis].

ausencia, absence [ábsens]; **ausente,** absent [ábsent].

autobús, bus [bás]; **autobús de dos pisos,** double-decker [dáb^{e}l-déke^{r}]; **conductor de autobús,** bus driver [bás-drái^{f}e^{r}]; **revisor de autobús,** bus conductor [bás-kondákto^{r}]; **tomar el autobús,** catch the bus (to) [ká^{e}ch θe bás].

autopista, motorway [móto^{r}-uéi].

autor, author [óθor] .

autorizar, permit (to) [permít].

autostop, hitchhiking [hich-háikin^{g}]; **hacer autostop,** hitchhike (to) [hich-háik].

avisar, notice (to) [nó^{u}tis]; **aviso,** notice [nó^{u}tis].

avispa, wasp [uósp].

ayer, yesterday [iéste^{r}da^{e}i]; **antes de ayer,** the day before yesterday [θe dá^{e}i bifóo^{r} iésterdá^{e}i].

ayudar, help (to) [hélp]; **ayuda,** help [hélp]; **servirse de,** help oneself to (to) [hélp uansélf tu].

azúcar, sugar [súga^{r}].

azul, blue [blúu].

B

bacalao, cod [kód].

bailar, dance (to) [dá^{e}ns].

bajar, descender, climb down (to) [kláim dáun]; **- de medios de transporte,** get off (to) [gét of].

bajo, beneath [biníiθ], low [lóu].

balbucear, stammer (to) [stámme^{r}], stutter (to) [státte^{r}].

ballena, whale [uéil].
banco, bank [bá^{e}nk]; **bancarrota,** bankruptcy [bá^{e}nk-rá^{e}psi].
bandeja, tray [tréi].
bañarse, bathe (to) [béiθ]; **baño,** bath [baθ]; **cuarto de baño,** bath-room [baθ ruum]; **bañista,** bather [béiθe^{r}]; **bañera,** bath-tub [baθ-tab]; **traje de baño,** bathers [béiθe^{r}s].
bar, pub [páb].
barato, cheap [chíp].
barba, beard [bía^{r}d]; **barbero,** barbershop [bárbe^{r}-xóp].
barbilla, chin [chín].
barco, ship [xíp].
barra, bar [bá^{r}].
barrio, borough [bóro^{u}].
bastante, quite [kuáit], several [sé^{fe}ral].
basura, garbage [gá^{e}rbich], rubbish [rábbix].
batalla, battle [bát^{e}l].
batería, battery [bá^{e}tteri].
batidora, blender [blénde^{r}], mixer [míxe^{r}].
batir, whip (to) [uíp].
bebé, baby [bá^{e}ibi], baby-boy [bá^{e}ibi-boi], baby-girl [bá^{e}ibi-gó^{e}rl].
beber, drink, drank, drunk (to) [drínk, drénk, dránk]; **bebida,** drink [drínk].
beca de estudios, scholarship [skólarxip].
bello, beautiful [bíútiful], fine [fáin].
bendecir, blessing [bléssin^{g}]; **bendición,** bless (to) [blés].
beneficiar, benefit (to) [bénefit]; **beneficio,** benefit [bénefit].
besar, kiss (to) [kís]; **beso,** kiss [kís].
biblioteca pública, public library [páblik láibrari].
bicicleta, bicycle [báisik^{e}l], bike [báik].
bien, well [uél]; **¡muy bien!,** jolly good! [xólli gúud!]; **bueno,** good [gúud]; **bienes,** goods [gúuds]; **bienvenido,** welcome [uélkam].
bienestar, welfare [uelféa^{r}].
bigote, moustache [mustáx].
billete, ticket [tíket]; **billete de banco,** bank note [bá^{e}nk-nó^{u}t]; **billetero,** wallet [uóllet].
bistec, steak [stéik]; **- a la florentina,** T-bone steak [ti-bó^{u}n stéik]; **- a la parrilla,** grilled steak [gríld stéik].
blanco, white [uáit].
blasfemia, curse [kó^{e}rs].
blusa, blouse [bláus].
boca, mouth [máuθ]; **en boca de todos,** on the grapevine [on θe greip^{r}áin].
bocadillo, sandwich [sáenduich].
bolígrafo, pen [pén].
bolsa, bolso, saco, bag [bá^{e}g]; **bolsa de papel,** paper bag [péipe^{r} bá^{e}g]; **bolsa de plástico,** plastic bag [plástik bá^{e}g]; **bolsa de valores,** stock exchange [stók ekschéing].
bolsillo, pocket [póket].
bombilla, bulb [bálb].
bonita, pretty [prítti].
borracho, *n.* drunk [dránk], *a.* drunken [dránken].
bosque, wood [úud].
botella, bottle [bót^{e}l].
botón, button [bútton]; **botones de un hotel,** porter [pó^{r}te^{r}].
braguitas, knickers [níkers].
brazo, arm [á^{r}m].
brillar, glisten (to) [glíssen]; **brillante, resplandeciente,** bright [bráit].
brisa, breeze [bríis^{z}].
bromear, joke (to) [xó^{u}k]; **broma,** joke [xók], jest [xest].
brújula, compass [kómpas].
budín, pudding [púddin^{g}].
buey, ox [óks].
bufanda, scarf [ská^{r}f].
bujía, spark plug [spárk plág].
burbuja, bubble [báb^{e}l].
buscar, look for (to) [lúuk foo^{r}]; search (to) [só^{e}rch]; **búsqueda,** search [só^{e}rch].
buzón, pillar-box [pílla^{r} box].

C

cabalgar, ride, rode, ridden (to) [ráid, ró^{u}d, rídden]; **cabalgada,** go horse riding (to) [gó^{u} hórs ráidin^{g}], ride [ráid]; **jinete,** rider [ráide^{r}].
caballero, knight [náit], gentleman [xéntelmá^{e}n].
caballo, horse [hó^{r}s].
cabello, hair [héa^{r}]; **piloso,** hairy [héari]; **peluquero,** hairdresser [héa^{r}dresse^{r}]; **secador de pelo,** hairdryer [héa^{r}-dráia^{r}].
cabeza, head [há^{e}d]; **frente,** forehead [fóo^{r}-há^{e}d].
cada, every [é^{f}ri]; **cada cosa,** everything [é^{f}riθin^{g}]; **cada vez,** every time [é^{f}ritaim]; **por doquier,** everywhere [é^{f}riuea^{r}].
cadáver, corpse [kórps].
caducar, be late (to) [bí léit].
caer, fall, fell, fallen (to) [fól, fél, fóllen]; **caída,** fall [fól].
café, coffee [kóffii]; **café,** coffee bar [kóffii baa^{r}], café [kafé] (establecimiento); **cafe-**

tería cafeteria [kafitíria]; **cafetera,** coffe-epot [kóffiipot].
caja, box [bóx]; **cajón,** drawer [dróue^{r}].
calcetines, socks [sóks].
caldo, broth [bróθ].
calefacción, heating [híitin^{g}].
calentar, heat (to) [híit], warm (to) [uórm]; **caliente,** warm [uórm], hot [hót]; **calentador eléctrico,** electric kettle [iléktrik két^{e}l].
calidad, quality [kuóliti].
calificación, qualification [kualifiká^{e}xon]; **boletín de notas,** report card [ripórt ka^{r}d].
calle, street [stríit].
calumniar, traduce (to) [tradiús].
calvo, bald [bóld].
calzoncillos, pants [pá^{e}nts], briefs [bríifs].
cama, bed [béd]; **cama de matrimonio,** double bed [dáb^{e}l béd]; **litera,** bunk bed [bánk béd]; **lencería de cama,** bed linen [béd línen]; **alfombrilla de cama,** bedroom rug [bédruum rá^{g}].
cámara fotográfica, camera [kámera].
camarero, waiter [uéite^{r}].
cambiar, change (to) [chéinx]; **cambio,** exchange [ekschéinx]; **cambiar de idea,** change one's mind (to) [chéinx uáns].
caminar, walk (to) [uók]; **camino, paseo,** walk [uók]; **camino, vía, dirección,** way [uéi].
camión, lorry [lórri].
camisa, shirt [xó^{e}rt]; **camiseta interior,** vest [^{f}ést]; **camiseta de algodón,** T-shirt [ti-xó^{e}rt].
campamento, camp-site [ká^{e}mp-sáit]; **acampada,** camping [ká^{e}mpin^{g}].
campo, country [káuntri]; **casa de campo** country house [káuntri háus]; **campo cultivado,** field [fíild].
cancelar, cancel (to) [kánsel].
cansado, tired [tái^{a}rd]; **cansino,** tiring [tái-^{r}in^{g}].
cantar, sing, sang, sung (to) [sín^{g}, sá^{e}n^{g}, sán^{g}]; **canción, canto,** song [són^{g}].
cantidad, quantity [kuóntiti]; **una cierta cantidad de,** a certain quantity of [a^{e} só^{e}r-ten kuóntiti of].
cantina, canteen [kantíin].
capacidad, habilidad, ability [abíliti]; **capaz,** able [éib^{e}l]; **ser capaz,** be able to (to) [bí éib^{e}l tu].
cárcel, jail [xéil], gaol [gául].
cariño, darling [dá^{r}lin^{g}].
carne, flesh [fléx] (viva); **carne,** meat [míit] (para comer); **carne picada,** minced meat [mins^{e}d míit]; **carnicero,** butcher [búch-che^{r}]; **albóndiga,** meat ball [míit ból]; **trinchadora,** meat fork [míit fórk].
carné de identidad, identity card [aidéntiti ká^{r}d].
caro, expensive [ekspénsif].
carpintero, carpenter [ká^{r}pente^{r}].
carrera, career [karíia^{r}].
carretera, road [ró^{u}d].
carta, letter [létter]; **papel de carta,** letter-paper [létter-péipe^{r}].
carterista, pickpocket [pik-póket].
casa, home [hó^{u}m]; house [háus]; **tarea doméstica,** homework [hó^{u}m -uó^{e}rk]; **casa de empeños,** pawnbroker [póon-bro^{u}ke^{r}]; **objetos domésticos,** house-wares [háus-uéa^{r}s]; **ama de casa,** housewife [háus-uaif]; **casera,** landlady [lá^{e}ndlá^{e}di].
casarse, marry (to) [má^{e}rri]; **estar casado,** get married (to) [gét má^{e}rri^{e}d]; **matrimonio,** marriage [má^{e}rriax], wedding [uéd-din^{g}]; **cónyuge,** married [má^{e}rri^{e}d].
cascada, waterfall [uóte^{r}-fól].
casi, almost [ólmost].
castaño, brownish [bráunix].
castigar, punish (to) [pánix]; **castigo,** punishment [pánixment]; **pena capital,** capital punishment [kápital pánixment].
castillo, castle [kás^{e}l].
catedral, cathedral [kaθídral].
causar, cause (to) [kóos]; **causa,** cause [kóos].
cebolla, onion [ónion].
ceder, give in [gíf in].
celebridad, celebrity [selébriti].
celo, sellotape [sélo^{u}teip].
cena, dinner [dínne^{r}].
cenicero, ashtray [á^{e}x-tréi].
centro, centre [sént^{e}r]
cepillo, brush [bráx].
cerca, next [nékst]; **cercano,** near [nía^{r}]; **en las inmediaciones,** nearby [nia^{r}bái]; **cerca de casa,** neighbour [néiboo^{r}].
cerdo, pig [píg](vivo), pork [pórk] (para comer), swine [suáin] (insulto).
cerebro, brain [brá^{e}in].
cereza, cherry [chérri].
cero, zero [s^{z}íro^{u}] (temperatura), nought [nóot] (aritmética).
cerrar, enclose (to) [enkló^{u}s], shut, shut, shut (to) [xát, xát, xát]; **cerrar el pico,** shut up (to).

certificado, certificate [sertífiket].
cerveza, beer [bíia^{r}]; **cervecería,** alehouse [éil-háus].
cesta de la ropa, laundry basket [lóndri básket].
chaqueta, jacket [xá^{e}ket].
charco, puddle [pád^{e}l]; pool [púul].
charlar, chat (to) [chá^{e}t], have a chat (to) [há^{e}f a^{e} chá^{e}t]; **charla,** chat [chá^{e}t]; **charla,** talk [tók]; **charlatán,** chatterbox [chá^{e}tte^{r}-bóx].
cheque, cheque [chék]; **cheque de viaje,** traveller's cheque [trá^{f}ellers chék].
chico, boy [bói], lad [lá^{e}d]; **chica,** girl [gó^{e}rl].
chinche, bug [bá^{g}].
chisme, habladuría, gossip [góssip]; **chismorrear,** gossip (to) [góssip]; **columna de un periódico sensacionalista,** gossip column [góssip kólom]; **periodista frívolo,** gossip columnist [góssip kólomnist]; **lenguaraz,** gossiper [góssipe^{r}]; **chismoso,** gossipmonger [góssip-mon^{g}e^{r}].
chocar, crash (to) [krá^{e}x]. bump (to) [bámp]; **choque, colisión,** crash [krá^{e}x].
chocolate, chocolate [chókola^{e}t]; **tableta de chocolate,** bar of chocolate [bá^{r} of chókola^{e}t].
chubasquero, raincoat [reinko^{u}t].
ciclo, cycle [sáik^{e}l].
ciego, blind [bláind]; **ciegamente,** blindly [bláindli].
cielo, sky [skái]; **rascacielos,** skyscraper [skái-skréipe^{r}].
ciencia, science [sáiens]; **científico,** [saientífik].
cierto, seguro, sure [xúa^{r}]; **ciertamente,** certainly [só^{e}rtenli]; **seguramente,** surely [xúa^{r}li], for sure [foo^{r} xúa^{r}].
ciervo, deer [díia^{r}].
cínico, cynic [sínik].
cinturón, belt [bélt].
cita, appointment [appóintment] (encuentro), quotation [kuotá^{e}xon] (dicho).
ciudad, city [síti]; **ciudad pequeña,** town [táun].
claro, clear [klía^{r}]; **claramente,** clearly [klía^{r}li]; **claro y rotundo,** loud and clear [láud a^{e}nd klía^{r}]; **altisonante,** loudspeaker [láud-spíike^{r}].
clase, form [fó^{r}m] (escuela).
clavo, nail [néil].
claxon, horn [hórn].
cliente, client [kláient]; customer [kástome^{r}].
clima, climate [kláimet].
cobrar, charge (to) [chárx].
cobre, copper [kóppe^{r}].
coche, car [káa^{r}]; **carrocería,** car body [káa^{r} bódi].
coche, car [kár]; **asiento delantero,** front seat [frónt síit]; **asiento trasero,** back seat [bá^{e}k síit]; **botón de los faros,** light control [láit kontról]; **botón de los faros antiniebla,** fog light control [fóg láit kontról]; **botón de la ventanilla lateral,** side window [sáid uíndou]; **capó,** bonnet [bónnet]; **cuentakilómetros,** milometer [mailomíte^{r}]; **guantera,** glove compartment [gló^{u}f kompártment]; **limpiaparabrisas,** windscreen wiper control [uínd-skríin uáipe^{r} kontról]; **luces posteriores,** rear lights [ría^{r} láits]; **matrícula,** number plate [námbe^{r} pleit]; **palanca de cambios,** gear stick [xía^{r} stík]; **parabrisas,** windscreen [uínd-skríin]; **parachoques,** bumper [bámpe^{r}]; **pinchazo,** puncture [pánkxue^{r}]; **volante,** steering wheel [stíiarin^{g} uíil]; **cochecito,** pram [prá^{e}m].
cocinar, cook (to) [kúuk]; **cocinero,** cook [kúuk]; **cocina,** kitchen [kíchchen]; **cocina,** cooker [kúuke^{r}] (electrodoméstico).
coger, catch, caught, caught (to) [ká^{e}ch, kó^{o}t, kó^{o}t].
cojín, cushion [káxon].
cola, glue [glúu] (adhesivo).
cola, fila, queue [kiú]; **hacer cola, ponerse en fila,** queue up (to) [kiú áp]; **caravana de coches,** line of cars [láin of káa^{r}s]; **fila de butacas, hilera de cosas o personas,** row; **colchón,** mattress [máttres].
coleccionar, collect (to) [kollékt]; **colección,** collection [kollékxon].
colega, colleague [kóllig].
colina, hill [híl].
columna, column [kólom].
combatir, fight, fought, fought (to) [fáit, fó^{o}t, fó^{o}t].
comer, have lunch (to) [há^{e}f lánch], eat, ate, eaten (to) [íit, ét, íten]; **comida,** meal [míil], food [fúud]; **comensal,** diner [dáine^{r}]; **comedor,** dining room [dáinin^{g} rúum]; **comida sabrosa,** junk food [xánk fúud]; **comida última del día,** supper [sáppe^{r}]; **entrante,** starter [stárte^{r}].
como, as [a^{e}s]; **cómo,** how [háu]; **en cualquier caso,** however [haué^{f}e^{r}].

cómoda, chest of drawers [chést of dróue^{r}s].

comodidad, comfort [kónfort]; **cómodo,** comfortable [kónfortab^{e}l], snug [sná^{g}]; **acomodarse,** make oneself (to) [meik uansélf]; **¡póngase cómodo!,** make yourself comfortable [méik iou^{r}sélf kónfortab^{e}l].

compañía, company [kómpani].

compartir, share (to) [xéa^{r}].

competición, competition [kompetíxon]; **competitivo,** competitive [kompétitif].

complejo, complex [kómplex]; **complicado,** complicated [komplikéited].

completo, complete [komplíit]; **completamente,** completely [komplítli], soundly [sáundli].

comportarse, behave (to) [bíhéif]; **comportamiento,** behaviour [bíhá^{ef}io^{u}r].

comprar, buy, bought, bought (to) [bái, bó^{o}t, bó^{o}t]; **hacer la compra,** do the shopping (to) [du θe xóppin^{g}]; **compra,** expenditure [ekspéndixua^{r}].

comprender, understand, understood, understood (to) [ande^{r}stá^{e}nd, ande^{r}stúud, ande^{r}stúud]; **comprensión,** understanding [ande^{r}-stá^{e}ndin^{g}], comprehension [komprehénxon].

compresa higiénica, sanitary towel [sánitari táuel].

comprobar check (to) [chék]; **control** check [chék].

comprometerse, engage (to) [engéix]; **compromiso,** engagement [engéixment]; **comprometido,** engaged [engéix^{e}d], committed [kommítted].

común, common [kómmon].

comunicar, communicate (to) [kommiúnikeit].

con, with [uíθ]; **sin,** without [uiθáut].

concha, shell [xél].

conciencia, conscience [kónxens]; **consciente,** conscious [kónxus]; **conciencia** consciousness [kónsxusnes].

concierto, concert [kónsert].

condición, condition [kondítion], provision [pro^{f}íxon]; **a condición de que,** provided that [pro^{f}áided a^{e}t], providing [pro^{f}áidin^{g}].

condimento, dressing [dréssin^{g}].

conducir, lead, led, led (to) [líid, léd, léd]; **conducir un coche,** drive, drove, driven (to) [dráif, dró^{u}f, drí^{f}en]; **conductor,** driver [drái^{f}e^{r}]; **carné de conducir,** driving licence [drái^{f}in^{g} láisens].

conectar, switch on (to) [suích ón].

conejo, rabbit [rá^{e}bbit].

conferencia, lecture [lékcha^{r}].

confianza, confidence [kónfidens]; **confianza en uno mismo,** self-confidence [sélf-kónfidens].

confusión, mess [més].

conocer, know, knew, known (to) [nóu, niú, nóun]; **conocer bien,** master (to) [máste^{r}]; **conocimiento, saber,** knowledge [nó^{u}lech].

consecuencia, consequence [kónsekuens]; **por consiguiente,** consequently [kónsekuentli]; **sufrir las consecuencias,** suffer from (to) [sáffe^{r} from].

conseguir, achieve (to) [achíif].

consejo, piece of advice [píis of a^{e}d^{f}áis].

conserje, caretaker [kéa^{r}-téike^{r}].

considerar, consider* (to) [konsíde^{r}]; **considerable,** considerable [konsíderab^{e}l].

consigna, left-luggage room [léft-lágga^{e}g rúum].

consistir, consist of (to) [konsíst of].

consolidación, consolidation [konsolidá^{e}xon].

constantemente, steadily [stédili].

construir, build, built, built (to) [bíld, bílt, bílt].

consultar, see you [síi iú].

contar, count (to) [káunt].

contenido, contents [konténts].

contento, glad [glá^{e}d], content [kontént].

continuar, continue (to) [kontíniu]; **continuamente,** continuously [kontíniusli]; **a continuación,** thereafter [θéa^{r}-áfte^{r}].

contra, against [a^{e}géinst].

contratar, hire (to) [háia^{r}]; **contrato,** contract [kóntrakt].

control, control [kontról].

controversia, controversy [kóntro^{f}ersi].

convencer, convince (to) [kon^{f}íns].

conversar, talk to (to) [tók tu], converse with (to) [kon^{f}ó^{e}rs uíθ]; **conversación,** talk [tók]; **decir bobadas,** talk nonsense (to) [tók nónsens].

convertir, convert (to) [kon^{f}ó^{e}rt]; **convertirse,** become, became, become (to) [bíkám, bikéim, bikám].

coñac, brandy [brá^{e}ndi].

coraje, courage [kórax].

corazón, heart [hárt].

corbata, tie [tái].

cordero, lamb [lá^{e}m].

cordial, cordialmente, friendly [fréndli].

correcto, correct [korrékt], right [ráit]; **correctamente,** properly [próperli].
correo, mail [maá^{e}il]; **enviar una carta,** mail (to) [má^{e}il]; **estafeta de correos,** post office [pó^{u}st óffis]; **tarjeta postal,** postcard [pó^{u}st-ká^{r}d]; **cartero,** postman [pó^{u}st-ma^{e}n].
correr, run, ran, run (to) [rán, rén, rán].
cortar, cut, cut, cut (to) [kát, kát, kát].
cortinas, curtains [kó^{e}rteins].
corto, short [xórt].
cosa, thing [θín^{g}]; **cosa de poca monta,** trifle [tráif^{e}l].
cosechar, collect (to) [kollékt]; **cosecha,** harvest [hár^{fe}st], collection [kollékxon].
costa, coast [kó^{u}st].
costar, cost, cost, cost (to) [kóst, kóst, kóst]; **coste,** cost [kóst]; **costoso,** costly [kóstli].
crecer, grow, grew, grown (to) [gróu, griú, gróun], raise (to) [réis]; **crecimiento,** growth [gro^{u}θ].
creer, believe (to) [bilíif]; **pensar,** think (to) [θínk].
crema, custard [kástard].
crepúsculo, sunset [sánset].
crío, kid [kíd].
cruz, cross [krós]; **cruzarse,** be cross (to) [bí krós]; - **con alguien por casualidad,** come across (to) [kám a^{e}krós].
cuadro, picture [píkxa^{r}].
cual, which [uích].
cualquiera, anyone, anybody [á^{e}-niuán, á^{e}nibodi]; **cualquier cosa,** anything [á^{e}niin^{g}], whatever [uoté^{f}e^{r}]; **en cualquier momento,** anytime [á^{e}nitaim]; **en cualquier lugar,** anywhere [á^{e}niuea^{r}]; **en cualquier caso,** in any case [in á^{e}ni kéis].
cuando, when [uén].
cuartel general, head-quarters [há^{e}d-kuórte^{r}s].
cubertería, cutlery [kátleri].
cubo de basura, dustbin [dástbin].
cuchillo, knife [náif].
cuello, neck [nék]; **collar,** necklace [nekléis].
cuento, tale [téil]; **cuento increíble,** tall tale [tól téil].
cuero, leather [léθe^{r}].
cuerpo, body [bódi].
cuidar, care (to) [kár]; **cuidarse,** look after (to) [lúuk afte^{r}]; **cuidado,** care [kéa^{r}]; **cuidadoso,** careful [kéa^{r}ful]; **cuidadosamente,** carefully [kéa^{r}fulli].
culpa, guilt [gílt]; **falta,** fault [fó^{l}t]; **culpable,** guilty [gílti].
cultura, culture [kálcha^{r}].
cumbre, top [tóp].
cuna, cradle [krá^{e}d^{e}l].
cuñada, sister-in-law [síste^{r}-in-lóo].
cuñado, brother-in-law [bráθe^{r}-in-lóo].
cuota, fee [fíi].
curar, recover (to) [rikó^{f}er].
curso escolar, course [kóo^{r}s].
curva, bend [bénd]; **curvar, doblar,** bend, bent, bent (to) [bénd, bént, bént].
custodia, case [kéis].

D

damas, draughts [dráfts] (juego de mesa).
dañar, damage (to) [dá^{e}ma^{e}x]; **daño,** damage [dá^{e}ma^{e}x]; **hacer daño,** do harm (to) [dú hárm].
dar, give, gave, given (to) [gíf, géif, gí^{f}en], **dar a luz,** give birth (to) [gíf bó^{e}rθ].
de, of [of]; **de hecho,** as a matter of fact [a^{e}s a^{e} má^{e}tte^{r} of fá^{e}kt]; **de repente,** suddenly [sáddenli].
debajo, below [bilóu], under [ánde^{r}]; **bajo cero,** below zero [bilóu s^{z}íro^{u}].
debatir, debate (to) [dibéit]; **debate,** debate [dibéit].
deber, be wrong (to) [bí rón^{g}], be to (to) [bí tu], be due (to) [bí diú], have to (to) [há^{e}f tu]; **deber,** owe (to) [óu] (ser deudor); **deber moral,** duty [diúti], must [mást].
débil, weak [uíik]; **debilidad,** weakness [uíiknes].
decidir, decide** (to) [disáid]; **decidir,** determine** (to) [ditó^{e}rmin], resolve** (to) [risólf]; **decidido,** determined [ditó^{e}rmin^{e}d]; **decisión,** decision [desís-^{x}on]; **tomar una decisión,** make a decision (to) [meik a^{e} desís-^{x}on].
decir, say, said, said (to) [sá^{e}i, sá^{e}id, sá^{e}id]; tell, told, told (to) [tél, tó^{u}ld, tó^{u}ld].
dedo, finger [fínge^{r}]; **anular,** ring finger [rín^{g} fínge^{r}]; **corazón,** middle finger [míd^{e}l fínge^{r}]; **índice,** forefinger [fóo^{r}-fínge^{r}]; **meñique,** little finger [lít^{e}l fínge^{r}]; **pulgar,** thumb [θúm]; **dedo del pie,** toe [tó^{u}].
defender, defend (to) [defénd]; **defensa,** defence [deféns].
definición, definition [definíxon].
dejar, let, let, let (to) [lét, lét, lét]; **dejar estupefacto,** puzzle (to) [pás^{ze}l]; **dejar**

hacer, leave to (to) [líif tu]; **dejar perplejo,** be puzzled (to) [bí pas^{ze}ld].
delante de, frente a, in front of [in front of].
deletrear, spell, spelt, spelt (to) [spel, spelt, spelt]; **deletreo,** spelling [spéllin^{g}].
delgado, thin [θín], lean [líin].
delicado, delicate [delikéit]; **delicadamente,** gently [xéntli].
denominado, so-called [só^{u}-kóld].
deuda, debt [dét].
dentista, dentist [déntist].
dentro, into [íntu], inside [insáid]; **dentro de,** within [uiθín].
denunciar, report to the police (to) [ripórt tu e polís].
departamento, department [dipártment].
depositar, lay, laid, laid (to) [léi, léid, léid].
derecha, right [ráit]; **mano derecha,** right hand [ráit há^{e}nd].
derecho, right [ráit] (ley).
desagradable, nasty [násti]; **muy desagradable,** pet dislike [pét disláik].
desaparecer, disappear (to) [disappíar].
desarrollar, develop (to) [di^{f}élop]; **desarrollo,** development [di^{f}élopment].
desayuno, breakfast [bréik-fást]; **- muy abundante,** brunch [bránch].
descascarillar, creep, crept, crept (to) [kríip, krépt, krépt].
desconectar, switch off (to) [suích óff].
descortés, rude [rúud].
describir, describe* (to) [diskráib]; **descripción,** description [diskrípxon].
descubrir, discover (to) [diskó^{f}er]; **descubrimiento,** discovery [diskó^{f}eri].
desde, since [síns].
desear, wish (to) [uíx]; **deseo, felicitación,** wish [uíx]; **desear intensamente,** long for (to) [lón^{g} foo^{r}].
desear, fancy* (to) [fá^{e}nsi].
desempleado, unemployed [anemplóid].
desgarrado, ragged [rá^{e}gg^{e}d], in rags [in rá^{e}gs].
desgracia, misfortune [misfórchun]; **¡qué desgracia!,** what bad luck! [uót bá^{e}d lák!], what a misfortune! [uót a^{e} misfórchun!].
desilusión, disappointment [disappóintment].
despecho, spite [spáit].
despedir, dismiss (to) [dismís] (formal), sack (to) [sá^{e}k], fire (to) [fáia^{r}] (informal); **despedirse,** give in one's notice (to) [gíf in uáns nó^{u}tis]; **hasta pronto,** see you soon [síi iú súun].
despegar, take off (to) [téik óf]; **despegue,** taking-off [téikin^{g}-of].
despensa, cupboard [káp-bóa^{r}d].
despertar, -se, awake (to) [a^{e}uéik], wake, woke, woken up (to) [uéik, uó^{u}k, uó^{u}ken áp]; **despertar,** *n.* awake [a^{e}uéik]; **despertador,** alarm clock [alárm klók].
despreciar, despise (to) [dispáis]; **desprecio,** despise [dispáis], contempt [kontémpt].
después, after [áfte^{r}].
destruir, destroy (to) [distrói]; **destrucción,** destruction [distrákxon].
desvalijador, burglar [bó^{e}rgla^{r}].
desventaja, disvantage [disad^{f}á^{e}ntax].
detalle, detail [ditéil].
detrás, back [ba^{e}k], behind [biháind].
deuda, debt [dét].
devolver, give back (to) [gíf bá^{e}k].
día, day [dá^{e}i]; **diariamente, diario,** daily [dá^{e}ili].
diablo, devil [dé^{f}il].
diamante, diamond [dáiamond].
diapositiva, slide [sláid].
dibujar, draw, drew, drawn (to) [dró, driú, dróun].
diciembre, December [disémbe^{r}].
diente, tooth [túuθ]; **cepillo de dientes,** toothbrush [túuθ-bráx].
dieta, diet [dáiet].
diferir, differ (to) [díffo^{e}r]; **diferencia,** difference [díffrens]; **diferente,** different [díffrent].
difícil, difficult [díffikalt]; **dificultad,** difficulty [díffikalti].
dimitir, resign (to) [risáin].
dinero, money [máni]; **estar sin blanca,** be broke (to) [bí bró^{u}k].
dios, god [gód]; **diosa,** goddess [góddes].
diploma, diploma [dipló^{u}ma].
diplomático, diplomat [díplomat].
dirección, direction [dairékxon], management [má^{e}nax-ment]; **director, directivo,** director [dairéktor], manager [má^{e}naxe^{r}]; **directora, directiva,** manageress [má^{e}naxeres]; **directivo de alto rango, funcionario,** executive [eksékiutif]; **jefe (informal),** boss [bós]; **consejero delegado,** managing director [má^{e}-naxin^{g} dairékto^{r}]; **director de cine,** film director [fílm dairéktor]; **director de periódico,** editor

[édito^{r}]; **director de orquesta,** conductor [kondáktor].

discapacitado, handicapped [há^{e}ndi-ká^{e}p^{e}d].

discípulo, pupil [piúpil].

disco, record [rékord]; **tocadiscos,** record player [rékord-pléie^{r}].

discoteca, disco [dísko^{u}].

disculpa, apology [apóloxi]; **disculparse,** apologise (to) [apoloxáis]; excuse (to) [ekskiús].

discutir, quarrel (to) [kuórrel], have a quarrel/a row (to) [há^{e}f a^{e} kuórrel/a^{e} róu].

disfrutar, enjoy* (to) [enxói].

disminuir, dicrease (to) [dikríis].

disolver, -se, melt (to) [mélt].

disparar, shoot, shot, shot (to) [xúut, xót, xót]; **disparo,** shot [xót].

disparate escrito, slip of the pen [slíp of θe pen]

disponer, arrange** (to) [arréinx]; **disposición,** arrangement [arrá^{e}ng-ment]; **disponible,** available [a^{ef}éilab^{e}l].

distraído, absent-minded [ábsent-máind^{e}d].

divertir, amuse (to) [amiús]; **divertirse,** amuse oneself (to) [uansélf], have a nice time (to) [há^{e}f a^{e} nais taim]; **diversión,** fun [fán]; **divertido,** amusing [amiúsin^{g}], funny [fánni].

divertirse have a good time (to) [há^{e}f a^{e} gúud táim]; **- locamente,** have a wild time (to) [há^{e}f a^{e} uáild táim].

divisa, currency [kó^{e}rrensi]; **- inglesa,** British currency [brítix kó^{e}rrensi].

dócil, meek [míik].

documentos, documents [dókiuments]; **documentación del coche** log book [ló^{g} búuk].

dolor, sorrow [sórrou], pain [péin], ache [éik]; **- de cabeza,** headache [há^{e}d-éik]; **- de espalda,** backache [bá^{e}k-éik]; **- de estómago,** stomach-ache [stómak-éik]; **- de garganta,** sore throat [sóa^{r} ró^{u}t]; **- de muelas,** toothache [túu-éik]; **- de vientre** tummy-ache [támmi-íek].

domicilio address [addrés]; **domicilio habitual,** permanent address [pó^{e}rmanent addrés]; **agenda,** address book [addrés búuk].

domingo, Sunday [sánda^{e}i].

dónde, where [uéa^{r}].

dormir, sleep, slept, slept (to) [slíip, slépt, slépt]; **sueño,** sleep [slíip]; **somnoliento,** sleepy, [slíipi]; **dormitar,** doze (to) [dó^{u}s^{z}]; **dormitorio,** bedroom [bédruum].

drama, play [pléi]; **dramaturgo,** playwright [pleiráit].

ducha, shower [xáue^{r}].

dudar, doubt (to) [dáut]; **duda,** doubt [dáut]; **sin duda, indudablemente,** undoubtedly [andáutidli].

dulce, *a.* y *n.,* sweet [suíit].

durante, during [diúrin^{g}].

durar, last (to) [lást].

duro, hard [hárd]; **duramente,** hard [hárd].

E

echar, throw, threw, thrown (to) [θróu, θriú, θróun], throw away (to) [θróu a^{e}uéi].

economía, economics [ikonómiks].

edad, age [éix]; **mayor de edad,** of age [of éix]; **menor de edad,** under age [ánde^{r} éix]; **época,** age [éix]; **anciano, de una cierta edad,** aged [eix^{e}d].

edificio, building [bíldin^{g}].

editor, publisher [páblixe^{r}].

educación, education [ediuká^{e}xon] (académica), politeness [poláitnes] (buenos modales); **educado,** polite [poláit].

efecto, effect [effékt].

egoísta, selfish [sélfix].

ejemplo, example [exámp^{e}l]; **por ejemplo,** for example [foo^{r} exámp^{e}l].

ejercicio, exercise [éksersais]; **practicar,** practice [práktis]; **hacer ejercicio físico,** do exercise (to) [du éksersais].

ejército, army [á^{r}mi]; **alistarse,** join the army (to) [xóin θi á^{r}mi], enrol (to) [enról].

él, he [hí] él; **él mismo,** himself [himsélf].

el, la, the [θe/θi].

elecciones, elections [elékxons]; **escrutinio,** polls [póls].

electricista, electrician [elektríxan].

elegante, elegant [élegant].

elegir, choose, chose, chosen** (to) [chúus, chó^{u}s, chúsen]; **elección,** choice [chóis].

ella, she [xí]; **ella misma,** herself [ho^{e}rsélf].

ello, lo, it [ít]; **ello mismo,** itself [itsélf].

ellos, -as, they [θéi]; them [θém]; **ellos mismos,** themselves [θemsél^{f}s].

embarcarse, go to sea (to) [gó^{u} tu síi]; **embarque** boarding [boá^{r}din^{g}]; **tarjeta de embarque,** boarding card [boá^{r}din^{g} ká^{r}d].

embestir, run over (to) [rán ó^{uf}e^{r}].

emborracharse, get drunk (to) [gét dránk].

embridar, bridle (to) [bráid^{e}l].

empapar, -se, get wet [gét uet]; **empapado,** damp (to) [dá^{e}mp], soaked [só^{u}k^{e}d].

empaquetar, wrap (to) [rá^{e}p], pack (to) [pá^{e}k]; **paquete,** package [pá^{e}ka^{e}x].

empezar, begin, began, begun (to) [bigín, bigén, bigán].

empinado, steep [stíip].

empleo, job [xób]; **empleado,** clerk [klárk], employee [emplóii]; **empleado de plantilla,** staff [stáf].

emprender, undertake** (to) [ande^{r}téik], embark (to) [imbárk].

empresa, firm [fó^{e}rm]; **empresario,** employer [emplóie^{r}].

empujar, push (to) [púx].

en, in [in].

en efecto, efectivamente, actually [á^{e}kxualli].

enano, dwarf [duó^{r}f].

encarcelar, imprison (to) [impríson].

encender (fuego), light, lit, lit (to) [láit, lít, lít]; **encendedor,** lighter [láite^{r}].

enchufe, toma eléctrica, socket [sókit], plug [plág].

encima, up [áp]; **planta superior,** upstairs [apstéa^{r}s].

encontrar, meet, met, met (to) [míit, mét, mét]; **encuentro, reunión,** meeting [míitin^{g}].

enemigo, enemy [énemi].

enero, January [xá^{e}nuari].

enfermar, get sick (to) [gét sik], fall ill (to) [fól íl]; **enfermera,** nurse [nó^{e}rs]; **enfermo,** *a.* y *n.* ill [íl], *a.* sick [sík]; **enfermo mental,** mentally ill [méntalli íl]; **de mal carácter,** ill tempered [íl témpred].

enigma, rompecabezas, puzzle [pás^{ze}l].

enorme, huge [hiúx].

ensalada, salad [sálad]; **ensalada de lechuga,** green salad [gríin sálad].

enseñar, teach, taught, taught (to) [tíich, tó^{o}t, tó^{o}t].

entero, whole [hó^{u}l].

entrada, entrance [éntrans]; **hacer entrar a alguien,** let somebody in (to) [lét sámbodi in].

entre, between [bituíin], amid [a^{e}míd], among [a^{e}món^{g}] (más de dos).

entrenar, coach (to) [kó^{u}ch]; **entrenador,** coach [kó^{u}ch].

entrevistar, interview (to) [ínter^{f}iu]; **entrevista,** interview [ínter^{f}iu]; **entrevista de trabajo,** job interview [xób ínter^{f}iu].

entrometido, busybody [bís^{z}i-bódi].

enviar, envy (to) [en^{f}i], send, sent, sent (to) [sénd, sént, sént].

envidioso, envious [én^{f}io^{u}s].

enyesar, put in plaster (to) [pút in pláste^{r}].

equipaje, crew [kriú].

equipo, team [tíim].

equivocado, wrong [rón^{g}]; **equivocadamente,** wrongly [rón^{g}li].

error, mistake [mistéik].

esbozo, draft [dráft].

escaleras, stairs [stéa^{r}s].

esclavo, slave [sléif].

esconder, hide, hid, hidden (to) [háid, híd, hídd^{e}n].

escoria, litter [lítte^{r}].

escribir, write, wrote, written (to) [ráit, ró^{u}t, rítten]; **escritor,** writer [ráite^{r}].

escuchar, listen to (to) [líssen tu].

escuela, school [skúul]; **escuela primaria,** primary school [práimari skúul]; **escuela secundaria,** secondary school [sekondá^{e}ri skúul]; **escuela superior,** high school [hái skúul]; **compañeros de escuela/clase,** school/classmates [skúul/klásméits].

escupir, spit, spit, spit (to) [spít, spít, spít].

ese, -a, that [θá^{e}t]; **esos, -as,** those [θó^{u}s].

esencial, essential [essénxal].

esforzarse, endeavour** (to) [endé^{f}a^{r}]; **esfuerzo,** effort [éffort].

esmoquin, dinner jacket [dínne^{r} xá^{e}ket].

espacio space [espéis]; **vacío,** blank [blá^{e}nk].

espagueti, spaghetti [spagéti].

espalda, back [ba^{e}k].

español, *n.* Spaniard [spániard].

especia, spice [spáis].

especial, special [spéxal]; **especialmente,** specially [spéxalli].

espejo, mirror [mírror].

esperar, hope** (to) [hó^{u}p], wait for (to) [uéit foo^{r}], expect** (to) [expékt]; **esperanza,** hope [hó^{u}p]; **hacer esperar a alguien,** keep somebody waiting (to) [kíip sámbodi uéitin^{g}]; **espere, por favor,** hold on, please [hó^{u}ld on, plíis].

¡espléndido!, splendid! [spléndid].

esposo, bridegroom [bráid-grúum]; **esposa,** bride [bráid], wife [uáif].

estación, season [síson], station [stá^{e}xon]; **estación de tren,** railway station [réil-uéi stá^{e}xon].

estado civil, marital status [márital stá^{e}t^{o}s].

estafar, cheat (to) [chít].

estallar, break out (to) [bréik áut].

estanquero, tobacconist [tobákkonist].
estantería, shelf [xélf]; book-shelf [búuk-xélf].
estatua, statue [stéiza].
este, east [íist].
estima, esteem [estíim].
esto, -e, -a, this [θís]; **estos, -as,** these [θíis].
estómago, stomach [stómak].
estrecho, narrow [ná^{e}rrou].
estrella, star [stá^{r}]; **estrellarse,** smash (to) [smá^{e}x].
estudiar, study (to) [stádi]; **estudiante,** student [stiúdent].
estúpido, silly [sílli].
eterno, perpetual [pe^{r}pétual], everlasting [e^{f}e^{r} lástin^{g}].
evitar, avoid* (to) [a^{ef}óid].
exactamente, exactly [exá^{e}ktli].
examen, examination [examiná^{e}xon]; **examen clínico,** test [tést] examen.
excavar, delve (to) [délf].
excelente, excellent [ékselent].
excepción, exception [eksépxon]; **excepto,** except [eksépt], but [bát].
excitado, excited [eksáited]; **excitante,** exciting [eksáitin^{g}].
exclamar, exclaim (to) [ekskléim].
excursión, trip [tríp]; **hacer una excursión,** take a trip (to) [téik a^{e} tríp].
excusa, excuse [ekskiús]; **¡disculpe!, ¡perdone!,** excuse me! [ekskiús mí!].
exhausto, exhausted [eksósted].
exhortar, urge (to) [ó^{e}rg].
exigir, claim** (to) [kléim].
éxito, success [saksés]; **tener éxito,** succeed (to) [saksíid].
experiencia, experience [ekspíriens].
expresar, express (to) [eksprés].
extranjero, foreigner [fórene^{r}], stranger [stréinxe^{r}]; **extraño,** foreign [fóren]; **no familiar,** strange [stréing]; **en el extranjero,** abroad [a^{e}bró^{u}d].
extraordinario, extraordinary [ekstra-órdinari].
extremadamente, extremely [ekstrím-li].

F

fábrica, factory [fá^{e}ktori]; **fabricar,** manufacture (to) [manufá^{e}kchu^{r}].
fácil, easy [ísi]; **fácilmente,** easily [ís^{i}li].
factura, invoice [in^{f}óis], bill [bíl].
falda, skirt [skó^{e}rt].
falso, false [fóls].
fama, reputation [repiutá^{e}xon]; **famoso,** famous [féimo^{u}s].
familia, family [fá^{e}mili]; **apellido,** family name [fá^{e}mili néim].
fango, mud [mád].
fantasma, ghost [gó^{u}st].
fascinar, fascinate (to) [fáxineit]; **fascinante,** fascinating [fáxineitin^{g}] handsome [há^{e}ndsam].
favor, favour [féi^{f}or]; **favorito,** favourite [fá^{ef}orit].
febrero, February [fébruari].
fecha, date [déit]; **fecha de nacimiento,** date of birth [déit of bó^{e}rθ]; **fecha de caducidad,** due date [diú déit], deadline [de^{a}dláin].
felicidad, happiness [há^{e}ppines]; **feliz,** happy [há^{e}ppi]; **felicitación,** compliment [kómpliment]; **felicitar,** congratulate (to) [kongrátiuleit]; **¡felicidades!,** congratulations! [kongratiulá^{e}xons], Season's Greetings [sísons gríitin^{g}s].
felicitar, stand on ceremony (to) [stá^{e}nd on séremoni].
fiebre, fever [fí^{f}e^{r}]; **tener fiebre,** have a temperature (to) [há^{e}f a^{e} témperchua^{r}].
fiel, faithful [féiθful]; **fidelidad,** faithfulness [féiθfulnes].
fiesta, party [pá^{r}ti].
figura, figure [fígia^{r}].
fin, end [énd]; **con el fin de,** in order to [in órde^{r} tu]; **final,** final [fáinal]; **por último,** finally [fáinalli]; **finalmente,** eventually [i^{f}énxualli].
firmar, sign (to) [sáin]; **firma,** signature [síg-nachúa^{r}].
flor, flower [fláue^{r}]; **florista,** florist [flórist].
fontanero, plumber [pláme^{r}].
fórmula, formula [fórmiula].
fotografiar, take photographs (to) [téik fó^{u}tografs], snap (to) [sná^{e}p], photograph (to) [fó^{u}tograf]; **fotografía,** photo [fo^{u}to]; **disparo fotográfico,** snap [sná^{e}p].
fracasar, fail** (to) [féil]; **fracaso,** failure [féilia^{r}].
frágil, breakable [bréikabl], frail [fréil] (metafórico), fragile [fraxáil].
francamente, frankly [frá^{e}nkli].
frecuencia, frequency [fríkuensi]; **a menudo,** often [ófen].
fregar, wipe (to) [uáip], mop (to) [móp]; **fregona,** mop [móp].

frenos, brakes [bréiks].

fresco, cool [kúul], fresh [fréx]; **pintura mural,** fresco [frésko^{u}].

frigorífico, refrigerator [refrixeréito^{r}], fridge [fríx].

frío, cold [kó^{u}ld]; **coger un resfriado,** catch a cold (to) [ká^{e}ch a^{e} kó^{u}ld].

frito, fried [fráid].

frontera, border [bórde^{r}].

fruta, fruit [frúut]; **fruto seco,** nut [nát].

fuego, fire [fáia^{r}].

fuente, source [sóors]; fountain [fáuntin].

fuera, out [áut]; **al aire libre,** outdoors [autdóo^{r}s]; **externo,** outer [áute^{r}]; **en el exterior,** outside [autsáid]; **fuera de, lejos de,** off [of].

fuerza, strength [stréng]; **fuerte, robusto,** strong [strón^{g}]; **fuertemente,** strongly [strón^{g}li].

fumar, smoke (to) [smó^{u}k]; **humo,** smoke [smó^{u}k].

funcionario, officer [óffise^{r}].

fundar, found (to) [fáund]; **fundamento, fundación,** foundation [faundá^{e}-xon]; **fundamentalmente,** basically [béisikli].

funeral, funeral [fiúnera^{o}l].

furioso, furious [fiúrio^{u}s].

fútbol, football [fútbol], soccer [sóke^{r}].

futuro, future [fiúxa^{r}].

G

gafas, glasses [glássis]; **gafas de sol,** sunglasses [sán-glássis]; **estuche de gafas,** glasses case [glássis keis].

gaita, bag-pipe [bá^{e}g-páip].

galería de arte, art gallery [árt gá^{e}lleri]; **pinacoteca,** picture-gallery [píkcha^{r}-gá^{e}lleri].

galletas, biscuit [bískit].

gallo, cock [kók]; **gallina,** hen [hén].

ganado, cattle [kát^{e}tl].

ganar, earn (to) [ó^{e}rn].

gandulear, linger (to) [lín^{g}er].

ganga, piece of junk [píis of xánk], bargain [bárgein].

garganta, throat [θró^{u}t].

gasolina, petrol [pétrol]; **depósito de gasolina,** petrol tank [pétrol tá^{e}nk]; **indicador de gasolina,** fuel gauge [fiúel geix].

gastar, spend, spent, spent (to) [spend, spent, spent]; **gastado,** worn out [uó^{e}rn áut].

gato, cat [ká^{e}t]; **gatito,** kitten [kítt^{e}n].

gemelo, twin [tuín].

generalmente, generally [xéneralli].

generoso, generous [xénero^{u}s]; **generosidad,** generosity [xenerósiti].

gente, folk [fók], people [pip^{e}l]; **pueblos,** peoples [pipl^{e}s].

girar, turn (to) [tó^{e}rn]; **echar,** turn out (to) [tó^{e}rn aut].

gnomo, gnome [gnó^{u}m].

gobernar, rule (to) [rúul].

golpe, knock [nók].

golpear, hit, hit, hit (to) [hít, hít, hít], beat, beat, beaten (to) [bíit, bíit, bíit^{e}n], strike, struck, struck (to) [stráik, strák, strák].

goma, rubber [rábber]; - **de borrar,** eraser [eréise^{r}].

gordo, fat [fá^{e}t].

gracias, thank you [θá^{e}nk iú], thanks [θá^{e}nks].

gran, grande, big [bíg], great [gréit]; **grandes almacenes,** big stores [bíg stó^{r}s].

granja, farm [fá^{r}m]; **granjero,** farmer [fá^{r}me^{r}].

grano, trigo, corn [kórn].

granuja, naughty [nóti].

grifo, tap [tá^{e}p].

gripe, influence [ínfluens], influenza [influénza], *fam.* flu [flú].

gris, grey [gréi].

gritar, yell (to) [iél], cry (to) [krái], shout (to) [xáut]; **grito,** cry [krái].

grueso, thick [θík].

grupo, group [grúup].

guadaña, scythe [sáit].

guante, glove [gló^{u}f].

guardapolvo, overcoat [ó^{uf}e^{r}-ko^{u}t].

guardar, custodiar, guard (to) [gárd]; **guarda, vigilante,** guard [gárd]; **guardia de tráfico,** traffic warden [tráfik uórd^{e}n].

guardarropa, wardrobe [uórd-ró^{u}b].

guerra, war [uó^{r}].

guía, guide [gáid]; **plano de Londres,** map of London [má^{e}p of lándon].

guisante, pea [píi].

guitarra, guitar [gíta^{r}].

gustar, like (to) [láik]; **gusto,** taste [téist]; **con mucho gusto,** gladly [glá^{e}dli].

H

haber, tener, have, had, had (to) [há^{e}f, há^{e}d, há^{e}d].

habilidad, skill [skíl], ability [abíliti]; **hábil,** skillful [skíl-fúl], handy [há^{e}ndi].

habitación, room [rúum]; **doble,** double room [dáb^{e}l-rúum].

habitante, inhabitant [inhá^{e}bitant].

hábito, habit [há^{e}bit].

hablar, speak, spoke, spoken (to) [spíik, spó^{u}k, spó^{u}ken], talk (to) [tók]; **discurso,** speech [spíich].

hacer, make, made, made (to) [méik, méid, méid], do, did, done (to) [dú, díd, dán]; **hacer el tonto,** make a fool of oneself (to) [méik a^{e} fúul of uansélf]; **hacer fortuna,** make a fortune (to) [méik a^{e} fórchun]; **hacer una suposición,** make an assumpion (to) [méik a^{e}n assámxion]; **hacer algo a alguien,** make somebody do (to) [méik sámbodi dú]; **dejar que alguien haga algo,** let somebody do something (to) [lét sámbodi du sámin^{g}]; **hacer cosquillas,** tickle (to) [tík^{e}l].

hacia, into [íntu], towards [touórds].

hada, fairy [féari]; **cuento de hadas,** fairy tale [féari téil]; **fábula,** fable [féib^{e}l].

hálito, breath [bréθ].

hallar, find, found, found (to) [fáind, fáund, fáund].

hambre, hunger [hánge^{r}]; **hambriento,** hungry [hángri].

hasta, till [tíl]; until [antíl].

hecho, fact [fá^{e}kt]; **de hecho,** in fact [in fá^{e}kt].

heredero, heir [héa^{r}].

herir, hurt, hurt, hurt (to) [hó^{e}rt, hó^{e}rt, hó^{e}rt], injure (to) [inxú^{r}], wound (to) [^{f}ú^{u}nd]; **herida,** wound [^{f}ú^{u}nd].

hermano, brother [bráθe^{r}]; **hermana,** sister [síste^{r}].

héroe, hero [híro^{u}].

herramienta, tool [túul].

hervir, boil (to) [bóil]; **hervidora,** kettle [két^{e}l].

hielo, ice [áis]; **helado,** *n.* ice-cream [áiskríim], freezing [fríis^{z}in^{g}]; *a.* frozen [fró^{u}s-^{z}en].

hierba, grass [grás].

hígado, liver [lí^{f}e^{r}].

hijo, son [són]; **hija,** daughter [dóote^{r}].

himno, hymn [him].

hinchar, blow, blew, blown (to) [blóu, bliú, blóun].

historia, story [stóri], history [hístori].

hoja de papel, piece of paper [píis of péipe^{r}], sheet [xíit].

¡hola!, hi! [hai], hallo [halló].

hombre, man [má^{e}n].

honor, honour [óno^{r}]; **honesto,** honest [ónest].

hora, hour [áua^{r}]; **hora punta,** rush hour [ráx áua^{r}]; **horas extraordinarias,** overtime [ó^{uf}e^{r}-taim].

horario, timetable [táim-teib^{e}l].

hornear, bake (to) [béik].

horno, oven [ó^{ufe}n]; **horno de microondas,** microwave oven [mákro-uéif ó^{ufe}n].

horrendo, dreadful [drédful], horrid [hórrid], awful [ó^{u}ful].

hospital, hospital [hóspital].

hoy, today [tudá^{e}i]; **hoy en día,** nowadays [náu-a^{e}-dá^{e}is].

huelga, strike [stráik]; **declararse en huelga,** strike (to) [stráik], go on strike (to) [gó^{u} on stráik].

hueso, bone [bó^{u}n].

huésped, guest [gést]; **huésped de pago,** paying guest [péin^{g} gést]; **cuarto de invitados,** guestroom [gést-rúum].

huevo, egg [ég]; **cáscara de huevo,** eggshell [ég-xél]; **clara,** eggwhite [ég-uáit]; **huevo duro,** hard-boiled egg [hárd boil^{e}d ég]; **huevos revueltos,** scrambled egg [skrá-^{e}mbl^{e}d ég].

humano, human [hiúman]; **humanidad,** mankind [ma^{e}nkáind].

humor, mood [múud].

hundirse, collapse (to) [kolláps].

hurgar, dig, dug, dug (to) [díg, dág, dág].

hurto, theft [θéft].

I

idea, idea [aidía]; **idea loca,** crazy/mad idea [krá^{e}is^{z}i/má^{e}d aidía].

iglesia, church [chó^{e}rch]; **cementerio,** churchyard [chó^{e}rch-iárd].

ignorar, ignore (to) [ig-nóa^{r}]; **ignorante,** unkind [ankáind], ignorant [ig-nórant], unlearned [anló^{e}rnd].

igual, equal [íkua^{o}l], like [láik].

imaginar, -se, imagine* (to) [imá^{e}xin]; **imaginación,** imagination [ima^{e}giná^{e}xon]; **fantasía,** fantasy [fá^{e}ntasi].

impaciencia, impatience [impá^{e}xens]; **impaciente,** impatient [impá^{e}xent].

impedir, prevent [from]* (to) [pri^{f}ént from].

implicar, involve* (to) [in^{f}ó^{u}lf].

implorar, beg (to) [bég]; **le pido perdón,** I beg your pardon [ái bég ioú^{r} párdon].

imponer, impose (to) [impó^{u}s], levy (to) [lé^{f}i].

importante, outstanding [autstá^{e}ndin^{g}], important [impó^{r}tant].

importunar, bother** (to) [baθ e^{r}].
imposible, impossible [impóssib^{e}l].
imprenta, print [prínt].
incendiar, catch fire (to) [ká^{e}ch fáia^{r}].
incluir, include (to) [inklúud]; **incluso,** even [i^{fe}n].
incómodo, uncomfortable [ankónfortab^{e}l].
incorrección, misbehaviour [misbihá^{ef}io^{u}r].
increíble, incredible [inkrédib^{e}l].
incrementar, bring up (to) [brín^{g} áp].
incurrir, incurr (to) [inkó^{e}r].
indagación, enquiry [inkuáiri].
independiente, independent [indepéndent].
indicador, indicator [indiká^{e}tor]; **palanca del indicador,** indicator switch [indiká^{e}tor suích].
índice, index [índex].
individuo, individual [indi^{f}ídual].
infeccioso, infectious [infékxo^{u}s].
inferior, inferior [infírior].
informar, inform (to) [infórm]; **información,** information [infor-má^{e}xon]; **informaciones,** briefing [bríifin^{g}]; **informe,** report [ripórt].
infringir, break down (to) [bréik dáun].
ingeniero, engineer [enxiníe^{r}].
ingresar, cash (to) [ká^{e}x].
iniciar, begin, began, begun (to) [bígín, bigén, bigán], start (to) [stárt]; **inicio,** beginning [bigínnin^{g}], start [stárt].
injusto, unjust [anxást].
inmediatamente, immediately [immídiatli]; **de inmediato,** at once [a^{e}t uáns].
inmigrante, immigrant [ímmigrant].
insecto, insect [ínsekt].
insinuar, imply (to) [impláі].
insistir, insist (to) [insíst].
inspección, survey [só^{e}r^{f}ei].
instrucción, instruction [instrákxon]; **instructor,** trainer [tréine^{r}].
insultar, insult (to) [insált]; **insulto,** insult [insált].
inteligente, clever [klé^{f}e^{r}], witty [uítti], intelligent [intéligent]; **espíritu agudo,** wit [uít].
intentar, probar, try (to) [trái]; **intención,** intention [inténxon].
interés, interest [ínterest]; **interesante,** interesting [interéstin^{g}].
intérprete, interpreter [intó^{e}rprete^{r}].
interrogar, question (to) [kuéstion], quiz (to) [kuís^{z}]; **pregunta,** quiz [kuís^{z}], question
interrumpir, interrupt (to) [interrápt].
invertir, spill, spilt, spilt (to) [spíl, spílt, spílt].
invierno, winter [uínte^{r}].
invitar, invite (to) [in^{f}áit]; **invitación,** invitation [in^{f}itá^{e}xon].
inyección, pinchazo, injection [inxékxon].
ir, -se, go, went, gone [gó^{u}, uént, gón]; **- a la izquierda/a la derecha,** go left/right (to) [gó^{u} léft/ráit]; **ir en serio,** be serious [bí sírio^{u}s]/in earnest (to) [in ó^{e}rnest].
irregular, irregular [irrégula^{r}], uneven [aní^{fe}n].
isla, island [áiland].
izquierda, left [léft]; **mano izquierda,** left hand [léft há^{e}nd]; **zurdo,** left-handed [left-há^{e}nded].

J

jamón cocido, ham [há^{e}m]; **jamón curado,** Parma ham [párma há^{e}m].
jardín, garden [gá^{r}den]; **jardín trasero,** backyard [bá^{e}k-iárd], backgarden [bá^{e}k-gá^{r}den].
jarra, pot [pót].
jaula, cage [kéix].
jefe, boss [bós]; **jefe de contabilidad,** chief accountant [chíif a^{e}kkáuntant].
joven, *a.* young [ián^{g}]; **juventud,** youth [iúθ].
joya, jewel [xúel]; **joyero,** jeweller [xúelle^{r}].
jubilarse, retire (to) [ritáia^{r}]; **jubilación,** retirement [ritáia^{r}ment]; **jubilación anticipada,** redundancy [ridándansi].
jueves, Thursday [θó^{er}sda^{e}i].
juez, judge [xádx].
jugar, play (to) [pléi]; **jugar a juegos de azar,** gamble (to) [gámbel]; **jugar a naipes,** play cards (to) [pléi ká^{r}ds]; **juego, partido, -a,** game [géim]; **juego de azar,** gamble [gámbel]; **juego de palabras,** pun [pán].
jugo, juice [xú^{u}s]; **jugoso,** juicy [xú^{u}si].
juguete, toy [tói].
juicio, proceso, trial [tráial].
julio, July [xulái].
junio, June [xú^{u}n].
junto, together [tugéθe^{r}].
jurar, swear, swore, sworn (to) [suéa^{r}, suóa^{r}, suórn]; **jurado,** jury [xúri]; **juramento,** oath [ó^{u}θ].
justicia, justice [xástis]; **justo,** just [xást].

L

lado, parte, side [sáid].
ladrón, thief [θíif].

lago, lake [léik].
lamentar, regret* (to) [rigrét]; complain (to) [kompléin]; **lamentación,** complaint [kompléint].
lámpara, lamp [lá^{e}mp]; **pantalla de lámpara,** lampshade [lá^{e}mp-xéid].
lana, wool [úul]; **lanoso, lanudo, de lana,** woollen [úullen].
lápida, memorial [memórial].
lápiz, pencil [pénsil].
lapsus línguae, slip of the tongue [slíp of θe tán^{g}]
largo, long [lón^{g}].
largo, a lo largo de, along [a^{e}lón^{g}].
lástima, pity [píti]; **¡qué lástima!,** what a pity [uót a^{e} píti].
lata, tin [tín], can [ká^{e}n]; **comida en lata,** tin food [tín fúud].
lavar, wash (to) [uóx]; **lavado, colada,** washing [uóxing]; **lavadora,** washing machine [uóxing maxín].
lazo, lace [léis].
leal, fair [féa^{r}], loyal [lóial]; **juego limpio,** fair play [féa^{r} pléi].
lección, lesson [lésson].
leche, milk [mílk]; **lechero,** milkman [mílk-má^{e}n].
leer, read, read, read (to) [ríid, réd, réd].
legal, legal [líga^{o}l]; **legalmente,** legally [líga^{o}lli].
lejos, far [fáa^{r}], far away [fáa^{r} a^{e}uéi], far off [fáa^{r} of].
lencería, underwear [ande^{r}uéar].
lengua, tongue [tán^{g}]; **trabalenguas,** tongue twister [tán^{g}-tuíste^{r}].
lenguado, sole [só^{u}l].
lenguaje, language [lá^{e}ngua^{e}x]; **lengua materna,** mother tongue [máθe^{r} táng].
lento, slow [slóu]; **lentamente,** slowly [slóuli]; **ralentizar,** slow down (to) [slóu dáun].
lerdez, dullness [dálnes]; **lerdo, obtuso,** slow [slóu], dull [dál].
levantar, lift (to) [líft]; **levantarse,** rise, rose, risen (to) [ráis, ró^{u}s, rísen]; **levantarse de la cama,** get up (to) [gét ap].
ley, law [lóo]; **decreto,** Act of Parliament [á^{e}kt of pá^{r}liament].
libertad, freedom [fríidom]; **libre,** free [fríi]; **libremente,** freely [fríili].
libra, pound [páund], sterling [stó^{e}rlin^{g}], quid [kuíd]; **libra esterlina,** sterling [stó^{e}rlin^{g}].
libro, book [búuk]; **librero,** bookseller [búuk-sélle^{r}]; **libro de cocina,** cookery-book [kúukeri-búuk]; **librería,** bookshop [buuk-xóp].
licenciado, graduate [grád-ueit]; **licenciatura,** degree [digríi].
liebre, hare [héa^{r}].
ligero, light [láit].
limitar, limit (to) [límit].
limón, lemon [lémon].
limpiar, clean (to) [klíin]; **limpieza,** cleaning [klíinin^{g}].
línea, line [láin]; **línea aérea,** liner [láine^{r}].
liso, plano, smooth [smúuθ].
lista de éxitos, hit parade [hít paréid].
litigio, row [róu].
llama, flame [fléim].
llamar, call (to) [kól]; **llamar a la puerta,** knock (to) [nók]; **llamada de teléfono,** call [kól], telephone call [télefo^{u}n kól]; **dirigirse a alguien,** call on somebody (to) [kól on sámbodi]; **hacerse pasar por alguien,** call at (to) [kól a^{e}t].
llanura, plain [pléin].
llave, clave, key [kíi].
llegar, arrive (to) [a^{e}rráif]; **llegada,** arrival [a^{e}rrái^{f}al].
lleno, full [fúl]; **plenamente,** fully [fúlli].
llevar, bring, brought, brought (to) [brín^{g}, bró^{o}t, bró^{o}t], bear, bore, born (to) [béa^{r}, bóa^{r}, bórn].
llorar, cry (to) [krái]; **llanto,** cry [krái].
llover, rain (to) [réin]; **lluvia,** rain [rein]; **lluvioso,** rainy [reini].
loco, mad [má^{e}d], crazy [krá^{e}is^{z}i], insane [inséin], lunatic [lúnatik]; **medio loco,** half crazy [háf krá^{e}is^{z}i]; **loco de atar,** raving mad [rá^{ef}in^{g} má^{e}d], as mad as a hatter [a^{e}s má^{e}d a^{e}s a^{e} há^{e}tte^{r}]; **volver loco a alguien,** drive somebody mad/crazy (to) [dráif sámbodi ma^{e}d/krá^{e}is^{z}i]; **enloquecer,** go mad (to) [gó^{u} ma^{e}d].
lograr, manage** (to) [má^{e}nax].
longitud, length [léngθ].
lotería, lottery [lótteri].
lubricar, lubricate (to) [lábrikeit].
luchar, have a fight (to) [há^{e}f a^{e} fáit].
luego, entonces, then [θén].
lugar, place [pléis]; **lugar de nacimiento,** place of birth [pléis of bó^{e}rθ].
lujo, luxury [láxa^{e}ri].
luna, moon [múun]; **claro de luna,** moonlight [múun-lait].

lunes, Monday [mánda^{e}i].
luz, light [láit].

M

maceta, jarrón, florero, vase [^{f}áas].
madera, wood [úud].
madre, mother [máθe^{r}]; **madrina,** stepmother [stép-máθer], godmother [gód-maθe^{r}].
maduro, ripe [ráip]; mature [machúa^{r}].
maestro, master [máste^{r}]; **obra maestra,** masterpiece [máste^{r}-píis].
mágico, magical [máxika^{o}l].
magistrado, magistrate [máxistreit].
mal, harm [hárm] (resultado de una acción); evil [é^{f}il]; **malo,** bad [bá^{e}d]; **mala suerte,** bad luck [bá^{e}d lák]; **desgracia,** misfortune [misfórchun].
maleducado, impolite [impoláit].
malentendido, misunderstanding [misande^{r}stá^{e}ndin^{g}].
maleta, luggage [lágga^{e}x]; **maletero,** boot [búut].
malvado, malicious [malíxo^{u}s], wicked [uík^{e}d].
mamá, mum [mám].
mancha, spot [spót].
mandar, order (to) [órder]; **mandar a alguien que haga algo,** have something done (to) [há^{e}f sámin^{g} dán], let somebody have (to) [lét sámbodi há^{e}f].
manera, manner [má^{e}nne^{r}].
mano, hand [há^{e}nd]; **presentar a alguien,** hand in (to) [há^{e}nd in]; **útil,** handy [há^{e}ndi]; **manejar,** handle (to) [há^{e}nd^{e}l]; **pomo, manija,** handle [há^{e}nd^{e}l].
manso, mild [máild].
manta, blanket [blá^{e}nket].
mantener, keep [on]* [kíip on]; **mantenimiento,** maintenance [méintenans].
mantequilla, butter [bátte^{r}]; **cuchillo para la mantequilla,** butter knife [bátte^{r} naif].
manzana, apple [á^{e}p^{e}l]; **manzana de casas,** block [blók]; **condominio,** block of flats [blók; **maqueta,** model [mó^{u}del].
mañana, tomorrow [tumórrou], morning [móo^{r}nin^{g}].
máquina, machine [maxín]; **máquina de coser,** sawing-machine [siúin^{g}-maxín].
mar, sea [síi]; **mar abierto,** offshore [ofxóo^{r}]; **costa,** seaside [síi-sáid]; **ultramar,** overseas [ó^{uf}e^{r}-siis].
maravilla, milagro, wonder [uónde^{r}].
maravilloso, marvellous, marvelous [má^{rf}elo^{u}s], wonderful [uónderful].
marchar, march (to) [márch].
marea, tide [táid].
margarina, margarine [margarín].
marido, husband [hásband].
marinero, sailor [sá^{e}ilo^{r}].
mariposa, butterfly [bátte^{r}flai].
marrón, brown [bráun].
martes, Tuesday [tiúsda^{e}i].
martillo, hammer [hámme^{r}].
marzo, March [márch].
más, more [móo^{r}]; **además,** moreover [móo^{r}-ó^{uf}e^{r}], furthermore [fó^{e}rθe^{r}-móo^{r}].
más bien, rather [ráθe^{r}].
masa, mass [má^{e}s].
masticar, chew (to) [chú].
matar, kill (to) [kíl]; **homicida, asesino,** killer [kílle^{r}].
matemática, mathematics [maθ^{ei}má^{e}tiks], *fam.* maths [ma^{e}θs].
material, material [matírial].
mayo, May [méi].
mazmorra, dungeon [dánxon].
mecánico, mechanic [mékanik].
mecanógrafa, typist [táipist]; **máquina de escribir,** typewriter [táip-ráite^{r}].
mecedora, rocking chair [rókin^{g} chéa^{r}].
mecer, rock (to) [rók].
media, average [á^{ef}rex] (aritmética).
medias, stockings [stókin^{g}s], tights [táits].
medicina, medicine [médisin]; **médico,** doctor [dókto^{r}].
medio, half [háf]; **media hora,** half an hour [háf a^{e}n áua^{r}]; **mitad,** middle [míd^{e}l].
medio, means [míins]; **medio de transporte,** means of transport [míins of tránsport].
mediodía, noon [núun].
medir, size (to) [sáis^{z}]; **medida,** size [sáis^{z}].
mejilla, cheek [chík].
mejor, better [bétte^{r}]; **mejorar,** improve (to) [imprú^{u}f].
melodía, melody [mélodi].
memoria, memory [mémori].
mencionar, mention (to) [ménxon].
mendigo, beggar [bégga^{r}].
menear, wag (to) [uég].
menos, less [lés]; **a menos que,** unless [anlés].
mente, mind [máind].
mentir, lie (to) [lái]; **mentira,** lie [lái]; **decir mentiras,** tell lies (to) [tél láis].
menú, menu [méniu].
merecer, deserve** (to) [disó^{e}rf].

mermelada, jam [xá^{e}m]; **mermelada de cítricos,** marmalade [mármleid].
mes, month [mánθ].
mesa, table [téib^{e}l]; **mantel,** table-cloth [téi-b^{e}l klóθ]; **cuchara,** table-spoon [téib^{e}l spúun].
mesón, fonda, inn [ín].
metro, metre [míte^{r}].
mezcla, mingling [míng-lin^{g}].
mi, mío, -a, *a.* my [mái], *pr.* mine [máin].
miedo, fear [fía^{r}]; **miedoso,** fearful [fía^{r}-ful].
miel, honey [háni]; **luna de miel,** honey-moon [háni-múun].
mientras, while [uáil].
miércoles, Wednesday [uénsda^{e}i].
mijo, mile [máil].
millón, one million [uan míllion]; **mil millones,** a billion [a^{e} bíllion].
mimar, spoil (to) [spóil]; **mimado,** spoilt [spóilt].
minúsculo, tiny [táini].
minuto, minute [mínit].
mirar, look (to) [lúuk]; **mirar con atención, observar,** look at (to) [lúuk a^{e}t]; **mirar alrededor,** look around (to) [lúuk a^{e}ráund]; **prestar atención,** look out (to) [lúuk aut].
mismo, same [séim].
misterio, mystery [místeri]; **misterioso,** mysterious [mistírio^{u}s].
mobiliario, furniture [fó^{e}rnixa^{r}]; **mueble,** a piece of furniture [a^{e} píis of fó^{e}rnixa^{r}].
moda, fashion [fá^{e}xon]; **a la moda,** fashionable [fá^{e}xonab^{e}l].
modelo, pattern [pá^{e}tte^{r}n].
modo, way [uéi].
mojar, sprinkle (to) [sprínk^{e}l], wet (to) [uét]; **mojado,** wet [uét]; **calado hasta los huesos,** wet through [uét θrú].
molestar, annoy (to) [á^{e}nnoi], trouble (to) [tráb^{e}l]; **molestia,** trouble [tráb^{e}l]; **persona molesta,** troublemaker [tráb^{e}l-méike^{r}].
momento, moment [mó^{u}ment].
moneda, coin [kóin]; **monedero,** purse [pó^{e}rs]; **monedero de piel,** leather handbag [léθe^{r} há^{e}nd-bá^{e}g].
montaña, mountain [máuntin].
montón, heap [híip]; **un montón de,** lot (a lot of) [a^{e} lót of].
monumento, monument [móniument].
morder, bite, bit, bitten (to) [báit, bít, bít-ten]; **mordisco,** bit [bít].
morir, die (to) [dái]; **muerto,** dead [dé^{a}d], late [léit].
mosca, fly [flái]; **mosquito,** gnat [ná^{e}t].
mostrador, counter [káunte^{r}].
mostrar, show, showed, shown/ed (to) [xóu, xóud, xóun/xóud]; **muestra,** show [xóu]; **mostrador,** desk [désk].
motivo, matter [má^{e}tte^{r}].
motocicleta, motorbike [móto^{r}-báik].
motor, engine [énxin].
mover, move (to) [múuf]; **movimiento,** move [múuf].
muchedumbre, crowd [kráud]; **atestado,** crowded [kráud^{e}d].
mucho, much [mách]; **muchos,** many [má^{e}-ni]; **muchísimo,** very much [^{f}é^{r}i mách].
mudo, dumb [dám].
mujer, woman [húma^{e}n].
multa, fine [fáin]; **multar,** fine (to) [fáin].
mundo, world [uó^{e}rld].
muñeca, doll [dól], wrist [ríst] (de la mano).
muro, pared, wall [uól]; **papel de pared,** wallpaper [uól-péipe^{r}].
museo, museum [miusíum].
música, music [miúsik].
mutuamente, each other [ích áθe^{r}].
muy, mucho, very [^{f}é^{r}i]; **muchísimo,** very much [^{f}é^{r}i mách].

N

nacer, be born (to) [bí bórn]; **nacimiento,** birth [bó^{e}rθ]; **cumpleaños,** birthday [bó^{e}rθdei].
nación, nation [ná^{e}xon]; **nacionalidad,** nationality [na^{e}xoná^{e}liti].
nada, nothing [náθing]; **ninguno,** none [nán], no one [nouuán]; **nadie,** nobody [nó^{u}bodi]; **ningún lugar,** nowhere [no^{u}u-éa^{r}].
nadar, swim, swam, swum (to) [suím, suém, suám]; **natación,** swim [suím].
naipes, cards [ká^{r}ds].
naranja, orange [óranx] (fruta y color); **zumo de naranja,** orange juice [óranx xú^{u}s].
nariz, nose [nó^{u}s].
nativo, native [néitif]; **hablante nativo,** native speaker [néitif spíike^{r}].
naturaleza, nature [néixa^{r}]; **natural,** natural [ná^{e}xura^{o}l]; **naturalmente,** naturally [ná^{e}-xuralli].
naufragar, wreck (to) [rék]; **naufragio,** wreck [rék].

navaja, razor [réiso^{r}]; **cuchillas de afeitar,** razor-blades [réiso^{r}-bléids].
navegar, sail (to) [sá^{e}il], go sailing (to) [gó^{u} séilin^{g}]; **vela,** sail [sá^{e}il].
Navidad, Christmas [krísmas], X-mas (informal).
necesitar, need (to) [níid]; **necesidad,** need [níid], want [uónt]; **inútil, superfluo,** needless [níidles].
negar, deny* (to) [dinái].
negligente, careless [kéa^{r}-les].
negocio, business [bísnis]; **hombre de negocios,** businessman [bísnis-má^{e}n].
negro, black [blá^{e}k].
nervio, nerve [nérf]; **nervioso,** nervous [nír^{f}o^{u}s]; **agotamiento nervioso,** nervous breakdown [nír^{f}o^{u}s bréik-dáun].
neumático, tyre [táia^{r}].
nevar, snow (to) [snóu]; **nieve,** snow [snóu]; **nevoso,** snowy [snóui]; **nevisca,** sleety [slíiti].
ni... ni, neither nor [náiθe^{r} no^{r}].
nido, nest [nést].
niebla, fog [fóg]; **nebuloso,** foggy [fóggi]
niño, -a, child [cháild]; **niños,** children [chíldren]; **infancia,** childhood [cháild-húud]; **jardín de infancia,** kindergarten [kínder-gárten]; **subsidios familiares,** child benefits [cháild bénefits].
no, no [nó^{u}], not [nót].
noche, night [náit]; **medianoche,** midnight [mídnait]; **esta noche,** tonight [tunáit].
Nochevieja, New Year's Eve/Day [niú ía^{r}s íif/dá^{e}i].
nombrar, name (to) [néim]; **nombrar un cargo,** appoint (to) [appóint]; **nombre,** Christian name [kristian néim]; **nombre de pila,** first name [fó^{e}rst néim]; **dar nombre,** name [néim].
normal, normal [nórmal]; **normalmente,** usually [iús-^{xi}ualli].
norte, north [nó^{r}θ].
nosotros, we [uí], us [ás].
nota, note [nó^{u}t].
noticia, news [niús]; **noticia,** piece of news [píis of niús]; **periódico diario,** newspaper [niús-péipe^{r}].
novela, novel [no^{f}el]; **- policíaca,** thriller [θrílle^{r}].
noviembre, November [no^{f}émbe^{r}].
novio, boyfriend [bói-frénd]; **novia,** girlfriend [gó^{e}rl-frénd].
nube, cloud [kláud]; **nuboso,** cloudy [kláudi].
nuera, daughter-in-law [dóote^{r}-in-lóo].
nuestro, -a, *a.* y *pr.* our [áua], *pl.* ours [áuas]; **nosotros, -as mismos, -as,** ourselves [aua^{r}sélfs].
nuevo, new [niú].
nuez, walnut [uólnat].
número, number [námbe^{r}]; **- par,** even number [ífen námbe^{r}]; **- impar,** odd number [ód námbe^{r}]; **- de una publicación,** issue [íssiu]; **- de teléfono,** telephone number [télefo^{u}n námbe^{r}].
nunca, ever [é^{f}e^{r}], never [né^{f}e^{r}].
nutrir, feed, fed, fed (to) [fíid, féd, féd].

O

o, or [o^{r}], else [els].
obedecer, obey (to) [obéi].
obligación, obligation [obligá^{e}xon]; **estar obligado,** be bound (to) [bí báund], be obliged (to) [bí obláix^{e}d]; **obligado,** bound [báund], compelled [kompéld], obliged [obláix^{e}d]; **obligatorio,** compulsory [kompálsori].
observar, watch (to) [uóch].
obstáculo, obstacle [óbstak^{e}l].
obviamente, obviously [óbˢio^{u}sli].
oca, goose [gúus].
ocasión, chance [cháns], occasion [okká^{e}s-^{x}on], opportunity [opportiúniti]; **ocasionalmente,** occasionally [okká^{e}s-^{x}onalli].
ocio, recreation [rikriá^{e}xon], idleness [áidlnes]; **ocioso,** idle [áid^{e}l].
octubre, October [októbe^{r}].
ocupar, occupy (to) [okkiupái]; **ocuparse,** care (to) [kéa^{r}]; **ocupado,** occupied [okkiupáid], busy [bís^{z}i]; **ocupación,** occupation [okkiupá^{e}xon].
odiar, hate (to) [héit]; **odio,** hatred [héitr^{e}d].
oeste, west [uést].
oficina, office [óffis]; **oficina de objetos perdidos,** Lost Properties Office [lóst própertis óffis].
oír, hear, heard, heard (to) [hía^{r}, hó^{e}rd, hó^{e}rd]; **- por casualidad,** overhear (to) [ó^{uf}e^{r}-hía^{r}].
ojo, eye [ái].
oler, smell (to) [smél]; **olor,** smell [smél].
olla, saucepan [sóospa^{e}n]; **- a presión,** pressure cooker [préxua^{r} kuuke^{r}].
olvidar, forget, forgot, forgotten*** (to) [forgét, forgót, forgótte^{n}].
operación, operation [operá^{e}xon]; **operar,** operate (to) [operéit]; **operarse,** have an operation (to) [há^{e}f a^{e}n operá^{e}xon].

opinión, opinion [opínion], view [^{f}iú]; **punto de vista,** point of view [póint o^{f} ^{f}iú], viewpoint [^{f}iú -póint].

oponer, oppose to (to) [oppó^{u}s tu]; **opuesto,** opposite [ópposit].

orden, order [órde^{r}]; **dar una orden,** send an order (to) [sénd a^{e}n órde^{r}]; **ordenar a alguien que haga algo,** order somebody to do something (to) [órde^{r} sámbodi tu dú sámin^{g}].

oreja, ear [ía^{r}].

organizar, organize (to) [organáis].

orgullo, pride [práid]; **orgulloso,** proud [práud].

origen, origin [órixin].

orilla, borda, shore [xóa^{r}].

oro, gold [gó^{u}ld]; **oro falso,** fool's gold [fúuls gó^{u}ld]; **dorado,** golden [gó^{u}lden].

osar, dare (to) [déa^{r}].

oscuro, dark [dá^{r}k]; **oscuridad,** darkness [dá^{r}knes].

oso, bear [béa^{r}].

ostra, oyster [óiste^{r}].

otoño, autumn [ótom].

otro, other [áθe^{r}], another [a^{e}náθe^{r}], else [els]; **por otra parte,** otherwise [áθe^{r}-uais], or else [o^{r} els].

oveja, sheep [xíip].

oxígeno, oxygen [oksixen].

P

paciente, patient [pá^{e}xent]; **pacientemente,** patiently [pá^{e}xentli].

padre, father [fáθe^{r}]; **padres,** parents [pá^{e}rents]; **papá,** dad [dá^{e}d]; **padrino,** godfather [gód-faθe^{r}].

pagar, pay (to) [péi]; **pago,** payment [péiment].

página, page [péix].

país, country [káuntri].

paisaje, landscape [lá^{e}ndskeip].

pájaro, bird [bó^{e}rd].

palabra, word [uó^{e}rd]; **dicho, expresión,** wording [uó^{e}rdin^{g}].

pálido, pale [péil].

palo, poste, pole [pó^{u}l].

pan, bread [bréd]; **barra de pan,** loaf of bread [ló^{u}f of bréd]; **bastón de pan,** bread-stick [bréd-stík].

panadero, baker [béike^{r}].

panceta, bacon [béikon].

panecillo, roll [ról].

pánico, panic [pá^{e}nik]; **dejarse vencer por el pánico,** panic (to) [pá^{e}nik].

panorama, sight [sáit].

pantalla, screen [skríin].

pantalones, trousers [tráuse^{r}s]; **- cortos,** shorts [xórts].

pantano, marsh [márx].

pañuelo, handkerchief [há^{e}nd-kerchíf].

papagayo, parrot [pá^{e}rrot].

papel, paper [péipe^{r}]; **- dramático,** role [róo^{u}l].

papelería, stationery [sta^{e}xóneri].

paquete, parcela, parcel [párs^{e}l].

par, pair [péa^{r}].

paraguas, umbrella [ambréllа].

paraíso, heaven [hé^{fe}n], paradise [paradáis].

parar, detener, stop*** (to) [stóp]; **parada,** stop [stóp].

pareja, couple [káp^{e}l].

parientes, relatives [rélatifs].

parte, part [part]; **particular,** particular [partíkiula^{r}]; **particularmente,** particularly [partíkiularli].

participar, take part in (to) [téik párt in].

partido político, party [pá^{r}ti].

partir, leave, left, left (to) [líif, léft, léft].

pasado, past [pást].

pasar, pass (to) [pás]; **pasar por allí,** pass by (to) [pás bai]; **pasajero,** passenger [pássenger]; **pasaporte,** passport [páspo^{r}t].

Pascua, Easter [íste^{r}].

pasear, stroll (to) [stról]; **paseo,** stroll [stról]; **paseo en coche,** give a lift (to) [gíf a^{e} líft]; **dar en préstamo,** lend, lent, lent (to) [lénd, lént, lént]; **dar una mano,** lend a hand (to) [lénd a^{e} há^{e}nd]; **darse prisa,** be in a hurry (to) [bí in a^{e} hárri]; **darse un baño o una ducha,** take a bath/shower (to) [téik a^{e} ba/xáuer].

paso de cebra o de peatones, zebra crossing [s^{z}íbra króssin^{g}].

pastel, cake [kéik].

pata, paw [póo].

patada, kick [kík].

patata, potato [potéito^{u}]; **patatas fritas,** chips [chíps]; **puré de patata,** mashed potatoes [máxed potéito^{u}s].

patinar, skate (to) [skéit].

patio, yarda, yard [iárd].

pausa, break [bréik].

pavo, turkey [tó^{e}rki].

paz, peace [píis].

peatón, pedestrian [pedéstrian].

pecar, sin (to) [sín]; **pecado,** sin [sín].

pegar, stick, stuck, stuck (to) [stík, sták, sták]; **autoadhesivo,** sticker [stíke^{r}].
peinar, comb (to) [kóm]; **peine,** comb [kóm].
pelaje, fleece [flíis].
peligro, danger [dá^{e}nxe^{r}]; **peligroso,** dangerous [dá^{e}nxero^{u}s]; **peligrosamente,** dangerously [dá^{e}nxero^{u}sli].
penalti, penalty kick [pénalti kík].
pendiente, earring [ía^{r}-rin^{g}].
penique, penny [pénni], pence [péns].
pensar, think, thought, thought (to) [θínk, θó^{o}t, θó^{o}t]; **pensamiento,** thought [θó^{o}t]; **pensativo,** thoughtful [θo^{o}tfúl].
pensión, boarding house [boá^{r}din^{g} háus]; **subsidio,** pension [pénxon]; **de jubilación,** old age benefits [ó^{u}ld éix bénefits].
peor, worse [uó^{e}rs].
pequeño, little [lít^{e}l], small [smól].
perder, lose, lost, lost (to) [lúus, lóst, lóst], miss* (to) [mís]; **perderse,** get lost (to) [gét lóst]; **pérdida,** loss [lós]; **perder peso,** lose weight (to) [lúus uéit].
perdonar, forgive, forgave, forgiven (to) [forgíf, forgéif, forgíf^{e}n].
perejil, parsley [pá^{r}sli].
pereza, laziness [léis^{z}ines]; **perezoso,** lazy [léis^{z}i], slack [slá^{e}k].
perfecto, perfect [pó^{e}rfekt]; **perfectamente,** perfectly [pó^{e}rfektli].
perfume, perfume [pá^{e}rfium].
periodista, journalit [xó^{e}rnalist], reporter [ripórte^{r}].
periodo, period [píriod].
permanecer, stay (to) [stéi]; **permanente,** permanent [pó^{e}rmanent].
permitir, allow (to) [a^{e}láu]; **permitirse,** afford** (to) [a^{e}ffórd]; **permitir algo a alguien,** allow somebody to do something (to) [a^{e}láu sámbodi tu dú sámin^{g}]; **permiso,** permission [permíxon].
pero, but [bát]; **no obstante,** in spite of [in spáit of], despite [dispáit].
perro, dog [dóg]; **cachorro de perro,** puppy [páppi].
perseguir, chase (to) [chéis], prosecute (to) [prosekiút].
persiana, shutter [xátte^{r}].
persona, person [pó^{e}rson]; **persona conocida** acquaintance [akuéntans]; **personal,** personnel.
persuadir, persuade (to) [po^{e}rsuéid].
pertenecer, belong (to) [bilón^{g}].
peso, weight [uéit]; **ganar peso,** put on weight (to) [pút on uéit]; **perder peso,** lose weight (to) [lúus uéit].
pez, pescado, fish [fíx]; **pez rojo,** goldfish [gould-fíx]; **pescar,** fish (to) [fíx]; **varitas de pescado,** fish fingers [fíx fínge^{r}s].
piano, piano [pia^{e}no^{u}]; **pianista,** pianist [piá^{e}nist].
picar, sting, stung, stung (to) [stíng, stáng, stáng]; **picadura de insecto** sting [stíng].
pie foot [fúut]; **estar de pie,** stand, stood, stood (to) [stá^{e}nd, stúud, stúud]; **ponerse de pie,** stand up [stá^{e}nd áp].
piedad, pity [píti], mercy [mó^{e}rsi].
piedra, stone [stó^{u}n].
piel, skin [skín].
pierna, leg [lég].
píldora digestiva, digestive pill [daigéstif píl].
pimienta, pepper [péppe^{r}].
pinchar, prick (to) [prík].
pintar, paint (to) [péint]; **pintor,** painter [péinte^{r}]; **pintor de brocha gorda,** house-painter [háus-péinte^{r}].
piojo, louse [láus].
pipa, pipe [páip].
piscina, swimming pool [suímmin^{g}-púul].
placer, pleasure [pléis-^{x}a].
planchar, do the ironing (to) [dú θi áironin^{g}]; **planchar,** press (to) [prés]; **planchado,** pressing [préssin^{g}].
planificar, proyectar, plan** (to) [plá^{e}n]; **proyecto,** plan [plá^{e}n].
plano, *a.* flat [flá^{e}t].
planta, plant [plá^{e}nt].
plata, silver [síl^{f}e^{r}].
plataforma, platform [plá^{e}tform].
plato, plate [pléit]; saucer [sóse^{r}].
playa, beach [bíich].
plaza, square [skuéa^{r}].
plomo, lead [léd]; **plomizo, plúmbeo,** leaden [léd^{e}n].
pluma, feather [féθe^{r}].
pobre, poor [púa^{r}].
poco, little [lít^{e}l], few [fiú].
poder, can, could, been able [ká^{e}n, kúd, bíin éib^{e}l], may, might [méi, máit]; **poder,** *n.* power [páue^{r}]; **poderoso,** powerful [páue^{r}-ful], mighty [máiti].
poema, poem [póem]; **poesía,** poetry [póetri] (género); **poeta,** poet [pó^{u}et].
policía, police [polís], policeman [polísma^{e}n]; **comisaría de policía,** police station [polís stá^{e}-xon].

política, politics [pólitiks].

póliza de seguros, policy [pólisi]; **póliza de coche a todo riesgo,** comprehensive motor policy [komprehénsif móto^{r} pólisi]; **póliza contra robo e incendio,** theft fire policy [θeft fáia^{r} pólisi]; **póliza de responsabilidad civil a terceros,** third party liability policy [θó^{e}rd pá^{r}ti laiabíliti pólisi]; **póliza de casco,** blanket/block policy [blá^{e}nket/blók pólisi]; **póliza de mercancías en tránsito,** goods in transit policy [gúuds in tránsit pólisi]; **póliza caducada,** lapsed policy [lá^{e}ps^{e}d pólisi]; **seguro de vida,** life insurance [laif ínxurans]; **anular una póliza,** void a policy (to) [^{f}óid a^{e} pólisi]; **titular de una póliza,** policy-holder [pólisi-hó^{u}lde^{r}].

pollo, chicken [chíken]; **pollito,** chik [chík].

pomelo, grapefruit [greipfrúut].

poner, meter, put, put, put (to) [pút, pút, pút]; **poner en orden,** tidy up (to) [táidi áp]; **en su lugar, clasificar,** sort out (to) [sórt áut]; **ponerse a dieta,** go on a diet (to) [gó^{u} on a^{e} dáiet].

popular, popular [pópiula^{r}]; **población,** population [popiulá^{e}-xon].

por, by [bái]; **por desgracia,** unfortunately [anfórxunatli]; **por despecho,** out of spite [áut of spáit]; **por ejemplo,** for instance [foo^{r} ínstans]; **por favor,** please [plíis]; **por qué,** why [uái]; **porque,** because [bíkós]; **por tanto,** therefore [θéa^{r}-fóa^{r}].

porcelana, china [cháina].

porcentaje, percentage [pó^{e}rsenteix]; **por ciento,** per cent [p^{e}r sént].

poseer, own (to) [óun]; **propietario,** owner [óune^{r}]; **propio,** own [óun].

posesión, estate [estéit].

posible, likely [láikli], possible [póssibl]; **posibilidad,** possibility [possibíliti].

posición, postura, position [posíxon].

posponer, aplazar, put off* (to) [pút of], postpone* (to) [po^{u}st-po^{u}n].

postre, dessert [disó^{e}rt].

practicar, practice* (to) [práktis]; **práctico,** practical [práktica^{o}l].

prado, lawn [ló^{o}n]; **prado de forraje,** meadow [médou].

precedente, previous [prí^{f}io^{u}s]; former [fórme^{r}].

precio, price [práis]; **precioso,** precious [príxo^{u}s].

preciso, precise [prisáis]; **precisamente,** precisely [prisáisli].

preferir, prefer (to) [prifé^{r}]; **preferencia,** preference [préferens]; **preferentemente,** mostly [mó^{u}stli].

preguntar, ask (to) [ásk]; **preguntarse,** wonder (to) [uónde^{r}]; **formular una pregunta,** ask a question (to) [ásk a^{e} kuéstion]; **pedir algo,** ask for (to) [ásk foo^{r}].

prejuicio, prejudice [préxudis].

preocuparse, bother** (to) [baθ e^{r}], worry (to) [uórri]; **preocupado,** worried [uórri^{e}d]; **¡no te preocupes!,** don't worry! [dó^{u}nt uórri!].

preparar, -se, prepare (to) [pripéa^{r}], get ready (to) [gét redi]; **preparado, listo,** ready [rédi].

presentar, present (to) [présent]; **regalo,** present [présent], gift [gíft]; **presentar a una persona,** introduce (to) [introdiús].

presidente, president [président].

préstamo, loan [ló^{a}un].

presupuesto, budget [báxxet].

prevalecer, prevail (to) [pri^{f}éil].

prever, foresee (to) [fóo^{r}-sfi], forecast (to) [fóo^{r}-kást]; **previsión,** forecast [fóo^{r}-kást].

primavera, spring [sprín^{g}].

primero, first [fó^{e}rst].

primo, cousin [kásin]; **primo carnal,** first cousin [fó^{e}rst kásin].

principal, main [méin].

príncipe, prince [príns]; **princesa,** princess [prinsés].

principiante, beginner [bigínne^{r}].

prisa, hurry [hárri].

prisión, prison [príson]; **preso,** prisoner [prísone^{r}].

privado, private [prái^{f}et].

privilegio, privilege [prí^{f}ileg].

problema, problem [próblem].

producir, produce (to) [prodiús]; **producto,** product [pródakt].

profesión, profession [proféxon].

profesor, teacher [tíicha^{r}].

profundizar, sink, sank, sunk (to) [sínk, sá^{e}nk, sánk]; **profundo,** deep [díip]; **profundidad,** depth [dépθ]; **profundamente,** deeply [díipli]; **lavadero,** sink [sínk].

programar, programme (to) [prógram]; **programa,** programme [prógram]; **programa político,** platform [plátform].

prohibir, forbid, forbade, forbidden (to) [fo^{r}bíd, fo^{r}béid, fo^{r}bídd^{e}n]; **prohibición,** prohibition [proibíxon].

prometer, promise (to) [prómis]; **promesa,** promise [prómis]; **prometido, -a,** fiancé [fiansé].
promover, promocionar, promote (to) [promó^{u}t].
pronombre, pronoun [pronáun].
pronto, soon [súun]; **lo más pronto posible,** as soon as possible [a^{e}s súun a^{e}s póssib^{e}l].
propiedad, property [próperti].
propina, tip [típ].
proporcionar, supply (to) [sappláі], provide (to) [pro^{f}áid].
proteger, protect (to) [protékt].
provecho, profit [prófit].
proverbio, proverb [pró^{f}erb].
próximo, next [néxt].
proyecto, plano, project [próxekt].
psicología, psychology [saikóloxi].
psiquiatra, psychiatrist [sakáiatrist].
público, audience [ódiens].
pueblo, village [^{f}ílla^{e}x].
puente, bridge [brích].
puerta, door [dóo^{r}]; **puerta de entrada,** front door [frónt dóo^{r}].
pulga, flea [flíi].
pulmonía, pneumonia [niumónia].
puntuación, score [skó^{r}]; **puntual,** punctual [pánkxual]; **puntualizar,** remark (to) [rimá^{r}k].
púrpura, purple [pó^{e}rp^{e}l].

Q

que, what [uót], that [θá^{e}t]; **que, lo que, lo cual,** which [uích]; **qué,** what a [uót a^{e}]; **qué me dices,** what about [uót a^{e}báut].
quemar, burn, burnt, burnt (to) [bó^{e}rn, bó^{e}rnt, bó^{e}rnt]; **quemarse al sol,** get sunburnt (to) [gét sán-bó^{e}rnt].
querer, want** (to) [uónt]; **querido,** dear [día^{r}].
queso, cheese [chíis].
quién, quien, who [hú]; **a quién, a quien,** whom [húm]; **de quién, de quien,** whose [húus].
quincena, fortnight [fórtnait].
quiosquero, newsagent [niús-éixent].
quisquilloso, cicatero, hypersensitive [háipe^{r}-sénsitif].
quizá, puede ser, maybe [méibi], perhaps [pó^{e}r-ha^{e}ps].

R

rabia, anger [á^{e}nge^{r}]; **rabioso,** angry [á^{e}ngri]; **rabiosamente,** angrily [á^{e}ngrili].
rabo, tail [téil].
radiador, radiator [rádia^{e}to^{r}].
radio, radio [ráediou].
rallado, grater [gréite^{r}].
rama, bough [báu], branch [brá^{e}nch].
ramo, bunch [bánch].
rana, frog [fróg].
rápido, fast (to) [fást], soon [súun]; **rápidamente,** fast [fást].
raqueta de tenis, tennis racket [ténnis ráket].
raramente, seldom [séldom], rarely [réa^{r}li].
raro, odd [ód], rare [réa^{r}].
rascar, scratch (to) [skrá^{e}ch].
ratón, mouse [máus].
ravioli, ravioli [ra^{f}ióli].
razón, reason [ríson]; **razonable,** reasonable [rísonab^{e}l]; **tener razón,** be right (to) [bí ráit].
real, royal [róial].
realidad, reality [riáliti]; **darse cuenta,** realise (to) [rialáis]; **real, verdadero,** real [ríal]; **realmente,** really [ríalli].
rebanar, slice (to) [sláis], chop (to) [chóp]; **rebanada,** slice [sláis].
recepcionista, receptionist [risépxonist]; **mostrador de recepción,** reception desk [risépxon désk].
receta médica, prescription [preskrípxon]; **- de cocina,** recipe [résipi].
rechazar, refuse** (to) [rifiús].
recibir, receive (to) [risíf]; **recibo,** receipt [risíit].
reciente, recent [rísent]; **recientemente,** recently [rísentli], lately [léitli].
reclamar, requerir, exigir, require (to) [rikuáia^{r}].
recoger del suelo, pick up (to) [pík/pík áp].
recomendar, recommend* (to) [rekomménd].
reconocer, recognize (to) [rikonnáis].
recordar, recall* (to) [rikól], remember (to) [rimémbe^{r}], remind (to) [rimáind].
recto, derecho, straight [stréit].
rector, headmaster [há^{e}d-máste^{r}], principal [prínsipal].
red, net [nét]; **red de televisión,** network [nét-uó^{e}rk].
rédito, income [ínkam].
redondo, round [ráund].
reducir, reduce (to) [ridiús].
reembolso, refund [rifánd].
referir, report (to) [ripórt].

reflexión, thought [θó^{o}t]; **irreflexivo,** thoughtless [θó^{o}t-les]
regalía, royalty [róialti].
regar, water (to) [uóte^{r}]; **regadera,** watering can [uóterin^{g} ká^{e}n].
región, land [lá^{e}nd], region [ríxon].
regla, rule [rúul].
regresar, come back (to) [kám bá^{e}k].
regularmente, regularly [régiularli].
reina, queen [kuíin].
reír, laugh (to) [láf]; **risa,** laughter [láfte^{r}]; **reírse de,** laugh at (to) [láf a^{e}t].
relajarse, relax (to) [rilá^{e}x].
rellano, landing [lá^{e}ndin^{g}].
rellenar, stuff (to) [stáf], fill (to) [fíl], fill up (to) [fíl áp], fill in (to) [fíl in].
reloj de pared, clock [klók]; **- de pulsera,** watch [uóch].
remar, row (to) [róu].
remedio, remedy [rémedi].
renovar, renew (to) [riniú].
renunciar, give up* (to) [gíf áp].
reparar, repair (to) [ripéa^{r}].
repetir, take again (to) [téik a^{e}géin], repeat (to) [ripíit].
reposo, rest [rést]; **reposar,** have a rest (to) [há^{e}f a^{e} rést].
representación, performance [perfó^{r}mans].
reprochar, reproach (to) [ripró^{u}ch].
requerir, be in want of (to) [bí in uónt of].
resbalar, slip (to) [slíp].
reservar, book (to) [búuk]; **reserva,** booking [búukin^{g}]; **despacho de reservas,** booking office [búukin^{g} óffis].
resfriado, cold [kó^{u}ld].
resistir, resist* (to) [resíst].
respeto, respect [rispékt].
respirar, breathe (to) [bríiθ].
resplandecer, shine, shone, shone (to) [xáin, xó^{u}n, xó^{u}n].
responder, reply (to) [riplái], answer (to) [ánse^{r}]; **respuesta,** answer [ánse^{r}]; **responsable,** answerable [ánserab^{e}l], liable [láiab^{e}l], responsible [rispónsib^{e}l].
resultado, result [risált].
retener, hold, held, held (to) [hó^{u}ld, héld, héld].
retraso, delay [diléi]; **con retraso,** late [léit].
retrete, loo [lúu].
reunir, -se, gather (to) [gá^{e}θe^{r}].
reventar, burst, burst, burst (to) [bó^{e}rst, bó^{e}rst, bó^{e}rst].
revisión, revision [re^{f}ís^{x}on].
revista, magazine [mágasin].
rey, king [kín^{g}].
rezar, pray (to) [préi]; **rezo,** prayer [préie^{r}].
rico, rich [rích]; richman [ríchma^{e}n]; wealthy [uélθi], well off [uél óf].
riesgo, risk [rísk]; **correr un riesgo,** run a risk (to) [rán a^{e} rísk].
rima, rhyme [ráim].
riñón, kidney [kídni].
río, river [rí^{f}e^{r}]; **desembocadura del río,** mouth of the river [máuθ of θe ri^{f}e^{r}].
riqueza, wealth [uélθ].
rizo, curl [kó^{e}rl]; **rizado,** curly [kó^{e}rli].
robar, steal, stole, stolen (to) [stíil, stó^{u}l, stó^{u}len].
roca, rock [rók].
roer, gnaw (to) [nó].
rojo, red [red].
romper, break, broke, broken (to) [bréik, bró^{u}k, bró^{u}ken].
roncar, snore (to) [snóo^{r}].
ropa, clothes [kló^{u}θs]; **confección,** ready-made clothes [rédi-méid kló^{u}θs].
rosa, rose [ró^{u}s] (flor), pink [plínk] (color).
rueda, wheel [uiil]; **carretilla,** wheelbarrow [uíil-bá^{e}rrou].
rugir, roar (to) [róa^{r}].
ruido, noise [nóis^{z}]; **ruidoso,** noisy [nóis^{z}i].
rumor, rumor [rúmo^{r}]; **rumorear,** clatter (to) [klá^{e}tte^{r}].
rustir, roast (to) [ró^{u}st]; **rustido de ternera,** roastbeef [ró^{u}st-bíif].

S

sábado, Saturday [sátu^{r}da^{e}i].
saber, know (to) [nóu]; **sabiduría,** wisdom [uísdom]; **sabio,** wise [uáis]; **hacer saber a alguien,** let somebody know (to) [lét sámbodi nóu].
sabor, taste [téist]; **sabroso,** tasty [téisti]; **buen gusto,** good taste [gúud téist]; **mal gusto,** bad taste [ba^{e}d téist]; **tener sabor,** taste (to) [téist].
sacerdote, priest [príist].
saco, sack [sá^{e}k].
sal, salt [sót]; **salado,** salty [sóti].
salario, wage [uéig].
salchicha, sausage [sósax]; **salchichón,** salami [salámi].
salida, departure [dipárxa^{r}].
salir, go out (to) [gó^{u} áut]; **hacer salir a alguien,** let somebody out (to) [lét sámbodi aut].
salón, sitting room [síttin^{g}-rúum].

salpicar, splash (to) [splá^{e}x].
salsa, sauce [sóos].
saltar, jump (to) [xámp], leap, lept, lept (to) [líip, lépt, lépt]; **salto,** jump [xámp], leap [líip].
salud, health [hélθ]; **sano, saludable, salutífero,** healthy [hélθi]; **sanador, curandero,** healer [híle^{r}].
salvaje, wild [uáild].
salvar, save (to) [séif].
sandía, watermelon [uóte^{r}-mélon].
sangre, blood [blád]; **sangrar,** bleed, bled, bled (to) [blíid, bléd, bléd].
sardina, sardine [sardín].
sartén, frying pan [fráin^{g} pá^{e}n].
sastre, tailor [téilo^{r}].
satisfecho, pleased [plíis^{e}d].
secar, dry (to) [drái].
secreto, secret [síkret]; **secretario, -a,** secretary [sékret^{e}ri].
secuestrar, kidnap (to) [kidná^{e}p]; **secuestro,** kidnap [kidná^{e}p].
seda, silk [sílk]; **de seda, sedoso,** silken [sílk^{e}n].
sediento, thirsty [θó^{e}rsti].
seguir, follow (to) [fóllou]; **siguiente, sucesivo,** following [fóllouin^{g}]; **seguidor, discípulo,** follower [fólloue^{r}].
segundo, second [sékond].
sello, stamp [stá^{e}mp].
semana, week [uíik]; **fin de semana,** weekend [uíik-end]; **semanario, semanalmente,** weekly [uíikli].
sembrar, seem (to) [síim].
semilla, seed [síid].
sendero, lane [léin], path [páθ].
sensato, razonable, sensible [sénsib^{e}l].
sentarse, sit, sat, sat (to) [sít, sá^{e}t, sá^{e}t], sit down (to) [sít dáun].
sentir, feel, felt, felt (to) [fíil, félt, félt]; **sensación,** feeling [fíilin^{g}]; **sentirse mal,** feel sick (to) [fíil sík]; **nostalgia del hogar,** be homesick (to) [bí hó^{u}msik].
señor, Mr [míste^{r}], sir [só^{e}r]; **señora,** Mrs, Ms [míssis], lady [lé^{i}di], madam [má^{e}dam].
septiembre, September [septémbe^{r}].
señalar, signal (to) [síg-nal]; **señal,** signal [sígh-nal]; **signo,** sign [sain].
sepultar, bury (to) [bó^{e}ri].
sequía, drought [dráut].
ser, estar, be, was/were, been (to) [bí, uós/uéa^{r}, bíin]; **sea como fuere,** anyway [á^{e}niuei], anyhow [á^{e}nihau].
serio, serious [sírio^{u}s].
servilleta, napkin [ná^{e}pkin].
servir, serve (to) [só^{e}rf]; **servicio,** service [só^{e}rfis]; **servicios,** toilet [tóilet].
seta, mushroom [máx-rúum].
seto, hedge [héx].
si, if [if] (hipotético), whether [uéθe^{r}] (dubitativo).
sí, yes [iés].
siempre, always [óllueis].
siesta, nap [ná^{e}p].
siglo, century [sénxuri].
significar, mean, meant, meant** (to) [míin, mént, mént]; **significado,** meaning [míinin^{g}].
silbar, whistle (to) [uís^{e}l]; **silbido,** whistle [uís^{e}l].
silencio, silence [sáilens].
silla, chair [chéa^{r}]; **silla de montar,** saddle [sá^{e}d^{e}l]; **sillón,** armchair [á^{r}m-chéa^{r}]; **ensillar,** saddle (to) [sá^{e}d^{e}l].
simpatía, sympathy [símpaθi]; **simpático,** nice [náis].
simple, simple [símp^{e}l]; **simplemente,** simply [símpli].
simular, fingir, pretend** (to) [priténd].
sincero, sincere [sinsía^{r}].
siniestro, sinister [siníste^{r}].
sirvienta, maid [méid].
soasado, underdone [ánde^{r}-dán].
sobre, *n.* envelope [én^{f}elop].
sobre, on [on], above [a^{e}báf]; **sobre todo,** above all [a^{e}báf ól]; **sobre cero,** above zero [a^{e}báf s^{z}íro^{u}].
sobrino, nephew [néfiu]; **sobrina,** niece [níis].
sociedad, society [sosáieti]; **asistencia social,** social security benefits [só^{u}xal sekiúriti bénefits].
sofá, sofa [só^{u}fa].
sol, sun [san]; **soleado,** sunny [sánni]; **crema solar,** suncream [sán-kríim].
soldado, soldier [sólxe^{r}].
solo, alone [a^{e}ló^{u}n].
sólo, only [ónli].
soltero, single [síng^{e}l].
sombra, shade [xéid].
sombrero, hat [há^{e}t].
sonido, sound [sáund].
sonreír, smile (to) [smáil]; **sonrisa,** smile [smáil].
soñar, dream, dreamt, dreamt (to) [dríim, drémt, drémt]; **sueño,** dream [dríim].

sopa, soup [súup].
soplar, blow, blew, blown (to) [blóu, bliú, blóun].
soportar, suffer [sáffe^{r}].
soportar, stand for (to) [stá^{e}nd fóo^{r}].
sorber, sip (to) [síp]; **sorber ruidosamente,** slurp (to) [sló^{e}rp]; **sorbo,** sip [sip].
sordo, deaf [dé^{a}f].
sorprendido, estupefacto, amazed [a^{e}méis-^{ze}d], astonished [astónix^{e}d].
sorpresa, surprise [so^{e}rpráis]; **sorprendido,** surprised [so^{e}rpráis^{e}d], in surprise [in so^{e}r-práis].
sortilegio, spell [spél].
soso, unsweetened [ansuíten^{e}d].
sostén, apoyo, support [sappó^{r}t].
sotana, cowl [kául].
su, suyo, -a, *a. m.* his [hís], *a. f.* her [hó^{e}r], *nt.* its [íts]; *pr. m.* his [hís], *pr. f.* hers [hó^{e}rs], *nt.* its [íts].
suave, blando, soft [sóft].
subir, mount (to) [máunt], get on (to) [gét on] (a medios de transporte).
subsidio de desempleo, unemployment benefits [anemplóiment bénefits].
suceder, happen (to) [há^{e}ppen]; **sucesivo, siguiente,** subsequent [sábsikuent].
suciedad, dirt [dó^{e}rt], filth [fílθ]; **sucio,** dirty [dó^{e}rti].
suegra, mother-in-law [máθe^{r}-in-lóo].
suegro, father-in-law [fáθe^{r}-in-lóo].
sueldo, salary [sá^{e}lari].
suelo, ground [gráund], floor [flóo^{r}]; **planta baja,** ground floor [gráund floo^{r}].
suéter, jumper [xámpe^{r}], pullover [pulló^{uf}e^{r}], sweater [suéte^{r}].
suficiente, sufficient [saffíxent].
sugerir, suggest [that]* (to) [saxxést a^{e}t]; **sugerencia,** suggestion [saxxéstion].
sujetador, bra [brá].
suma, amount [a^{e}máunt], sum [sám].
suministro, supply [sappláí].
superar, get over (to) [gét o^{uf}e^{r}].
supermercado, supermarket [súpe^{r}mar-ket].
suponer, suppose (to) [sappó^{u}s], be suppo-sed (to) [bí suppó^{u}s^{e}d]; **por supuesto,** of course [of kóo^{r}s].
sur, south [sáuθ].
sus, *a.* y *pr.* their [θéa^{r}], theirs [θéa^{r}s].
susurrar, whisper (to) [uíspe^{r}]; **susurro,** whisper [uíspe^{r}].

T

taburete, stool [stúul].
también, also [ólso], too [túu], as well [a^{e}s uél], still [stíl], yet [iét], again [a^{e}géin].
tambor, drum [dram].
tapón, cap [ká^{e}p], cork [kórk].
taquilla, box office [bóx-óffis], ticket office [tíket-óffis].
tarde, afternoon [afte^{r}núun]; *adv.* late [léit].
tarea, task [tásk]; **- de clase,** class work [klás uó^{e}rk].
tarifa, fare [féa^{r}].
tarro, jar [xá^{r}].
taxista, taxi-driver [táxi-drái^{f}e^{r}].
taza, cup [káp].
tazón, bowl [bóul].
té, tea [tíi]; **tetera,** tea pot [tíi pót].
teatro, theatre [θíat^{e}r].
techo, ceiling [sílin^{g}], roof [rúuf]; **- de paja,** thatched roof [θá^{e}tcd rúuf].
tela, tejido, trama, web [uéb].
teléfono, phone [fó^{u}n], telephone [télefo^{u}n]; **telefonear,** phone (to) [fó^{u}n], call (to) [kól], ring up (to) [rín^{g} ap]; **llamada telefónica,** call [kól], telephone call [télefo^{u}n kól]; **llamada a cobro revertido,** reverse charge call [ri^{f}ó^{e}rs chárx kól].
televisión, television [tele^{f}ís-^{x}on]; **televisor,** TV [tí-bí], TV set [tí-bí sét].
temer, be afraid (to) [bí a^{e}fréid].
tenedor, fork [fórk]; **trinchador,** meat fork [míit fórk].
tener, hold, held, held (to) [hó^{u}ld, héld, héld], have, had, had (to) [há^{e}f, há^{e}d, há^{e}d].
tenso, nervioso, highly strung [háili strán^{g}].
tentar, attempt** (to) [a^{e}ttémpt]; **tentación,** temptation [temptá^{e}xon].
terminar, end (to) [énd]; **término,** term [tó^{e}rm] (palabra), end [énd] (final).
ternera, calf [káf] (viva); veal [^{f}íil] (cocida).
terrible, terrible [térrib^{e}l].
tesoro, treasure [tréis-^{x}a^{r}].
testamento, will [uíl].
testigo, witness [uítnes]; **- de boda,** best man [bést má^{e}n].
tío, -a, uncle [ánk^{e}l], aunt [á^{o}nt].
tiempo, time [táim] (cronológico), weather [uee^{r}] (atmosférico).
tienda, shop [xóp]; **- libre de impuestos,** duty free shop [diúti fríi xóp]; **tendero,** shopkeeper [xóp-kíipe^{r}].
tierra, terreno, land [lá^{e}nd]; **la Tierra,** the earth [θi ó^{e}rθ] (planeta).

tigre, tiger [táige^{r}].
tijeras, scissors [síssors].
tímido, shy [xái].
tirar, pull (to) [púl].
título, title [tít^{e}]; **título de estudios,** degree [digríi].
tocar, touch (to) [tách]; **- un instrumento,** play (to) [pléi].
todo, all [ól].
tolerar, put up with (to) [pút áp uíθ], tolerate (to) [tólereit].
toma eléctrica, enchufe, socket [sókit], plug [plág].
tomar, catch, caught, caught (to) [ká^{e}ch, kó^{o}t, kó^{o}t]; **- el autobús,** catch the bus (to) [ká^{e}ch θe bás]; **- una decisión,** make a decision (to) [méik a^{e} desís-^{x}on]; **- un resfriado,** catch a cold (to) [ká^{e}ch a^{e} kó^{u}ld].
tomate, tomato [tomáto^{u}].
tormenta, storm [stórm]; **tormentoso,** stormy [stórmi].
torneo, tournament [túrnament].
tornillo, screw [skrú]; **destornillador,** screwdriver [skrú-drái^{f}e^{r}].
toro, bull [búl].
torpe, clumsy [klámsi].
tortilla, omelette [ómlet].
tos, cough [kóf]; **toser,** cough (to) [kóf].
tostadora, toaster [tó^{u}ste^{r}].
trabajador, worker [uó^{e}rke^{r}].
trabajar, work (to) [uó^{e}rk]; **trabajo, empleo,** work [uó^{e}rk], job [xób]; **tareas domésticas,** housework [háus-uó^{e}rk].
traducir, translate into (to) [transléit intu]; **traducción,** translation [translá^{e}-xon]; **traducción inversa,** backversion [ba^{e}k^{f}ó^{er}xon].
tráfico, traffic [tráfik]; **atasco de tráfico,** traffic jam [tráfik xá^{e}m].
tragar, swallow (to) [suóllo^{u}].
traje, vestido, suit [súut]; **traje de baño,** bathers [béiθe^{r}s].
transcurrir, spend, spent, spent (to) [spénd, spént, spént].
transformar, transform (to) [transfórm], convert (to) [kon^{f}ó^{e}rt].
transmitir, retransmitir, broadcast, broadcast, broadcast (to) [bró^{u}d-kást, bró^{u}d-kást, bró^{u}d-kást].
tratar, deal, dealt, dealt with (to) [díil, délt, délt uiθ], treat (to) [tríit]; **tratamiento,** treatment [tríitment]; **entretenimiento, diversión,** treat [tríit].
tren, train [tréin].
trepar, climb up [kláim áp].
tribunal, Court [kó^{u}rt].
tu, tuyo, -a, *a.* your [ioú^{r}], *pr.* yours [ioú^{r}s].
tú, usted, you [iú]; **tú mismo,** yourself [ioa^{r}-sélf].
tubo, pipe [páip].
tuerto, one-eyed [uán-áid].
tumba, grave [gréif], tomb [túm].
turbado, upset [apsét].
turista, tourist [túrist].

U

último, last [lást]; **últimamente,** last [lást].
un, -o, -a, a [a^{e}], an [a^{e}n].
unidad, unit [iúnit].
unir, tie (to) [tái], join (to) [xóin].
universidad, university [iuni^{f}ó^{e}rsiti].
untar, spread, spread, spread (to) [spré^{a}d, spré^{a}d, spré^{a}d].
usar, utilizar, use (to) [iús]; **útil,** useful [iúsful]; **usual,** usual [iús-^{x}ual]
uva, grapes [gréips].

V

vacaciones, holiday [hólida^{e}i]; **ir de -** go on holiday (to) [gó^{u} on hólida^{e}i].
vacilar, hesitate (to) [hésiteit].
vacío, empty [émpti].
vagabundear, wander (to) [uónde^{r}].
vagón, wagon [uéigon]; **- de pasajeros,** carriage [ká^{e}rria^{e}x].
valentía, courage [kórax]; valiente, brave [bréif].
valor, worth [uó^{e}θ].
vapor, steam [stíim]; **plancha de vapor,** steam iron [stíim áiron].
variedad, variety [^{f}aráieti].
vaso, vase [^{f}áas], glass [glás].
veces, times [táims].
vela, sail [sá^{e}il] (de barco), candle [ká^{e}nd^{e}l] (de cera).
velocidad, speed [spíid]; **taquímetro,** speedo-meter [spiidomíte^{r}].
veloz, quick [kuík], fast [fást]; **velozmente,** quickly [kuíkli].
vencer, win, won, won (to) [uín, uón, uón]; **vencedor,** winner [uinne^{r}].
vender, sell, sold, sold (to) [sél, só^{u}ld, só^{u}ld]; **venta,** sale [séil]; **saldo,** sales [séils]; **ganga,** sales promotion [seils promó^{u}xon].
veneno, poison [póison].
venir, come, came, come (to) [kám, kéim, kám].

ventaja, advantage [ad^{f}á^{e}nta^{e}x].
ventana, window [uíndou]; **cristal de la ventana,** window-pane [uíndou-péin].
ver, see, saw, seen (to) [síi, só^{o}, síin].
verano, summer [sámme^{r}].
verdad, truth [trúθ]; **verdadero,** true [trú].
verdaderamente, truly [trúli], indeed [indíid], actually [á^{e}kxualli].
verde, green [gríin]; **verdulero**, greengrocer [gríin-gró^{u}se^{r}]; **verdura**, vegetables [^{f}ége-tab^{e}ls].
vergüenza, shame [xéim].
verja, gate [géit].
verso, verse [^{f}ó^{e}rs].
verter, pour (to) [póa^{r}], spill, spilt, spilt (to) [spíl, spílt, spílt].
vestíbulo, hall [hol], entrance [éntrans].
vestir, wear, wore, worn (to) [uéa^{r}, uó^{r}, uó^{e}rn], dress (to) [drés]; **vestirse,** get dressed (to) [gét drés^{e}d].
viaje, travel (to) [trá^{fe}l], journey [xó^{e}rni], trip [trip], voyage [^{f}óiax].
vicedirector, assistant manager [assístant má^{e}nage^{r}].
vicio, vice [^{f}áis]; **viciar,** spoil (to) [spóil]; **viciado,** spoilt [spoilt].
víctima, victim [^{f}íktim].
victoria, victory [^{f}íktori]; **victorioso,** victorious [^{f}iktório^{u}s].
vid, vine [^{f}áin].
vida, life [láif].
vidrio, glass [glás].
viejo, old [ó^{u}ld].
viento, wind [uínd].
vientre, tummy [támmi].
viernes, Friday [fráida^{e}i]; **Viernes Santo,** Good Friday [gúud fráida^{e}i].
vigilar, look after (to) [lúuk áfte^{r}].
vigilia, eve [iif]; **- de Todos los Santos,** Halloween [hallouíin].
vinagre, vinegar [^{f}ínega^{r}].
vínculo, tie [tái].
vino, wine [uáin].
visitar, visit (to) [^{f}ísit], pay a visit (to) [péi a^{e} ^{f}ísit]; **visita,** visit [^{f}ísit]; **- turística,** sightseeing [sáit-síin^{g}]; **visita a domicilio,** house-calls [háus-kóls]; **visitante,** visitor [^{f}ísito^{r}].
vista, sight [sáit].
vivaz, lively [láifli].
vivir, live to [líf]; **- de** live on (to) [líf on]; **- cien años,** be a hundred (to) [bí a^{e} hándred].
volar, fly, flew, flown (to) [flái, fliú, flóun]; **vuelo,** flight [fláit].
volver, come back (to) [kám bá^{e}k], get back (to) [gét bá^{e}k], return (to) [ritó^{e}rn].
voraz, greedy [gríidi], voracious [^{f}orá^{e}xo^{u}s].
vosotros, -as, your [ioúr].
votar, vote (to) [^{f}ó^{u}t]; **elecciones,** elections [elékxons]; **escrutinio,** polls [póls].
voz, voice [^{f}óis].
vuestro, -a, yours [ioúrs].

Y

y, and [a^{e}nd].
ya... ya, either... or [áiθ^{er}... o^{r}].
yacer, lie, lay, lain (to) [lái, léi, léin].
yerno, son-in-law [són-in-loo].
yeso, chalk [chók].
yo, I [ái]; **me, mí,** me [mí]; **yo mismo,** myself [maisélf].

Z

zambullirse, dive (to) [dáif], plunge (to) [plánx]; **zambullida,** plunge [plánx].
zanahoria, carrot [ká^{e}rrot].
zapato, shoe [xúu]; **zapatillas de tenis,** tennis shoes [tennis xúus]; **zapatero,** cobbler [kóbble^{r}], shoe-maker [xúu-méike^{r}].
zorro, -a, fox [fóks].
zumbar, buzz (to) [bás^{z}].
zumo, juice [xúus].
zurdo, left-handed [léft-há^{e}nded].

DICCIONARIO INGLÉS-ESPAÑOL

Los verbos irregulares se reproducen en sus tres formas, si bien conviene recurrir a un diccionario más completo en el caso de que se desee consultar una acepción concreta.

Los asteriscos indican, respectivamente:

— * los verbos que rigen gerundio;
— ** los verbos que rigen infinitivo;
— *** los verbos que rigen tanto gerundio como infinitivo.

Siempre que ha sido posible, los vocablos se han agrupado según criterios etimológicos o de proximidad de significado.

Se han utilizado las siguientes abreviaturas:

— *a.* (adjetivo);
— *n.* (nombre);
— *pr.* (pronombre);
— *prep.* (preposición);
— *v. irr.* (verbo irregular).

A

a/an [a^{e}/a^{e}n], un, -o, -a.

abbey [á^{e}bbei], abadía.

ability [abíliti], habilidad, capacidad; **able** [éib^{e}l], capaz.

about [a^{e}báut], acerca, cerca, alrededor de.

above [a^{e}báf], sobre; **above all** [a^{e}báf ól], sobre todo; **above zero** [a^{e}báf s^{z}íro^{u}], sobre cero.

abroad [a^{e}bró^{u}d], en el extranjero.

absent [ábsent], ausente; **absence** [ábsens], ausencia.

absent-minded [ábsent-máind^{e}d], distraído.

accept (to) [aksépt], aceptar.

accident [áksident], accidente.

accompany (to) [akkómpani], acompañar.

accustomed [akkóstumd], acostumbrado; **used to*** [iús^{e}d tu], usual.

ache [éik], dolor; **headache** [há^{e}d-éik], de cabeza; **toothache** [túu-éik], de muelas; **tummy-ache** [támmi-éik], de vientre; **backache** [bá^{e}k-éik], de espalda; **stomach-ache** [stómak-éik], de estómago.

achieve (to) [achíif], conseguir.

acknowledgment [a^{e}knó^{u}lexment], reconocimiento (por una acción realizada).

acquaintance [akuéntans], conocimiento, persona conocida.

act (to) [á^{e}kt], actuar; **act** [á^{e}kt] acto; **action** [á^{e}kxion] acción; **actor** [ákto^{r}], actor; **actress** [áktres], actriz; **actually** [á^{e}kxualli], en efecto, efectivamente.

add (to) [á^{e}d], añadir.

address [addrés], dirección, domicilio; **permanent address** [pó^{e}rmanent addrés], domicilio habitual; **address book** [addrés búuk], agenda.

admit* (to) [admít], admitir.

adult [ádult], **grown-up** [gróun-ap], adulto.

advance (in) [ad^{f}áns], anticipado (por).

advantage [ad^{f}á^{e}nta^{e}g], ventaja.

advertise (to) [ad^{f}ertáis], anunciar; **advertising** [ad^{f}ertáisin^{g}], publicidad; **advertisement** [ad^{f}ó^{e}rtis-ment] anuncio publicitario; **ad** [áed], inserción.

advise* (to) [a^{e}d^{f}áis], aconsejar, sugerir.

afford (to)** [a^{e}ffórd], permitirse.

after [áfte^{r}], después, a continuación; **afternoon** [afte^{r}núun], tarde.

again [a^{e}géin], otra vez, de nuevo.

against [a^{e}géinst], contra.

age [éix], edad, época; **ages** [éixes], periodo muy largo; **aged** [eix^{e}d], anciano, de una cierta edad.

agenda [axénda], agenda.

ago [agó^{u}], hace (tiempo transcurrido).

agree (to) [a^{e}gríi], acordarse; **agreement** [a^{e}gríiment], acuerdo.

air [éa^{r}], aire; **air conditioning** [éa^{r} kondíxonin^{g}], aire acondicionado; **air filter** [éa^{r} filte^{r}], filtro de aire; **air vents** [éa^{r} ^{f}énts], boca de aire caliente o frío.

airport [éa^{r}port], aeropuerto; **plane** [pléin], avión.

alarm clock [alárm klók], despertador.

all [ól], todo.

allow (to) [a^{e}láu] permitir; **allow somebody to do something (to)** [a^{e}láu sámbodi tu dú sámin^{g}], permitir algo a alguien; **permission** [permíxon], permiso.

almost [ólmost], casi.

alone [a^{e}ló^{u}n], solo, sin compañía.

along [a^{e}lón^{g}] a lo largo de (espacio contiguo a).

also [ólso], también.

always [óllueis], siempre.

amazed [a^{e}méis^{ze}d], sorprendido, atónito, estupefacto.

ambulance [ámbiulans], ambulancia.

amid [a^{e}míd], entre, en medio de.

among [a^{e}món^{g}], entre (más de dos).

amount [a^{e}máunt], suma.

amuse (to) [amiús], divertir; **- oneself (to)** [uansélf], divertirse; **have a nice time (to)** [há^{e}f a^{e} nais taim], divertirse; **amusing** [amiúsin^{g}], divertido.

and [á^{e}nd], y.

anger [á^{e}nge^{r}], rabia; **angry** [á^{e}ngri], rabioso, **angrily** [á^{e}ngrili], rabiosamente.

animal [á^{e}nimol], animal.

anniversary [anni^{f}ó^{e}rsari], aniversario.

announce (to) [a^{e}nnáuns], anunciar; **announcement** [a^{e}nnáunsment], anuncio.

annoy (to) [á^{e}nnoi], molestar.

another [a^{e}náθe^{r}], otro.

answer (to) [ánse^{r}], responder, replicar; **answer** [ánse^{r}], respuesta; **answerable** [ánserab^{e}l], responsable, garante.

antique shop [antík-xóp], anticuario.

anxiety [anxáieti], ansiedad, ansia.

anything [á^{e}niin^{g}], alguna cosa, cualquier cosa; **anyone, anybody** [á^{e}-niuán, á^{e}nibodi], cualquiera; **anytime** [á^{e}nitaim], en cualquier momento; **anywhere** [á^{e}niuea^{r}], en cualquier lugar; **anyway** [á^{e}niuei], **anyhow** [á^{e}nihau], sea como fuere; **in any case** [in á^{e}ni kéis], en cualquier caso.

apartment [apártment], apartamento.

apologise (to) [apoloxáis], disculparse (de modo formal); **apology** [apóloxi], disculpa formal.

appear (to) [appía^{r}], aparecer.

appetite [appetáit], apetito.

apple [á^{e}p^{e}l], manzana.

apply (to) [a^{e}ppIái], presentarse a un puesto de trabajo; **applicant** [ápplikant], aspirante, candidato.

appoint (to) [appóint], nombrar un cargo; **appointment** [appóintment], cita (formal).

appropriate [appróprieit], apropiado.

April [éipril], abril.

arm [á^{r}m], brazo; **armchair** [á^{r}m-chéa^{r}], sillón.

army [á^{r}mi], ejército.

arrange (to)** [arréing], disponer; **arrangement** [arrá^{e}ng-ment], disposición, distribución (de interiores).

arrive (to) [a^{e}rráif], llegar; **arrival** [a^{e}rrái^{f}al], llegada.

art gallery [árt gá^{e}lleri], galería de arte; **picture-gallery** [píkcha^{r}-gá^{e}lleri], pinacoteca.

as [a^{e}s], dado que, en calidad de, mientras, como; **as a matter of fact** [a^{e}s a^{e} má^{e}tte^{r} of fá^{e}kt], de hecho; **as soon as possible** [a^{e}s súun a^{e}s póssib^{e}l], lo más pronto, lo más rápido posible; **as well** [a^{e}s uél], asimismo, también.

ashtray [á^{e}x-tréi], cenicero.

ask (to) [ásk], preguntar; **ask a question (to)** [ásk a^{e} kuéstion], formular una pregunta; **ask for (to)** [ásk foo^{r}], pedir algo.

aspirin [ásprin], aspirina.

assistance [assístans], asistencia; **assistant manager** [assístant má^{e}nage^{r}], subdirector.

association [assoxésxon], asociación.

assure (to) [asxúa^{r}], asegurar.

asthma [ástma], asma.

astonished [astónix^{e}d], sorprendido, estupefacto.

at [a^{e}t], a (prep. de estado, tiempo o lguar); **at once** [a^{e}t uáns], de inmediato; **immediately** [immídiatli], inmediatamente.

attain (to) [attéin], alcanzar un objetivo.

attempt (to)** [a^{e}ttémpt], tentar.

attend (to) [atténd], asistir (a clase).

attention [atténxon], atención.

attic [á^{e}ttik], ático.

attitude [áttitiud], actitud.

audience [ódiens], público, audiencia.

auditor [ódito^{r}], auditor, revisor de cuentas.

August [ógust], agosto.

aunt [a^{o}nt], tía.

author [óθor], autor.

autumn [ótom], otoño.

available [a^{ef}éilab^{e}l], disponible.

average [á^{ef}rex], media (mat.).

avoid* (to) [a^{ef}óid], evitar.

awake (to) [a^{e}uéik], despertar, despertarse; **awake** [a^{e}uéik], despertar.

awful [ó^{u}ful], horrendo, horrible, espantoso.

B

baby [bá^{e}ibi], bebé, recién nacido; **baby-boy** [bá^{e}ibi-boi], crío; **baby-girl** [bá^{e}ibi-gó^{e}rl], cría.

back [ba^{e}k], detrás (parte posterior), espalda; **backversion** [ba^{e}k^{f}ó^{er}xon], traducción inversa; **backyard** [bá^{e}k-iárd], jardín trasero.

bacon [béikon], panceta ahumada.

bad [bá^{e}d], malo; **bad luck** [bá^{e}d lák], mala suerte; **misfortune** [misfórchun], desgracia.

bag [bá^{e}g], bolsa, bolso, saco; **paper bag** [péipe^{r} bá^{e}g], bolsa de papel; **plastic bag** [plástik bá^{e}g], bolsa de plástico; **leather [hand]bag** [léθe^{r} há^{e}nd-bá^{e}g], monedero de piel; **bag-pipe** [bá^{e}g-páip], gaita.

bake (to) [béik], cocer al horno; **baker** [béike^{r}], panadero.

bald [bóld], calvo.

bandage [bá^{e}ndig], venda.

bank [bá^{e}nk], banco; **bankruptcy** [bá^{e}nkrá^{e}psi], quiebra.

bar [bá^{r}], barra; **bar of chocolate** [bá^{r} of chókola^{e}t], tableta de chocolate.

bargain [bárgein], ganga.

basically [béisikli], básicamente, fundamentalmente.

bathe (to) [béiθ], bañarse; **bath** [baθ], baño; **bath-room** [baθ ruum], cuarto de baño; **bather** [béiθe^{r}], bañista; **bath-tub** [baθ-tab], bañera; **bathers** [béiθe^{r}s], traje de baño.

battery [bá^{e}tteri], batería, pila.

battle [bát^{e}l], batalla.

be, was/were, been (to) [bí, uós/uéa^{r}, bíin] *v. irr.* ser, estar; **be a hundred (to)** [bí a^{e} hándred], vivir cien años; **be able to (to)** [bí éib^{e}l tu], ser capaz; **be afraid (to)** [bí a^{e}fréid], temer; **be born (to)** [bí bórn], nacer; **be bound (to)** [bí báund], estar obligado; **be broke (to)** [bí bró^{u}k], estar sin blanca; **be compelled (to)** [bí kompéld], estar obligado; **be cross (to)** [bí krós], cruzarse, mezclar; **be due (to)** [bí diú], deber; **be homesick (to)** [bí hó^{u}msik], sentir nostalgia del hogar; **be in a hurry (to)** [bí in a^{e} hárri], darse prisa; **be late (to)** [bí léit], caducar; **be in want of (to)** [bí in uónt of], requerir; **be obliged (to)** [bí obláix^{e}d], estar obligado; **be on the line (to)** [bí on θe láin], estar al teléfono; **be right (to)** [bí ráit], tener razón; **be serious** [bí sírio^{u}s]**/in earnest (to)** [in ó^{e}rnest], ir en serio; **be supposed (to)** [bí suppó^{u}s^{e}d], suponer; **be to (to)** [bí tu], deber; **be wrong** (to) [bí rón^{g}], deber (en un sentido moral).

beach [bíich], playa.

bean [bíin], alubia.

bear [béa^{r}], oso.

bear, bore, born (to) [béa^{r}, bóa^{r}, bórn], *v. irr.* llevar, soportar.

beard [bía^{r}d], barba; **barbershop** [bárbe^{r}-xóp], barbero.

beat, beat, beaten (to) [bíit, bíit, bíit^{e}n], *v. irr.* golpear, pegar.

beautiful [bíútiful], bello.

because [bíkós], porque (respuesta).

become, became, become (to) [bíkám, bikéim, bikám], *v. irr.* convertirse.

bed [béd], cama; **double bed** [dáb^{e}l béd], cama de matrimonio; **bunk bed** [bánk béd], litera; **bed linen** [béd línen], lencería de cama; **bedroom** [bédruum], dormitorio; **bedroom rug** [bédruum rá^{g}], alfombrilla de cama.

bee [bíi], abeja.

beer [bíia^{r}], cerveza.

before [bífóo^{r}], antes (espacio, tiempo); delante.

beg (to) [bég], pedir, rezar para pedir algo; **I beg your pardon** [ái bég ioú^{r} párdon], pido perdón.

beggar [bégga^{r}], mendigo .

begin, began, begun (to) [bígín, bigén, bigán], *v. irr.* iniciar, empezar; **beginning** [bigínnin^{g}], inicio; **beginner** [bigínne^{r}], principiante.

behave (to) [bíhéif], comportarse, portarse bien; **behaviour** [bíhá^{ef}io^{u}r], comportamiento.

behind [biháind], detrás, tras.

believe (to) [bilíif], creer; **think (to)** [θínk], pensar.

belong (to) [bilón^{g}], pertenecer.

below [bilóu], debajo, abajo; **below zero** [bilóu s^{z}íro^{u}], bajo cero.

belt [bélt], cinturón.

bend, bent, bent (to) [bénd, bént, bént], *v. irr.* curvar, doblar.

bend [bénd], curva.

beneath [biníiθ], bajo.

benefit (to) [bénefit], beneficiar; **benefit** [bénefit], beneficio, ventaja, provecho, subsidio; **old age benefits** [ó^{u}ld éix bénefits], pensión de jubilación; **unemployment benefits** [anemplóiment bénefits], subsidio de desempleo.
besides [bisáids], además.
best man [bést má^{e}n], testigo de boda.
bet, bet, bet (to) [bét, bét, bét], *v. irr.* apostar; **bet** [bét], apuesta.
better [bétte^{r}], mejor .
between [bituíin], entre.
beyond [bí-iónd], más allá, por encima.
bicycle [báisik^{e}l], **bike** [báik], bicicleta.
big [bíg], gran, grande; **big stores** [bíg stó^{r}s], grandes almacenes.
bill [bíl], factura.
billion [a^{e} bíllion], mil millones.
bird [bó^{e}rd], pájaro.
birth [bó^{e}rθ], nacimiento; **birthday** [bó^{e}rθ–dei], cumpleaños.
biscuit [bískit], galletas.
bit [bít], trozo, trocito, mordisco.
bite, bit, bitten (to) [báit, bít, bítten], *v. irr.* morder; **bite** [báit], picadura de insecto.
black [blá^{e}k], negro.
blank [blá^{e}nk], espacio vacío.
blanket [blá^{e}nket], manta.
bleed, bled, bled (to) [blíid, bléd, bléd], *v. irr.* sangrar.
blender [blénde^{r}], **mixer** [míxe^{r}], batidora.
bless (to) [blés], bendecir; **blessing** [bléssin^{g}], bendición.
blind [bláind], ciego; **the blind** [θe bláind], los ciegos; **blindly** [bláindli], ciegamente.
block [blók], manzana de casas; **block of flats** [blók of flá^{e}ts], condominio.
blood [blád], sangre.
blouse [bláus], camiseta, blusa.
blow, blew, blown (to) [blóu, bliú, blóun], *v. irr.* soplar, hinchar, tocar un instrumento de viento.
blue [blúu], azul.
board [bóa^{r}d], tablón, tabla; **boarding** [boá^{r}din^{g}], embarque (aerop.); **boarding card** [boá^{r}din^{g} ká^{r}d], tarjeta de embarque; **boarding house** [boá^{r}din^{g} háus], pensión (alojamiento y comida).
body [bódi], cuerpo.
boil (to) [bóil], hervir; **boiled egg** [bóil^{e}d ég], huevo pasado por agua.
bold [bó^{u}ld], audaz.
bone [bó^{u}n], hueso.
bonnet [bónnet], capó [coche].
book [búuk], libro; **log book** [ló^{g} búuk], documentación del coche; **bookseller** [búuk-sélle^{r}], librero; **book-shelf** [búuk-xelf], librería (mueble); **cookery-book** [kúukeri-búuk], libro de cocina; **bookshop** [buuk-sciop], librería (establecimiento).
book (to) [búuk], reservar; **booking office** [búukin^{g} óffis], despacho de reservas; **booking** [búukin^{g}], reserva.
boot [búut], maletero.
border [bórde^{r}], frontera.
borough [bóro^{u}], barrio.
borrow (to) [bórrou], tomar en préstamo.
boss [bós], jefe (informal).
both [bó^{u}θ], ambos.
bother (to)** [baθ e^{r}], aburrir, importunar, preocuparse; **be bothered (to)** [bí báθe^{re}d], estar aburrido; **get bored (to)** [gét bóo^{re}d] aburrirse; **bored** [bóo^{re}d], aburrido; **boring** [bóo^{r}in^{g}], aburrirse; **boredom** [bóo^{r}dom], aburrimiento.
bottle [bót^{e}l], botella.
bough [báu], rama de árbol.
bound [báund], obligado.
bowl [bóul], tazón.
box [bóx], caja; **box office** [bóx óffis], taquilla; **ticket office** [tíket óffis], taquilla; **Boxing Day** [bóxin^{g} da^{e}i], día de san Esteban.
boy [bói], muchacho, chico; **lad** [lá^{e}d], muchacho, chico; **boyfriend** [bói-frénd], novio.
bra [brá], sujetador, sostén.
brain [brá^{e}in], cerebro.
brakes [bréiks], frenos.
branch [brá^{e}nch], rama (de árbol), disciplina, actividad.
brandy [brá^{e}ndi], coñac.
brave [bréif], corajudo, valiente.
bread [bréd], pan; **loaf of bread** [ló^{u}f of bréd], barra de pan; **bread-stick** [bréd-stík], bastón de pan.
break, broke, broken (to) [bréik, bró^{u}k, bró^{u}ken], *v. irr.* romper, romperse; **break down (to)** [bréik dáun], infringir; **break** [bréik], pausa, interrupción; **break out (to)** [bréik áut], estallar (tormenta, guerra); **breakable** [bréikabl], frágil; **breakfast** [bréik-fást], desayuno.
breathe (to) [bríiθ], respirar; **breath** [bréθ], hálito.
breeze [bríis^{z}], brisa.

bridegroom [bráid-grúum], esposo; **bride** [bráid], esposa.
bridge [brích], puente.
bridle (to) [bráid^{e}l], embridar.
briefing [bríifin^{g}], disposiciones, informaciones.
briefs [bríifs], calzoncillos, braguitas.
bright [bráit], brillante, resplandeciente.
bring, brought, brought (to) [brín^{g}, bró^{o}t, bró^{o}t], *v. irr.* llevar (cerca de quien habla); **bring up (to)** [brín^{g} áp], incrementar, hacer crecer, criar.
broadcast, broadcast, broadcast (to) [bró^{u}d-kást, bró^{u}d-kást, bró^{u}d-kást], *v. irr.* transmitir (radio, televisión, etc.); **broad** [bró^{u}d], amplio.
broth [bróθ], caldo.
brother [bráθe^{r}], hermano; **brother-in-law** [bráθe^{r}-in-lóo], cuñado.
brown [bráun], marrón; **brownish** [bráunix], castaño.
brunch [bránch], desayuno muy abundante (casi un almuerzo).
brush [bráx], cepillo.
bubble [báb^{e}l], burbuja.
budget [bádxet], presupuesto.
bug [bá^{g}], chinche.
build, built, built (to) [bíld, bílt, bílt], *v. irr.* construir; **building** [bíldin^{g}], construcción, edificio.
bulb [bálb], bombilla.
bull [búl], toro.
bump into (to) [bámp íntu], cruzarse con alguien por casualidad; **bump (to)** [bámp] golpear, chocar; **bumper** [bámpe^{r}], parachoques.
bunch [bánch], ramo.
burglar [bó^{e}rgla^{r}], desvalijador.
burn, burnt, burnt (to) [bó^{e}rn, bó^{e}rnt, bó^{e}rnt], *v. irr.* quemar, arder.
burst, burst, burst (to) [bó^{e}rst, bó^{e}rst, bó^{e}rst], *v. irr.* reventar.
bury (to) [bó^{e}ri], sepultar, dar sepultura.
bus [bás], autobús; **bus driver** [bás-dráí^{f}e^{r}], conductor de autobús; **bus conductor** [bás-kondákto^{r}], revisor de autobús.
business [bísnis], negocio; **businessman** [bísnis-má^{e}n], hombre de negocios.
busy [bís^{z}i], ocupado; **busybody** [bís^{z}i-bódi], emtrometido.
but [bát], pero, excepto, a excepción de, nada menos que.
butcher [búchche^{r}], matarife, carnicero.
butter [bátte^{r}], mantequilla; **butter knife** [bátte^{r} naif], cuchillo para la mantequilla.
butterfly [bátte^{r}flai], mariposa.
buy, bought, bought (to) [bái, bó^{o}t, bó^{o}t], *v. irr.* comprar .
buzz (to) [bás^{z}], zumbar.
by [bái] por.

C

cage [kéix], jaula.
cake [kéik], pastel.
calf [káf], ternera (viva).
call (to) [kól], llamar, telefonear; **call on somebody (to)** [kól on sámbodi], dirigirse a alguien; **call at (to)** [kól a^{e}t], hacerse pasar por alguien; **call** [kól], llamada de teléfono.
camera [kámera], cámara fotográfica.
camp-site [ká^{e}mp-sáit], campamento; **camping** [ká^{e}mpin^{g}], acampada.
can [ká^{e}n], lata, bote.
can, could, been able [ká^{e}n, kúd, bíin éib^{e}l], *v. irr.* poder (habilidad); **cannot help*** [ká^{e}nnot hélp], no poder dejar de (realizar una acción).
cancel (to) [kánsel], cancelar, anular.
candle [ká^{e}nd^{e}l], vela.
canteen [kantíin], cantina, comedor de empresa.
cap [ká^{e}p], tapón, sombrero.
car [káa^{r}], automóvil; **car body** [káa^{r} bódi], carrocería.
cards [ká^{r}ds], naipes.
care (to) [kéa^{r}], ocuparse, tener a cargo, cuidar; **care** [kéa^{r}], cuidado, atención, preocupación; **careless** [kéa^{r}-les], negligente; **caretaker** [kéa^{r}-téike^{r}], portero, conserje, bedel.
career [karíia^{r}], carrera.
careful [kéa^{r}ful], cuidadoso, diligente; **carefully** [kéa^{r}fulli], cuidadosamente, diligentemente.
carpenter [ká^{r}pente^{r}], carpintero.
carpet [ká^{r}pet], alfombra, moqueta.
carriage [ká^{e}rria^{e}x], vagón (de pasajeros).
carrot [ká^{e}rrot], zanahoria.
case [kéis], custodia, vigilancia.
cash (to) [ká^{e}x], ingresar.
castle [kás^{e}l], castillo.
casualty [kás-xuálti], víctima de accidente.
cat [ká^{e}t], gato.
catch, caught, caught (to) [ká^{e}ch, kó^{o}t, kó^{o}t], *v. irr.* coger, tomar, aferrar; **catch the bus (to)** [ká^{e}ch θe bás], tomar el auto-

bús; **catch fire (to)** [ká^{e}ch fáia^{r}], incendiarse.
cathedral [kaθídral], catedral.
catholic [ká^{e}θolik], católico.
cattle [kát^{e}tl], ganado.
cause (to) [kóos], causar, provocar; **cause** [kóos], causa.
ceiling [sílin^{g}], techo.
celebrity [selébriti], celebridad.
centre [sént^{e}r], centro; **central heating** [séntral híitin^{g}], calefacción central.
century [sénxuri], siglo.
certain [só^{e}rten], cierto, -a; **a certain quantity of** [a^{e} só^{e}rten kuóntiti of], una cierta cantidad de.
certificate [sertífiket], certificado.
chair [chéa^{r}], silla; **rocking chair** [rókin^{g} chéa^{r}], mecedora.
chalk [chók], yeso.
chance [cháns], ocasión, azar.
change (to) [chéinx], cambiar; **change one's mind (to)** [chéinx uáns máind], cambiar de idea; **change** [chéinx], cambio, calderilla.
charge (to) [chárx], hacer pagar, cobrar (productos, servicios).
chase (to) [chéis], perseguir.
chat (to) [chá^{e}t], charlar; **talk (to)** [tók], hablar; **chatter** [chá^{e}tte^{r}], charlar; **chat** [chá^{e}t], charla; **talk** [tók], charla; **chatterbox** [chá^{e}tte^{r}-bóx], parlanchín.
cheap [chíp], barato.
cheat (to) [chít], estafar, timar.
check (to) [chék], controlar, comprobar; **check** [chék], control.
cheek [chík], mejilla.
cheerful [chí^{r}ful], alegre; **cheer up!** [chí^{r} áp!], chinchín, ¡salud! (brindis).
cheese [chíis], queso.
cheque [chék], cheque; **traveller's cheque** [trá^{f}ellers chék], cheque de viaje.
cherry [chérri], cereza.
chess [chés], ajedrez.
chest [chést], caja torácica; **chest of drawers** [chést of dróue^{r}s], cómoda.
chew (to) [chú], masticar.
chicken [chíken], pollo, gallina; **chik** [chík] pollito.
chief accountant [chíif a^{e}kkáuntant], jefe de contabilidad.
child [cháild], niño, -a, hijo, -a; **children** [chíldren], niños, hijos; **childhood** [cháild-húud], infancia; **child benefits** [cháild bénefits], subsidios familiares.
chin [chín], barbilla.
china [cháina], porcelana.
chips [chíps], patatas fritas.
chocolate [chókola^{e}t], chocolate.
choose, chose, chosen (to)** [chúus, chó^{u}s, chúsen], *v. irr.* elegir; **choice** [chóis], elección.
chop (to) [chóp], cortar, rebanar.
Christmas [krísmas], **X-mas** (informal), Navidad.
church [chó^{e}rch], iglesia; **churchyard** [chó^{e}rch-iárd], cementerio.
city [síti], ciudad (grande).
claim (to)** [kléim], exigir.
class work [klás uó^{e}rk], deberes, tareas de clase; **classroom** [klás-rúum], aula.
clatter (to) [klá^{e}tte^{r}], rumorear.
clean (to) [klíin], limpiar; **cleaning** [klíinin^{g}], limpieza.
clear [klía^{r}], claro, límpido; **clearly** [klía^{r}li], claramente.
clerk [klárk], **employee** [emplóii], empleado.
clever [klé^{f}e^{r}], inteligente.
client [kláient], cliente.
climate [kláimet], clima.
climb down (to) [kláim dáun], bajar, descender; **climb up** [kláim áp], trepar.
clock [klók], reloj de pared.
closet [kló^{u}set], armario, trastero.
clothes [kló^{u}θs], ropa; **ready-made clothes** [rédi-méid kló^{u}θs], confección.
cloud [kláud], nube; **cloudy** [kláudi], nuboso.
clumsy [klámsi], torpe.
coach (to) [kó^{u}ch], entrenar; **coach** [kó^{u}ch], entrenador.
coast [kó^{u}st], costa.
coat [kó^{u}t], abrigo, piel (de animales); **fur coat** [fó^{e}r kó^{u}t], abrigo de piel.
cobbler [kóbble^{r}], **shoe-maker** [xúuméike^{r}], zapatero.
cock [kók], gallo; **hen** [hén], gallina.
cod [kód], bacalao.
coffee [kóffii], café; **coffee bar** [kóffii baa^{r}], bar, café (establecimiento); **café** [kafé], café (establecimiento); **cafeteria** [kafitíria] cafetería; **coffeepot** [kóffiipot], cafetera.
coin [kóin], moneda.
cold [kó^{u}ld], frío, resfriado; **catch a cold (to)** [ká^{e}ch a^{e} kó^{u}ld], coger un resfriado.

collapse (to) [kolláps], hundirse.
colleague [kóllig], colega.
collect (to) [kollékt], coleccionar, recoger, cosechar; **collection** [kollékxon], colección, cosecha.
column [kólom], columna.
comb (to) [kóm], peinar, -se; **comb** [kóm], peine.
come, came, come (to) [kám, kéim, kám], *v. irr.* venir; **come across (to)** [kám a^{e}krós], cruzarse con alguien por casualidad; **come back (to)** [kám bá^{e}k], regresar, volver.
comfort [kónfort], confort, comodidad; **comfortable** [kónfortab^{e}l], cómodo, confortable; **snug** [sná^{g}], cómodo.
committed [kommítted], comprometido, responsable, implicado, alineado.
communicate (to) [kommiúnikeit], comunicar; **common** [kómmon], común.
company [kómpani], compañía (grupo), empresa.
compass [kómpas], brújula.
compelled [kompéld], obligado.
competition [kompetíxon], competición, competencia; **competitive** [kompétitif], competitivo.
complain (to) [kompléin], lamentar; **complaint** [kompléint], lamentación.
complete [komplíit], completo; **completely** [komplítli], completamente.
complex [kómplex], *n.* complejo; **complicated** [komplikéited], complicado.
compliment [kómpliment], felicitación.
comprehension [komprehénxon], comprensión.
compulsory [kompálsori], obligatorio.
concert [kónsert], concierto.
conductor [kondáktor], director de orquesta.
confidence [kónfidens], confianza.
congratulate (to) [kongrátiuleit], felicitar; **congratulations!** [kongratiulá^{e}xons], ¡felicidades!
conscience [kónxens], conciencia; **conscious** [kónxus], consciente; **consciousness** [kónsxusnes], conciencia.
consequence [kónsekuens], consecuencia; **consequently** [kónsekuentli], por consiguiente.
consider* (to) [konsíde^{r}], considerar; **considerable** [konsíderab^{e}l], considerable.
consist of (to) [konsíst of], consistir (en).
consolidation [konsolidá^{e}xon], consolidación.
contempt [kontémpt], desprecio.
content [kontént], contento, satisfecho; **contents** [konténts], contenido.
continue (to) [kontíniu], continuar; **continuously** [kontíniusli], continuamente.
contract [kóntrakt], contrato.
control [kontról], control.
controversy [kóntro^{f}ersi], controversia.
converse with (to) [kon^{f}ó^{e}rs uíθ], conversar.
convert (to) [kon^{f}ó^{e}rt], convertir.
convince (to) [kon^{f}íns], convencer.
cook (to) [kúuk], cocinar, cocer; **cook** [kúuk], cocinero; **cooker** [kúuke^{r}], cocina (electrodoméstico).
cool [kúul], fresco.
copper [kóppe^{r}], cobre.
cork [kórk], tapón de corcho.
corn [kórn], grano, trigo.
corpse [kórps], cadáver.
correct [korrékt], correcto; **exactly** [exá^{e}ktli], exactamente.
cost, cost, cost (to) [kóst, kóst, kóst], *v. irr.* costar; **cost** [kóst], coste; **costly** [kóstli], costoso.
cough (to) [kóf], toser; **cough** [kóf], tos.
count (to) [káunt], contar; **counter** [káunte^{r}], mostrador.
country [káuntri], campo, país, nación, estado, patria; **country house** [káuntri háus], casa de campo.
couple [káp^{e}l], pareja.
courage [kórax], coraje, valentía.
course [kóo^{r}s], curso escolar.
Court [kó^{u}rt], tribunal.
cousin [kásin], primo.
cowl [kául], capucha, cubierta.
cradle [krá^{e}d^{e}l], cuna.
crash (to) [krá^{e}x], chocar; **crash** [krá^{e}x], choque, colisión.
crazy [krá^{e}is^{z}i], loco; **half crazy** [háf krá^{e}is^{z}i], medio loco.
creep, crept, crept (to) [kríip, krépt, krépt], *v. irr.* descascarillar.
crew [kriú], equipaje.
cross (to) [krós], atravesar; **cross the picket line (to)** [krós θe píket láin], desconvocar la huelga (lit., atravesar la línea del piquete).
crowd [kráud], muchedumbre; **crowded** [kráud^{e}d], atestado.
cry (to) [krái] gritar, llorar; **cry** [krái], grito, llanto.

culture [kálchar], cultura.
cunning [kánning], astuto.
cup [káp], taza.
cupboard [káp-bóard], armario, despensa.
curl [kóerl], rizo; **curly** [kóerli], rizado.
currency [kóerrensi], divisa; **British currency** [brítix kóerrensi], divisa inglesa.
curse [kóers], blasfemia.
curtains [kóerteins], cortinas.
cushion [káxon], cojín, almohada.
custard [kástard], crema (dulce).
customer [kástomer], cliente.
customs [kástoms], aduana; **customs officer** [kástoms óffiser], aduanero.
cut, cut, cut (to) [kát, kát, kát], *v. irr.* cortar.
cute [kiút], atrayente.
cutlery [kátleri], cubertería.
cycle [sáikel], ciclo.
cynic [sínik], cínico.

D

damage (to) [dáemaex], dañar, perjudicar; **damage** [dáemaex], daño.
damp (to) [dáemp], húmedo, empapado.
dance (to) [dáens], bailar.
danger [dáenxer], peligro; **dangerous** [dáenxerous], peligroso; **dangerously** [dáenxerousli], peligrosamente.
dare (to) [déar], osar.
dark [dárk], oscuro; **darkness** [dárknes], oscuridad.
darling [dárling], cariño, tesoro (apelativo afectuoso).
date [déit], fecha, *fam.* cita; **date of birth** [déit of bóerθ], fecha de nacimiento.
daughter [dóoter], hija; **daughter-in-law** [dóoter-in-lóo], nuera.
dawn [dóon], alba.
day [dáei], día; **daily** [dáeili], diariamente, diario.
deaf [déaf], sordo; **the deaf** [θe déaf], los sordos.
deal, dealt, dealt with (to) [díil, délt, délt uíθ], *v. irr.* tratar.
dear [díar], querido, caro.
debate (to) [dibéit], debatir; **debate** [dibéit], debate.
debt [dét], deuda.
December [disémber], diciembre.
decide (to)** [disáid], decidir; **decision** [desís-xon], decisión.
decorate (to) [dekoréit], tapizar, empapelar las paredes.
deep [díip], profundo; **depth** [dépθ], profundidad; **deeply** [díipli], profundamente.
deer [díiar], ciervo, gamo.
defend (to) [defénd], defender; **defence** [deféns], defensa.
definition [definíxon], definición.
degree [digríi], licenciatura, título, título de estudio, grado.
delay [diléi], retraso.
delicate [delikéit], delicado; **fine** [fain], fino, bello.
delve (to) [délf], excavar, hurgar.
dentist [déntist], dentista.
deny* (to) [dinái], negar.
department [dipártment], departamento, sector.
departure [dipárxar], salida.
describe* (to) [diskráib], describir; **description** [diskrípxon], descripción.
deserve (to)** [disóerf], merecer.
desk [désk], escritorio, mostrador.
despise (to) [dispáis], despreciar; **despise** [dispáis], desprecio.
dessert [disóert], postre, dulce.
destroy (to) [distrói], destruir; **destruction** [distrákxon], destrucción.
detail [ditéil], detalle.
determine (to)** [ditóermin], decidir; **determined** [ditóermined], decidido, determinado; **develop (to)** [diféelop], desarrollar, -se; **development** [diféelopment], desarrollo.
devil [défil], diablo.
dial a number (to) [dáial ae námber], marcar un número telefónico.
diamond [dáiamond], diamante.
diary [dáiari], agenda.
dicrease (to) [dikríis], disminuir.
die (to) [dái], morir (de); **dead** [dead] *a.* muerto; **late** [léit], muerto; **the dead** [θe dead], los muertos.
diet [dáiet], dieta.
differ (to) [díffoer], diferir; **difference** [díffrens], diferencia; **different** [díffrent], diferente, diverso.
difficult [díffikalt], difícil; **difficulty** [díffikalti], dificultad.
dig, dug, dug (to) [díg, dág, dág], *v. irr.* excavar, hurgar.
digestive pill [daigéstif píl], píldora digestiva.
dinner [dínner], cena, comida principal; **diner** [dáiner], comensal; **dining room** [dáining rúum], comedor.

dinner jacket [dínne^{r} xá^{e}ket], esmoquin.
diploma [dipló^{u}ma], diploma.
diplomat [díplomat], *n.* diplomático.
direction [dairékxon], indicación, dirección; **director** [dairéktor], directivo, consejero de administración.
dirt [dó^{e}rt], suciedad; **dirty** [dó^{e}rti], sucio.
disadvantage [disadt^{f}á^{e}ntax], desventaja.
disappear (to) [disappíar], desaparecer.
disappointment [disappóintment], desilusión.
disco [dísko^{u}], discoteca.
discover (to) [diskó^{f}er], descubrir; **discovery** [diskó^{f}eri], descubrimiento.
dish [díx], plato, vajilla, vianda; **dish-washer** [díx-uóxe^{r}], lavavajillas.
dismiss (to) [dismís], despedir (formal).
dispose (to) [dispó^{u}s], arrojar.
disturb (to) [distó^{e}rb], trastornar.
dive (to) [dáif], zambullirse.
do, did, done (to) [dú, díd, dán], *v. irr.* hacer; **do the ironing (to)** [dú θi áironin^{g}], planchar; **press (to)** [prés], planchar; **pressing** [préssin^{g}], planchado; **do the shopping (to)** [du θe xóppin^{g}], hacer la compra; **do harm (to)** [dú hárm] hacer daño.
doctor [dókto^{r}], médico.
documents [dókiuments], documentos.
dog [dóg], perro.
doll [dól], muñeca.
door [dóo^{r}], puerta; **front door** [frónt dóo^{r}], puerta de entrada.
double room [dáb^{e}l-rúum], habitación doble; **double-decker** [dáb^{e}l-déke^{r}], autobús de dos pisos.
doubt (to) [dáut], dudar; **doubt** [dáut], duda.
down [dáun], abajo, bajo.
doze (to) [dó^{u}s^{z}], dormitar.
draft [dráft], boceto, esbozo.
draughts [dráfts], damas (juego de mesa).
draw, drew, drawn (to) [dró, driú, dróun], *v. irr.* dibujar; **drawer** [dróue^{r}], cajón.
dreadful [drédful], horrendo, horrible, espantoso.
dream, dreamt, dreamt (to) [dríim, drémt, drémt], *v. reg. e irr.* soñar; **dream** [dríim] sueño.
dress [drés], vestido de mujer.
dress (to) [drés], vestir, vestirse; **get dressed (to)** [gét drés^{e}d], vestir, vestirse; **dressing** [dréssin^{g}], salsa, condimento.
drink, drank, drunk (to) [drínk, drénk, dránk], *v. irr.* beber; **drink** [drínk], aperitivo, bebida.
drive, drove, driven (to) [dráif, dró^{u}f, drí^{f}en], *v. irr.* conducir un coche; **driver** [drái^{f}e^{r}], conductor; **driving licence** [drái^{f}in^{g} láisens], carné de conducir; **drive somebody mad/crazy (to)** [dráif sámbodi ma^{e}d/krá^{e}is^{z}i], volver loco a alguien.
drought [dráut], sequía.
drown (to) [dráun], anegar, ahogar.
drum [drám], tambor.
drunken [dránken], *a.* borracho; **drunk** [dránk], *n.* borracho.
dry (to) [drái], secar.
due date [diú déit], **deadline** [de^{a}dláin], fecha de caducidad.
dullness [dálnes], lerdez; **dull** [dál], lerdo, obtuso.
dumb [dám], mudo.
dungeon [dánxon], mazmorra.
during [diúrin^{g}], durante.
dustbin [dástbin], cubo de basura.
duty [diúti], deber moral.
dwarf [duó^{r}f], enano.

E

each other [ích áθe^{r}], mutuamente, recíprocamente.
ear [ía^{r}], oreja; **earring** [ía^{r}-rin^{g}], pendiente.
early [ó^{e}rli], pronto, temprano; **earlier** [ó^{e}rlie^{r}], antes.
earn (to) [ó^{e}rn], ganar.
earth [ó^{e}rθ], tierra, mundo, globo.
east [íist], este.
Easter [íste^{r}], Pascua.
easy [ísi], fácil; **easily** [ís^{i}li], fácilmente.
eat, ate, eaten (to) [íit, ét, íten], *v. irr.* comer; **have, had, had (to)** [há^{e}f, há^{e}d, há^{e}d], comer.
economics [ikonómiks], economía.
editor [édito^{r}], director de periódico.
education [ediuká^{e}xon], formación académica, educación.
effect [effékt], efecto.
effort [éffort], esfuerzo.
egg [ég], huevo; **eggshell** [ég-xél], cáscara de huevo; **eggwhite** [ég-uáit], clara.
either... or [áiθ^{er}... o^{r}], ya... ya, o bien... o.
elderly [élderli], anciano; **the elderly** [θi élderli], los ancianos.
elections [elékxons], elecciones; **polls** [póls], escrutinio.

electric kettle [iléktrik két^{e}l], calentador eléctrico; **electrician** [elektríxan], electricista.
elegant [élegant], elegante.
embark (to) [imbárk], emprender, aventurarse.
employer [emplóie^{r}], empresario.
empty [émpti], vacío.
enclose (to) [enkló^{u}s], cerrar [una carta].
encourage (to) [enkárax], animar.
end (to) [énd], terminar, acabar; **end** [énd], término, fin.
endeavour (to)** [endé^{f}a^{r}], esforzarse.
enemy [énemi], enemigo.
engage (to) [engéix], asumir; **engagement** [engéixment], compromiso; **engaged** [enghéix^{e}d], prometido, ocupado al teléfono.
engine [énxin], motor; **engineer** [enxiníe^{r}], ingeniero.
enjoy* (to) [enxói], gozar, disfrutar, degustar.
enlarge (to) [enlárx], ampliar.
enquiry [inkuáiri], indagación.
enrol (to) [enról], enrolarse.
entrance [éntrans], entrada.
envelope [én^{f}elop], sobre.
envious [én^{f}io^{u}s], envidioso.
envy (to) [en^{f}i], enviar.
equal [íkua^{o}l], igual.
eraser [eréise^{r}], goma de borrar.
essential [essénxal], esencial.
estate [estéit], posesión.
esteem [estíim], estima.
eve [íif], vigilia.
even [i^{fe}n], incluso, ni siquiera.
evening [í^{f}nin^{g}], noche (primera hora); **evening dress** [í^{f}nin^{g} drés], traje de noche.
eventually [i^{f}énxualli], finalmente, para acabar.
ever [é^{f}e^{r}], nunca.
everlasting [e^{f}e^{r} lástin^{g}], eterno.
every [é^{f}ri], todo, cada; **everything** [é^{f}riθin^{g}], cada cosa; **every time** [é^{f}ritaim], cada vez; **everywhere** [é^{f}riuea^{r}], por doquier.
evil [é^{f}il], el mal.
exactly [eksá^{e}ktli], exactamente.
examination [eksaminá^{e}xon], examen.
example [eksámp^{e}l], ejemplo; **for example** [foo^{r} eksámp^{e}l], por ejemplo.
excellent [ékselent], excelente.
exception [eksépxon], excepción; **except** [eksépt] excepto, nada más que, a no ser que.
exchange [ekschéinx], cambio.
excited [eksáited] agitado; **exciting** [eksáitin^{g}], excitante.
exclaim (to) [ekskléim], exclamar.
excuse (to) [ekskiús], disculparse; **excuse** [exkiús], justificación, excusa; **excuse me!**, [ekskiús mí!], ¡disculpe!, ¡perdone!.
executive [eksékiutif], directivo de alto rango, funcionario.
exercise [éksersais], ejercicio; **practice** [práktis], practicar; **do exercise (to)** [du éksersais], hacer ejercicio físico.
exhausted [eksósted], exhausto, extenuado, agotado.
exhibition [eksibíxon], exposición de arte.
expect (to)** [expékt], esperar, -se.
expenditure [ekspéndixua^{r}], compra; **expensive** [ekspénsif], caro.
experience [ekspíriens], experiencia.
express (to) [eksprés], expresar.
extraordinary [ekstra-órdinari], extraordinario.
extremely [ekstrímli], extremadamente.
eye [ái], ojo.

F

face* (to) [féis], afrontar; **face** [féis], cara.
fact [fá^{e}kt], hecho.
factory [fá^{e}ktori], establecimiento, fábrica.
fail (to)** [féil], fracasar, equivocarse; **failure** [féilia^{r}], fracaso.
fair [féa^{r}], rubio, leal; **fair play** [féa^{r} pléi], juego limpio.
fairy [féari], hada; **fairy tale** [féari téil], cuento de hadas; **fable** [féib^{e}l], fábula.
faithful [féiθful], fiel; **faithfulness** [féiθfulnes], fidelidad.
fall, fell, fallen (to) [fól, fél, fóllen], *v. irr.* caer; **fall** [fól], caída; **fall asleep (to)** [fól a^{e}xlíip], adormecerse; **fall ill (to)** [fól íl], enfermar; **fall in love with (to)** [fól in láf uíθ], enamorarse de.
false [fóls], falso.
family [fá^{e}mili], familia; **family name** [fá^{e}mili néim], apellido.
famous [féimo^{u}s], famoso, célebre.
fancy* (to) [fá^{e}nsi], tener deseos de (realizar una acción).
far [fáa^{r}], **far away** [fáa^{r} a^{e}uéi], **far off** [fáa^{r} of], lejos.

fare [féa^{r}], tarifa.
farm [fá^{r}m], granja; **farmer** [fá^{r}me^{r}], granjero.
fascinate (to) [fáxineit], fascinar; **fascinating** [fáxineitin^{g}], fascinante, seductor.
fashion [fá^{e}xion], moda; **fashionable** [fá^{e}-xonab^{e}l], a la moda.
fast (to) [fást], ayunar.
fast [fást], rápido, veloz, firme, constante, adelantado (reloj).
fat [fá^{e}t], gordo.
father [fáθe^{r}], padre; **dad** [dá^{e}d], papá; **father-in-law** [fáθe^{r}-in-lóo], suegro.
favour [féi^{f}or], favor; **favourite** [fá^{ef}orit], favorito, preferido.
fear [fía^{r}], miedo; **fearful** [fía^{r}-ful], miedoso.
feather [féθe^{r}], pluma.
February [fébruari], febrero.
fee [fíi], cuota, tasa.
feed, fed, fed (to) [fíid, féd, féd], *v. irr.* nutrir, dar de comer.
feel, felt, felt (to) [fíil, félt, félt], *v. intr.* sentir, experimentar sensaciones; **feeling** [fíilin^{g}], sensación; **feel sick (to)** [fíil sík], sentirse mal.
fence [féns], empalizada, valla.
fever [fí^{f}e^{r}], fiebre.
few [fiú], pocos.
fiancé [fiansé], prometido, -a.
field [fíild], campo cultivado, campo de acción, sector.
fight, fought, fought (to) [fáit, fó^{o}t, fó^{o}t], *v. irr.* combatir, luchar.
figure [fígia^{r}], figura, cifra.
file [fáil], archivo.
fill (to) [fíl], **fill up (to)** [fíl áp], **fill in (to)** [fíl in], rellenar.
film director [fílm dairéktor], director de cine.
filth [fílθ], suciedad, mugre.
final [fáinal], final; **finally** [fáinalli], por último.
find, found, found (to) [fáind, fáund, fáund], *v. irr.* hallar.
fine [fáin], bello, multa; **fine (to)** [fáin], multar.
finger [fínge^{r}], dedo.
finish* (to) [fínix], acabar.
fire (to) [fáia^{r}], despedir (informal).
fire [fáia^{r}], fuego, incendio.
firm [fó^{e}rm], empresa.
first [fó^{e}rst], primero; **first cousin** [fó^{e}rst kásin], primo carnal.
fish [fíx], pescado, pez; **goldfish** [go^{u}ld-fíx] pez rojo; **fish (to)** [fíx], pescar; **fish fingers** [fíx fínge^{r}s], varitas de pescado.
flame [fléim], llama.
flat [flá^{e}t], apartamento; *a.* plano.
flea [flíi], pulga.
fleece [flíis], manto, pelaje.
flesh [fléx], carne (viva).
floor [flóo^{r}], suelo.
flower [fláue^{r}], flor; **florist** [flórist], florista.
fly [flái], mosca.
fly, flew, flown (to) [flái, flíu, flóun], *v. irr.* volar; **flight** [fláit], vuelo.
fog [fóg], niebla; **foggy** [fóggi], nebuloso; **fog light control** [fóg láit kontról], palanca de los faros antiniebla.
folk [fók], gente, pueblo.
follow (to) [fóllou], seguir; **following** [fóllouin^{g}], siguiente, sucesivo; **follower** [fólloue^{r}], seguidor, discípulo.
fond of [fónd of], apasionado.
food [fúud], comida.
fool [fúul], necio, tonto.
foot [fúut], pie.
for [fóo^{r}], durante, desde, dado que, a pesar de; **for instance** [foo^{r} ínstans], por ejemplo.
forbid, forbade, forbidden (to) [fo^{r}bíd, fo^{r}-béid, fo^{r}bídd^{e}n], *v. irr.* prohibir; **prohibition** [proibíxon], prohibición.
forefinger [fóo^{r}-fínge^{r}], dedo índice; **forehead** [fóo^{r}-há^{e}d], frente.
foreigner [fórene^{r}], extranjero; **foreign** [fóren], extraño.
foresee (to) [fóo^{r}-síi], prever; **forecast (to)** [fóo^{r}-kást], *v.* prever; **forecast** [fóo^{r}-kást], *n.* previsión.
forget, forgot, forgotten* (to)** [forgét, forgót, forgótte^{n}], *v. irr.* olvidar.
forgive, forgave, forgiven (to) [forgíf, forgéif, forgíf^{e}n], *v. irr.* perdonar.
fork [fórk], tenedor.
form [fó^{r}m], clase (escuela).
former [fórme^{r}], precedente.
formula [fórmiula], fórmula.
fortnight [fórtnait], quincena.
found (to) [fáund], fundar; **foundation** [faundá^{e}-xon], base, fundamento, fundación.
fountain [fáuntin], fuente.
fox [fóx], zorro.
fragile [fraxáil], frágil.
frail [fréil], frágil.

frankly [frá^{e}nkli], francamente.
freedom [fríidom], libertad; **free** [fríi], libre; **freely** [fríili], libremente.
freezing [fríis^{z}in^{g}], gélido, helado.
frequency [fríkuensi], frecuencia.
fresco [frésko^{u}], fresco (pintura mural).
fresh [fréx], fresco.
friar [fráia^{r}], cura.
Friday [fráida^{e}i], viernes; **Good Friday** [gúud fráida^{e}i], Viernes Santo.
fridge [fríx], diminutivo de **refrigerator** [refrixeréito^{r}], frigorífico.
fried [fráid], frito.
friend [frénd], amigo, -a; **boy, girlfriend** [bói, gó^{e}rl-frend], novio, -a; **friendly** [fréndli], cordial, cordialmente.
frighten (to) [fráiten], asustar; **fright** [fráit], **fear** [fia^{r}], miedo; **frightening** [fráitnin^{g}], atemorizador (que suscita miedo).
frog [fróg], rana.
front seat [frónt síit], asiento delantero del coche; **back seat** [bá^{e}k síit], asiento trasero del coche.
frozen [fró^{u}s^{z}en], helado.
fruit [frúut], fruta; **fruits** [frúuts], frutos (resultado).
frying pan [fráin^{g} pá^{e}n], sartén.
fuel gauge [fiúel geix], indicador de gasolina.
full [fúl], lleno; **fully** [fúlli], plenamente.
fun [fán], diversión; **funny** [fánni], raro, extravagante.
funeral [fiúnera^{o}l], funeral.
furious [fiúrio^{u}s], furioso.
furniture [fó^{e}rnixa^{r}], mobiliario; **a piece of furniture** [a^{e} píis of fó^{e}rnixa^{r}], mueble.
further [fó^{e}rθe^{r}], más allá; **furthermore** [fó^{e}rθe^{r}-móo^{r}], además.
future [fiúxa^{r}], futuro.

G

gamble (to) [gámbel], jugar a juegos de azar; **gamble** [gámbel] juego de azar.
game [géim], juego, partido, -a.
garbage [gá^{e}rbich], basura.
garden [gá^{r}den] jardín; **backgarden** [bá^{e}k-gá^{r}den], patio trasero.
garlic [gá^{r}lik], ajo.
gate [géit], verja.
gather (to) [gá^{e}θe^{r}], reunir, -se.
gear stick [xía^{r} stík], palanca de cambios.
generally [xéneralli], generalmente.
generous [xénero^{u}s], generoso; **generosity** [xenerósiti], generosidad.
gently [xéntli], delicadamente; **gentleman** [xéntel-má^{e}n], señor, caballero.
get, got, got (to) [gét, gót, gót], *v. irr.* tener, obtener, tomar; **get back (to)** [gét bá^{e}k], volver; **get bored (to)** [gét bóo^{r}d], aburrirse; **get drunk (to)** [gét dránk], emborracharse; **get lost (to)** [gét lóst], perderse; **get off (to)** [gét of], bajar (de medios de transporte); **get on (to)** [gét on], subir (a medios de transporte); **get over (to)** [gét o^{uf}e^{r}], superar; **get ready (to)** [gét redi], preparar, -se; **get sick (to)** [gét sik], enfermar; **get sunburnt (to)** [gét sán-bó^{e}rnt], quemarse (al sol); **get up (to)** [gét ap], levantarse de la cama; **get wet** [gét uet], empapar, -se.
ghost [gó^{u}st], espectro, fantasma.
ginger [xíngxe^{r}], jengibre; rojo anaranjado.
girl [gó^{e}rl] chica; **girlfriend** [gó^{e}rl-frénd], novia.
give, gave, given (to) [gíf, géif, gí^{f}en], *v. irr.* dar; **give a lift (to)** [gíf a^{e} líft], dar un paseo en coche; **give back (to)** [gíf bá^{e}k], devolver; **give birth (to)** [gíf bó^{e}rθ], parir, dar a luz, traer al mundo; **give in** [gíf in], ceder; **give in one's notice (to)** [gíf in uáns nó^{u}tis], despedirse; **give up* (to)** [gíf áp], renunciar.
glad [glá^{e}d], contento, satisfecho; **gladly** [glá^{e}dli], con mucho gusto.
glass [glás], vaso, vidrio; **glasses** [glássis], gafas; **sunglasses** [sán-glássis], gafas de sol; **glasses case** [glássis keis], estuche de gafas.
glisten (to) [glíssen], brillar.
glove [gló^{u}f], guante; **glove compartment** [gló^{u}f kompártment], guantera del coche.
glue [glúu], cola.
gnat [ná^{e}t], mosquito.
gnaw (to) [nó], roer.
gnome [gnó^{u}m], gnomo.
go sailing (to) [gó^{u} séilin^{g}], navegar en barco de vela.
go, went, gone [gó^{u}, uént, gón], *v. irr.* ir; **go left/right (to)** [gó^{u} léft/ráit], - a la izquierda/a la derecha; **go mad (to)** [gó^{u} ma^{e}d], enloquecer; **go on a diet (to)** [gó^{u} on a^{e} dáiet], ponerse a dieta; **go out (to)** [gó^{u} áut], salir; **go to sea (to)** [gó^{u} tu síi], embarcarse; **go to sleep (to)** [gó^{u} tu sliip] adormecerse.
god [gód], dios; **goddess** [góddes], diosa; **godfather** [gód-faθe^{r}], padrino; **godmother** [gód-maθe^{r}], madrina.

gold [gó^{u}ld], oro; **fool's gold** [fúuls gó^{u}ld] oro falso; **golden** [gó^{u}lden], de oro, dorado.
good [gúud], bueno; **goods** [gúuds] bienes, mercancías.
goodbye [gudbái], adiós, hasta luego.
goose [gúus], oca.
gossip [góssip], chisme, habladuría; **gossip (to)** [góssip], chismorrear; **gossip column** [góssip kólom], columna de un diario sensacionalista; **gossip columnist** [góssip kólomnist], periodista frívolo; **gossiper** [góssipe^{r}], lenguaraz, **gossipmonger** [góssip-mon^{g}e^{r}] chismoso.
graduate [grád-ueit], licenciado.
grandfather [grá^{e}nd-fáθe^{r}], **grandpa** [grá-^{e}nd-pá], abuelo; **grandmother** [grá^{e}nd-máθe^{r}], **grandma** [grá^{e}nd-má], abuela; **grandparents** [grá^{e}nd-pá^{e}rents], abuelos; **grand/son/girl/child** [gra^{e}ncháild/són/góerl], nieto, -a,-s.
grape [gréip], uva; **grapefruit** [greipfrúut], pomelo.
grass [grás], hierba.
grateful [gréitful], agradecido.
grater [gréite^{r}], rallado.
grave [greif], tumba.
graze (to) [gréis^{z}], pastar, arañar, rozar.
great [gréit], grande.
greedy [gríidi], voraz, glotón.
green [gríin], verde; **greengrocer** [gríin-gró^{u}se^{r}], verdulero; **green salad** [gríin sálad], ensalada de lechuga.
grey [gréi], gris.
grilled steak [gríld stéik], bistec a la parrilla.
ground [gráund], suelo, superficie terrestre; **ground floor** [gráund floo^{r}], planta baja.
group [grúup], grupo.
grow, grew, grown (to) [gróu, griú, gróun], crecer, hacer crecer, criar; **growth** [gro^{u}θ], crecimiento.
guard (to) [gárd], custodiar; **guard** [gárd], guarda, vigilante; **traffic warden** [tráfik uórd^{e}n], agente de tráfico.
guess (to) [gés], adivinar.
guest [gést], huésped; **paying guest** [péin^{g} gést], huésped de pago; **guestroom** [gést-rúum], cuarto de invitados.
guide [gáid], guía; **map of London** [má^{e}p of lándon], plano de Londres.
guilt [gílt], culpa; **fault** [fó^{l}t], falta; **guilty** [gílti], culpable.
guitar [gíta^{r}], guitarra.

H

habit [há^{e}bit], hábito, costumbre.
hair [héa^{r}], cabello, cabellera, pelo; **hairy** [héari], piloso, velludo; **hairdresser** [héa^{r}dresse^{r}], peluquero; **hairdryer** [héa^{r}-dráia^{r}], secador de pelo.
half [háf], medio, mitad; **half an hour** [háf a^{e}n áua^{r}], media hora.
hall [hól], vestíbulo, entrada, pasillo.
Halloween [hallouíin], vigilia de Todos los Santos.
ham [há^{e}m], jamón cocido, dulce, de York; **Parma ham** [párma há^{e}m], jamón curado.
hammer [hámme^{r}], martillo.
hand [há^{e}nd], mano; **hand in (to)** [há^{e}nd in], dar la mano, presentar a alguien; **handy** [há^{e}ndi], útil, cómodo, práctico; **handle (to)** [há^{e}nd^{e}l] manejar; **handle** [há^{e}nd^{e}l], manija, pomo, picaporte; **handkerchief** [há^{e}nd-kerchíf], pañuelo.
handicapped [há^{e}ndi -ká^{e}p^{e}d], discapacitado; **the handicapped** [θe há^{e}ndi -ká^{e}p^{e}d], los discapacitados.
handsome [há^{e}ndsam], fascinante, bello.
happen (to) [há^{e}ppen], ocurrir, suceder.
happiness [há^{e}ppines], felicidad; **happy** [há^{e}ppi] feliz, contento, satisfecho.
hard [hárd], duro, duramente; **hard-boiled egg** [hárd boil^{e}d ég], huevo duro; **hardly** [hárdli], apenas, casi nada.
hare [héa^{r}], liebre.
harm [hárm], mal (resultado de una acción).
harvest [hár^{fe}st], cosecha.
hat [há^{e}t], sombrero.
hate (to) [héit], odiar; **hatred** [héitr^{e}d], odio.
have, had, had (to) [há^{e}f, há^{e}d, há^{e}d], haber, tener; **have a chat (to)** [há^{e}f a^{e} chá^{e}t], charlar, pegar la hebra; **have a fight (to)** [há^{e}f a^{e} fáit], luchar; **have a good time (to)** [há^{e}f a^{e} gúud táim], divertirse; **have a wild time (to)** [há^{e}f a^{e} uáild táim], divertirse locamente; **have a temperature (to)** [há^{e}f a^{e} témperchua^{r}], tener fiebre; **have an operation (to)** [há^{e}f a^{e}n operá^{e}xon], operarse; **have lunch (to)** [há^{e}f lánch], comer; **have something done (to)** [há^{e}f sámin^{g} dán], mandar hacer algo; **have to (to)** [há^{e}f tu], deber (obligación).
he [hí], él; **himself** [himsélf], él mismo.
head [há^{e}d], cabeza; **head-quarters** [há^{e}d-kuórte^{r}s], cuartel general; **headlight** [há^{e}d-láit], faro (de coche); **headmaster** [há^{e}d-máste^{r}], rector.

health [hélθ], salud; **healthy** [hélθi], sano, saludable, salutífero; **healer** [híle^{r}], curandero, sanador.

heap [híip], montón.

hear, heard, heard (to) [hía^{r}, hó^{e}rd, hó^{e}rd], *v. irr.* oír; **overhear (to)** [ó^{uf}e^{r}-hía^{r}], oír por casualidad.

heart [hárt], corazón.

heat (to) [híit], calentar.

heaven [hé^{fe}n], **paradise** [paradáis], paraíso.

hedge [héx], seto.

heir [héa^{r}], heredero.

help (to) [hélp], ayudar; **help** [hélp], ayuda; **help oneself to (to)** [hélp uansélf tu], servirse.

her [hó^{e}r], *a.* su *pr. m.* suyo, -a, -os, -as; **hers** [hó^{e}rs] *pr. fem.* suyo, -a, -os, -as)

here [hía^{r}], aquí.

hero [híro^{u}], héroe.

hesitate (to) [hésiteit], vacilar.

hi! [hai], **hallo** [halló], ¡hola!

hide, hid, hidden (to) [háid, híd, hídd^{e}n], *v. irr.* esconder.

high [hái], alto; **highly** [háili], altamente; **highly strung** [háili strán^{g}], tenso, nervioso; **highway** [hái-uéi], autopista.

hill [híl], colina.

hire (to) [háia^{r}], tomar en alquiler, contratar.

his [hís] *a.* y *p.*, su, suyo, -a, -os, -as.

history [hístori], historia.

hit, hit, hit (to) [hít, hít, hít], *v. irr.* golpear; **hit parade** [hít paréid], lista de éxitos.

hitchhiking [hich-háikin^{g}], autostop; **hitchhike (to)** [hich-háik], hacer autostop.

hold, held, held (to) [hó^{u}ld, héld, héld], *v. irr.* sujetar, tener en la mano, retener, contener, defender, poseer, retener; **hold on, please** [hó^{u}ld on, plíis], espere, por favor (teléf.); **hold shares (to)** [hó^{u}ld xéa^{r}s], poseer acciones de una empresa.

hole [hó^{u}l], agujero.

holiday [hólida^{e}i], vacaciones; **go on holiday (to)** [gó^{u} on hólida^{e}i], irse de vacaciones.

home [hó^{u}m], casa, hogar; **homework** [hó^{u}m-uó^{e}rk], tarea doméstica.

honey [háni], miel; **honeymoon** [hánimúun], luna de miel.

honour [óno^{r}], honor; **honest** [ónest], honesto.

hoover [húu^{f}e^{r}], aspirador.

hope (to)** [hó^{u}p], esperar; **hope** [hó^{u}p], esperanza.

horn [hórn], claxon, bocina, trompa.

horrid [hórrid], horrendo, horrible, espantoso.

horse [hó^{r}s], caballo.

hospital [hóspital], hospital.

hot [hót], hirviendo, caliente.

hour [áua^{r}], hora.

house [háus], casa, edificio; **house-calls** [háus-kóls], visita a domicilio; **housewares** [háus-uéa^{r}s], objetos domésticos; **housewife** [háus-uaif], ama de casa; **housework** [háus-uó^{e}rk], **homework** [hó^{u}m-nó^{e}rk], tarea doméstica.

how [háu], como; **however** [haué^{f}e^{r}], en cualquier caso.

huge [hiúx], enorme.

human [hiúman], humano.

hunger [hánge^{r}], hambre; **hungry** [hángri], hambriento.

hurry [hárri], prisa.

hurt, hurt, hurt (to) [hó^{e}rt, hó^{e}rt, hó^{e}rt], hacer daño, herir.

husband [hásband], marido.

hymn [him], himno.

hypersensitive [háipe^{r}-sénsitif], quisquilloso, cicatero.

I

I [ái], yo; **me** [mí], me, mi; **myself** [maisélf], yo mismo.

ice [áis], hielo; **ice-cream** [áis-kríim], *n.* helado.

idea [aidía], idea; **crazy/mad idea** [krá^{e}is-^{z}i/má^{e}d aidía], idea loca.

identity card [aidéntiti ká^{r}d], carné de identidad.

idle [áid^{e}l], ocioso; **idleness** [áidlnes] ocio.

i.e. [ai i], es decir.

if [if], si (hipotético).

ignore (to) [ig-nóa^{r}], ignorar.

ill [íl], *a.* y *n.* enfermo; **mentally ill** [méntalli íl], enfermo mental; **the mentally ill** [θe méntalli íl], los enfermos mentales; **ill tempered** [íl témpred], de mal carácter.

imagine* (to) [imá^{e}xin], imaginar, imaginarse; **imagination** [ima^{e}giná^{e}xon], imaginación, **fantasy** [fá^{e}ntasi], fantasía.

immediately [immídiat^{e}li], de inmediato.

immigrant [ímmigrant], inmigrante.

impatience [impá^{e}xens], impaciencia; **impatient** [impá^{e}xent], impaciente.

imply (to) [implái], insinuar.

impolite [impoláit], maleducado.

important [impó^{r}tant], importante.
impose (to) [impó^{u}s], **levy (to)** [lé^{f}i] imponer.
impossible [impóssib^{e}l], imposible.
imprison (to) [impríson], encarcelar.
improve (to) [imprú^{u}f], mejorar.
in [in], en; **in front of** [in front of], delante de, frente a; **in order to** [in órde^{r} tu], con el fin de; **in spite of** [in spáit of], **despite** [dispáit], no obstante; **in fact** [in fá^{e}kt], de hecho.
include (to) [inklúud], incluir.
income [ínkam], rédito.
increase (to) [inkríis], aumentar.
incredible [inkrédib^{e}l], increíble.
incurr (to) [inkó^{e}r], incurrir.
indeed [indíid], verdaderamente, efectivamente.
independent [independent], independiente.
index [índex], índice (de un escrito).
indicator [indiká^{e}tor], indicador; **indicator switch** [indiká^{e}tor suích], palanca del indicador.
individual [indi^{f}ídual], individuo.
infectious [infékxo^{u}s], infeccioso.
inferior [infírior], inferior.
influence [ínfluens], **influenza** [influénza], **flu** [flú], gripe.
inform (to) [infórm], informar; **information** [infor-má^{e}xon], información.
inhabitant [inhá^{e}bitant], habitante.
injection [inxékxon], inyección, pinchazo.
injure (to) [inxú^{r}], herir.
inn [ín], mesón, fonda.
insane [inséin], loco.
insect [ínsekt], insecto.
inside [insáid], dentro, en el interior.
insist (to) [insíst], insistir.
instead of [instéd of], en lugar de.
instruction [instrákxon], instrucción.
insult (to) [insált], insultar; **insult** [insált], insulto.
insure (to) [inxúa^{r}], asegurar (con póliza); **insurance company** [inxúrans kómpani], compañía de seguros.
intelligent [intéligent], inteligente.
intention [inténxon], intención.
interest [ínterest], interés; **interesting** [interéstin^{g}], interesante.
interpreter [intó^{e}rprete^{r}], intérprete.
interrupt (to) [interrápt], interrumpir.
interview (to) [ínter^{f}iu], entrevistar; **interview** [ínter^{f}iu], entrevista; **job interview** [xób ínter^{f}iu], entrevista de trabajo.
into [íntu], dentro, hacia.
introduce (to) [introdiús], presentar una persona.
invite (to) [in^{f}áit], invitar; **invitation** [in^{f}itá^{e}xon], invitación.
invoice [in^{f}óis], factura.
involve* (to) [in^{f}ó^{u}lf], implicar.
irregular [irrégula^{r}], irregular.
island [áiland], isla.
issue [íssiu], número de periódico.
it [ít], ello, lo; **itself** [itsélf], ello mismo; **its** [íts], *pr. nt.* suyo, -a, -os, -as (neutro).

J

jacket [xá^{e}ket], chaqueta.
jail [xéil], **gaol** [gául], prisión, cárcel.
jam [xá^{e}m], mermelada.
jar [xá^{r}], tarro.
January [xá^{e}nuari], enero.
jest [xest], broma.
jewel [xúel], joya; **jeweller** [xúelle^{r}], joyero.
job [xób], **profession** [proféxon], empleo, trabajo, profesión.
join (to) [xóin], unir, -se; **join the army (to)** [xóin θi á^{r}mi], enrolarse en el ejército.
joint of meat [xóint of míit], asado.
joke (to) [xó^{u}k], bromear; **joke** [xók], broma.
jolly [xólli], alegre; **jolly good!** [xólli gúud!], ¡muy bien!
journalist [xó^{e}rnalist], periodista.
journey [xó^{e}rni], viaje.
judge [xádx], juez.
juice [xú^{u}s], zumo, jugo.
juicy [xú^{u}si], jugoso.
July [xulái], julio.
jump (to) [xámp], saltar brincar; **jump** [xámp], salto.
jumper [xámpe^{r}], **pullover** [pulló^{uf}e^{r}], suéter, jersey.
June [xú^{u}n], junio.
junk food [xánk fúud], alimento sabroso, chuchería.
jury [xúri], jurado.
justice [xástis], justicia; **just** [xást], *a.* justo, únicamente, apenas, propiamente.

K

keep, kept, kept (to) [kíip, képt, képt], *v. irr.* tener; **keep [on]*** [kíip on], mantener, continuar (una acción); **keep somebody waiting (to)** [kíip sámbodi uéitin^{g}], hacer esperar a alguien.
kettle [két^{e}l], hervidora.

key [kíi], llave, clave.
kick [kík], patada.
kid [kíd], crío; **kidnap (to)** [kidná^{e}p], secuestrar; **kidnap**, [kidná^{e}p], secuestro.
kidney [kídni], riñón.
kill (to) [kíl], matar; **killer** [kílle^{r}], homicida, asesino.
kind [káind], gentil, amable; **kindness** [káindnes], gentileza, amabilidad.
kindergarten [kínder-gárten], jardín de infancia, guardería.
king [kín^{g}], rey.
kiss (to) [kís], besar; **kiss** [kís], beso.
kitchen [kíchchen], cocina.
kitten [kítt^{e}n], gatito.
knickers [níkers], braguitas.
knife [náif], cuchillo.
knight [náit], caballero.
knock (to) [nók], llamar a la puerta; **knock** [nók], golpe.
know, knew, known (to) [nóu, niú, nóun], conocer; **knowledge** [nó^{u}ledx], conocimiento, saber.

L

lace [léis], lazo.
lake [léik], lago.
lamb [lá^{e}m], cordero.
lamp [lá^{e}mp], lámpara; **lampshade** [lá^{e}mp-xéid], pantalla de lámpara.
land (to) [lá^{e}nd], aterrizar; **land** [lá^{e}nd], **region** [ríxon], tierra, terreno, región; **landing** [lá^{e}ndin^{g}], rellano; **landlord** [lá^{e}nd-lórd] terrateniente; **landlady** [la^{a}nd-lé^{i}di], casera; **landscape** [lá^{e}ndskeip], paisaje.
lane [léin], sendero, callejuela.
language [lá^{e}ngua^{e}x], lengua, idioma.
large [lárx], ancho.
last (to) [lást], durar; **last** [lást], último, pasado, últimamente.
late [léit], con retraso, tarde, muerto, difunto; **lately** [léitli] recientemente.
laugh (to) [láf] reír; **laughter** [láfte^{r}], risa; **laugh at (to)** [láf a^{e}t], reírse de.
laundry [lóndri], lavandería.
law [lóo], ley; **Act of Parliament** [á^{e}kt of pá^{r}liament], decreto.
lawn [ló^{o}n], prado.
lawyer [lóia^{r}], abogado.
lay, laid, laid (to) [léi, léid, léid], *v. irr.* depositar, poner, apostar dinero.
laziness [léis^{z}ines], pereza; **lazy** [léis^{z}i], perezoso.

lead [léd], plomo; **leaden** [léd^{e}n], plomizo, plúmbeo.
lead, led, led (to) [líid, léd, léd], *v. irr.* conducir.
lean [líin], delgado, magro.
lean, leant, leant out (to) [líin, lént, lént aut], *v. irr.* asomarse.
leap, lept, lept (to) [líip, lépt, lépt], saltar; **leap** [líip], salto.
learn, learnt, learnt (to)** [ló^{e}rn, ló^{e}rnt, ló^{e}rnt], *v. irr.* aprender; **learning** [ló^{e}rnin^{g}], aprendizaje; **learn by heart (to)** [ló^{e}rn bai hárt], aprender de memoria.
leather [léθe^{r}], cuero, piel.
leave, left, left (to) [líif, léft, léft], partir, dejar; **leave to (to)** [líif tu], dejar hacer a; **left-luggage room** [léft-lágga^{e}g rúum], consigna.
lecture [lékcha^{r}], conferencia, lección universitaria.
left [léft], izquierda; **left hand** [léft há^{e}nd], mano izquierda; **left-handed** [left-há^{e}nded], zurdo.
leg [lég], pierna.
legal [líga^{o}l], legal; **legally** [líga^{o}lli], legalmente.
lemon [lémon], limón.
lend, lent, lent (to) [lénd, lént, lént], *v. irr.* dar en préstamo; **lend a hand (to)** [lénd a^{e} há^{e}nd], dar una mano.
length [léngθ], longitud.
less [lés], menos.
lesson [lésson], lección.
let, let, let (to) [lét, lét, lét], *v. irr.* dejar, permitir, poner en alquiler; **let somebody have (to)** [lét sámbodi há^{e}f], mandar a alguien que haga algo; **let somebody in/out (to)** [lét sámbodi in/aut], hacer entrar/salir a alguien; **let somebody know (to)** [lét sámbodi nóu], hacer saber a alguien; **let somebody see (to)** [lét sámbodi síi], hacer ver a alguien; **let somebody do something (to)** [lét sámbodi du sámin^{g}], dejar o permitir que alguien haga algo.
letter [létter], carta; **letter-paper** [létter-péipe^{r}], papel de carta.
liable [láiab^{e}l], **responsible** [rispónsib^{e}l], responsable, garante.
lie (to) [lái], mentir; **tell lies (to)** [tél láis], contar, decir mentiras; **lie** [lái], mentira.
lie, lay, lain (to) [lái, léi, léin], *v. irr.* yacer.
life [láif], vida.

lift (to) [líft], levantar; **lift** [líft], ascensor.
light, lit, lit (to) [láit, lít, lít], *v. irr.*, encender (fuego); **lighter** [láite^{r}], encendedor; **light** [láit], ligero, liviano, luz; **lights** [láits], luces; **rear lights** [ría^{r} láits], luces posteriores del coche; **light control** [láit kontról], palanca de los faros.
like (to) [láik], placer; **like** [láik], igual, similar, mismo, equivalente; **likely** [láikli], posible.
limit (to) [límit], limitar.
line [láin], línea; **liner** [láine^{r}], línea aérea.
linger (to) [lín^{g}er], gandulear, callejear.
listen to (to) [líssen tu], escuchar.
litter [lítte^{r}], escoria.
little [lít^{e}l], pequeño, poco; **little finger** [lít^{e}l fínge^{r}], meñique.
live to [líf], vivir; **live on (to)** [líf on], vivir de (nutrirse); **lively** [láifli], vivaz, vivazmente.
liver [lí^{f}e^{r}], hígado.
loan [ló^{a}un], préstamo.
lock (to) [lók], cerrar con llave; **lock** [lók], cerradura.
long [lón^{g}], largo, a lo largo, durante mucho tiempo; **long for (to)** [lón^{g} foo^{r}], desear intensamente.
loo [lúu], retrete.
look (to) [lúuk], mirar; **look at (to)** [lúuk a^{e}t], mirar con atención, observar; **look around (to)** [lúuk a^{e}ráund], mirar alrededor; **look after (to)** [lúuk afte^{r}], cuidarse, procurarse; **look for (to)** [lúuk foo^{r}], buscar; **look out (to)** [lúuk aut], prestar atención; **look up (to)** [lúuk ap] consultar un diccionario.
lorry [lórri], camión.
lose, lost, lost (to) [lúus, lóst, lóst], *v. irr.* perder; **get lost (to)** [gét lóst], perderse; **lose weight (to)** [lúus uéit], adelgazar, perder peso; **loss** [lós], pérdida.
lot (a lot of) [a^{e} lót of], un montón de.
lottery [lótteri], lotería.
loud [lánd], alto, fuerte; **loud and clear** [láud a^{e}nd klía^{r}], claro y rotundo; **loudspeaker** [láud-spíike^{r}], altisonante.
louse [láus], piojo.
love (to) [láf], amar; **love** [láf], amor.
low [lóu], bajo, abajo.
loyal [lóial], leal.
lubricate (to) [lábrikeit], lubrificar.
luggage [lágga^{e}x], maleta.
lunatic [lúnatik], *n.* loco.
lunch [lánch], almuerzo.
luxury [láxa^{e}ri], lujo.

M

machine [maxín], máquina; **sewing-machine** [siúin^{g}-maxín], máquina de coser.
mad [má^{e}d], loco.
magazine [mágasin], revista.
magical [máxika^{o}l], mágico.
magistrate [máxistreit], magistrado.
maid [méid], sirvienta.
mail (to) [má^{e}il], mandar una carta; **mail** [maá^{e}il], correo, correspondencia.
main [méin], principal.
maintenance [méintenans], manutención, mantenimiento.
make, made, made (to) [méik, méid, méid], *v. irr.* hacer; **make a fool of oneself (to)** [méik a^{e} fúul of uansélf], hacer el tonto; **make a fortune (to)** [méik a^{e} fórchun], hacer fortuna; **make an assumpion (to)** [méik a^{e}n assámxion], hacer una suposición; **make somebody do (to)** [méik sámbodi dú], hacer algo a alguien; **make use of (to)** [méik iús of], usar; **make a decision (to)** [meik a^{e} desís-^{xi}on] tomar una decisión; **make oneself (to)** [meik uansélf] acomodarse; **make yourself comfortable** [méik iou^{r}sélf kónfortab^{e}l] ¡póngase cómodo!
malicious [malíxo^{u}s], malvado.
man [má^{e}n], hombre.
manage (to)** [má^{e}nax], lograr, salirse con la suya; **management** [má^{e}nax-ment], gestión, administración, dirección; **manager** [má^{e}naxe^{r}], director, directivo; **boss** [bós], jefe (informal); **manageress** [má^{e}-naxeres], directora, directiva; **managing director** [má^{e}-naxin^{g} dairékto^{r}], consejero delegado.
mankind [ma^{e}nkáind], especie humana, humanidad.
manner [má^{e}nne^{r}], manera, modo.
manufacture (to) [manufá^{e}kchu^{r}], fabricar, producir bienes.
many [má^{e}ni], muchos.
March [márch], marzo.
march (to) [márch], marchar.
margarine [margarín], margarina.
marital status [márital stá^{e}t^{o}s], estado civil.
marmalade [mármleid], mermelada de cítricos.
marry (to) [má^{e}rri], casarse; **get married (to)** [gét má^{e}rri^{e}d], estar casado; **marriage**

[máerriax], **wedding** [uéddinᵍ], matrimonio; **married** [máerried], cónyuge.
marsh [márx], pantano.
marvellous [márfelous], **wonderful** [uónderful], maravilloso.
mashed potatoes [máxed potéitous], puré de patata.
mass [máes], masa.
master (to) [máster], dominar, conocer bien; **master** [máster], patrón, maestro; **masterpiece** [máster-píis], obra maestra.
match (to) [máech], ser adecuado.
material [matírial], material.
mathematics [maθeimáetiks], **maths** [maeθs], matemática.
matter [máetter], motivo, causa, objeto de conversación.
mattress [máttres], colchón.
mature [machúar], maduro.
May [méi], mayo.
may, might [méi, máit], poder (permiso, probabilidad); **maybe** [méibi], quizá, puede ser.
meadow [médou], prado de forraje.
meal [míil], comida.
mean, meant, meant (to)** [míin, mént, mént], significar, entender, querer decir; **meaning** [míininᵍ], significado; **mean** [míin], mezquino; **means** [míins], medio; **means of transport** [míins of tránsport], medios de transporte.
meat [míit], carne (para comer); **meat ball** [míit ból], albóndiga; **meat fork** [míit fórk], trinchadora.
mechanic [mékanik], mecánico.
medicine [médisin], medicina.
meek [míik], manso, dócil.
meet, met, met (to) [míit, mét, mét], encontrar; **meet-ing** [míitinᵍ], encuentro, reunión.
melody [mélodi], melodía.
melt (to) [mélt], disolver, -se.
memorial [memórial], lápida.
memory [mémori], memoria.
mend (to) [ménd], ajustar.
mention (to) [ménxon], mencionar.
menu [méniu], menú.
merry [mérri], alegre; **merrily** [mérrili], alegremente.
mess [més], confusión, desorden, lío.
metre [míter], metro.
middle [mídel], medio, mitad; **middle finger** [mídel fínger], dedo corazón; **midnight** [mídnait], medianoche.
mighty [máiti], fuerte, potente, poderoso.
mild [máild], manso.
mile [máil], mijo.
milk [mílk], leche; **milkman** [mílk-máen], lechero.
million [uan míllion], millón.
milometer [mailomíter], cuentakilómetros.
minced meat [minsed míit], carne picada.
mind* (to) [máind], importar, prestar atención; **mind** [máind], mente.
mingling [míng-linᵍ], mezcla, batiburrillo.
minute [mínit], minuto.
mirror [mírror], espejo.
misbehaviour [misbiháefiour], incorrección.
miss* (to) [mís], faltar (dejar de hacer una acción), perder, sentir la ausencia de.
mistake [mistéik], error.
misunderstanding [misanderstáendinᵍ], malentendido, equívoco.
model [móudel], modelo, maqueta.
moment [móument], momento.
money [máni], dinero.
month [mánθ], mes.
monument [móniument], monumento.
mood [múud], humor, estado de ánimo; **moody** [múudi], taciturno.
moon [múun], luna; **Monday** [mándaei], lunes; **moonlight** [múun-lait], claro de luna.
mop (to) [móp], fregar; **mop** [móp], fregona.
moped [móuped], velomotor.
more [móor], más; **moreover** [móor-óufer], además.
morning [móorninᵍ], mañana.
mostly [móustli], preferentemente.
mother [máθer] madre; **mother tongue** [máθer táng], lengua materna; **mother-in-law** [máθer-in-lóo], suegra.
motorbike [mótor-báik], motocicleta; **motorway** [mótor-uéi], autopista.
mount (to) [máunt], subir (escaleras); **mountain** [máuntin], montaña.
mouse [máus], ratón.
moustache [mustáx], bigote.
mouth [máuθ] boca; **mouth of the river** [máuθ of θe rifer], desembocadura de río.
move (to) [múuf], mover, desplazar, trasladar; **move** [múuf], movimiento.
Mr [míster], **sir** [sóer], señor.
Mrs, Ms [míssis], **lady** [léidi], **madam** [máedam], señora.

much [mách], mucho; **very much** [^{f}é^{r}i mách], muchísimo.
mud [mád], fango, barro.
mum [mám], mamá.
murder (to) [mó^{e}rde^{r}], asesinar; **murder** [mó^{e}rde^{r}], homicidio; **murderer** [mó^{e}rde-re^{r}] homicida.
museum [miusíum], museo.
mushroom [máx-rúum], seta, hongo.
music [miúsik], música.
must [mást], deber (obligación, orden).
my [mái], **mine** [máin], *a;* mi; *pr.* mío, -a, -os, -as.
mystery [místeri], misterio; **mysterious** [mistírio^{u}s], misterioso.

N

nail [néil], clavo.
name (to) [néim], nombrar; **name** [néim], dar nombre; **Christian name** [krístian néim], nombre; **first name** [fó^{e}rst néim], nombre de pila.
nap [ná^{e}p], siesta, cabezadita.
napkin [ná^{e}pkin], servilleta.
narrow [ná^{e}rrou], estrecho.
nasty [násti], desagradable, antipático.
nation [ná^{e}xon], nación; **nationality** [naxo-ná^{e}liti], nacionalidad.
native [néitif], nativo; **native speaker** [néi-tif spíike^{r}], hablante nativo.
nature [néixa^{r}], naturaleza; **natural** [ná^{e}xu-ra^{o}l], natural; **naturally** [ná^{e}xuralli], naturalmente.
naughty [nóti], granuja.
navy [néi^{f}i], armada.
near [nía^{r}], **by** [bai], próximo, cercano; **nearby** [nia^{r}bái], en las inmediaciones.
neck [nék], cuello; **necklace** [nekléis], collar.
need (to) [níid], necesitar, requerir; **need** [níid], **want** [uónt], necesidad; **needless** [níidles], inútil, superfluo.
needle [níid^{e}l], aguja.
negro [nígro^{u}], negro.
neighbour [néiboo^{r}], cerca de casa.
neither... nor [náiθe^{r}... no^{r}], ni... ni.
nephew [néfiu], *m.* sobrino; **niece** [níis], *f.* sobrina.
nervous [nír^{f}o^{u}s], nervioso; **nervous breakdown** [nír^{f}o^{u}s bréik-dáun], agotamiento nervioso.
nest [nést], nido.
net [nét], red; **network** [nét-uó^{e}rk], red de televisión.
never [né^{f}e^{r}], nunca, jamás.
new [niú], nuevo; **news** [niús], noticia, -s; **piece of news** [píis of niús], noticia; **newspaper** [niús-péipe^{r}], periódico diario; **newsagent** [niús-éixent], quiosquero; **New Year's Eve/Day** [niú ía^{r}s íif/dá^{e}i], Nochevieja.
next [néxt], próximo, cercano; **next to** [néxt tu] cerca de.
nice [náis], agradable, simpático.
nickname (to) [ník-néim], apodar; **nickname** [ník-néim], apodo.
night [náit], noche.
nimble [nímb^{e}l], ágil.
no [nó^{u}], **not** [nót], no.
noise [nóis^{z}], ruido; **noisy** [nóis^{z}i], ruidoso.
non-drinker [nón-drínke^{r}], abstemio.
nonsense [nónsens], absurdo.
noon [núun], mediodía.
normal [nórmal], **usual** [iús-^{x}ual], normal, usual; **usually** [iús-^{x}ualli], normalmente.
north [nó^{r}θ], norte.
nose [nó^{u}s], nariz.
note [nó^{u}t], nota; **bank note** [bá^{e}nk-nó^{u}t], billete.
nothing [náθing], nada; **none** [nán], **no one** [nouuán], ninguno; **nobody** [nó^{u}bodi], nadie; **nowhere** [no^{u}uéa^{r}], ningún lugar.
notice (to) [nó^{u}tis], advertir, observar; **notice** [nó^{u}tis], aviso, preaviso de despido.
novel [no^{f}el], novela.
November [no^{f}émbe^{r}], noviembre.
now [náu], ahora; **now and then** [náu a^{e}nd θén], de vez en cuando; **nowadays** [náu-a^{e}-dá^{e}is], hoy en día, actualmente.
number [námbe^{r}], número; **telephone number** [télefo^{u}n námbe^{r}], número de teléfono; **even number** [ífen námbe^{r}], número par; **odd number** [ód námbe^{r}], número impar; **number plate** [námbe^{r} pleit], matrícula de coche.
nurse [nó^{e}rs], enfermera.
nut [nát], fruto seco, tuerca, chalado.

O

oath [ó^{u}θ], juramento.
obey (to) [obéi], obedecer.
obliged [obláix^{e}d], obligado.
obstacle [óbstak^{e}l], obstáculo.
obviously [ób^{f}io^{u}sli], obviamente.
occasion [okká^{e}s-^{xi}on], ocasión; **occasionally** [okká^{e}s-^{xi}onalli], ocasionalmente.

occupied [okkiupáid] ocupado; **occupation** [okkiupá^{e}xon], profesión, empleo, trabajo.
occupy (to) [okkiupái], ocupar.
October [októbe^{r}], octubre.
odd [ód], raro, insólito, singular, número impar.
of [of], de; **of age** [of éix], mayor de edad; **of course** [of kóo^{r}s], por supuesto; **certainly** [só^{e}rtenli], ciertamente, naturalmente.
off [of], fuera de, lejos de; **offshore** [ofxóo^{r}], mar abierto.
office [óffis], oficina, despacho; **Lost Properties Office** [lóst própertis óffis], oficina de objetos perdidos; **officer** [óffise^{r}], funcionario.
often [ófen], a menudo, con frecuencia.
oil [óil], aceite, petróleo; **transmission oil** [transmíxon óil], aceite de la transmisión; **oleometer** [oleomíte^{r}], oleómetro; **oil leaks** [óil líiks], pérdida de aceite.
old [ó^{u}ld], viejo, anciano; **the old** [θi ó^{u}ld], los ancianos.
omelette [ómlet], tortilla.
on [on], en, sobre, **on the grapevine** [on θe greip^{f}áin], en boca de todos.
one-eyed [uán-áid], tuerto.
onion [ónion], cebolla.
only [ónli], sólo, únicamente.
open (to) [ó^{u}pen], abrir; **open wide (to)** [ó^{u}pen uáid], abrir de par en par.
operation [operá^{e}xon], operación.
opinion [opínion], opinión.
opportunity [opportiúniti], ocasión.
oppose to (to) [oppó^{u}s tu], oponer; **opposite** [ópposit], opuesto, frente a.
or [o^{r}], **else** [els], o bien.
orange [óranx], naranja, anaranjado; **orange juice** [óranx xú^{u}s], zumo de naranja.
order [órde^{r}], orden; **send an order (to)** [sénd a^{e}n órde^{r}], dar una orden; **order somebody to do something (to)** [órde^{r} sámbodi tu dú sámin^{g}], ordenar a alguien que haga algo.
organize (to) [organáis], organizar.
origin [órixin], origen.
other [áθe^{r}], **else** [els], otro; **otherwise** [áθe-^{r}uais], **or else** [o^{r} els], por otra parte.
our [áua], **ours** [áuas], *a.* y *pr.* nuestro, -a, -os, -as; **ourselves** [aua^{r}sélfs], *pr. reflexivo* nosotros, -as mismos, -as.
out [áut], fuera; **outdoors** [autdóo^{r}s], al aire libre; **out of spite** [áut of spáit], por despecho; **outer** [áute^{r}], externo; **outside** [autsáid], en el exterior; **outstanding** [autstá^{e}ndin^{g}], importante.
oven [ó^{ufe}n], horno; **microwave oven** [mákro-uéif ó^{ufe}n], horno de microondas.
over [ó^{uf}e^{r}], más allá, por encima; **over there** [ó^{uf}e^{r} ea^{r}], allá lejos; **overcoat** [ó^{uf}e^{r}-ko^{u}t], guardapolvo; **overcome (to)** [ó^{uf}e^{r}-kam], vencer, superar; **overcrowded** [ó^{uf}e^{r}-kráud^{e}d] atestado; **overseas** [ó^{uf}e^{r}-siis], ultramar; **overtime** [ó^{uf}e^{r}-taim], horas extraordinarias.
owe (to) [óu], deber (ser deudor).
own (to) [óun], poseer; **owner** [óune^{r}], propietario, poseedor; **own** [óun], propio.
ox [óks], buey.
oxygen [oksigen], oxígeno.
oyster [óiste^{r}], ostra.

P

pack (to) [pá^{e}k], empaquetar, hacer las maletas; **packed with** [pá^{e}k^{e}d uiθ], abarrotado; **package** [pá^{e}ka^{e}x] paquete.
page [péix], página.
pain [péin], dolor; **pain in the neck** [péin in θe nék], pelmazo.
paint (to) [péint], pintar; **painter** [péinte^{r}], pintor; **house-painter** [háus-péinte^{r}], pintor de brocha gorda.
pair [péa^{r}], par.
pale [péil], pálido.
panic (to) [pá^{e}nik], dejarse vencer por el pánico; **panic** [pá^{e}nik], pánico.
pants [pá^{e}nts], calzoncillos.
paper [péipe^{r}], papel, diario, disertación; **papers** [péipe^{r}s], documentos.
parcel [párs^{e}l], paquete, parcela.
parents [pá^{e}rents], padres.
park (to) [párk], aparcar; **parking area** [párkin^{g} á^{e}-ria], aparcamiento.
parrot [pá^{e}rrot], papagayo.
parsley [pá^{r}sli], perejil.
part [part], parte; **particular** [partíkiula^{r}], particular; **particularly** [partíkiularli], particularmente.
party [pá^{r}ti], fiesta, recepción, partido político.
pass (to) [pás], pasar; **pass by (to)** [pás bai], pasar por allí; **pass/fail (to)** [pas/feil], aprobar/suspender; **passenger** [pássenger], pasajero; **passport** [páspo^{r}t], pasaporte.
past [pást], pasado.
path [páθ], sendero.

patient [pá^{e}xent], paciente; **patiently** [pá^{e}xentli], pacientemente.
pattern [pá^{e}tte^{r}n], modelo.
pavement [péi^{f}ment], acera.
paw [póo], pata.
pawnbroker [póon-bro^{u}ke^{r}], casa de empeños.
pay (to) [péi], pagar; **payment** [péiment], pago; **pay attention (to)** [péi atténxon], prestar atención.
pea [píi], guisante.
peace [píis], paz.
pedestrian [pedéstrian], peatón.
pen [pén], bolígrafo.
penalty kick [pénalti kík], pena máxima, penalti.
pencil [pénsil], lápiz.
penny [pénni], **pence** [péns], penique.
pension [pénxon], pensión (subsidio vitalicio).
people [pip^{e}l], gente, pueblo; **peoples** [pip^{e}ls], pueblos.
pepper [péppe^{r}], pimienta.
percentage [pó^{e}rsenteix], porcentaje; **per cent** [p^{e}rsént] por ciento.
perfect [pó^{e}rfekt], perfecto; **perfectly** [pó^{e}rfektli], perfectamente.
performance [perfó^{r}mans], representación.
perfume [pá^{e}rfium], perfume.
perhaps [pó^{e}r-ha^{e}ps], quizá, puede ser.
period [píriod], periodo, menstruación.
permanent [pó^{e}rmanent], permanente.
permit (to) [permít], autorizar.
perpetual [pe^{r}pétual], eterno.
person [pó^{e}rson], persona; **personnel** [personnél], personal (formal).
persuade (to) [po^{e}rsuéid], persuadir.
pet [pét], animal doméstico, mascota; **pet dislike** [pét disláik], cosa muy desagradable.
petrol [pétrol], gasolina; **petrol tank** [pétrol tá^{e}nk], depósito de gasolina.
phone [fó^{u}n], **telephone** [télefo^{u}n], teléfono; **phone (to)** [fó^{u}n] telefonear.
photograph (to) [fó^{u}tograf], fotografiar; **photo** [fo^{u}to], fotografía.
piano [pia^{e}no^{u}], piano; **pianist** [piá^{e}nist], pianista.
pick/pick up (to) [pík/pík áp], recoger del suelo.
pickpocket [pik-póket], carterista.
picture [píkxa^{r}], cuadro, retrato, fotografía.
pie [pái], pastel relleno, fuere dulce o salado.
piece [píis], **a bit of** [a^{e} bít of], trozo, pieza, trocito; **piece of advice** [píis of a^{e}d^{f}áis], consejo; **piece of junk** [píis of xánk], ganga; **piece of paper** [píis of péipe^{r}], hoja de papel; **piece of toast** [píis of tó^{u}st], tostadas de pan.
pig [píg], cerdo (vivo).
pillar-box [pílla^{r} box], buzón.
pillow [píllou], almohada.
pin [pín], alfiler.
pink [piínk], rosa (color).
pipe [páip], pipa, tubo.
pity [píti], **mercy** [mó^{e}rsi], piedad.
place [pléis], lugar; **place of birth** [pléis of bó^{e}rθ], lugar de nacimiento.
plain [pléin], llanura.
plan (to)** [plá^{e}n], planificar, proyectar; **plan** [plá^{e}n], proyecto.
plant [plá^{e}nt], planta, instalación industrial.
plate [pléit], plato, revestimiento.
platform [plá^{e}tform], plataforma, andén.
play (to) [pléi], jugar, actuar, tocar un instrumento; **play** [pléi], comedia, drama; **play cards (to)** [pléi ká^{r}ds], jugar a naipes; **playwright** [pleiráit], dramaturgo.
please (to) [plíis], agradar, contentar; **please** [plíis], por favor; **pleased** [plíis^{e}d], feliz, contento, satisfecho; **pleasure** [pléis-^{x}a], placer; **pleasant** [plésant], agradable.
plenty [plénti], abundancia.
plug [plág], enchufe, toma eléctrica.
plumber [pláme^{r}], fontanero.
plunge (to) [pláng], zambullirse; **plunge** [pláng], zambullida.
pneumonia [niumónia], pulmonía.
pocket [póket], bolsillo.
poem [póem], poema; **poetry** [póetri] poesía (género); **poet** [pó^{u}et], poeta.
poison [póison], veneno.
pole [pó^{u}l], palo, poste.
police [polís], policía; **police station** [polís stá^{e}-xon], comisaría de policía; **policeman** [polísma^{e}n], agente de policía.
policy [pólisi], póliza de seguros, política de acción, programa político; **comprehensive motor policy** [komprehénsif móto^{r} pólisi], póliza de coche a todo riesgo; **theft fire policy** [θeft fáia^{r} pólisi], póliza contra robo e incendio; **third party liability policy** [θó^{e}rd pá^{r}ti laiabíliti pólisi], póliza de responsabilidad civil a terceros; **blanket/block policy** [blá^{e}nket/blók pólisi], póliza de casco; **goods in transit**

policy [gúuds in tránsit pólisi], póliza de mercancías en tránsito; **lapsed policy** [lá^{e}ps^{e}d pólisi], póliza caducada; **life insurance** [laif ínxurans], seguro de vida; **void a policy (to)** [^{f}óid a^{e} pólisi], anular una póliza; **policy-holder** [pólisi-hó^{u}lde^{r}], titular de póliza.

polish (to) [pólix], abrillantar.

politeness [poláitnes], educación, buenas maneras; **polite** [poláit], educado.

politics [pólitiks], política.

pool [púul], charco.

poor [púa^{r}], pobre; **the poor** [θe púa^{r}], los pobres.

popular [pópiula^{r}], popular; **population** [popiulá^{e}-xon], población.

pork [pórk], cerdo (cocido).

porter [pó^{r}te^{r}], botones, portamaletas.

position [posíxon], posición, postura.

possibility [possibíliti], posibilidad; **possible** [póssibl], posible.

post office [pó^{u}st óffis], estafeta de correos; **postcard** [pó^{u}st-ká^{r}d], tarjeta postal; **postman** [pó^{u}st-ma^{e}n], cartero.

pot [pót], jarra; **pottery** [pótteri], cerámica, alfarería.

potato [potéito^{u}], patata.

pound [páund], **sterling** [stó^{e}rlin^{g}], libra.

pour (to) [póa^{r}], verter, invertir.

power [páue^{r}], *n.* poder; **powerful** [páue^{r}-ful], poderoso.

practice* (to) [práktis], ejercitar, practicar; **practical** [práktica^{o}l], práctico.

praise (to) [preis], alabar.

pram [prá^{e}m], cochecito.

pray (to) [préi], rezar; **prayer** [préie^{r}], rezo.

precise [prisáis], preciso; **precisely** [prisáisli], precisamente.

prefer (to) [prifé^{r}], preferir; **preference** [préferens], preferencia.

prejudice [préxudis], prejuicio.

prepare (to) [pripéa^{r}], preparar, prepararse.

prescription [preskrípxon], receta médica.

present (to) [présent], presentar, regalar; **present** [présent], **gift** [gíft], regalo.

president [président], presidente.

pressure cooker [préxua^{r} kuuke^{r}], olla a presión.

pretend (to)** [priténd], simular, fingir.

pretty [prítti], bonita.

prevail (to) [pri^{f}éil], prevalecer.

prevent [from]* (to) [pri^{f}ént from], impedir.

previous [prí^{f}io^{u}s], precedente.

price [práis], precio; **precious** [príxo^{u}s], precioso.

prick (to) [prík], picar, pinchar.

pride [práid], orgullo; **proud** [práud], orgulloso.

priest [príist], cura, sacerdote.

prince [príns], príncipe; **princess** [prinsés], princesa.

principal [prínsipal], rector.

print [prínt], imprenta.

prison [príson], prisión; **prisoner** [prísone^{r}], preso.

private [prái^{f}et], privado.

privilege [prí^{f}ileg], privilegio.

problem [próblem], problema.

produce (to) [prodiús], producir; **product** [pródakt], producto.

profit [prófit], provecho.

programme (to) [prógram], programar; **programme** [prógram], programa.

project [próxekt], proyecto, plano.

promise (to) [prómis], prometer; **promise** [prómis], promesa.

promote (to) [promó^{u}t], promover, promocionar.

pronoun [pronáun], pronombre.

properly [próperli], correctamente, de la forma adecuada.

property [próperti], propiedad.

prosecute (to) [prosekiút], perseguir.

protect (to) [protékt], proteger.

proverb [pró^{f}erb], proverbio.

provide (to) [pro^{f}áid], proporcionar.

provided that [pro^{f}áided a^{e}t], **providing** [pro^{f}áidin^{g}], a condición de que.

psychiatrist [sakáiatrist], psiquiatra.

psychology [saikóloxi], psicología.

pub [páb], bar; **alehouse** [éil-háus], cervecería.

public library [páblik láibrari], biblioteca pública.

publisher [páblixe^{r}], editor.

pudding [púddin^{g}], budín.

puddle [pád^{e}l], charco.

pull (to) [púl], tirar.

pun [pán], juego de palabras.

punctual [pánkxual], puntual.

puncture [pánkxue^{r}], pinchazo [coche].

punish (to) [pánix], castigar; **punishment** [pánixment], castigo; **capital punishment** [kápital pánixment], pena capital.

pupil [piúpil], discípulo.

puppy [páppi], cachorro de perro.

purple [pó^{e}rp^{e}l], púrpura (color).
purse [pó^{e}rs], monedero.
push (to) [púx], empujar.
put, put, put (to) [pút, pút, pút], *v. irr.* poner, meter; **put in plaster (to)** [pút in pláste^{r}], enyesar; **put off* (to)** [pút of], **postpone* (to)** [po^{u}st-po^{u}n], posponer, aplazar.
puzzle (to) [pás^{ze}l], dejar estupefacto; **be puzzled (to)** [bí pas^{ze}ld], estar perplejo; **puzzle** [pás^{ze}l], enigma, rompecabezas.

Q

qualification [kualifiká^{e}xon], nota, título.
quality [kuóliti], calidad.
quantity [kuóntiti], cantidad.
quarrel (to) [kuórrel], **have a quarrel/a row (to)** [há^{e}f a^{e} kuórrel/a^{e} róu], discutir.
queen [kuíin], reina.
question (to) [kuéstion], interrogar; **question** [kuéstion], pregunta.
quick [kuík], veloz, rápido; **quickly** [kuíkli], velozmente.
quid [kuíd], libra.
quiet [kuáiet], silencioso, tranquilo.
quite [kuáit], bastante.
quiz (to) [kuís^{z}], interrogar; **quiz** [kuís^{z}], pregunta.
quotation [kuotá^{e}xon], cita.

R

rabbit [rá^{e}bbit], conejo.
radiator [rádia^{e}to^{r}], radiador [coche].
radio [ráediou], radio.
ragged [rá^{e}gg^{e}d], **in rags** [in rá^{e}gs], desgarrado.
rain (to) [réin], llover; **rain** [rein], lluvia; **rainy** [reini], lluvioso; **raincoat** [reinko^{u}t] impermeable.
raise (to) [réis], crecer, criar.
rare [réa^{r}], raro, poco asado; **underdone** [ánde^{r}-dán], soasado.
rather [ráθe^{r}], más bien.
raving mad [rá^{ef}in^{g} má^{e}d], **as mad as a hatter** [a^{e}s má^{e}d a^{e}s a^{e} há^{e}tte^{r}], loco de atar.
ravioli [ra^{f}ióli], ravioli.
razor [réiso^{r}], navaja; **razor-blades** [réiso^{r}-bléids], hojas de afeitar.
reach (to) [ríich], alcanzar un lugar.
read, read, read (to) [ríid, réd, réd], *v. irr.* leer.
ready [rédi], preparado, listo.
reality [riáliti], realidad; **realise (to)** [rialáis], darse cuenta; **real** [ríal], real, verdadero; **really** [ríalli], realmente.
rear window heater control [ría^{r} uíndou híte^{r} kontról], palanca de la luneta térmica.
reason [ríson], razón (facultad mental), motivo; **reasonable** [rísonab^{e}l]; razonable.
recall* (to) [rikól], recordar.
receive (to) [risíf], recibir; **receipt** [risíit], recibo.
recent [rísent], reciente; **recently** [rísentli], recientemente.
reception [risépxon], aceptación; **receptionist** [risépxonist], recepcionista (de hotel, de consulta médica); **reception desk** [risépxon désk], mostrador de recepción.
recipe [résipi], receta de cocina.
recognize (to) [rikonnáis], reconocer.
recommend* (to) [rekomménd], recomendar.
record [rékord], disco; **record player** [rékord-pléie^{r}], tocadiscos.
recover (to) [rikó^{f}er], curar.
recreation [rikriá^{e}xon], ocio.
red [red], rojo.
reduce (to) [ridiús], reducir.
redundancy [ridándansi], jubilación anticipada.
refund [rifánd], reembolso.
refuse (to)** [rifiús], rechazar.
regret* (to) [rigrét], lamentar, arrepentirse.
regularly [régiularli], regularmente.
relatives [rélatifs], parientes.
relax (to) [rilá^{e}x], relajarse.
remark (to) [rimá^{r}k], observar, puntualizar, remarcar; **remark** [rimá^{r}k], observación.
remedy [rémedi], remedio.
remember (to) [rimémbe^{r}], recordar.
remind (to) [rimáind], recordar, evocar mentalmente.
remnant [rémnant], **leftover** [left-o^{uf}e^{r}], ahorros.
renew (to) [riniú], renovar.
rent (to) [rent], alquilar, tomar en alquiler.
repair (to) [ripéa^{r}], reparar.
repeat (to) [ripíit], repetir.
reply (to) [ripláі], responder, replicar.
report (to) [ripórt], comunicar, referir; **report to the police (to)** [ripórt tu θe polís], denunciar, presentar denuncia a la policía; **report** [ripórt], informe; **report card** [ripórt ka^{r}d], boletín de notas; **reporter** [ripórte^{r}], periodista, reportero.

reproach (to) [ripró^{u}ch], reprochar.
reputation [repiutá^{e}xon], fama.
require (to) [rikuáia^{r}], reclamar, requerir, exigir.
resign (to) [risáin], dimitir.
resist* (to) [resíst], resistir.
resolve (to)** [risólf], decidir.
respect [rispékt], respeto.
rest [rést], reposo; **have a rest (to)** [ha^{e}f a^{e} rest], descanso.
result [risált], resultado.
retire (to) [ritáia^{r}], jubilarse; **retirement** [ritáia^{r}ment], jubilación.
return (to) [ritó^{e}rn], volver; **return** [ritó^{e}rn], retorno, recurrencia; **return ticket** [ritó^{e}rn tíket], billete de ida y vuelta.
reverse charge call [ri^{f}ó^{e}rs chárg kól], llamada telefónica a cobro revertido.
revision [re^{f}ís^{x}on], revisión.
rhyme [ráim], rima.
rice [ráis], arroz.
rich [rích], rico, lujoso, sustancioso; **the rich** [θe rích], los ricos.
riddle [ríd^{e}l], adivinanza.
ride, rode, ridden (to) [ráid, ró^{u}d, rídden], *v. irr.*, cabalgar, **go horse riding (to)** [gó^{u} hórs ráidin^{g}], cabalgada, paseo (en un vehículo); **ride** [ráid], cabalgar, cabalgada; **rider** [ráide^{r}], jinete.
right [ráit], derecha, a la derecha, correcto, derecho (ley); **right hand** [ráit há^{e}nd], mano derecha.
ring, rang, rung (to) [rín^{g}, rén^{g}, rán^{g}], *v. irr.* tocar la campanilla; **ring up (to)** [rín^{g} áp], telefonear.
ring [rín^{g}], anillo; **ring finger** [rín^{g} fínge^{r}], dedo anular.
ripe [ráip], maduro.
rise, rose, risen (to) [ráis, ró^{u}s, rísen], *v. irr.* surgir, alzarse, levantarse.
risk [rísk], riesgo; **run a risk (to)** [rán a^{e} rísk], correr un riesgo.
river [rí^{f}e^{r}], río.
road [ró^{u}d], carretera; **road accident** [ró^{u}d áksident], accidente de tráfico.
roar (to) [róa^{r}], rugir.
roast (to) [ró^{u}st], rustir; **roastbeef** [ró^{u}st-bíif], rustido de ternera.
robbery [róbberi], atraco; **robber** [róbbe^{r}], atracador.
rock (to) [rók], mecer, -se; **rock** [rók], roca.
role [róo^{u}l], rol, papel.
roll [ról], panecillo.
rolley [róll^{e}i], vagoneta.
roof [rúuf], techo; **thatched roof** [θá^{e}tched rúuf], tejado de paja.
room [rúum], habitación.
rose [ró^{u}s], rosa (flor).
rough [ráf], áspero.
round [ráund], redondo, alrededor de, en torno a.
row (to) [róu], remar; **row** [róu], litigio.
royal [róial], real; **royalty** [róialti], regalía.
rubbish [rábbix], basura.
rude [rúud], descortés.
rug [rá^{g}], alfombra.
rule (to) [rúul], gobernar; **rule** [rúul], regla, norma.
rumor [rúmo^{r}], rumor.
run, ran, run (to) [rán, rén, rán], *v. irr.* correr, dirigir, administrar, hacer funcionar; **run out (to)** [rán áut], agotar; **run over (to)** [rán ó^{uf}e^{r}], embestir, pasar por encima de algo.
rush (to) [ráx], apresurarse, precipitarse; **rush** [ráx], prisa extrema; **rush hour** [ráx áua^{r}], hora punta.

S

sack [sá^{e}k], saco; **sack (to)** [sá^{e}k], **fire (to)** [fáia^{r}], despedir (informal).
saddle (to) [sá^{e}d^{e}l], ensillar; **saddle** [sá^{e}d^{e}l], silla de montar.
sail (to) [sá^{e}il], navegar; **sail** [sá^{e}il], vela; **sailor** [sá^{e}ilo^{r}], marinero.
salad [sálad], ensalada.
salami [salámi], salchichón.
salary [sá^{e}lari], sueldo.
salt [sót], sal; **salty** [sóti], salado.
same [séim], mismo.
sand [sá^{e}nd], arena.
sandwich [sáenduich], bocadillo, sándwich.
sanitary towel [sánitari táuel], compresa higiénica.
sardine [sardín], sardina.
Saturday [sátu^{r}da^{e}i], sábado.
sauce [sóos], salsa, condimento.
saucepan [sóospa^{e}n], olla.
saucer [sóse^{r}], platito.
sausage [sósax], salchicha.
save (to) [séif], salvar.
say, said, said (to) [sá^{e}i, sá^{e}id, sá^{e}id], *v. irr.* decir.
scarf [ská^{r}f], faja, bufanda.
scholarship [skólarxip], beca de estudios.

school [skúul], escuela; **primary school** [práimari skúul], escuela primaria; **secondary school** [sekondá^{e}ri skúul], escuela secundaria; **high school** [hái skúul], escuela superior; **school/classmates** [skúul/ klás-méits], compañeros de escuela/clase.
science [sáiens], ciencia.
scissors [síssors], tijeras.
scooter [skúute^{r}], velomotor.
score [skó^{r}], tanteo, puntuación.
scrambled egg [skrá^{e}mbl^{e}d ég], huevos revueltos.
scratch (to) [skrá^{e}ch], rascar.
screen [skríin], pantalla.
screw [skrú], tornillo; **screwdriver** [skrú-drái^{f}e^{r}], destornillador.
scythe [sáit], guadaña.
sea [síi], mar; **seaside** [síi-sáid], costa (litoral marino).
search (to) [só^{e}rch], buscar; **search** [só^{e}rch], búsqueda.
season [síson], estación; **Season's Greetings** [sísons gríitin^{g}s], ¡felicidades!
seat [síit], asiento.
second [sékond], segundo (tiempo).
secret [síkret], secreto; **secretary** [sékret^{e}ri], secretario, -a.
see, saw, seen (to) [síi, só^{o}, síin], *v. irr.* ver; **see you** [síi iú], consultar; **see you soon** [síi iú súun], hasta pronto.
seed [síid], semilla.
seem (to) [síim], sembrar.
seldom [séldom], **rarely** [réa^{r}li], raramente.
self-confidence [sélf-kónfidens], confianza en uno mismo; **selfish** [sélfix], egoísta.
sell, sold, sold (to) [sél, só^{u}ld, só^{u}ld], *v. irr.* vender; **sale** [séil], venta; **sales** [séils], saldos; **sales promotion** [seils promó^{u}xon], gangas.
sellotape [sélo^{u}teip], celo, cinta adhesiva.
send, sent, sent (to) [sénd, sént, sént], expedir, mandar, enviar; **send for somebody (to)** [sénd fóo^{r} sámbodi], hacer venir a alguien.
sensible [sénsib^{e}l], sensato, razonable.
September [septémbe^{r}], septiembre.
serious [sírio^{u}s], serio.
serve (to) [só^{e}rf], servir; **service** [só^{e}rfis], servicio.
several [sé^{fe}ral], bastantes.
shade [xéid], sombra.
shame [xéim], vergüenza; **shameless** [xéimles], desvergonzado.
share (to) [xéa^{r}], compartir (espacios, opiniones, etc.); **shares** [xéa^{r}s], acciones de bolsa.
sharpen (to) [xárpen], afilar; **sharp** [xárp], agudo, exacto, en punto.
shave (to) [xéif], afeitar, -se.
she [xí], ella; **herself** [ho^{e}rsélf] ella misma.
sheep [xíip], oveja.
sheet [xíit], hoja, folio.
shelf [xélf], estantería.
shell [xél], concha, cáscara.
shine, shone, shone (to) [xáin, xó^{u}n, xó^{u}n], *v. irr.* resplandecer.
ship [xíp], barco, nave.
shirt [xó^{e}rt], camisa.
shit [xít], mierda.
shoe [xúu], zarpa; **tennis shoes** [ténnis xúus], zapatillas de tenis.
shoot, shot, shot (to) [xúut, xót, xót], *v. irr.* disparar; **shot** [xót], disparo.
shop [xóp], tienda; **shopping** [xóppin^{g}], la compra; **shopkeeper** [xóp-kíipe^{r}], tendero; **duty free shop** [diúti fríi xóp], tienda libre de impuestos; **shop sign** [xóp sáin], letrero de tienda; **shoplifting** [xóp -líftin^{g}], hurtar en las tiendas.
shore [xóa^{r}], orilla, borda.
short [xórt], breve, corto; **shorts** [xórts], pantalones cortos.
shout (to) [xáut], gritar.
show, showed, shown/ed (to) [xóu, xóud, xóun/xóud], *v. irr.* indicar, mostrar; **show** [xóu], muestra.
shower [xáue^{r}], aguacero, chubasco, chaparrón, ducha.
shut, shut, shut (to) [xát, xát, xát], *v. irr.* cerrar; **shut up (to)** [xát áp], cerrar el pico; **shutter** [xátte^{r}], persiana.
shy [xái], tímido.
sick [sík], *a.* enfermo.
side [sáid], lado, parte; **side window** [sáid uíndou], ventanilla lateral (coche).
sight [sáit], vista, panorama; **sight-seeing** [sáit-síin^{g}], visita turística.
sign (to) [sáin], firmar, suscribir; **signature** [síg-nachúa^{r}], firma; **signal (to)** [síg-nal], señalar; **signal** [sígh-nal], señal; **sign** [sain], signo.
silence [sáilens], silencio.
silk [sílk], seda; **silken** [sílk^{e}n], de seda, sedoso.
silly [sílli], tonto bobo.
silver [síl^{f}e^{r}], plata.

simple [símp^{e}l], simple; **simply** [símpli], simplemente.

sin (to) [sín], pecar; **sin** [sín], pecado.

since [síns], desde que (momento preciso).

sincere [sinsía^{r}], sincero.

sing, sang, sung (to) [sín^{g}, sá^{e}n^{g}, sán^{g}], *v. irr.* cantar; **song** [són^{g}], canción, canto.

single [síng^{e}l], soltero.

sinister [siníste^{r}], siniestro.

sink, sank, sunk (to) [sínk, sá^{e}nk, sánk], *v. irr.* profundizar; **sink** [sínk], lavadero.

sip (to) [síp], sorber; **sip** [sip], sorbo.

sister [síste^{r}], hermana; **sister-in-law** [síste^{r}-in-lóo], cuñada.

sit, sat, sat (to) [sít, sá^{e}t, sá^{e}t], **sit down (to)** [sít dáun] *v. irr.* sentar, estar sentado, sentarse; **sitting room** [síttin^{g}-rúum], salón.

size (to) [sáis^{z}], medir; **size** [sáis^{z}], medida.

skate (to) [skéit], patinar; **ski** [skí], esquí.

skill [skíl], **ability** [abíliti], habilidad; **skill-ful** [skíl-fúl], **handy** [há^{e}ndi], hábil.

skin [skín], piel, pellejo.

skirt [skó^{e}rt], falda.

sky [skái], cielo; **skyscraper** [skái-skréipe^{r}], rascacielos.

slack [slá^{e}k], perezoso.

slave [sléif], esclavo.

sleep, slept, slept (to) [slíip, slépt, slépt], dormir; **sleep** [slíip], sueño; **sleepy** [slíipi] somnoliento.

sleety [slíiti], nevisca.

slice (to) [sláis], rebanar; **slice** [sláis], rebanada.

slide [sláid], diapositiva.

slip (to) [slíp], resbalar; **slip of the tongue** [slíp of θe tán^{g}], lapsus línguae; **slip of the pen** [slíp of θe pen], disparate escrito; **slipper** [slípper], pantufla.

slow [slóu], lento, lerdo; **slowly** [slóuli], lentamente; **slow down (to)** [slóu dáun], ralentizar.

slurp (to) [sló^{e}rp], sorber ruidosamente.

small [smól], pequeño.

smash (to) [smá^{e}x], estrellarse.

smell (to) [smél], oler, tener olor; **smell** [smél], olor.

smile (to) [smáil], sonreír; **smile** [smáil], sonrisa.

smoke (to) [smó^{u}k], fumar; **smoke** [smó^{u}k], humo.

smooth [smúuθ], liso, plano.

snack [sná^{e}k], tentempié.

snap (to) [sná^{e}p], hacer fotografías; **snap** [sná^{e}p], disparo fotográfico.

snore (to) [snóo^{r}], roncar.

snow (to) [snóu], nevar; **snow** [snóu], nieve; **snowy** [snóui], nevoso.

so [só^{u}], así; **so that** [só^{u} θá^{e}t], así que, por consiguiente; **so far** [só^{u} fáa^{r}], hasta ahora; **so-called** [só^{u}-kóld] denominado.

soaked [só^{u}k^{e}d], empapado.

soccer [sóke^{r}], fútbol.

society [sosáieti], sociedad; **social security benefits** [só^{u}xal sekiúriti bénefits], asistencia social.

socket [sókit], enchufe, toma eléctrica.

socks [sóks], calcetines (de hombre).

sofa [só^{u}fa], sofá.

soft [sóft], suave, blando.

soil [sóil], tierra de cultivo.

soldier [sólxe^{r}], soldado.

sole [só^{u}l], lenguado.

solicitor [solísito^{r}], abogado.

some [sám], algún, -o, -a, -os, -as; del, de la, de los, de; **somebody** [sámbodi], **someone** [sámuan], alguien; **somewhere** [samuéa^{r}], algún lugar; **something** [sámθin^{g}], alguna cosa; **something else** [sámθin^{g} éls], alguna otra cosa; **sometimes** [samtáims], a veces, en ocasiones.

son [són], hijo; **son-in-law** [són-in-lóo], yerno.

soon [súun], rápido, cuanto antes.

sore throat [sóa^{r} ró^{u}t], dolor de garganta.

sorrow [sórrou], dolor; **sorry** [sórri], desagradable.

sort out (to) [sórt áut], poner en su lugar, clasificar.

soul [sóul], alma.

sound [sáund], sonido; **soundly** [sáundli], completamente, profundamente.

soup [súup], sopa.

sour [sáue^{r}], áspero.

source [sóors], fuente.

south [sáuθ], sur.

spaghetti [spagéti], espagueti.

Spaniard [spániard], *n.* español.

spark plug [spárk plág], bujía.

speak, spoke, spoken (to) [spíik, spó^{u}k, spó^{u}ken], hablar; **speech** [spíich], discurso.

special [spéxal], especial; **especially** [espéxalli], especialmente.

speed [spíd], velocidad; **speedometer** [spiidomíte^{r}], taquímetro.

spell, spelt, spelt (to) [spel, spelt, spelt], *v. irr.* deletrear; **spelling** [spéllin^{g}], deletreo; **spell** [spél], sortilegio.
spend, spent, spent (to) [spend, spent, spent], *v. irr.* gastar, transcurrir el tiempo.
spice [spáis], especia.
spill, spilt, spilt (to) [spíl, spílt, spílt] *v. irr.* y *r.* verter, invertir.
spit, spit, spit (to) [spít, spít, spít], *v. irr.* escupir.
spite [spáit], despecho.
splash (to) [splá^{e}x], salpicar.
splendid! [spléndid], ¡espléndido!
spoil (to) [spóil], mimar, estropear; **spoilt** [spóilt], viciado, mimado.
spot [spót], mancha.
spread, spread, spread (to) [spré^{a}d, spré^{a}d, spré^{a}d], untar.
spring [sprín^{g}], primavera.
sprinkle (to) [sprínk^{e}l], mojar.
square [skuéa^{r}], plaza.
staff [stáf], empleado de plantilla.
stairs [stéa^{r}s], escaleras.
stammer (to) [stámme^{r}], balbucear.
stamp [stá^{e}mp], sello.
stand, stood, stood (to) [stá^{e}nd, stúud, stúud], *v. irr.* estar de pie; **stand up** [stá^{e}nd áp], ponerse de pie; **stand for (to)** [stá^{e}nd fóo^{r}], soportar; **stand on ceremony (to)** [stá^{e}nd on séremoni], felicitar.
standard [stándard], regla, norma.
star [stá^{r}], estrella.
start (to) [stárt], iniciar, empezar; **start** [stárt], inicio; **starter** [stárte^{r}], dispositivo de arranque.
state (to) [stéit], afirmar.
station [stá^{e}xon], estación; **railway station** [réil-uéi stá^{e}xon], estación de tren.
stationery [sta^{e}xóneri], papelería.
statue [stéiza], estatua.
stay (to) [stéi], permanecer, quedarse.
steadily [stédili], constantemente.
steak [stéik], bisté.
steal, stole, stolen (to) [stíil, stó^{u}l, stó^{u}len], *v. irr.* robar.
steam [stíim], vapor; **steam iron** [stíim áiron], plancha a vapor.
steep [stíip], empinado.
steering wheel [stíiarin^{g} uíil], volante del coche.
step [stép], escalón, paso.
stepmother [stép-máθer], madrina.
sterling [stó^{e}rlin^{g}], libra esterlina.
stick, stuck, stuck (to) [stík, sták, sták], *v. irr.* pegar, encolar; **sticker** [stíke^{r}] autoadhesivo.
still [stíl], todavía, aún.
sting, stung, stung (to) [stíng, stáng, stáng], *v. irr.* picar; **sting** [stíng], picadura de insecto.
stock exchange [stók ekschéing], bolsa de valores.
stockings [stókin^{g}s], medias.
stomach [stómak], estómago.
stone [stó^{u}n], piedra.
stool [stúul], taburete.
stop* (to)** [stóp], parar, -se, detener, -se; **stop** [stóp], parada.
storm [stórm], temporal; **stormy** [stórmi], tormento.
straight [stréit], recto, derecho.
strange [stréing], extraño, no familiar; **stranger** [stréinxe^{r}], extranjero.
street [stríit], calle.
strength [stréng], fuerza.
strike, struck, struck (to) [stráik, strák, strák], pegar, impresionar; **strike (to)** [stráik], **go on strike (to)** [gó^{u} on stráik], declararse en huelga; **strike** [stráik], huelga; **be on strike (to)** [bí on stráik], estar en huelga.
stroll (to) [stról], pasear; **stroll** [stról], paseo.
strong [strón^{g}], fuerte, robusto; **strongly** [strón^{g}li], fuertemente.
study (to) [stádi], estudiar; **student** [stiúdent], estudiante.
stuff (to) [stáf], rellenar.
stutter (to) [státte^{r}], balbucear.
subject [sábxekt], argumento, tema, materia.
subsequent [sábsikuent], sucesivo, siguiente, subsiguiente.
success [saksés], éxito; **succeed (to)** [saksíid], tener éxito.
suddenly [sáddenli], de repente.
suffer [sáffe^{r}], soportar; **suffer from (to)** [sáffe^{r} from], sufrir las consecuencias de.
sufficient [saffíxent], suficiente.
sugar [súga^{r}], azúcar.
suggest [that]* (to) [saxxést a^{e}t], sugerir; **suggestion** [saxxéstion], sugerencia.
suit [súut], traje, vestido; **suitcase** [súutkéis], maleta.
suitable [sútab^{e}l], **fit** [fít], adecuado, idóneo.
sum [sám], suma, monto.
summer [sámme^{r}], verano.

sun [san], sol; **sunny** [sánni], soleado; **suncream** [sán-kríim], crema solar.

Sunday [sánda^{e}i], domingo.

sunset [sánset], crepúsculo.

supermarket [súpe^{r}market], supermercado.

supper [sáppe^{r}], última comida del día.

supply (to) [sappláï], proporcionar; **supply** [sappláï], suministro.

support [sappó^{r}t], sostén, apoyo.

suppose (to) [sappó^{u}s], suponer.

sure [xúa^{r}], cierto, seguro; **surely** [xúa^{r}li], **for sure** [foo^{r} xúa^{r}], seguramente.

surname [so^{e}rnéim], apellido.

surprise [so^{e}rpráis], sorpresa; **surprised** [so^{e}rpráis^{e}d], **in surprise** [in so^{e}rpráis], sorprendido.

survey [só^{e}r^{f}ei], inspección.

swallow (to) [suóllo^{u}], tragar.

swear, swore, sworn (to) [suéa^{r}, suóa^{r}, suórn], *v. irr.* jurar.

sweater [suéte^{r}], suéter.

sweet [suíit], *a.*, y *n.* dulce.

swim, swam, swum (to) [suím, suém, suám], nadar; **swim** [suím], natación; **swimming pool** [suímmin^{g}-púul] piscina.

swine [suáin], cerdo (insulto).

switch on (to) [suích ón], encender, conectar; **switch off (to)** [suích óff], apagar, desconectar.

sympathy [símpaθi], simpatía.

T

T-bone steak [ti-bó^{u}n stéik], bistec a la florentina.

T-shirt [ti-xó^{e}rt], camiseta de algodón.

table [téib^{e}l], mesa, tablón, tabla; **table-cloth** [téib^{e}l klóθ], mantel; **table-spoon** [téib^{e}l spúun], cuchara.

tail [téil], rabo; **queue** [kiú], cola, fila; **queue up (to)** [kiú áp], hacer cola, ponerse en fila; **line of cars** [láin of káa^{r}s], caravana de coches; **row** [róu].

tailor [téilo^{r}], sastre.

take, took, taken (to) [téik, túuk, téik^{e}n], *v. irr.* tomar, llevar; **take a bath/shower (to)** [téik a^{e} ba/xáuer], tomar, llevar; darse un baño o una ducha; **take a trip (to)** [téik a^{e} tríp], hacer una excursión; **take part in (to)** [téik párt in], participar; **take photographs (to)** [téik fó^{u}tografs], fotografiar; **take again (to)** [téik a^{e}géin], repetir; **take off (to)** [téik óf], despegar; **taking-off** [téikin^{g}-of], despegue.

tale [téil], **story** [stóri], cuento, historia; **tall tale** [tól téil], historia increíble.

talk to (to) [tók tu], dirigir la palabra, conversar; **talk** [tók], conversación; **talk nonsense (to)** [tók nónsens], decir bobadas.

tall [tól], alto.

tan [tá^{e}n], tabaco (color).

tap [tá^{e}p], grifo.

task [tásk], tarea, incumbencia.

taste (to) [téist], tener sabor; **taste** [téist], sabor, gusto; **tasty** [téisti], sabroso, gustoso; **good taste**, [gúud téist], buen gusto; **bad taste** [ba^{e}d téist], mal gusto.

taxi-driver [taxi-drái^{f}e^{r}], taxista.

tea [tíi], té; **tea pot** [tíi pót], tetera; **tea spoon** [tíi spúun], cucharilla.

teach, taught, taught (to) [tíich, tó^{o}t, tó^{o}t], enseñar; **teacher** [tíicha^{r}], profesor.

team [tíim], equipo.

teenager [tíin-éixe^{r}], adolescente.

telephone call [télefo^{u}n kól], llamada telefónica.

television [tele^{f}ís-^{x}on], televisión; **TV set** [tí-bí sét], televisor.

tell, told, told (to) [tél, tó^{u}ld, tó^{u}ld], *v. irr.* decir, explicar.

temptation [temptá^{e}xon], tentación.

tennis racket [ténnis ráket], raqueta de tenis.

tent [tént], tienda de campaña.

term [tó^{e}rm], término, palabra, curso escolar.

terrible [térrib^{e}l], terrible.

test [tést], examen, examen clínico.

thank (to) [θá^{e}nk], agradecer; **thank you** [θá^{e}nk iú], **thanks** [θá^{e}nks], gracias.

that [θá^{e}t], ese, -a, aquel, -lla; **those** [θó^{u}s], esos, -as, aquellos, -as.

that [θá^{e}t], que; **which** [uích], lo cual; **what** [uót], que.

the [θe/θi], el, lo, -a, -os, -as.

the day before yesterday [θe dá^{e}i bifóo^{r} iésterdá^{e}i], antes de ayer.

theatre [θíat^{e}r], teatro.

theft [θéft], hurto.

their [θéa^{r}], **theirs** [θéa^{r}s], *a.*, y *pr.* sus.

then [θén], luego, entonces.

there [θéa^{r}], allí; **thereafter** [θéa^{r}-áfte^{r}], a continuación; **therefore** [θéa^{r}-fóa^{r}], por tanto.

they [θéi]; **them** [θém]; **themselves** [θemsél^{f}s], ellos, -as; ellos mismos.

thick [θík], grueso.

thief [θíif], ladrón.

thin [θín], delgado, magro.
thing [θín^{g}], cosa.
think, thought, thought (to) [θínk, θó^{o}t, θó^{o}t], *v. irr.* pensar; **thought** [θó^{o}t], pensamiento; **thoughtless** [θó^{o}t-les], irreflexivo; **thoughtful** [θo^{o}tfúl], pensativo.
thirsty [θó^{e}rsti], sediento.
this [θís], esto, -e, -a; **these** [θíis] estos, -as.
threaten (to)** [θréten], amenazar.
thriller [θrílle^{r}], novela policiaca.
throat [θró^{u}t], garganta.
through [θrú], a través de.
throw, threw, thrown (to) [θróu, θriú, θróun], *v. irr.* **throw away (to)** [θróu a^{e}uéi], echar, arrojar.
thumb [θám], pulgar.
Thursday [θó^{er}sda^{e}i], jueves.
ticket [tíket], billete.
tickle (to) [tík^{e}l], hacer cosquillas.
tide [táid], marea.
tidy up (to) [táidi áp], poner en orden.
tie (to) [tái], atar; **tie** [tái], vínculo, corbata.
tiger [táige^{r}], tigre.
tights [táits], medias.
till [tíl], hasta (tiempo).
time [táim], tiempo cronológico; **times** [táims], veces; **timetable** [táim-teib^{e}l] horario.
tin [tín], lata, bote; **tin food** [tín fúud], comida en lata.
tiny [táini], minúsculo.
tip [típ], propina.
tired [tái^{a}rd], cansado; **tiring** [tái^{r}in^{g}], que provoca cansancio.
to [tu], a, hacia, respecto a.
toasts [tó^{u}sts], tostadas; **toaster** [tó^{u}ste^{r}], tostadora.
tobacconist [tobákkonist], estanquero.
today [tudá^{e}i], hoy.
toe [tó^{u}], dedo del pie.
together [tugéθe^{r}], junto.
toilet [tóilet], servicios.
tomato [tomáto^{u}], tomate; **tomato sauce** [tomáto^{u} sóos], salsa de tomate; **tomato salad** [tomáto^{u} sálad], ensalada de tomate.
tomb [túm], tumba.
tomorrow [tumórrou], mañana.
tongue [tán^{g}], lengua; **tongue twister** [tán^{g}-tuíste^{r}], trabalenguas.
tonight [tunáit], esta noche.
too [túu], también; **too much** [túu mách], **too many** [túu má^{e}ni] demasiado, -s.
tool [túul], herramienta.
tooth [túuθ], diente; **toothbrush** [túuθ-bráx], cepillo de dientes.
top [tóp], cumbre, cima.
touch (to) [tách], tocar.
tourist [túrist], turista.
tournament [túrnament], torneo.
towards [touórds], hacia, respecto a.
towel [táuel], toalla.
town [táun], ciudad pequeña.
toy [tói], juguete.
traduce (to) [tradiús], calumniar, difamar.
traffic [tráfik], tráfico; **traffic jam** [tráfik xá^{e}m], atasco de tráfico; **traffic-lights** [tráfik-láits], semáforo.
train [tréin], tren.
trainer [tréine^{r}], criador, instructor.
transform (to) [transfórm], transformar, convertir.
translate (to) [transléit], traducir; **translation** [translá^{e}xon], traducción.
travel (to) [trá^{f}el], viajar; **travel agency** [trá^{f}el á^{e}xensi], agencia de viajes; **travel agent** [trá^{f}el éixent], agente de viajes.
tray [tréi], bandeja.
treasure [tréis-^{x}a^{r}], tesoro.
treat (to) [tríit], tratar, ofrecer; **treatment** [tríitment], tratamiento; **treat** [tríit], tratamiento especial, invitación; **treatment** [tríitment], **cure** [kiúa^{r}], tratamiento médico.
tree [tríi], árbol.
trial [tráial], juicio, proceso.
trifle [tráif^{e}l], cosa de poca monta.
trip [tríp], excursión, viaje.
trouble (to) [tráb^{e}l], molestar, crear trastornos, poner en aprietos; **trouble** [tráb^{e}l], dificultades, aprietos; **troublemaker** [tráb^{e}l-méike^{r}], cicatero.
trousers [tráuse^{r}s], pantalones.
trout [tráut], trucha.
truth [trúθ], verdad; **true** [trú], verdadero; **truly** [trúli], verdaderamente, efectivamente.
try (to) [trái], intentar, probar.
Tuesday [tiúsda^{e}i], martes.
tummy [támmi], vientre.
tuna fix [túna fíx], atún.
turkey [tó^{e}rki], pavo.
turn (to) [tó^{e}rn], girar; **turn out (to)** [tó^{e}rn aut], echar.
twice [tuáis], dos veces; **twin** [tuín], gemelo.
typist [táipist], mecanógrafa; **typewriter** [táip-ráite^{r}], máquina de escribir.
tyre [táia^{r}], neumático.

U

umbrella [ambrélla], paraguas.
uncle [ánk^{e}l], tío.
uncomfortable [ankónfortab^{e}l], incómodo.
under [ánde^{r}], debajo; **under age** [ánde^{r} éix], menor de edad; **underground** [ánde^{r}-graund], **tube** [tiub], ferrocarril metropolitano; **underneath** [anderníiθ], parte posterior.
understand, understood, understood (to) [ande^{r}stá^{e}nd, ande^{r}stúud, ande^{r}stúud], *v. irr.* comprender; **understanding** [ande^{r}-stá^{e}ndin^{g}], comprensión.
undertake (to)** [ande^{r}téik], emprender, comenzar.
underwear [ande^{r}uéar], ropa interior, lencería.
undoubtedly [andáutidli], sin duda, indudablemente.
unemployed [anemplóid], desempleado; **the unemployed** [θi anemplóid], los desempleados.
uneven [aní^{fe}n], irregular.
unfortunately [anfórxunatli], por desgracia.
unit [iúnit], unidad.
university [iuní^{f}ó^{e}rsiti], universidad.
unjust [anxást], injusto.
unkind [ankáind], descortés.
unlearned [anló^{e}rnd], **ignorant** [ig-nórant], ignorante.
unless [anlés], a menos que.
unsweetened [ansuíten^{e}d], no azucarado.
until [antíl], hasta que.
up [áp], sobre; **upset** [apsét], alterado, tumbado; **upstairs** [apstéa^{r}s], planta superior.
urge (to) [ó^{e}rg], exortar.
use (to) [iús], usar; **useful** [iúsful], útil; **usual** [iús-xual], usual; **be used (to) to** [bí iús^{e}d tu], ser habitual, hacer algo; **useless** [iúsles], inútil; **as usual** [a^{e}s iús-xual], como de costumbre; **usually** [iús-xualli], habitualmente.

V

variety [^{f}aráieti], variedad.
vase [^{f}áas], maceta, jarrón, florero.
veal [^{f}íil], ternera (cocinada).
vegetables [^{f}égetab^{e}ls], verduras.
verse [^{f}ó^{e}rs], verso.
very [^{f}é^{r}i], muy, mucho; **very much** [^{f}é^{r}i mách], muchísimo.
vest [^{f}ést], camiseta interior.
vice [^{f}áis], vicio, inmoralidad, corrupción; **vicious** [^{f}íxo^{u}s], vicioso, inmoral.
victory [^{f}íktori], victoria; **victorious** [^{f}iktório^{u}s], victorioso.
view [^{f}iú], opinión; **point of view** [póint of ^{f}iú], **viewpoint** [^{f}iú -póint], punto de vista.
village [^{f}ílla^{e}x], pueblo.
vine [^{f}áin], vid.
vinegar [^{f}ínega^{r}], vinagre.
visit (to) [^{f}ísit], **pay a visit (to)** [péi a^{e} ^{f}ísit], visitar, hacer una visita; **visit** [^{f}ísit], visita.
visitor [^{f}ísito^{r}], visitante.
voice [^{f}óis], voz.
voracious [^{f}orá^{e}xo^{u}s], voraz, glotón.
vote (to) [^{f}ó^{u}t], votar.
voyage [^{f}óiax], viaje.

W

wag (to) [uég], menearse, sacudir, batir, agitarse.
wage [uéig], salario.
wagon [uégon], carro, vagón.
wait for (to) [uéit foo^{r}], esperar; **waiter** [uéite^{r}], camarero.
wake, woke, woken up (to) [uéik, uó^{u}k, uó^{u}ken áp], despertar, -se.
walk (to) [uók], caminar, ir a pie; **walk** [uók], camino, paseo.
wall [uól], muro, pared; **wallpaper** [uól-péipe^{r}], papel de pared.
wallet [uóllet], billetero.
walnut [uólnat], nuez.
wander (to) [uónde^{r}], vagabundear.
want (to)** [uónt], querer.
war [uó^{r}], guerra.
wardrobe [uórd-ró^{u}b], guardarropa.
warm (to) [uórm], calentar; **warm** [uórm], caliente.
wash (to) [uóx], lavar; **washing** [uóxing], lavado, colada; **washing machine** [uóxing maxín], lavadora.
wasp [uósp], avispa.
watch (to) [uóch], observar; **watch** [uóch], reloj de pulsera.
water (to) [uóte^{r}], regar; **watering can** [uóterin^{g} ká^{e}n], regadera; **water** [uóter], agua; **mineral water** [míneral uóte^{r}], agua mineral; **waterfall** [uóte^{r}-fól], cascada; **watermelon** [uóte^{r}-mélon], sandía.
way [uéi], vía, camino, dirección, manera de hacer algo.
we [uí], **us** [ás], nosotros.
weak [uíik], débil; **weakness** [uíiknes], debilidad.

wealth [uélθ], riqueza; **wealthy** [uélθi], **well off** [uél óf], rico; **welfare** [uelféa^{r}], bienestar.
wear, wore, worn (to) [uéa^{r}, uó^{r}, uó^{e}rn], *v. irr.* vestirse, llevar ropa, gastarla.
weather [uée^{r}], tiempo atmosférico.
web [uéb], tela, tejido, trama, tela de araña.
Wednesday [uénsda^{e}i], miércoles.
week [uíik], semana; **week-end** [uíik-end], fin de semana; **weekly** [uíikli], semanario, semanalmente.
weight [uéit], peso; **lose weight (to)** [lúus uéit], perder peso; **put on weight (to)** [pút on uéit], ganar peso.
well [uél], bien, ; **welcome** [uélkam], bienvenido; **well done** [uél-dán], asado.
west [uést], oeste.
wet (to) [uét], mojar; **wet** [uét], mojado; **wet through** [uét θrú], calado hasta los huesos.
whale [uéil], ballena.
what a pity [uót a^{e} píti], ¡qué lástima!; **what a shame** [uót a^{e} xéim], ¡qué vergüenza!
what a... [uót a^{e}], que...; **what about** [uót a^{e}báut], qué me dices; **what bad luck** [uót bá^{e}d lák], **what a misfortune** [uót a^{e} misfórchun], ¡qué desgracia!
whatever [uoté^{f}e^{r}], cualquier cosa.
wheel [uiil], rueda; **wheelbarrow** [uíil-bá^{e}rrou], carretillas.
when [uén], cuando, cuándo.
where [uéa^{r}], donde, dónde.
whether [uéθe^{r}], si (dubitativo).
which [uích], que, lo que, lo cual, cuyo, -a, -os, -as.
while [uáil], mientras, periodo de tiempo.
whip (to) [uíp], batir.
whisper (to) [uíspe^{r}], susurrar; **whisper** [uíspe^{r}], susurro.
whistle (to) [uís^{e}l], silbar; **whistle** [uís^{e}l], silbido.
white [uáit], blanco.
who [hú], quién, que, quien; **whom** [húm], a quién, al cual, a quien; **whose** [húus], de quién, de quien.
whole [hó^{u}l], entero.
why [uái], por qué.
wicked [uík^{e}d], malvado.
wide [uáid], amplio.
wife [uáif], mujer, esposa.
wild [uáild], silvestre, salvaje.
will [uíl], voluntad, deseo, testamento; **willing** [uíllin^{g}], dispuesto.
win, won, won (to) [uín, uón, uón], *v. irr.* vencer, ganar; **winner** [uínne^{r}], ganador.
wind [uínd], viento.
window [uíndou], ventana; **window-pane** [uíndou-péin], cristal de la ventana; **window-sill** [uíndou-sil], alféizar; **windscreen** [uínd-skríin], parabrisas; **windscreen wiper control** [uínd-skríin uáipe^{r} kontról], palanca del limpiaparabrisas.
wine [uáin], vino; **wine bar** [uáin bár], enoteca, bodega.
winter [uínte^{r}], invierno.
wipe (to) [uáip], fregar.
wisdom [uísdom], sabiduría; **wise** [uáis], sabio.
wish (to) [uíx], desear; **wish** [uíx], deseo, felicitación.
wit [uít], espíritu agudo; **witty** [uítti], inteligente.
with [uíθ], con; **within** [uiθín], dentro de; **without** [uiθáut], sin.
witness [uítnes], testimonio, testigo.
woman [húma^{e}n], mujer.
wonder (to) [uónde^{r}], preguntarse; **wonder** [uónde^{r}], maravilla, milagro.
wood [úud], bosque, madera.
wool [úul], lana; **woollen** [úullen], de lana, lanoso, lanudo.
word [uó^{e}rd], palabra; **wording** [uó^{e}rdin^{g}], dicho, expresión.
work (to) [uó^{e}rk], trabajar, funcionar; **work** [uó^{e}rk], trabajo, empleo; **work overtime (to)** [uó^{e}rk ó^{uf}e^{r}-táim], hacer horas extraordinarias; **worker** [uó^{e}rke^{r}], operario, trabajador; **workforce** [uó^{e}rk-fórs], población activa.
world [uó^{e}rld], mundo.
worn out [uó^{e}rn áut], gastado.
worry (to) [uórri], preocuparse; **worried** [uórri^{e}d], preocupado; **don't worry!** [dó^{u}nt uórri!], ¡no te preocupes!
worse [uó^{e}rs], peor.
worth [uó^{e}θ], valor.
wound (to) [^{f}ú^{u}nd], herir; **wound** [^{f}ú^{u}nd], herida.
wrap (to) [rá^{e}p], empaquetar.
wreck (to) [rék], naufragar; **wreck** [rék], naufragio, desastre.
wrist [ríst], muñeca (de la mano).
write, wrote, written (to) [ráit, ró^{u}t, rítten], *v. irr.* escribir; **writer** [ráite^{r}], escritor.
wrong [rón^{g}], equivocado, erróneo; **wrongly** [rón^{g}li], erróneamente.

Y

yacht [iót], velero, yate.

yard [iárd], patio, yarda (unidad de medida).

year [ía^r], año; **yearly** [ía^{r}li], cada año, anualmente.

yell (to) [iél], gritar.

yellow [iéllo^u], amarillo.

yes [iés], sí.

yesterday [iéste^{r}da^{e}i], ayer.

yet [iét], todavía (frases temporales negativas), incluso.

yolk [iók], yema.

you [iú], tú, usted, vosotros, ustedes; **yourself** [iou^{r}sélf] tú mismo, usted mismo; **yourselves** [iou^{r}sél^{f}s], vosotros mismos, ustedes mismos.

young [ián^g], *a.* joven.

your, -s [ioú^r], *a.* tu, tus; *pr.* tuyo, -a, -os, -as, vuestro, -a, -os, -as.

youth [iúθ], juventud.

Z

zebra crossing [s^{z}íbra króssin^g], paso de cebra o de peatones.

zero [s^{z}íro^u], cero grados; **nought** [nóot], cero.

ÍNDICE ANALÍTICO Y TEMÁTICO

Impreso en España por
REINBOOK IMPRÈS, S. L.
Múrcia, 36
08830 Sant Boi de Llobregat

Contenido del CD